認認真真講歷史

【全陸卷·二】

南北朝风云

孙峰　孙艺真·著

中国文史出版社

图书在版编目（C I P）数据

南北朝风云. 第二卷 / 孙峰, 孙艺真著. -- 北京 : 中国文史出版社, 2017.12

（认认真真讲历史）

ISBN 978-7-5034-9532-8

Ⅰ. ①南… Ⅱ. ①孙… ②孙… Ⅲ. ①中国历史–南北朝时代–通俗读物 Ⅳ. ①K239.09

中国版本图书馆CIP数据核字(2017)第228678号

责任编辑：刘　夏
封面设计：陈欣欣

出版发行：中国文史出版社
网　　址：www.wenshipress.com
社　　址：北京市西城区太平桥大街 23 号　　邮编：100811
电　　话：010-66173572　66168268　66192736（发行部）
传　　真：010-66192703
印　　装：廊坊市海涛印刷有限公司
经　　销：全国新华书店
开　　本：1/16
印　　张：25.25　　字数：405 千字
版　　次：2018 年 1 月北京第 1 版
印　　次：2018 年 1 月第 1 次印刷
定　　价：68.00 元

目录

八八 元嘉草草（一）

七百多年后，一位六十六岁的伟大爱国词人辛弃疾的一首千古名作《永遇乐·京口北固亭怀古》，让我们记下了元嘉二十七年的这场南北大战：“千古江山，英雄无觅、孙仲谋处。舞榭歌台，风流总被、雨打风吹去。斜阳草树，寻常巷陌，人道寄奴曾住。想当年，金戈铁马，气吞万里如虎。元嘉草草，封狼居胥，赢得仓皇北顾。四十三年，望中犹记，烽火扬州路。可堪回首，佛狸祠下，一片神鸦社鼓。凭谁问，廉颇老矣，尚能饭否？”译文：历经千古的江山，再也难以寻觅到像孙权那样的英雄。当年的舞榭歌台还在，英雄人物却早已不在。斜阳照着长满草树的普通小巷，人们说那是当年刘裕曾经住过的地方。回想当年，他领军北伐、收复失地的时候是何等威猛！然而刘义隆元嘉草草北伐，不仅没有建立封狼居胥山的伟业，相反却狼狈南逃。我南渡已经有四十三年了，看着中原仍然记得扬州路上烽火连天的战乱场景。怎忍回首啊，百姓们却正在拓跋焘的祠堂里祭祀、供奉！还有谁会相问：廉颇将军您虽然年纪大了，饭量还好吗（是否尚能领兵打仗）？

不过，元嘉二十七年（公元450年）七月的宋文帝刘义隆并不知道战事的结果，七月十二日，南北大战正式爆发，在这一天，刘义隆正式下诏，发出总动员令，他在诏书中称：“敌寇近期虽然遭受重创，但野兽之心不死，驱赶逼迫沦陷区居民，试图再次侵扰。近来，黄河以北、秦州雍州各族人民纷纷上书，痛陈他们受到的压迫，翘首盼望王师前去拯救，他们偷偷联络，相互结党，以等待王师。他们还说，今年春天的时候，柔然趁着拓跋焘南下，掩袭敌人的巢穴，鲜卑部落损失过半，连年相持，至今尚未结束。而且拓跋焘猜忌残忍一齐爆发，诛杀亲信同党，他们自相残杀，根本已经动摇。柔然派来的使者恰巧到来，所言与此相符，远远来到京师，表达忠心，发誓将与王师南北呼应，互为犄角。

远近情势，均适宜北伐，且当前雨水丰沛，江河畅通，北伐最好的机会，就在今日！”接着，他命令，一是东路：派遣宁朔将军王玄谟率太子步兵校尉沈庆之、镇军咨议参军申坦等，率领一万战舰北上进入黄河；使持节、督青冀幽三州徐州之东安东莞二郡诸军事、辅国将军、青冀二州刺史霄城侯萧斌，统率山东之众，统率王玄谟等将之军。持节、都督徐兖青冀幽五州豫州之梁郡诸军事、镇军将军、徐兖二州刺史、武陵王刘骏，率领四州之众，水陆并进。二是中路：太子左卫率、始兴县五等侯臧质率领东宫禁兵，统率骁骑将军、安复县开国侯王方回，建武将军、安蛮司马、新康县开国男刘康祖，右军参军事梁坦率领十万步骑，直插许昌、洛阳；使持节、督豫司雍秦并五州诸军事、右将军、豫州刺史、领安蛮校尉、南平王刘铄率领所属部队，随后进发。对于东路和中路两路人马，由使持节、侍中、都督扬南徐二州诸军事、太尉、领司徒、录尚书、太子太傅、国子祭酒、江夏王义恭，率领三府文武前往徐州作为各军的总指挥。三是西路：督梁南北秦三州诸军事、绥远将军、西戎校尉、梁南北秦三州刺史刘秀之，统领辅国将军杨文德、宣威将军巴西梓潼二郡太守刘弘宗，从汉中西进，向北魏仇池、陇西地区发起进攻；护军将军、封阳县开国侯萧思话，率领龙骧将军杜坦（杜骥兄）、宁远将军竟陵太守南城县开国侯刘德愿，率荆州雍州地方部队，从武关西进。西路总指挥由司空刘义宣担任，司空府可命令所属各镇数路北上，对敌人发起进攻。萧斌，是萧摹之的儿子，是萧思话的堂兄弟。刘秀之是刘宋开国功臣刘穆之的堂侄，刘秀之的哥哥刘钦之曾担任朱龄石的参军，在关中沦陷时，被赫连勃勃俘虏、斩杀，刘秀之与哥哥关系甚深，他非常悲伤，十年中不曾参加饮宴，刘秀之勤俭节约，善于为政，深受梁州、南北秦州百姓喜爱。

为了确保打赢这场战争，宋文帝还进行了全国动员：一是他号召全国上下都捐款助军，上自王室成员、朝中群臣及各地地方官，下到富裕的百姓，都纷纷捐款，多的甚至有捐了数十万钱的；即使如此，军费仍然不足，宋文帝又下令，扬州、南徐、兖、江四州的富户，家财达到五十万钱，僧尼财产达到二十万钱的，一律要向政府出借四分之一的财产，等到战事平息以后，再由政府归还。二是由于兵力不足，尚书左仆射何尚之建议，征发青州、冀州、徐州、豫州、南北兖州六州的壮丁，按照一家三个壮丁征发一个、五个壮丁征发两个的比例实施，父、祖、伯、叔、兄弟在州里任职或担任皇子幕府一定级别官职的除外，接到命令十天之内要准备完毕，沿江的东海、琅邪、兰陵、东莞、晋陵五郡青壮年一律到广陵（江苏扬州市）集中，沿淮的临淮、下邳、淮陵三郡青壮年到盱眙（江苏省盱眙）集结；又在天下征召善射之士，如果是身怀绝技、武艺高强的，均厚加赏赐。

这次战役几乎是二十年前到彦之北伐的翻版。

战役之初，各路宋军均进展顺利。

东路：前敌总指挥萧斌率领六万宋军向北向西进击，他命令将军崔猛和参军傅融分头夺占北魏碻磝（山东省茌平西南）和乐安（山东省章丘市北），但因乐安水路不通，宋军决定先行进攻碻磝这一黄河据点。建武司马申元吉率领一万多宋军先锋直扑碻磝，七月十七日，北魏济州刺史王买德（当是原赫连勃勃的重要谋臣）登城拒战，申元吉指挥宋军将其击败，王买德弃城而逃，宋军缴获140名奴婢，200多匹战马，200头驴骡，牛羊各1000余头，毛毯700领，车辆350乘，地窖42所，粮食50余万斛，城内居民储粮20万斛，300顷种满五谷杂粮的田地，3万斤生铁，大小铁器9000多件。其后，宋军又转兵东向，由将军崔猛进攻驻守乐安的北魏青州刺史张淮之所部，张淮之弃城而逃。萧斌与沈庆之驻守碻磝，命令王玄谟率部西进，包围了黄河上的另一重要据点滑台（河南省滑县）。

中路：豫州刺史、南平王刘铄命令中兵参军胡盛之率军从汝南出发，向北攻击前进；梁坦（《宋书·南平穆王铄传》称“到坦之”）从上蔡向长社（河南省长葛市）发起进攻。北魏荆州刺史鲁爽是原东晋雍州刺史鲁宗之之孙、竟陵太守鲁轨之子，其父祖因刘裕讨伐司马休之而叛逃后秦，不久，鲁宗之去世；刘裕灭掉后秦以后，鲁轨又投奔了北魏，被任命为宁南将军、荆州刺史、襄阳公，镇守长社；刘骏镇守襄阳时，鲁轨曾派亲人程整向刘宋朝廷表示归顺之意，宋文帝也多次与鲁轨联络，答应让其担任司州刺史，但鲁轨终因曾杀死过刘康祖和徐湛之二人的父亲，担心两人报复而不敢归顺。鲁爽兄弟从小就生活在北魏，已经完全胡化，鲁爽自小习武，拓跋焘将其作为贴身卫士，他性格鲁莽，喜欢喝酒，经常犯错，拓跋焘好几次都想杀了他，元嘉二十六年其父鲁轨死后，拓跋焘任命他接任荆州刺史，仍然镇守长社。如今，鲁爽看到宋军朝长社扑来，即弃城而逃，宋军不战攻克长社，随后，宋军继续扩大战果，梁坦命令幢主（旗主，约带领500～1000人，北齐幢主为从九品）王阳儿、张略等人率部进据小索城（河南省荥阳市东南，索河东岸）。北魏豫州刺史仆兰率领两千步骑从大索城（河南省荥阳市北）前来进攻宋军，王阳儿率领宋军将士大破魏军。大小索城是因这里居住着殷商索氏遗民而得名，《左传·昭公五年》称："郑子皮、子大叔劳诸索氏。"即指此。到坦之等率领宋军兵向大索城，荥阳居民郑德玄、张和等人纷纷率众起义，响应宋军，仆兰弃城逃往虎牢关。接着，宋军进抵虎牢城下，南平王刘铄又派遣安蛮司马刘康祖率部北上，作为到坦之等将的后继部队。

西路：宋军西路又分为两路大军：一路是雍州部队；一路是梁州南北秦州的部队。

雍州部队进展如下：八月，随郡王刘诞命令振威将军尹显祖率军穿越赀谷（《水经注·卢氏条》称："在县境南山中"）进入大洛阳盆地，奋武将军鲁方平、建武将军薛安都、略阳太守庞法起率部朝卢氏（河南省卢氏县）进击，广威将军田义仁从东路攻入鲁阳（河南省南召县东北、鲁山县西南），加柳元景军号为建威将军，统一指挥西线各路大军。后军外兵参军庞季明年已七十三岁，是关中的豪族，在关中的羌族民众中享有很高的威望，老将军请求随郡王刘诞允许自己西入长安，招徕关中各族军民，刘诞表示同意，于是，庞季明也从赀谷进入卢氏，卢氏人赵难接纳了他，他游说当地豪强，当地百姓暗中纷纷响应，卢氏以北弘农（河南省灵宝市）的豪强也都打算归顺宋军。十月，奋武将军鲁方平、建武将军薛安都、略阳太守庞法起所部推进到白亭（疑为白亭街，在河南省淅川县西北五十里），而柳元景所部尚未出发。庞法起率领两将先期出发，从修阳亭（河南省南阳市西峡县北）向熊耳山（河南省卢氏县东南）挺进，柳元景率所部随后跟进。庞季明抵达高门木城（河南省卢氏县东），此时，北魏永昌王拓跋仁已经率军进入了弘农，庞季明这才折返，回到卢氏，依托险要固守待援，不久，老将军又让卢氏少年潜入宜阳苟公谷（《水经注》称为"苟公谷"，在河南省洛宁县西南），联络当地百姓。闰十月，鲁方平、薛安都、庞法起所部进入卢氏县城，斩杀了北魏卢氏县令李封，以赵难为县令，加奋武将军。赵难率领归顺的当地百姓作为宋军向导，庞法起等将又翻越铁岭山（今地不详），驻军开方口（河南省灵宝市东南），庞季明从木城前来与宋军会合。柳元景大军进驻臼口（今地不详），以前锋深入没有后援，命令尹显祖迅速进入卢氏，作为全军的后援。不久，柳元景认为部队军粮不足，难以与敌人长时间相持，于是，"束马悬车"，率军翻越百丈崖（河南省卢氏县南），从温谷（一说即赀谷）进入卢氏。

梁州南北秦州的部队进展如下。

梁南北秦三州刺史刘秀之命令建武将军锡千秋率领二千人向子午谷南口（陕

西省洋县东一百六十里），府司马竺宗之率领三千人向骆谷南口（陕西省洋县北），威远将军梁寻率领一千人向斜谷南口（陕西省勉县境内）。另外，他还派遣辅国将军杨文德、宣威将军巴西梓潼二郡太守刘弘宗率部向仇池方向前进，杨文德的同族杨高率领阴平（甘肃省文县西北）、平武（四川省平武县）的氐族军队，盘踞唐鲁桥（今地不详）以抵御杨文德，杨文德水陆齐进，大破杨高；杨高逃奔羌族部落，只身投奔仇阿弱家，杨文德率部一直追到黎仰岭（今地不详），将其斩杀，阴平、平武两地又回到刘宋之手。杨文德又奉命讨伐啖提氐族部落，结果战败，被刘秀之逮捕，送交荆州，以杨文德的堂兄杨头戍守在茄芦城（甘肃省陇南市武都区东南）。

八九 元嘉草草（二）

从宋文帝这次北伐的整体布局上来看，是沿袭了其父宋武帝刘裕北伐后秦的路子，以东路为进军主力，中路和西路协同作战，稍有不同的是：由于两者的战略意图不同，刘裕以夺占关中为最终目的，而刘义隆则以占领黄河以北为满足，所以，刘裕虽然拥有主力大军作为王镇恶、檀道济之军的后继，但王镇恶等将的中路大军也是精锐部队，迅速从许昌等地中间突破，占领了虎牢、洛阳地区，与此同时，西路荆州部队也从武关突进，直扑长安；而此次荆州雍州部队则将主力远出卢氏，由于此处地形复杂，不利于大兵团作战，且与中路无法协同，对整个战役的进展起不到重要影响，正是这一点小小的差异，导致了以后的战役发展进程中出现了东西两路孤军作战的态势。如果以占领黄河以南为满足的话，西路主力也应当按照刘裕原来的战术，与从寿阳北上的中路部队协同，夹击许昌，这样一来，中路才不至于兵力过于薄弱，从而被北魏主力各个击破。除此之外，虽然如今的北魏境内有很多民众愿意归附刘宋，但是，与当年的刘裕灭秦相比，刘宋军队仍然存在很多不利因素：一是如今的北魏与当年支离破碎的后秦不可同日而语，它地广兵强，实力强大；二是刘义隆与其父刘裕不可同日而语，以刘裕之强，尚且亲自率军北伐，而刘义隆却不曾亲临前线，只在建康遥控指挥，同时，拓跋焘遇到大战均亲临前线杀敌，拥有丰富的实战经验，亦非当年的后秦主姚泓可比；三是刘裕时代名将、猛将云集，而如今的刘宋军队名将屈指可数，依靠一个只会夸夸其谈、色厉内荏的王玄谟，岂能办成大事？

王玄谟这个人非常奇怪，他一生命运坎坷，数次起伏；他生性严肃，不苟言笑，一生极少露出笑容，又凶残暴躁，对属下刻薄寡恩，在这一点上与同一时期的另外一位刘宋将领宗越齐名，刘宋将士们曾传言道："宁作五年徒，不逢王玄谟。玄谟犹自可，宗越更杀我。"甘愿被判处五年有期徒刑，也不愿意当他的部下。与上次到彦之北伐一样，刘义隆再次看走了眼，他配给王玄谟的是刘宋军队精锐中的精锐，武器装备非常先进，可王玄谟这名统帅实在是名不副实：他贪婪成性、刚愎自用、目光短浅还暴躁好杀。宋军从七月即包围了滑台，当时，滑台城内有很多茅草房，众将建议用火箭焚烧城池，城内闻讯，赶紧拆掉了茅草房，挖了地窖居住。王玄谟却固执己见说："这都是我军的囊中之财，为何要焚烧！"当时，黄河以南各地百姓纷纷归附宋军，争先恐后地给宋军送来军粮，每天都有上千百姓自带武器，自愿参加宋军，但王玄谟将这些投军的民众拆散原有建制，分配到自己的亲信将领手下，他给参军的每家人赏赐一匹布，表示奖励，却让得到布的人家再奉上800颗大梨，作为交换！由此人人失望。宋军滞留在滑台城下，强攻数月之久，迟迟无法拿下这座堡垒，风闻北魏援兵将至，众将又建议他将军中战车围起来构筑堡垒，王玄谟再次拒绝。

当刘宋大举北伐的消息传到平城，北魏群臣建议拓跋焘派兵渡过黄河，抢救黄河沿岸地带囤积的粮食布帛，而拓跋焘却说："如今马匹尚未养肥，天气还炎热，现在就出击肯定不会成功。如果宋军一直向北挺进，我们暂时北上阴山，躲躲风头。我鲜卑人素来都穿着羊皮衣裤，要丝绸布帛有什么用？等拖到十月，我就不再担心了。"但他还是命令枋头镇将、平南将军、南康公杜道俊（拓跋焘舅舅杜超少子）南下协防兖州，加强滑台守军的力量。到了九月初，看到宋军无意继续北上，还在滑台城下苦苦鏖战之时，拓跋焘即亲自率军南下解救滑台，他命令太子拓跋晃率军驻守漠南，防备柔然的袭扰，又命令吴王拓跋余驻守平城，并征集五万人的地方部队分配给南下各路大军。拓跋焘没有在意西线宋军，而是采取"你打你的，我打我的"之法，将几乎全部的打击部队都放到了东线和中线，企图一举将宋军主力击败。他命令永昌王拓跋仁率领关中部队从关中东进，经过洛阳，不理会洛阳地区的西路宋军，直接朝河南腹地扑来，向刘宋寿阳方向攻击前进；其余主力随着拓跋焘一起南下，直扑滑台！

闰十月七日，北魏太武帝拓跋焘率军抵达了枋头（河南省浚县淇门渡口），距离宋军已咫尺之遥，魏军号称百万，战鼓号角之声震动天地。拓跋焘命令殿中尚书长孙真率领5000骑兵从石济（河南省滑县西南古黄河上）先行渡过黄河，防止王玄谟逃跑，另外，他还派遣关内侯陆真带领数名兵士深夜划着小船渡过黄河，突破宋军防线，进入滑台城内，抚慰魏军守城将士，并登上滑台城楼，详细查看了宋军兵力配备情况，然后又安全返回。陆真臂力过人，是名神射手，在前不久的悬瓠之战中，他登高楼朝悬瓠城内射箭，箭无虚发。

王玄谟原来命令垣护之率领百余艘战舰为先锋，驻扎在石济，距离滑台一百二十里。当垣护之听说北魏大军即将到来时，他给王玄谟写信劝说尽快对滑台发起猛烈的进攻，他说："昔日武皇帝刘裕进攻南燕广固城的时候，将士强攻坚城死伤甚多，况且，如今情势危若累卵，怎么还去在乎将士们的伤亡！请你以强行攻下滑台作为第一要务！"然而，无能的王玄谟没有采纳。

魏军到来之后，拓跋焘即命令安同之子、"有巧思"的安难负责架设浮桥，闰十月九日，拓跋焘率领魏军大举南下，此时，宋军顿兵滑台城下已逾两月，迟迟没有进展，加之王玄谟不善于抚众，面对魏主亲自率领的号称百万的魏军，王玄谟手足无措，心胆俱裂，尚未与魏军交手，即下令撤离。仓皇撤退的宋军遗弃了大量的物资装备，堆积如山，魏军乘机穷追猛打，宋军大败，王玄谟率领的数万人马被魏军斩杀一万多人，其他侥幸生还的也都四散而逃，部队完全被打散。

仓皇败退的王玄谟在撤退之前，惶惶如丧家之犬，并没有通知百里之外的垣护之。魏军将缴获的王玄谟的战舰用三道铁索连接起来，横亘在黄河之上，以切断垣护之所部的归路。垣护之的战舰从黄河中心线迤逦而下，黄河河流迅猛，每当遇到铁索，他就命令将士用长柄大斧将其砍断，魏军无法阻止，垣护之所部仅仅损失了一只小船，其余战舰均安全返回。

当魏军行将对王玄谟之军发起攻击之前，驻守碻磝的前敌总指挥萧斌命令沈庆之率领5000人前去滑台救援，沈庆之说："王玄谟所部已经师劳兵疲，敌人已经逼近，各军凑集数万人方可前去，以如此弱小的部队轻率前往，毫无用处。"但萧斌不从，强行命令沈庆之前往，正巧王玄谟已经败北，回到了碻磝。见到了王玄谟后，萧斌大怒，下令将其逮捕斩首，沈庆之再次劝谏道："拓跋焘威震天下，坐拥百万之众，岂是王玄谟所能抵挡！且临敌斩杀大将，削弱自己，这不是良策。"当晚，被逮捕的王玄谟梦见有人对他说："背诵一千遍《观音经》，就能免死。"醒来之后，王玄谟口中即开始喃喃自语，背诵经文，到第二天他被推出军门即将被斩杀的时候，他还在不停背诵，当刀斧手正在准备行刑之时，突然从大营内传出命令停止行刑。后来，宋文帝问沈庆之："当时你为什么要劝说萧斌不杀王玄谟？"沈庆之回答："诸将败退后，都害怕因军败被追责，如果军败逃归本国，还被诛杀，大家将会逃散，况且，魏军大兵将至，不宜削弱自己。"

滑台大败，魏军即将对碻磝发起进攻，如今东路宋军将如何应对？

先锋奔败，萧斌打算死守碻磝，沈庆之却说："我军深入敌境，为的是有所得，如今已经大败，岂能长久在此停留。如今青州冀州兵力薄弱，假如我们坐守孤城，敌人一旦越过我们继续向东挺进，则青州东部也会丢失。碻磝孤悬于外，将会成为朱修之的第二个滑台！"正在众将讨论之际，宋文帝严令固守碻磝的诏书也到了，众将一致认为应当坚守碻磝，萧斌再次征询沈庆之的意见，沈庆之说："将在外，君命有所不受，诏书从千里之外发出，前线的形势瞬息万变，已经与诏书发出时完全不同。将军帐下有一个范增，你却不听，还在这里空谈，又有什么意思！"沈庆之的话一下子把萧斌和众将都逗乐了，大家笑道："沈先生您真有学问！"沈庆之听出大家嘲讽的语气，他厉声说道："你们虽然读了很多书，但不如我用耳用心去学！"

王玄谟作为败军之将，为了将功补过，他自愿率军驻守碻磝，于是，萧斌命令申坦、垣护之驻守清口（山东省梁山县东南，《魏书》称两将驻守"两当城"，今地不详，《宋书·垣护之传》称其戍守"糜沟城"，今地不详），自己则率领大军撤退到了历城（山东省济南市）。

九〇 元嘉草草（三）

就在王玄谟滑台败退之际，刘宋西路军团却取得了骄人的战绩。

占领卢氏的刘宋西路军开始向北继续进攻，庞法起等先头部队推进到距离弘农城南五里的方伯堆（《元和郡县志》称，在弘农县即河南省灵宝市东南五里）。北魏弘农守军派出两千余侦察骑兵出城，庞法起率军居高临下，四处射击，敌人败退还城。各军制造攻城器具，直抵弘农城下，北魏弘农太守李初古拔闭城固守。闰十月十五日，宋军先头部队开始发起弘农战役，庞法起、薛安都、鲁方平率领各路宋军一起呐喊强攻，庞季明、赵难也率领卢氏义军相继而至，宋军多路攻城，冲车从四面八方朝弘农城墙撞击，将士们个个殊死搏斗，无不奋勇争先。李初古拔父子在南门督战，但弘农当地军民早已密谋归顺宋军，他们在北门上竖起白旗，或者射出没有箭头的箭。薛安都的副将谭金、薛系两人率先登上了弘农北门，生擒李初古拔父子；鲁方平攻入南门，生擒弘农郡丞，当日即攻克弘农城，当地百姓一切照旧。

占领弘农后，薛安都所部留守该地，当月三十日，庞法起率领所部继续西进，朝潼关杀来；庞季明、赵难则率军东向陕城（河南省陕县）以西七里谷而来；殿中将军邓盛、幢主刘骖乱派人动员宜阳人刘宽纠，刘宽纠率领两千多人与宋军一起进攻金门坞（今地不详），攻陷金门坞以后，实施屠城，诛杀了北魏守将李买得。李买得是李初古拔的儿子，为永昌王拓跋仁的长史，勇冠三军。与此同时，西路军主帅柳元景率领主力大军翻越熊耳山，于十一月进抵弘农城，在开方口（当为今河南省灵宝市尹庄镇开方口村）安营扎寨，后方的刘诞又派遣参军姚范率领3000人增援柳元景，宋文帝任命柳元景为弘农太守。

得知宋军西路军占领弘农的消息后，拓跋焘即下诏命令北魏洛州刺史张是连提率领两万魏军从洛阳西进，越过崤山险要，救援陕城；又命令蒲城镇将何难于风陵堆（山西省永济市南）渡过黄河，泰州刺史杜道生率军进至阌乡（河南省灵宝市境），企图将宋军聚而歼之。

柳元景抵达弘农以后，他对薛安都说："不要在此坐守空城，只让庞季明老将军深入，这不合适。应该立即率军与尹显祖一起与庞季明所部会合，等我在此征集粮食以后，也将前去！"宋军大队人马即从弘农开往陕城。北魏陕城守将放弃外城，只在内城固守，宋军就势在外城以内列营，并开始制造攻城器具。陕城依托黄河天险，易守难攻，宋军三次发起强攻，均无法取得进展，而恰在此时，北魏张是连提的两万援军却到了！一场血战就在眼前！

薛安都、鲁方平各率所部在城南列阵，等待厮杀，尹显祖则率领精锐部队作为预备队，庞季明率领宜阳等地的义兵在南门列阵，赵难率领卢氏义兵与庞季明所部互为犄角。

不久，魏军即蜂拥而至，只见魏军阵营中突出一队轻装骑兵，前来挑战。这下，惹恼了宋军中一员大将，只见他圆睁双眼，抖擞精神，大喝一声，挥舞丈八蛇矛，单骑朝魏军杀来——他就是猛将薛安都！

薛安都手持长矛，四下奋击，在万众之中如入无人之境，当者非死即伤，杀伤不可胜数，宋军一齐呐喊朝魏军杀来，个个做殊死血战。薛安都杀得性起，他扔掉头盔，解下铠甲，去掉马的护甲，只穿一件无袖红汗衫，飞驰进入敌阵，他声如雷鸣，狂怒咆哮，在他面前的敌人无不应刃而倒。魏军左右夹射，竟无法射中他，薛安都如此横贯敌阵四次，每一次出入，均杀死无数敌人。

当初，柳元景提前派部将鲁元保驻守在函谷关（河南省新安县东北），以防备洛阳方面。魏将张是连提大军西进时，由于敌众我寡，鲁元保只得率领部队以方形阵型从山间撤退。正在两军在陕城城下鏖战之时，鲁元保所部从山上迤逦而下，魏军见此情形，误以为柳元景的主力大军来了，看看将要天黑，于是，魏军主动撤离了战场。

当时，宋军已经没有粮食了，各军只剩下数日的口粮，柳元景在弘农正紧张地征集附近百姓上缴粮食、骡马，部署运粮。得知张是连提的魏军将至，鲁方平赶忙派人向柳元景汇报，接到鲁方平的报告，柳元景即刻命令副将柳元怙率领两千步骑前往陕城增援，柳元怙星夜兼程，一夜即来到了陕城附近。

第二天一清早，宋魏两军又在陕城城下较量。

魏军从陕城城内出来，在城外列阵；宋军鲁方平等各军也都列好阵势，准备斯杀：薛安都统领各军的骑兵部队，鲁方平统领步兵，左右呼应，其余义军一齐在城西南列阵。鲁方平对薛安都说："如今大敌当前，坚城在后，正是我等死战之日！你如果畏缩不前，我将杀你，我如果不进，你也要杀了我！"薛安都听了，回答："说得好！我薛安都岂是爱惜性命之人！"两军展开了一场空前惨烈的厮杀……

经过一夜跋涉的柳元怙所部恰恰在这时赶到了战场！他们偃旗息鼓，魏军并没有发现这支宋军，当两军正在激战之际，他们突然从城南门的隧道里出现在战场上，战旗飘扬，队伍整齐，呐喊着朝魏军猛扑过来。柳元怙与幢主宗越均非常勇猛，两人率领手下精锐骑兵杀入敌阵，这支宋军的突然出现，让魏军大为惊骇，也让激战中的宋军士气高涨。鲁方平和薛安都等将督促各军一齐与敌人拼杀，将士们无不拼命。薛安都怒火中烧，横矛直前，多次冲入敌阵之中，杀伤了无数敌人，只杀得长矛折断，又换上一把，再度冲入……

这场鏖战从黎明一直杀到傍晚，魏军大败，魏军主将张是连提临阵为乱军所杀，宋军斩首3000多级，投黄河而死的不计其数，无路可逃投降的又有两千多人。

第二天清晨，柳元景率领轻装骑兵也赶到了陕城，投降的魏兵大多是河内人，柳元景责备他们说："过去，你们总是埋怨帝国的恩泽没有达到你们这里，无法归顺，如今你们却为敌寇尽力，这说明你们本来就没有从善之心。帝国军队将对归顺的予以拯救，对从恶的要加以诛灭，明白吗？"这些降卒均说："残暴的敌人逼迫我们前来，迟到的将会被灭门，作战之前，他们用鲜卑骑兵驱赶着各族的步兵，如果不从，先行诛杀，这些都是将军亲眼所见，并非我等胆敢背叛中国啊！"宋军众将均打算将这些降卒全部诛杀，柳元景不同意，他说："如今帝国军队正在北伐，应该让我们仁义之名为我们的军队开路。"下令将他们全部释放，家在关中的降卒，柳元景命令守关的宋军听任他们出关，听到柳元景的命令，这些降卒齐声高呼万岁而去。刘诞任命弘农刘宽纠为代理东陕城太守。

在陕城血战取得胜利的同时，西去潼关的宋将庞法起所部也取得了进展。在庞法起所部抵达潼关之前，建义将军、华山太守刘槐已经纠合义兵攻陷了潼关关城，但由于力量过于薄弱，又从关城撤离了，不久，庞法起所部即进抵潼关，刘槐与庞法起合兵一处，朝潼关再次发起进攻。北魏潼关守将娄须无力抵挡，望风而逃，庞法起和刘槐顺利占领了潼关。这时，北魏蒲城守将何难奉命在封陵堆构筑了三座大营，随时准备对庞法起所部发起进攻。庞法起留下少数部队驻守潼关，大部队一直向西进入关中，依托王镇恶和檀道济原来构筑的堡垒，给何难一个将要长驱直入、进攻长安的假象。何难果然上当，他命令魏军从封陵堆渡过黄河，试图切断宋军的归路，正当魏军渡河之际，谁知庞法起突然杀了个回马枪，他指挥宋军火速折返回来，纵兵临河朝魏军放箭，魏军又被打了回去。在宋军的感召下，关中各族民众纷纷响应，居住在山中的羌族、匈奴族部落也都前来表示归顺。随郡王刘诞又派遣扬武将军康元率领两千人从上洛（陕西省白河县）出发北上，接受柳元景的统领，增援鲁方平驻守的函谷关。

柳元景主力从函谷关方向撤离后，东路敌人扬言将再次西进，进攻函谷关。柳元景闻讯又率军回到白杨岭（今地不详，当在陕县以东地区），很快，他就得知东路魏军并没有到来，又赶忙率军回到了弘农。这是因为，当时宋军的军粮已经吃完，并且，作为宋军临时大本营的弘农非常空虚，柳元景已经得知北魏蒲坂镇将、泰州刺史杜道生已经率领西路魏军两万多人渡过了黄河，企图釜底抽薪，乘虚占领弘农。

当柳元景的这支宋军主力进入湖关口（今地不详）的时候，魏军已出现在一百二十里之遥的阌乡水（河南省灵宝市西双桥河）了。柳元景招募了1000多名敢死队，趁夜前去偷袭敌人，但不幸的是，这支部队竟然在深夜里迷了路，没有完成任务。等到天明，他们才折返回来，杜道生发现了这支宋军，立即命令精锐骑兵追击，企图将这支孤军射杀，不料，两军接战以后，这支宋军的战斗力非常惊人，竟将追击的魏军打散……

西路军虽然猛将如云，将士用命，连连取得大捷，但由于部队人数寡少，所处位置地形复杂，军粮难以为继，无法再有更大的突破，与魏军形成了相持，对东线也没有起到足够的牵制作用。

九一　元嘉草草（四）

就在宋军西路军鏖战之时，拓跋焘即决定在东路、中路对宋军发起大规模的反击了。魏军渡过黄河以后，高凉王拓跋那即率军朝青州方向进击，刘宋朝廷派遣通直常侍申恬与辅国将军司马、齐郡太守庞秀之一起驻守东阳城（山东省青州市）。萧斌派遣青州别驾解荣之率领垣护之回援申恬等人，部队沿着南山行军，进入城内。魏军清晨前来攻城，日暮即行退去，以防宋军偷营。城内守军将车辆推出北门外，环绕起来构筑成临时军营，将与魏军决一死战，魏军不敢进逼。五天以后，魏军继续向东深入，抄掠清河郡及驿道南数千家，从东安（山东省沂源县东南）、东莞（山东省沂水县）迂回向下邳而来。下邳太守垣阆闭城据守，保全了城内两千余家百姓。

魏军各军分道并进：永昌王拓跋仁（《宋书》记作“库仁真”，但误记为拓跋焘的从弟）率领关中之军八万骑兵从洛阳朝寿阳（安徽省寿县）方向攻击前进；尚书长孙真（《宋书》记作“步尼公”）率军直扑马头（安徽省寿县西北二十里淮河南岸）；楚王拓跋建率军朝钟离（安徽省凤阳东北）方向进击；高凉王拓跋那（《宋书》记作“阿斗泥”）从青州朝下邳（安徽省邳州市）方向前进；拓跋焘自己则率军从东平（山东省东平县）向邹山（山东省邹城）扑来。

此时，东路宋军大致可以分成两个集团：一是以历城为中心的萧斌兵团，包括驻守清口的申坦、垣护之所部和驻守碻磝的王玄谟所部；二是以彭城（江苏省徐州市）为核心的江夏王刘义恭、武陵王刘骏所部，这里是东中路的大本营，也是刘宋淮北地区最大的据点，屏护着淮河。中路宋军也可以分成两个集团：一是也已占领河南腹地，并兵临黄河岸边的梁坦、胡盛之、刘康祖各军，他们已经占领荥阳，并将魏军围困在虎牢关上；二是驻守寿阳的南平王刘铄所部，这里是淮河上游的重镇，也是北伐中原的策源地。

据《宋书·王玄谟传》记载："江夏王义恭为征讨都督，以为碻磝不可守，召令还，为魏军所追，大破之，流矢中臂。"就东路宋军来说，如果碻磝尚在宋军之手，从理论上讲，萧斌所部仍然有可能渡过黄河，扰动河北，而拓跋焘也许并不敢放心大胆地南下。由于史料缺乏，我们无法确切知道王玄谟撤离碻磝的具体时间，也无法推断出这与拓跋焘决策南下有无直接的关系，但是，《宋书·索虏传》在谈及此处时写道："……焘自碻磝，并南出"云云，这说明，拓跋焘是在王玄谟撤离碻磝以后，才敢于大胆南下的。另外，还有两条史料也值得我们高度关注：其一是《宋书·沈庆之传》的记载："庆之乘驿驰归，未至，上驿诏止之，使还救玄谟。会虏已至彭城，不得向北，太尉江夏王义恭留领府中兵参军。"由此，也许我们可以得出以下几点：一是滑台战后，沈庆之所部东宫禁卫军因故离开东路前线南撤，可能意味着滑台战败后，宋文帝在是否固守碻磝上有所摇摆，可能会从最初的固守碻磝、继续采取进攻态势，产生放弃进攻、转入防守的现实转变，也许正是这种转变导致了沈庆之的南撤，以巩固淮河南北的防御力量；二是刘宋帝国的指挥系统在大战面前出现了一定程度的混乱：开始，宋文帝要求固守碻磝，但后来，征讨都督刘义恭认为碻磝不可守，下令让王玄谟撤离，而此时，宋军已经失去了撤离条件，王玄谟所部在撤退途中被魏军击破，宋文帝得知后又立即命令沈庆之所部北上救援，信使往返之间，战机早已再次失去，魏军已经进抵彭城附近。其二是《宋书·臧质传》的记载，根据原来的计划，臧质是与骠骑司马王方回等人被划归中路战斗序列的，然而，臧质所部并未参加中路的战斗，当王玄谟久攻滑台不下的时候，臧质还请求宋文帝允许自己代替王玄谟担任攻城主将，但遭到了宋文帝的拒绝，据《南齐书·高帝本纪》的记载，臧质等军在北上途中，宋文帝听说拓跋焘已经兵向彭城，下诏命令臧质之军回军救援，当他们进至盱眙的时候，魏军已偷偷渡过了淮河。

无论如何，也许是拔掉了碻磝这颗钉子，让拓跋焘没有了后顾之忧，也许是拓跋焘敏锐地感到了即使留下碻磝，宋军萧斌也无意、无力骚扰河北，也许是拓跋焘刚狠的个性使然，正如他曾对宋文帝说过的那样："你愿意来平城就来，我去扬州"，让他不惜不要后方，大胆穿插，总之，从拓跋焘的作战计划上我们可以看出，他已经置东线萧斌所部于不顾，命令东路魏军直接朝彭城扑来。

邹山险固（山东省邹城市境内），有荣胡冢，宋军在此囤积了大量军粮，十一月五日，拓跋焘率领大军来到了邹山，其第四子燕王拓跋谭率军进攻，生擒刘宋鲁郡太守崔邪利，缴获了宋军30万斛大米。在这里，拓跋焘看到了为秦始皇歌功颂德的石碑，命人将其推倒在地；又派人用太牢（猪、牛、羊各一）祭祀孔子。拓跋焘第五子、楚王拓跋建，南康侯杜道俊（拓跋焘舅舅杜超少子）率军从清水（泗水）西进，驻军萧城（安徽省萧县西北），长孙真从清水东进，驻扎在留城（江苏省沛县东南），分别在西北、北面威胁彭城，而高凉王拓跋那之军则朝下邳（江苏省邳州市）方向而来，其目的非常明确，那就是要将彭城与淮南切断开来，也许，此时拓跋焘的打算是：先将驻守彭城的江夏王刘义恭和武陵王刘骏兵团吃掉，然后，再回头解决北面的萧斌兵团。

江夏王刘义恭派遣军主（领兵官）嵇玄敬和参军马文恭，分别率军前往留城和萧城侦察。萧城魏军偃旗息鼓，马文恭敌情不明，突然与魏军遭遇，离开汴水沿岸，朝南山而退，刚逃到山根，就被魏军骑兵包围，马文恭战败，仅仅独自生还；嵇玄敬所部同样与留城魏军遭遇，两军刚一接战，魏军即发现嵇玄敬所部后面还有一支军队，那是幢主华钦率领的后军。魏军以为宋军大队人马前来，即行撤离，朝苞桥（江苏省沛县西古苞河上）而来。等到魏军跑到苞桥，却发现桥梁已经被沛县居民提前烧毁，此时，已经是夜半时分，当地百姓在树林之中擂响战鼓，魏军惊慌失措，以为是宋军大队人马即将到来，个个争先恐后地跳入水中，河水很深，几乎一半魏军士兵被淹死。

当东路魏军朝彭城逼近的时候，西路魏军永昌王拓跋仁所部也来到了虎牢城下。正如拓跋焘的东线魏军置萧斌兵团于不顾一样，拓跋焘也让西路魏军主力置刘宋西路柳元景所部于不顾，全力打击中路宋军，以期与东线拓跋焘所部协同作战，夹击淮河流域的宋军。拓跋仁所部进抵虎牢城下，宋军到坦之即行败退，然后，拓跋仁乘胜南下，进攻悬瓠城（河南省汝南县）和定项城（河南省沈丘县），一举攻陷两城，活捉刘宋悬瓠城守将赵准，送往京师斩首。在西路魏军南下时，身为拓跋仁部将的吕罗汉与琅邪王司马楚之积极招诱当地刘宋百姓，投降北魏的刘宋百姓共有9000多家。

当时刘康祖率领的豫州部队尚在北上途中，宋文帝担心寿阳丢失，急令刘康祖率军返回。十一月十七日，拓跋仁率领八万骑兵在尉武（安徽省寿县西北数十里）追上了刘康祖之军，当时刘康祖所率之军仅有8000之众，且以步兵对骑兵，明显处于劣势，副将胡盛之建议部队依托山险，从山路撤回寿阳。听了胡盛之的话，刘康祖不禁勃然大怒，他说道："我奉皇上之命，要扫清黄河、洛阳地区，如今敌寇自己送上门来，不用再劳累我军，狗和羊虽然众多，但容易歼灭！我军武器精良，战士勇猛，距离寿阳才数十里地，援军很快就会到来，有什么可担心的！”于是，结成车阵，继续前进，传令三军：“敢回头看的，斩首！敢往后退的，砍脚！”

《兵法》云：“小敌之坚，大敌之擒也。”刘康祖忠勇可嘉，但恰恰犯了这个错误。刘康祖过高地估计了寿阳城内、时年二十岁的南平王刘铄的决心，当刘康祖在与魏军血战的时候，近在咫尺的寿阳军队却不敢出动一兵一卒！

魏军从四面八方朝这支宋军发起了强攻，宋军将士皆做殊死搏杀，从早晨一直杀到下午，斩杀魏军上万人，战场上真的是血流成河，惨不忍睹，战场上的鲜血竟然能够淹没战士们的脚踝！大战一日一夜，被杀死的魏军尸体堆积如山。魏军将部队一分为三，轮番休息、上阵。

夜幕降临，天上刮起了大风。

魏将拓跋仑（统万镇将）建议：“如今风力很猛，如果将推草车并排推进，乘着风势放火，再以精兵从后掩杀，一定能够击败宋军。”拓跋仁同意了。拓跋仑是拓跋珪堂弟、名将拓跋虔的侄儿。

魏军将推草车点燃，朝宋军车辆构筑的军营撞来，刘康祖指挥将士们随时填补被火焚烧的车辆，他身中十余处枪伤，却更加斗志昂扬，在他的激励下，宋军将士们无不以一当百，与敌人苦苦周旋，然而，刘康祖盼望的寿阳援军迟迟不到！

激战中，突然飞来一支流箭，洞穿刘康祖的脖颈，当即他从马上跌下来。看到主将战死，剩余的宋军将士们再也无法继续死战，各自逃命，但失去战斗力的散兵如何能逃出敌人的手心？8000人的部队全部被魏军斩杀，只有区区数十人侥幸逃归了寿阳。宋军副将胡盛之被魏军生擒，胡盛之也是一员猛将，过去，他曾奉命讨伐谯郡的土匪，土匪共有七十名，他冲锋在前，一人竟然独自斩杀了五十八人！胡盛之被俘后，深得拓跋焘的喜爱，将其作为贴身卫士，经常带在身边。但据《魏书·屈垣传附屈拔传》记载，胡盛之被俘后，似乎从魏军那里成功脱逃了，屈拔是死去的北魏中领军屈垣之子，胡盛之被俘后，拓跋焘让屈拔负责看管，可是屈拔酒醉致使胡盛之脱逃，拓跋焘闻讯大怒，下令诛杀屈拔。临行刑之际，拓跋焘痛心地说道：“如果神灵有知，死去的屈垣问朕他儿子的情况，朕将如何回答？”下令将屈拔赦免了。

在尉武还有宋军一支三百人的小部队。当初，南平王刘铄命令左军将军副参军王罗汉率领三百人驻守尉武东北的一个小堡垒，魏军大举前来，大家都想向南逃到小树林中自保，但王罗汉认为受命驻守此地，不同意离去。魏军很快歼灭了这支小部队，将王罗汉活捉，用铁索锁住他的脖子，命卫士官（三郎将）看守，夜里，王罗汉敲碎了看守的头颅，抱着铁索逃归了盱眙。

九二 元嘉草草（五）

尉武血战后，拓跋仁的魏军即朝寿阳扑来。

魏军从青冈（安徽省寿县西北）而来，屯兵于孙叔敖冢（此处可能是指寿县以西的安丰塘一带），分兵劫掠马头、钟离两郡。魏军将刘康祖的人头送到寿阳城内，颜面如生；魏军还把尉武之战中被杀的宋军将士们的人头，拖着头发绕着寿阳城转了三圈，然后，将人头堆积在寿阳城西，与城墙一样高！南平王刘铄下令将寿阳外城内的民居全部焚毁，固守不战。

当拓跋仁进抵寿阳城下之时，十一月二十六日，魏主拓跋焘率领东路魏军主力也来到了彭城城下，他下令在彭城城南的戏马台搭建了行宫，并登上亚父冢俯瞰城内。

彭城是淮北的核心，一旦失去彭城，淮北的青州、冀州、徐州、兖州四州之地将孤悬境外，失去是早晚的事情，而魏军将直接饮马淮河，刘宋防御态势将变得更加严峻，因此，在拓跋焘主力到来之前，宋文帝就曾多次给刘义恭写信，勉励他固守彭城，刘义恭当初答应的也挺好。但是，由于萧城拓跋建之军并未被宋军击退，而萧城距离彭城仅有十余里之遥，彭城宋军数量虽多，但粮食不足，太尉、江夏王刘义恭打算放弃彭城南逃。沈庆之认为历城萧斌那里兵少粮多，建议用两翼战车作为屏护，以精锐部队担任外翼，护送江夏王刘义恭和武陵王刘骏及其王妃、公主，北上历城，留下一部分军队交给护军将军萧思话，让其留守彭城。而太尉长史（刘义恭的长史）何勖却建议完全放弃彭城，全军一齐东逃到郁州（田横岛，在今江苏省连云港市东云台山一带，清代才与大陆相连），再从那里乘船南下建康。刘义恭本人已经决意离开彭城，但这两种意见迟迟无法统一。

安北长史（武陵王刘骏的长史）、兼沛郡太守张畅反对：“如果历城和郁州能够到达，下官岂有不赞成的道理！如今城内军粮不足，百姓们都有逃亡之心，只是因为城门紧闭，无法脱逃而已！一旦出城，大家就会一哄而散，各自逃生，想到历城、郁州，岂能到达！现在我们的军粮虽然不多，但尚不至于吃完，哪有丢掉万全之策去铤而走险的道理？如果大人决心离开，臣请求用臣脖子的鲜血污染大人的马蹄！”张畅，字少微，是张邵的侄儿，其父张袆就是不忍毒害晋恭帝司马德文而喝下刘裕给的毒酒的那位，张畅从小就与他的堂兄张敷、张演、张敬齐名，被誉为后起之秀。

武陵王刘骏听了，也对刘义恭说：“既然叔父是全军的统帅，是去是留，我无话可说，但是，我身为彭城镇将，损害帝国军威，使敌人长驱直入，已经深为羞愧了，如今再弃城而逃，实在是无颜面对皇上。我决心与此城共存亡，张长史的话不可不听啊！”刘骏话中有话，身为刘义隆之子的刘骏尚且这样表态，刘义恭当然不敢弃城，更何况出城之后，吉凶难测，于是，刘义恭这才决定继续留了下来。

当时，宋文帝刘义隆得知彭城缺粮，派遣亲信、员外散骑侍郎徐爰来到彭城，调查彭城所需粮食的确切数字，徐爰离去后，城内派出骑兵护送，拓跋焘得知后，即派遣数百骑兵前去追赶，徐爰差一点被魏军俘获。城内看到魏军追赶徐爰，担心徐爰被俘，朝廷不知彭城缺粮数字，且担心魏军得知城内缺粮的实情，刘义恭再次惶惶不安，打算离开彭城。不久，得知徐爰脱身，当日魏军大队人马也来到了彭城。

马文恭萧城战败后，队主蒯应被俘，当拓跋焘来到彭城城下后，就让蒯应前往小市门请求守军送些美酒和甘蔗，小市门城防队长梁法念回答：“我会及时向上级禀报的。”蒯应又向城内详细汇报了萧城战败的情况，梁法念询问：“魏主亲自来了吗？”蒯应回答：“是。”又问：“现在在哪里？”用手指指回答：“在城西南。”又问：“他带了多少兵？”回答：“四十多万人。”梁法念禀报后，武陵王刘骏同意了拓跋焘的请求，他说：“知道你们行路疲乏，送去两壶美酒、一百杆甘蔗，听说你们那里有骆驼，可以给我们送些来。”

第二天，拓跋焘登上亚父冢，派遣尚书李孝伯（李顺堂弟）再次来到小市门，说：“魏主对安北将军说，安北将军可以暂且出城，想与安北将军相见。我也不进攻此城，安北将军何苦让将士们在城头劳累。骡子、驴、骆驼都是北方所产，如今送来，并送些杂物。”又对小市门队长说：“既然有这些馈赠物品，你们可以到南门外收取。”

既到南门外，安北将军长史张畅在城上与李孝伯接洽。

李孝伯遥遥问张畅的姓，张畅回答：“姓张。”

李孝伯说：“那就是张长史了。”

张畅说：“你怎么知道？”

李孝伯说：“你声名远播，我岂能不知？”（《魏书·李孝伯传》记作：我们既然来到这里，岂能不知道？）

张畅反问：“你姓什么？担任什么官职？”

李孝伯答：“我是鲜卑，没有姓，况且不能说。鲜卑官职与你们不同，不是一时半会能说清楚的，但与你的大致相当。”（《魏书·李孝伯传》记作：我不过是军前一人，何足挂齿？不过也与你官职差不多。）又说：“我主有诏：‘太尉、安北将军可以暂时出城，与我相见，朕不会进攻彭城，何苦劳累将士，严加防备？’如今派我送来骆驼和貂裘等物。”

李孝伯又说：“为何匆忙切断桥梁、紧闭城门？”

张畅回答：“城内两位王爷因为魏主营垒还未修好，将士疲劳，城内有10万精锐战士，人人都想拼命，担心会出现意外事件，因此，才暂时关闭城门，休养士马，然后，选定战场，约定日期交战。”

李孝伯说：“令行禁止，这是为将的常识，正该用军法约束军队，何必要紧闭城门？孤城之内，何必要夸口有十万人之众？我这里也有良马百万匹，也以此与你相夸。”

张畅说：“王侯设置险阻，哪只有法令的道理。我如果夸口，当说有百万之众，之所以仅说十万人，这只是两位王爷平常豢养的将士而已。这座城内拥有数州的百姓都还没有提及。我们是与人相斗，不是与马蹄相斗，你又何必对我夸耀马蹄？”（《宋书·张畅传》称：“我本斗智，不斗马足。”）

李孝伯说：“你说王侯设置险阻，的确不假，但开关正常，何必堵死？切断桥梁又是为何？这实在是守城之军习以为常的事，在野外交战是我军所长，我依靠马匹，正如你依靠城池一样。”

城内有位叫具思的人，曾到过平城，认识李孝伯，他插话说：“李尚书一路劳顿了。”李孝伯回答：“这谁都知道。”具思说：“正是大家都知道，才向你慰问。”李孝伯回答：“谢谢。”

彭城开门后，张畅出城接受礼物，李孝伯说：“貂裘送给太尉，将骆驼、骡子、马匹赏赐给安北将军，葡萄酒和其他美食一并送上，由他们叔侄二人一起品尝。”拓跋焘又向彭城索要美酒和柑橘。

张畅说：“二位王爷尊敬地告诉魏主，知道魏主想与二位王爷见面，也愿意与魏主相见，但是，作为本朝臣子，位居一方大员，人臣无境外之交，因此，不容私下与魏主见面。且城防是为了防备万一，士兵们心悦诚服，不算劳累将士。太尉、安北将军得到了魏主的礼物，也知道魏主还需要柑橘。太尉还说北方寒冷之地，皮袄等物是你们用得着的，我们都不要了，还给你，螺杯、杂粽，是南方的特产，就送给你们了。”

刘宋方面还未给拓跋焘回复，拓跋焘就又派人给李孝伯，让他传话说：“我主有诏说：‘如今来的仅仅是骑兵，车辆还在后面，现在端坐在那里，无事可做，你们有赌博用具的话，可借我一用。’”

张畅回答：“借用赌博用具的事，我可以代为禀报。但是，需要指出的是，刚才你们与两位王爷的话，已经不很谦虚了，至于说‘有诏’这类话，只能在你国内称呼，岂能对我们说？”

李孝伯说：“诏书是发布指示，‘朕’的称呼是针对我说的，没有什么不同。”

张畅说：“如果言辞相通，就还继续谈判，刚才你的话，显示了贵贱不等。你再‘称诏’，我就不听了。”《魏书》删去了上述两句话。

李孝伯说：“你家太尉、安北将军是人臣不是？”

张畅回答：“当然是了。”

李孝伯说：“邻国之君为何不可以对邻国之臣称诏？”

张畅回答：“你们的主子对于中华百姓而言，尚且不能称作君主，何况面对我尊贵的王爷，岂能还自称邻国之君呀？”

《魏书》将上述两句改为：李孝伯说：“我朝廷拥有万国，率土之滨，莫不臣服，纵是邻国之君，怎么不能对邻国之臣称诏书呢？”

李孝伯又说：“太尉和安北将军年纪都很小，已经很久没有接到南方的音信了，肯定非常郁闷，假若想给南方写信的话，我们可以负责护送，假如需要马匹的话，我们也可以提供。”《魏书》在此仍然称诏。

张畅回答：“这里小路甚多，使者每天往复不断，就不麻烦你们了。”

李孝伯说：“我们也知道有水路，不过，似乎被白贼（指反抗刘宋的天师道徒）切断了。”

张畅说：“你穿着白色衣服，自称白贼啊。”

李孝伯大笑：“今天的白贼，似乎与黄巾、赤眉不同。”《宋书》记作：今天的白贼与黄巾、赤眉没什么不同。

张畅说：“我们江南没有黄巾、赤眉。”

李孝伯说：“虽然江南没有，但这里有。”《宋书》记作：江南没有，这里也没有。

张畅说：“青州徐州，确实有贼人，只是不是白贼罢了。”《魏书》将此句删去。

李孝伯又说：“刚才借的赌博用具，为何还不答复？”

张畅说：“两位王爷尊贵，要层层禀报，需要一个过程。”

李孝伯说：“周公握发吐哺，为何两位王爷独自尊贵？”

张畅说：“握发吐哺，那不是对邻国之人。”

李孝伯说：“对本国之人尚且如此，对邻国更应恭敬。并且，客人来了，主人要尽到地主之谊。”

张畅回答：“昨天看到客人来到我城门，好像也不是十分有礼貌。”

李孝伯说：“并非客人来得没礼貌，而是主人疏忽，没有招待客人。”《宋书》删去这一句话。

不久，赌博用具就送出来了，交给了李孝伯。

拓跋焘又派人让李孝伯说：“魏主告知安北将军：‘程天祚一江南寻常之人，前不久，在汝阳身中九枪，落到溵水之中，我们把他从水中托出。大凡人们骨肉离别，都想着要团聚，听说他的弟弟也在彭城内，为何不将他送出？何必要留他一人？’”《魏书》依然称“我主有诏”；程天祚善于针灸，他被俘后，拓跋焘非常喜爱，经常带在身边。

张畅回答：“知道你们想让程天祚兄弟团聚，已经要其弟弟前去，但他弟弟不同意。”

李孝伯说：“哪有弟弟听说兄长在此而不愿相见的？这是禽兽不如，难道你们国家的风俗就是这样？”《宋书》无此两句话。代之以程天祚的弟弟程天福对李孝伯说：“兄长受命在汝阳作战，不能以死报国，我们各在一国，无须相见！”

拓跋焘又给刘义恭和刘骏毛毯各一、食盐九种及胡豉，李孝伯说："我主有诏：'这些盐各有不同的用处：白盐是我主自己吃的；黑色的治疗腹胀，用酒水冲服；胡盐治疗眼疼；戎盐（《宋书》记作柔盐）不是吃的，用于治疗马匹的各种疮疤；赤盐、驳盐、臭盐、马齿盐四种，并非食盐。胡豉也可以吃。你们那里黄甘（柑橘的一种）比较多，可以给些。太尉、安北将军何不派人到我这里？彼此之情，虽然说不完，但主要是来看看朕的模样，知道朕的年龄，看看朕的为人。如果将佐不方便来，也可以派奴仆来。'"

张畅说："魏主如何，使者们早都说过；李尚书亲自充当来使，不用担心彼此说不清楚。"

李孝伯又说："魏主后悔刚才送来的马匹不是最好的，安北将军如果需要高大的骏马，我们会再送些，假如需要蜀地的马匹，也有上佳的。"

张畅回答："安北将军不缺良马，要送，那是你们的心意，可不是我们向你们索要的。"《魏书》删去上述两句。

宋军方面又送给拓跋焘十根蜡烛，一匹丝绸，并由张畅带去话："知道你们还需要黄甘，我们并不吝啬。只是送去一点也不足以让你们全军将士都吃到，刚才送给魏主的那些，应该已经够他一个人吃了，因此，不再送了。"

拓跋焘又让李孝伯向城内索要甘蔗和石榴。

张畅回答："石榴是出产在邺城，不是你家缺乏之物。"《魏书》删去。

李孝伯说："大人是南方的士人，为何要穿着草鞋？你这么穿，将士们会说什么？"

张畅回答："说我是士人，实在是有愧。不过，受命身在军中，容不得身穿宽袍便装。"

李孝伯说："长史，我是中州人，在北国生活久了，远隔中华之风，我们相去数步之远，也不能尽情，身边都是北方之人在监听我说话，长史应该对我很感激。"《魏书》删去此语。

李孝伯又说："永昌王一直镇守长安，如今率领八万精锐骑兵，直抵淮南，寿春也是闭门固守，不敢相抗。前几天，送去了刘康祖的人头，他们都看到了。我们对王玄谟也非常熟悉，也不过是一个平常之人而已，为何要让他带兵，结果闹到这个地步？自从我军进入你们国境以来，七百里之内，主人竟然无力抵抗。邹山险要，是你们的依托，前锋刚一交手，崔邪利就逃入地窖，被将士们拖了出来，我主饶他不死，现在军中；为何又考虑不周，派遣马文恭到萧县，望风溃逃。你们的百姓们对政府十分怨恨，总说和平时期征收他们的粮食布帛，等遇到战事，却不能拯救他们。”

张畅回答：“知道永昌王已到淮南，说刘康祖被他击败，我们的使者并没有传递你说的这些个消息。王玄谟不过是我国的一员偏将，够不上说他有什么才能，只是因为他是北方之人，让他率军作为向导而已。大军尚未到达，而黄河结冰了，王玄谟及时回军，这不算失算，只是因深夜撤离，军马惊扰罢了。我们的悬瓠小城，陈宪小将，魏主以倾国之力包围了数十天之久，还没有攻克；胡盛之一个偏裨小帅，没带多少军队，刚刚渡过翮水，魏国君臣仓皇而逃，仅仅保住一命，从这个角度说，滑台之事也没有什么。邹山小小堡垒，虽然也有些险阻，但附近居民大多是新近归附，还心存不轨，我们不过是让崔邪利前去安抚而已，如今再度丢掉，于我国家又有什么不利？魏主用了十万之众却拿到了一个崔邪利，又有什么值得炫耀的？前不久听说萧县百姓依托险要，我们顺便让马文恭率领十队去迎接他们，马文恭三队先头部队一出现，还让你们大营士兵都逃散了，嵇玄敬仅依靠一百艘小船进抵留城，魏军都大败而逃。两国交兵，当都要体恤百姓，魏军进犯，肆意施暴，事出我方意料，完全是你们无道，我国政府并没有辜负百姓，百姓们为何要埋怨？也知道你们进入我国七百里，之所以没有阻挡，正是太尉和武陵王的策略，军国大事虽然不是我能提前知晓的，但用兵之策，也容不得我告知你。”

李孝伯说：“你说这些空话来和我对答，可谓是闪烁其词，由此可知已经无话可说。我主并不会包围彭城，将亲自率领大军直抵瓜步山。南方一旦平定，此城不攻自破，如果南方不能平定，这里也不是我们想要的。我们将一直南下，饮马长江，解解口渴。”

张畅说：“是去是留，随便你。如果魏主能够饮马长江，那就没有天理了。你我各自回去复命吧。”此前，童谣称：“虏马饮江水，佛狸死卯年。”卯年，就是公元451年，即明年。

李孝伯说：“从北而南，全靠人力，饮马长江，为何独独就靠上天？”《宋书》无此语。

张畅与李孝伯均音容典雅，双方对对方都印象不错，张畅将要回城，李孝伯追上说：“长史多保重，你我相距只有几步，可叹却不能握手！”

张畅对李孝伯说：“希望我军能很快平定天下，我们在不远的将来能够再次相见。你如果能立身宋朝，这次将是我们认识的开始。”

李孝伯说：“恐怕没有这个日子。”《魏书》称：李孝伯说：“如今我先在建康等你吧，恐怕不久你们的君主和城内的两位王爷将自我捆绑着请罪，届时就没时间摆架子了。”

拓跋焘又向城内借箜篌、琵琶、筝、笛等器及棋子，刘义恭回答：“受命指挥军队，没有携带乐器，在此地举行宴会，使用的是本镇的歌女，有些乐器，也不错，就送给你了。”刘骏回答：“担任一方大员，对此无暇关注，前有诸王临别相赠有琵琶，可以送给你，棋子也一并送去。”

两国使者唇枪舌剑的背后，如何也掩饰不住双方的敌对情绪。不久，拓跋焘即下令魏军对彭城发起进攻，焚烧南城城门，张畅亲自率军抗击，魏军无法得手。

十二月一日，在彭城停留四天后，拓跋焘即决定离开彭城，率领魏军继续南下……

九三 元嘉草草（六）

拓跋焘命令三路大军齐头并进：东路由尚书郎鲁秀率领先锋朝广陵（江苏省扬州市）方向进击、由高凉王拓跋那率军进攻淮河下游重镇山阳（江苏省淮安市）；自率中军直扑淮河下游另一重镇盱眙（江苏省盱眙县）；命令西路拓跋仁率领大军离开寿阳南下，直扑横江（安徽省和县东南长江北岸）。魏军未带粮草，沿途烧杀抢掠，所到之处村庄全部被摧毁，百姓纷纷逃命，千里没有人烟。

十二月三日，刘宋京师建康戒严，四日，拓跋焘中路大军抵达淮河北岸。

前不久，宋文帝以臧质为辅国将军、假节、设置辅佐官，派遣他率领一万余人北上救援彭城，冗从仆射胡崇之兼任辅国将军府司马，以太子积弩将军臧澄之为胡崇之的副将，建威将军毛熙祚一并接受臧质的指挥。臧质是刘裕原配夫人臧爱亲弟弟臧熹的儿子；臧澄之是臧爱亲哥哥臧焘的孙子，是臧质的堂侄；胡崇之是原北秦州刺史，被魏军俘获后逃归；毛熙祚是毛修之的侄儿。按：毛修之就是在刘义真丧失关中被赫连夏俘虏的那位，后归于北魏，以善于烹调而深得拓跋焘赏识，宋文帝原来怀疑毛修之劝说北魏进攻刘宋，后来，毛修之叛逃北魏回到刘宋后，说明了实际情况，宋文帝才释怀。毛修之在北魏多养妻妾，生下了很多儿子，在南方他还有四个儿子，只有一个儿子毛法仁去了北魏，后为散骑常侍，以说话声音大而著称。

臧质的这支宋军刚至盱眙，拓跋焘已经渡过了淮河。据《南齐书·高帝本纪》的记载，当时，萧道成也在臧质的部队中，他与胡崇之等五军率领步骑5000为前锋。盱眙城东有高山，臧质担心敌人占据，即命令冗从仆射胡崇之、太子积弩将军臧澄之两军驻扎在东山（盱眙城东）之上，建威将军毛熙祚屯军前浦（盱眙城北），臧质则驻扎在盱眙城南。十二月十日，北魏燕王、拓跋焘第四子拓跋谭制造数千只木筏，偷偷从上游渡过了淮河，对胡崇之、臧澄之两部发起了突然袭击，胡崇之、臧澄之力战不敌，全军覆没。接着，魏军继续扩大战果，转攻毛熙祚部，毛熙祚所领均为北府的精兵，幢主李灌激励将士，与敌人血战，杀伤了很多魏军。队主周胤之、外监杨方生又率领射手齐射魏军，魏军眼看无法取胜，行将撤退，而恰在此时，主将毛熙祚战死，宋军一下子就乱了阵脚，一哄而散。当时，臧质看到魏军攻势甚猛，不敢救援，致使三座营垒均被魏军攻陷，宋军损失数千人，不是被杀就是投河淹死的。当晚，臧质军也随即溃散，丢弃了大量辎重、器械、重甲，他仅仅率领携带轻武器的一百多名贴身将士退入盱眙城内。（《宋书·自序》称，臧质搜集散兵一千余人进入城内。）

此时担任宣威将军、盱眙太守的是沈璞，他是宋初名将沈林子最小的儿子，也是《宋书》作者沈约的父亲。沈璞到任的时候，王玄谟尚在滑台，刘宋长江淮河防线并无敌情，但沈璞认为，盱眙地处淮河交通要道，必须未雨绸缪，做好战备，于是，他下令修缮城池，屯聚钱粮、食盐，积攒弓箭礌石，下属们都感觉做得有些过分，朝廷方面也不赞成。然而，不久魏军就大举南下了，刘宋淮河南北百余座城池，郡守大多弃城而逃，有人劝说沈璞也逃归京师，沈璞却说："敌人如果是数十万大军的话，绝不会顿兵一座小城之下，所以，没有什么可怕的。如果他们肉搏攻城，只能让他们死无葬身之地。你们大家何尝看到过数十万人聚集在一起而不失败的情况？昆阳之战、淝水之战均是如此，如今正是我报国之日，也是大家封侯之时！"大家看到沈璞神情自若，全家老少都在城内，于是也都放下心来。沈璞在城内招募了两千精兵，对大家说："足够了，只恐敌人不从我们这里经过啊。"臧质将要进城的时候，城内诸将不同意，他们对沈璞说："如果敌人不发起进攻，要这么多人也没什么用处，如果敌人攻城，城内也只能容纳现有的兵力，地方狭小而人数众多，没有不出意外的。况且，敌众我寡，这是人所共知的事，虽说是攻守态势不同，但也该粗略考虑一下强弱，知难而退吧，这也是用兵的关键。如果以臧质之兵能够退敌的话，则退敌的功劳就不全在我们，假若需要弃城躲避敌人，就需要有足够的船只，他们入城后只会自相践踏，反而会添乱。闭城不让他们进来，不是很好的吗！"沈璞叹息一声说道："说的不对啊，我给大家保证，敌人是无法破城的。筹备船只逃跑一事，早已不能再提了。今天我们面对的敌人非常残忍暴虐，古今以来从未有过，屠杀残害之甚，是我们大家亲眼看见的，被俘之人最好的下场不过是被人家掳掠作为奴婢罢了。臧质之军虽然是乌合之众，他们能不害怕这种下场吗？正所谓的'同舟共济，胡越之人也会同心’。如今，我们人多一点，敌人就会撤退得快些，我们人少则敌人就会撤退得慢，我难道会为了贪功而纵容敌人吗？”于是，他下令开门让臧质入城。臧质进入城内后，看到城池坚固，军民团结，鱼米丰盛，武器堆积如山，不禁大喜过望，随从齐声高呼万岁，坚定了固守盱眙的决心。

魏军历来行军打仗不带粮草，南下以来，一直是因粮于敌，以抢掠补充自己，但是，等他们渡过淮河以后，淮南各地军民早已坚壁清野，藏匿起来，魏军抢掠不到粮食，人困马乏。他们听说盱眙城内囤积了大量粮食，打算攻下盱眙，作为后撤时的据点。攻破胡崇之等军以后，魏军尝试着对盱眙城发起了一次进攻，但无法攻破城池，拓跋焘只好命令部将韩元兴率领数千魏军守在盱眙近郊，而魏军主力大军则继续南下，这也让盱眙城有充分的时间继续加强工事。

十二月十五日，拓跋焘率领40万大军进抵瓜步山（江苏省南京市六合区东南），与建康城仅一江之隔，拓跋焘下令拆毁居民房屋，砍伐芦苇，在滁河河口制造木筏，声言将要强渡长江。原进攻山阳的高凉王拓跋那之军、进攻广陵的鲁秀之军和进攻横江的拓跋仁之军也于同日兵临长江，一时间，建康城内人心惶惶，百姓们皆挑着担子忘记了行路，遥望长江对面，只要魏军一旦过江，拔腿就跑。

针对日益严峻的局势，宋文帝召集刘宋群臣商议对策，最终采取了以下应对措施。

一是大赦，实施戒严，并征召军队。十二月二十七日，宋文帝下令建康城内实施戒严，首都境内的青壮年全部征召入伍，包括帝国所有的王公大臣们的子弟。

二是重新部署长江防线。当初，领军将军刘遵考与臧质一样奉命北上援救彭城，部队行抵小涧（疑为小涧集，在安徽省蒙城县西北二十五里涡水北岸，近涡阳县）时，魏军切断了前进的道路，被朝廷召回。此时，十二月二十七日宋文帝命令他与左军将军尹弘防御横江方向，少府刘兴祖（刘裕姨表兄弟刘怀慎次子）驻守在白下（江苏省南京市金川门外，幕府山南），建威将军、黄门侍郎萧元邕守禅洲（江心洲，在南京西北长江中），羽林左监孟宗嗣（孟怀玉之孙）守新洲（江心洲，在今南京市北长江中）上游，建武将军泰容守新洲下游，征北中兵参军事向柳（向靖之子）守贵洲（江苏省镇江市西北长江中），司马到元度（到彦之之子）守蒜山（长江南岸，与贵洲相对），咨议参军沈昙庆（吴兴沈氏）守北固（江苏省镇江市北），尚书褚湛之（宋文帝妹夫、其姑为晋恭帝司马德文皇后）先行京陵，就地驻守西津（江苏省镇江市西北西津渡口），徐州从事史萧尚之（萧道成伯父）守练壁（江苏省镇江市丹徒区东南），征北参军管法祖守谯山（江苏省镇江市东北），徐州从事武仲河守博落（今地不详），尚书左丞刘伯龙（《后汉书》注者刘昭祖父）守采石（采石矶，安徽省马鞍山市西南）。太子刘劭领军镇守石头城，统一指挥水师，宋军水师战舰上起于湖（安徽省当涂县），下至蔡州（石头城西长江中），进行巡逻；从采石矶到暨阳（江苏省江阴市境），在这长达六七百里的长江江面上，战舰布满江面。丹阳尹徐湛之驻守石头城内的仓城，这里囤积了大量军粮，吏部尚书江湛兼领军将军，京师的军事部署全部由其负责。战舰装备等由都水使者乐询、尚书水部郎刘渊之负责。按：以徐湛之与太子刘劭分守石头城，除了对付拓跋焘之外，宋文帝尚有提防太子刘劭的意思。

三是悬赏斩杀拓跋焘。刘义隆下令，凡是能够斩杀拓跋焘的，封八千户开国县公，重赏布帛丝绸各一万匹，金银各一百斤；斩杀拓跋焘之子、北魏相国、兵团司令的，封四百户开国县侯，布绢各五千匹；其余人员赏赐不等；又招募勇士潜入江北，在空无人烟的村庄里放置毒酒，想毒死魏军，却没有成功。

四是疏散江北流民及船只。宋文帝听说魏军大举南下的消息后，即下令焚烧了长江以北广陵的船只，并让广陵、南沛二郡太守刘怀之率领军民全部渡过长江。拓跋焘本来派鲁秀进攻广陵，就是想攻下广陵，夺取渡江船只，但由于宋文帝提前做出应对措施，使得拓跋焘的如意算盘落空了，同时，广陵与京口之间的江面宽阔，江水湍急，巨浪滔天，并且，海陵（江苏省泰州市）一带布满沼泽，不利于骑兵作战，于是，鲁秀只得退回。拓跋焘命令拓跋那进攻山阳，也是这一同样的目的，但山阳太守萧僧珍也提前做好了应敌准备，他将周边居民及流亡到此的群众全部集中到城内，朝廷本来送给盱眙的军需物资，由于魏军已控制了通往盱眙的交通线，也暂时留在了山阳，还有供应数万人使用的攻城器械，本是补充围攻滑台王玄谟之军的，也中途留在了这里。山阳城内将近一万户百姓，战士有5000多人。山阳城数里之遥有一个叫白米陂的水坝，萧僧珍引水将其注满，只等魏军到来，就要水淹敌军，因此，拓跋那到此也不敢久留，仓皇而去。

五是下诏命令西路军撤离魏境。东路和中路宋军失败以后，宋文帝认为西路军柳元景所部不宜孤军作战，即下令班师。其实，此时的西路军虽然战果辉煌，但也因粮草和兵员问题显得捉襟见肘了，接到宋文帝的命令后，柳元景即命令薛安都和宗越两员猛将断后，他自己则率领众将从湖关越过白杨岭，朝长洲（今地不详）方向撤退。庞法起率部从潼关向商城（陕西省商洛市商州区西南），与柳元景所部会师，庞季明则率部从胡谷（今地不详）南归，各路军马在撤退过程中均得胜而归，旌旗飘扬，将士们精神抖擞。安全回到襄阳后，刘诞登上城楼望见凯旋的将士们，他骑马出城远远迎接柳元景，下马与他攀谈。宋文帝加封柳元景为宁朔将军、京兆、广平二郡太守，在樊城专门给他修筑了府邸，任命庞季明为定蛮长，薛安都为后军行参军，鲁方平为宁蛮参军。

六是做好最坏的打算，撤退到三吴一带。据《魏书》记载“义隆大惧，欲走吴会”。这可能是魏国的自夸之词，但作为因应之策，宋文帝不会不有所考虑。

九四 元嘉草草（七）

拓跋焘下令在瓜步山上修筑盘山路，在山顶之上修筑行宫，遥望对岸。

据《魏书·天象志三》记载："十二月，六师涉淮，登瓜步山观兵，骑士六十万，列屯三千余里，宋人凶惧，馈百牢焉。"据此，饮马长江的魏军人数高达六十万人之众，但是这也许有所夸张，因为，如果蒯应和李孝伯所言属实的话，拓跋焘的中军是四十万人，这里应当包括拓跋那、鲁秀及拓跋焘参战诸子所领之兵，加上西路拓跋仁所率的八万人骑兵，人数当为四十八万人，但是尉武血战魏军死伤一万多人（《宋书》称"其士马死伤过半"），再考虑到其他伤亡、非战斗减员以及蒯应、李孝伯可能存在的夸张因素，魏军此时的兵力当在四十万人左右。至于拓跋焘在发兵以前征召各郡的五万人兵马，已分配至各军，不应重复计算，应付刘宋西路柳元景的三支人马共计五六万人，并未南下，也不应计算在内。即便是这样，四十万人大军麇集在淮河到长江之间狭窄地带，还是非常震撼的。

拓跋焘遥望滚滚的长江水，回顾自己身后的四十万人大军，只能望江兴叹！这里不同于冬季结冰的黄河，魏军骑兵可以踏冰而过，灭掉夏国。再看看长江江面上穿梭不定的宋军战舰，他也深知，这里不是毫不设防的淮河，岂能不知小小的木筏绝对是难以飞渡的！魏军虽然横扫刘宋江北国境，但魏军一直未能强攻下一座像样的城池，虽然在野战中击败了王玄谟，一路之上如入无人之境，但尉武血战也充分显示了宋军的战斗力，如果不能趁着魏军军锋正锐，迅速渡过长江，一举拿下建康，则淮南之地对于魏军而言，绝非久留之所。魏军渡过淮河以后，曾占领刘宋平越、石鳖两个囤粮基地，但两地之粮很快就被大军吃得差不多了。如今，淮河南北残破不堪，早已无粮可吃，不仅如此，拓跋焘自己连刘宋国内的饮用水都不敢喝，用骆驼带来黄河以北的水，一头骆驼可以背负三十斗水。况且，魏军从九月出征以来，已经过去四个月了，转战四五千里，已经是人困马乏了。在这种情况下，要么魏军在此逐一攻下淮南各城，夺取宋军的粮食，但宋军各个城池均坚守不战，淮南地区又沟渠纵横，让缺乏攻城器具、不善攻城的魏军屯兵于各个坚城之下，这对善于以己之长攻敌之短的拓跋焘来说，根本无法接受；一旦宋军从最初的恐慌中苏醒过来，利用水军占领淮河各个水路要道，后果将不堪设想。拓跋焘已经非常清楚地看到了魏军无法渡过长江的前景，那么，如今最好的办法就是见好就收，安全撤离，而要想达到这一目的，就是以战促和，以威逼和。拓跋焘在瓜步山举行大规模的阅兵仪式，正是欲达到这一目的所采取的措施之一。

拓跋焘的措施立即出现了效果：宋文帝登上石头城，看到一眼望不到边的魏军，面露忧色，他对江湛说："北伐之计，赞同的少，如今百姓劳累怨恨，不能不心生惭愧，给群臣平添了忧愁，这都是我的过错。"又说道："檀道济如果还活着，岂能让胡马来到这里！"他又登上幕府山观望对面的形势。

很快，拓跋焘就采取了第二步措施：主动向江南派遣使者，提出和解的请求。北魏使者向宋文帝带去了骆驼和名马，提出恢复和平、两国结亲的要求。宋文帝派遣奉朝请田奇渡江给拓跋焘送去各种美味，拓跋焘抓起送来的黄甘，即大口吃了起来，还把宋文帝送来的酃酒（产自湖南省衡阳市的美酒，为中国最早的名酒）拿来就喝。身边的人怀疑食物中有毒，附在拓跋焘的耳边低声提醒，拓跋焘顾不上说话，只是用手指了指天。猛吃一番后，他将十一岁的孙子拓跋浚拉到身边对田奇说："我来到此地，不是为了建功立业，实在是贪图为这孩子结亲，继续我们两国的和好关系，永远结成亲家，宋国如果能答应将公主嫁给我这个孙儿，我也同意把女儿嫁给武陵王刘骏，自今以后不会侵犯分毫，一匹马也不再向南。"

田奇回来复命后，宋文帝即召开由太子刘劭和群臣参加的会议，商讨对策。群臣均说应该答应拓跋焘的要求，只有江湛反对道："夷狄无信义，不讲亲情，答应他们也没有什么用处。"太子刘劭顿时就火了，他本来就反对北伐，如今这次北伐搞得乌烟瘴气，他实在是忍无可忍，声色俱厉地对江湛吼道："如今三位王爷都深陷危境，岂容你提出反对意见！"散会后，余怒未消的刘劭命令佩戴木剑（班剑）的武士和贴身亲随，冷不防地上前推搡江湛，江湛差一点被撞倒在地。太子刘劭还对宋文帝说："北伐失败，自取其辱，数州沦陷，只有斩杀江湛和徐湛之方可以向天下人谢罪！"宋文帝回答："北伐本来就是我的主意，江湛和徐湛之只是不持异议罢了。”一句话把刘劭顶了回去，不过，自此刘劭与宋文帝身边的两个红人江湛和徐湛之结下了怨恨。他经常对宋文帝说：“江湛就是个奸佞小人，不宜亲近。”以后刘劭设宴，再也不请江湛了。

《魏书·世祖本纪》称，“甲申，义隆使献百牢，贡其方物，又请进女于皇孙以求和好。帝以师婚非礼，许和而不许婚，使散骑侍郎夏侯野报之。诏皇孙为书致马通问焉。”甲申是这一年的十二月二十九日，此时，距离拓跋焘抵达瓜步山已经十五天了，这一天当是田奇过江与拓跋焘接洽之日。《魏书·岛夷刘裕传》另称：“义隆遣黄延年朝于行宫，献百牢，贡其方物，并请和，求进女于皇孙。世祖以师婚非礼，许和而不许婚。”宋使名字不同，当是两次出使人员不一致所致；百牢，是一百个太牢之意，即牛猪羊各一百头。《魏书》言之凿凿说是刘宋主动要求将公主嫁给皇孙拓跋浚，而拓跋焘以为双方在战争状态下结为亲家不合适，所以，只答应和解而不同意结亲。从当时的情况来看，《魏书》的这一说法大约是不真实的，以宋文帝的性格和当时的国内舆论，也都不允许在屈辱之上再添屈辱，与敌寇结亲，而真实的情况可能是：宋文帝也知道魏军出现了军粮问题，感觉魏军既难以渡过长江，又无法在淮南久留，于是，他故技重演，推推拖拖，最终没有同意拓跋焘的要求，这让拓跋焘脸上非常难看，也直接导致了魏军北撤时掳掠了大量刘宋百姓。

总之，双方并没有结为亲家。

即便如此，拓跋焘还得按计划撤离，元嘉二十八年（公元451年，辛卯年）一月一日，拓跋焘在瓜步山上大宴群臣，按照功劳大小，分别对二百多人都加了官、晋了爵。魏军沿江高举烽火，太子右卫率尹弘对宋文帝说：“敌人如此，看来一定是要撤退了。”果然，第二天，魏军焚烧房舍，劫掠淮南民众，从瓜步山北去。

魏军北撤，让建康解除了眼前之危，但这次北伐惨败对刘义隆本人所造成的影响难以估量，北伐因其而兴，长期以来的繁荣也因其轻率决断而被毁掉，他的个人威信也随之降到了历史最低点。除了做好善后事宜，他立即想到了一个人——那就是被他废为庶人的四弟刘义康。刘义康奠定了元嘉之治的基础，而他刘义隆如今却给帝国百姓带来了灾难，人们会怎么想？三年前，胡诞世谋反就以刘义康为名，当时，刘义恭等人就曾汇报说刘义康常有怨言，对家人发牢骚，对外人搞煽动，因此不法之徒才会生出侥幸之心，请求将其再度流放到偏远的广州。宋文帝当时也打算同意，先派人给刘义康透信，但刘义康愤激地回答："人谁都会死，我岂能贪生！如果我注定会被人利用，去搞政变，流放再远，又有什么用！我请求在此地被赐死，不愿再受一次流放的耻辱了！"虽然刘义康这样说，但宋文帝还是批准了将其再度流放广州的意见，任命安成公相沈邵负责，恰巧沈邵病死，再加上朝廷一直忙于北伐，这件事就给耽搁了下来。魏军进抵瓜步山，帝国上下人心浮动，随时都会发生叛乱，太子刘劭和尚书左仆射何尚之屡屡建议应该早早决定处置刘义康，宋文帝也担心有人会趁机拥戴刘义康造反，于是，他派遣中书舍人严龙携带毒药前往安成郡，将刘义康赐死。刘义康素来信奉佛法，拒绝服毒自杀，他说："佛法认为自杀之人转世不能再托生为人，你随便杀了我吧。"严龙用被子将其捂死，终年四十三岁——与其父刘裕暗害东晋恭帝司马德文何其相似！

拓跋焘吃饱喝足，匆匆北撤，他率军先到广陵，将广陵一万多家居民掳掠一同北返，本来打算从山阳直接北上，但他们发现山阳宋军兵精粮足，不敢停留，于是，转而决定再折向西，从盱眙老路渡河北上。然而，让拓跋焘始料不及的是，盱眙城内居住着一个无厘头人物，几乎把拓跋焘气疯了……

此人便是刚刚从百姓之身被任命为辅国将军的臧质。

九五 元嘉草草（八）

臧质绝对是一个个性鲜明的怪人。

此人我们多次提及，在此不妨归纳一下他的特点：一是容貌丑陋、身材短小。身高六尺七寸，合1.64米，秃顶，卷发，颧骨突出，牙齿外露。二是年少不学无术，长大才学习，但一学就会。年少时就喜欢赌博、四处闲逛，直到三十岁了才读书，可是他一学就通，写起公文来非常老到，还喜欢谈兵。三是奢侈浪费，口无遮拦，不知检点，仕途起伏不定。臧质因是刘裕原配臧爱亲的外甥，年少即身居高位，但由于他与刘湛、范晔、徐湛之等人关系密切，总是被人弹劾。当刘义恭下属时，以“轻薄无检”被召为给事中；当徐兖二州刺史时，以“在镇奢费，爵命无章”被免官；范晔谋反案，多少又影响到他；拓跋焘第一次围攻汝南，他领兵救援，魏军退后，就势讨伐山蛮，又因“枉杀队主严祖，又纳面首生口，不以送台”而被免官。而正是这个人，让本来心情甚好的拓跋焘气得半死。

相对山阳而言，盱眙不过是小城，城内驻军仅有3000余人，魏军到达盱眙城下后，为了夺取北返的军粮，开始对盱眙城发起了猛烈的进攻。像往常一样，拓跋焘在攻城之前，还要儒雅一番，他派人请求臧质给自己送点美酒喝，自从进入刘宋帝国境内，先是有彭城城下敌我双方含沙射影的口水仗和脉脉含情的交换礼物，再就是瓜步山上恩威并用的谈判和再次彬彬有礼的辞令，这都让拓跋焘心理上获得了极大的满足，仿佛真的一下子把自己和自己率领的军队从野蛮带到了文明，让他觉得与刘宋军队过招真的很过瘾。然而，当他接到臧质送来的一坛“美酒”，打开瓶塞准备大口享用的时候，他惊奇地发现，里面竟然装满了一坛臧质的屎尿！这里难道不是刘宋帝国的城池？城内不是文明的刘宋帝国将领？你们的皇帝，你们的太尉，你们的武陵王是那么文明，你一个小小的臧质竟然如此“粗野”！这是无言的鄙夷和侮辱！他拓跋焘哪里受过如此的待遇！

暴跳如雷的拓跋焘立即命令魏军在盱眙城外构筑长长的围墙，将盱眙城完全包围了起来，在拓跋焘的严令之下，魏军一夜之间即将长墙建成。与此同时，他还下令魏军将东山上的土石运到城下，开始填埋壕沟，并在盱眙城东北的君山架设浮桥，切断城内与外界的水路通道。拓跋焘给臧质写信道："我如今征发的军队都不是我鲜卑人，城东北是丁零和匈奴人，城南是氐族和羌族人，假设丁零人战死了，正好可以减少常山郡和赵郡的蟊贼；匈奴人死了，减少并州的蟊贼；氐族和羌族人死了，减少关中的蟊贼。你就是杀了他们，对我没有什么害处。"臧质回信道："我看了你的信，完全了解你的奸诈之心。你小子依靠你有四条腿，屡屡侵犯我国边境。王玄谟在东面败退，申坦在西边败退，你小子知道是为什么吗？唯独你小子没有听说那句童谣？只是卯年未到，所以，我们才让这两支军队给你打开饮马长江的道路罢了。这是冥冥之中早已注定的事，无法逃脱。寡人受上天委派要灭了你小子，本来定好了在白登山搞定，部队出发不久，你小子竟然亲自来送死，我岂能容你活着回到桑干河？你小子幸运的话，会为乱兵所杀，不幸的话，会被老子活捉，用一头毛驴拉着，用铁索捆绑到街市上斩首！老子本来就不打算落得个全尸，如果上天无灵，被你小子打败，随便你把老子切成小块，碾成粉末，屠杀、车裂，都无所谓。你小子的智慧和兵力能超过苻坚吗？如今，春雨已经到来，我军部队正在集结，你小子只管专心致志地进攻我这盱眙城，千万别急着逃走！军粮不足，你尽管告诉我，我自会打开粮仓接济。最后，你奉送给老子的宝剑，我收到了，难道你是想让老子拿着这把宝剑腰斩你吗？"臧质的信中还引用了北魏方面的童谣："轺车北来如穿雉，不意虏马饮江水。虏主北归石济死，虏欲渡江天不徙。"来诅咒拓跋焘。他还给魏军将士们写了一封公开信，他写道："告知你们大家：佛狸刚刚给我的信上，如此这般对待你们，你们都是中国之民，为何自取灭亡，还为他卖命，难道不知道转危为安、转祸为福的道理吗？"他还将朝廷颁布的赏赐规格也都写到了信上，还增加了标准："斩佛狸人头，封万户侯（朝廷说的是八千户），赏赐布帛、丝绸各一万匹。"看了臧质的书信，拓跋焘气得直哆嗦，他下令打造一座铁床，上面布满铁钉，咆哮着说道："城破之后，活捉住臧质，我将让他坐在这上面好好玩玩他！"

魏军开始对盱眙发起猛攻。

他们用钩车钩住城楼，想将城楼钩塌，城内守将则用铁环制成巨型锁链拴住钩车，数百人呐喊着向后牵引，钩车无法后退。等到夜里，守军从城内悬下木桶，桶内藏着壮士，将钩车的钩子砍掉，并将钩车缴获。第二天，魏军又用冲城车猛撞城墙，但盱眙城墙土质细密坚硬，冲车每次撞击，仅仅撞落数升城墙上的泥土。眼看无法得手，拓跋焘下令魏军强行攀登城墙，部队轮番上阵，掉下梯子再重新攀爬，无人敢退缩。守军拼死苦战，杀死魏军一万多人，魏军尸体堆积得与城墙那么高。战斗异常惨烈，《南齐书·高帝本纪》也记载："太祖（萧道成）还就质固守，为虏所攻围，甚危急。"就这样，魏军一直在盱眙城下强攻了整整三十天，却一直无法攻破城池，而且，在这场惨烈的战斗中，魏军大将、散骑常侍、殿中将军长孙真也被宋军杀死。这时，魏军军中又发生了传染病，有细作报告说建康方面已经派出战舰从东海进入淮河，并命令彭城守军将切断魏军归路。拓跋焘意识到再拖延下去，后果不堪设想，二月二日，他下令焚烧攻城器具，仓皇渡过淮河退去。盱眙军民跃跃欲试，打算追击敌人，沈璞说："如今城内士兵不多，又都是新近招募的，虽能固守，但不可出战，只有整顿船只，做出将渡河穷追的样子，让他们赶快逃命，不用真的去追赶。"大家都表示赞同。

盱眙大捷后，臧质认为沈璞是一城之主，应该由其向朝廷上报捷报，但沈璞坚决推辞，将功劳记在臧质的头上，宋文帝听到后，对沈璞更加敬重。

魏军途经彭城时，江夏王刘义恭害怕得不敢出击。有人报告说："敌人驱赶一万多南方百姓，傍晚将在城外数十里的安王陂宿营，今天追击，还能救回他们。"诸将纷纷请战，但刘义恭不从。第二天，宋文帝命令彭城守军截击魏军的诏书送到了彭城，此时，魏军已经走远，刘义恭这才命令镇军将军司马檀和之向萧城方向追来。魏军闻讯，将这一万多南方百姓悉数屠杀后，仓皇离去。

在拓跋焘北返途中，程天祚趁着拓跋焘大醉，假装奉命督促后军，偷偷离开了拓跋焘身边。一路上，他对后面上来的魏军，随便找个毛病，都给予一个小小的惩处。魏军将士都知道程天祚深得拓跋焘的喜爱，都害怕得罪了他，因此，他一路南来，无人敢问，这才得以顺利逃归宋国，回来后，程天祚被任命为山阳太守。

二月二十四日，拓跋焘渡过了黄河。

二月二十八日，宋文帝摆驾渡过长江，来到了瓜步山上，同日，京师建康解除了戒严。

三月一日，宋文帝回到了宫中。

三月十五日，拓跋焘回到平城，履行向祖宗报告的程序，将五万多家投降的南方居民分配在平城周边地区。

至此，这场持续半年的南北大战彻底落下了帷幕。

我们无法知道宋文帝刘义隆登上瓜步山上，俯瞰满目疮痍的淮南之地会是什么样的心情，是沉痛，是悲凉，是惭愧，抑或庆幸？站在不同的角度，南北双方对这次魏军南侵所造成的危害作出了不同的描写：《宋书·索虏传》“史臣曰”：“至乃连骑百万，南向而斥神华，胡旆映江，穹帐遵渚，京邑荷檐，士女喧惶。天子内镇群心，外御群寇，役竭民徭，费殚府实，举天下以攘之，而力犹未足也。既而虏纵归师，歼累邦邑，剪我淮州，俘我江县，喋喋黔首，跼高天，蹐厚地，而无所控告。强者为转尸，弱者为系虏，自江、淮至于清、济，户口数十万，自免湖泽者，百不一焉。村井空荒，无复鸣鸡吠犬。时岁唯暮春，桑麦始茂，故老遗氓，还号旧落，桓山之响，未足称哀。六州荡然，无复余蔓残构，至于乳燕赴时，衔泥靡托，一枝之间，连窠十数，春雨裁至，增巢已倾。虽事舛吴宫，而歼亡匪异，甚矣哉，覆败之至于此也。”淮河南北数十万户刘宋军民，生还的不足百分之一；壮丁被魏军一律杀死，年幼的被掳掠为奴，千里之内不再有鸡鸣犬吠之声；千村百落全部被夷为平地，侥幸生还，战后回到家乡的满眼是堆积如山的骸骨；春天飞回的燕子再也找不到故巢，只得在树上筑新巢，一条树枝上竟一连筑了十几个鸟巢，春雨一过，鸟巢压断树枝，掉到了地上。史书描绘的惨状让人耳不忍闻。《资治通鉴》也称：魏军连破“南兖、徐、兖、豫、青、冀六州，杀掠不可胜计，丁壮者即加斩截，婴儿贯于槊上，盘舞以为戏。所过郡县，赤地无余，春燕归，巢于林木。魏之士马死伤亦过半，国人皆尤之”。刘宋“自是邑里萧条，元嘉之政衰矣”。

对于魏军的战果及损失，《宋书》说：“焘凡破南兖、徐、兖、豫、青、冀六州，杀略不可称计，而其士马死伤过半，国人并尤之。”《宋书·鲁爽传》实录的鲁爽投降刘宋时给南平王刘铄的信中也说：拓跋焘“自盱眙旋军，亡殪过半，昏酣沉湎，恣性肆身”。均指出了魏军北撤时死伤大半的情况，应当是真实的，这大约是西线战斗、尉武野战、盱眙攻坚战中战死、瘟疫死亡人数。《魏书》称，（魏军）“尽举淮南地，俘之以归，所夷灭甚众”“淮南之民皆诣军降”“其江北之民归降者数十万计。凡克南兖、豫、徐、兖、青、冀六州，其军锋杀掠不可胜算。时义隆江北萧条，境内骚扰”。

虽然表述各有侧重，但大体可以肯定：一是魏军进入刘宋国境后实施了恐怖屠杀的政策，完全没有欲长期占领该地“吊民伐罪”的姿态，这只能出于两种可能：1. 拓跋焘发动这场战争出于对刘宋北伐的报复，是基于以攻为守策略而进行的反击，并无统一中国、占领江南的打算，这一点无论从他给宋文帝的恐吓信中，还是以当时北魏对南下的准备程度上均可以看出。2. 随着战役的推进，万一能够突破长江防线，拿下建康的话，拓跋焘当然不会谦虚，以恐怖政策震慑刘宋军民，这也符合魏军"捣其腹心"的习惯。二是魏军起码掳掠了五万户刘宋平民，以一户五口计算，人数达二十五万人之多，而六州原有的数十万户上百万人中的大部分都被魏军屠杀了。三是魏军也死伤惨重。但即使是这样，魏军也是赢家，这是因为：战火主要在刘宋土地上点燃，对于刘宋综合实力的打击是非常大的，这与进攻方仅仅死伤一些兵员不可同日而语；刘宋西路军虽然取得了局部战场的胜利，但战区并非北魏富庶地带，且西路军只能说稍占上风而已，对北魏军力国力并无太大的打击，但由于盱眙之战持续达一月之久，数十万魏军不仅没有拿下盱眙，补充本已缺乏的军粮，相反还造成了大量战斗死伤，更重要的是，我们还可以想见饥馑也更为严重了，再加上瘟疫流行，造成了更大的非战斗减员，因此，统算起来，魏军的胜利也应该是一场惨胜，这场战争也可以说没有赢家，虽然范文澜先生说"鲜卑人从来没有遇到这样的死伤，此后害怕同南朝作战"有些夸张，但这话放在此后的一二十年间里还算是实情。

九六 元嘉草草（九）

经历了这场浩劫，刘宋帝国遭到了沉重的打击，战后，宋文帝即采取了以下措施。

一是恢复生产。就在宋文帝登上瓜步山前八天，即元嘉二十八年（公元451年）二月十九日，他下诏称："夷狄猖獗，兵灾绵延数州，每当想及此事，昼夜我都会感到痛心。凶狠的敌人遭到了挫败，远远遁逃，受到伤害的百姓，要及时赈济。凡是受到侵害的州郡百姓，要及时回到故里，掩埋尸体，政府要组织赈济灾民。春耕开始了，务必督导农耕生产，需要给农户借贷种子等，条件要尽量优厚。流落到长江、淮河流域的流民，允许他们留在当地，并免除他们的赋税。"同年年底，宋文帝命令沈庆之将彭城的数千家流民迁徙到瓜步（江苏省六和县境），征北参军程天祚将江西（长江以北、淮河以西地区）流民数千家迁徙到姑熟（安徽省当涂县）。

二是厉行节约。在北伐之前，刘宋朝廷对各级官吏减免的三分之一的工资，一直等到十二年以后才得以恢复，到第二年，由于财政困难，刘宋朝廷又取消了大司农、太子仆、廷尉监等官职。

三是结好北魏。这一年的九月，宋文帝派遣将军孙盖等人出使北魏，北魏则派遣殿中将军郎法佑来修好。

四是适度追责。宋文帝还下令将太尉、领司徒、江夏王刘义恭降为骠骑将军、开府仪同三司，将镇军将军、徐兖二州刺史武陵王刘骏降号为北中郎将，把负有战败责任的萧斌、王玄谟等人免官。

至此，刘宋朝廷上的重臣分别为：司空刘义宣、骠骑将军刘义恭、尚书令何尚之、尚书仆射徐湛之、吏部尚书江湛、中书令建平王刘宏（宋文帝第七子，时年十八岁）、侍中王僧绰（王昙首之子，宋文帝女婿，太子刘劭亲姐夫，时年二十九岁）、领军将军刘遵考、护军将军由徐湛之兼任。地方上：扬州刺史刘绍（宋文帝第五子、时年二十岁、过继给庐陵王刘义真为嗣子）、荆州刺史刘义宣、南徐州刺史刘浚（宋文帝第二子、时年二十三岁）、南兖州刺史刘义恭（加领、镇守盱眙，并都督扬、南徐、南兖、豫、徐、兖、青、冀、司、雍、秦、幽、并州诸军事）、江州刺史刘骏（宋文帝第三子、时年二十二岁）、湘州刺史南丰王刘朗（刘义恭之子、出继死去的宋少帝刘义符为子）、徐州兖州刺史萧思话（接替刘骏）、青州冀州刺史刘兴祖（刘义隆表兄弟，接替萧斌）、豫州刺史刘铄（宋文帝第四子、时年二十一岁）、司州刺史鲁爽、雍州刺史臧质、梁州南秦州刺史刘秀之、益州刺史陆徽、广州刺史庐江王刘袆（宋文帝第八子，时年十七岁）。按：原刺史刘道锡（刘道产之弟）因贪污过度、亲自杖责治中、与尼姑同车招摇过市等罪名被免职，朝廷任命原雍州刺史随王刘诞（宋文帝第六子、时年十九岁）代替，后不知何故，又将刘诞改任为会稽太守，而让诸子中才能最低劣的刘袆去了。

在这些地方大员中，最为引人注目的是司州刺史鲁爽，他不是北魏的荆州刺史吗，怎么成了刘宋的司州刺史了呢？

拓跋焘南下之时，派遣鲁爽随永昌王拓跋仁一起进兵寿阳，鲁爽与弟弟鲁瑜均参加了尉武血战，并来到瓜步，在这里，他见到了七弟鲁秀。程天祚与鲁秀关系很好，在拓跋焘南下之前，听说有人在邺城将要发动民变，派鲁秀前去调查，并烧毁石虎时代在邺城修筑的宫殿，完成使命后，恰巧鲁秀病了，没有按时从邺城返回，引起了拓跋焘的怀疑，受到斥责。鲁秀非常担心被杀，程天祚趁机劝说鲁秀归降刘宋。鲁爽兄弟在瓜步见面后，即定下了伺机归降刘宋之计。拓跋焘北返途中，行至湖陆（山东省鱼台县），鲁爽等人对他说："奴等于南方有深仇大恨，每次宋军前来，我们兄弟都担心他们会挖掘先人的坟墓，请求陛下允许我们将父母坟墓北迁，埋葬在平城。"拓跋焘同意了。于是，鲁爽兄弟率众脱离了大部队，长社（河南省长葛市）有六七百人的魏军防御部队，鲁爽兄弟欺骗驻军说："南边还有北撤的部队，你们派出三百骑兵前去接应。"守军信以为真，拨出一部分骑兵离开防地南去。等这部分骑兵走远后，鲁爽等人指挥心腹在深夜将剩余的守军全部杀死，然后逃到了虎牢，召集千余家南下。到许昌之后，他派遣弟弟鲁秀从许昌又来到寿阳，面见南平王刘铄请求归降。刘铄将鲁爽的书信火速送给宋文帝，宋文帝大喜过望，践行了自己当初的诺言，当即任命鲁爽为督司州、陈留、东郡、济阴、濮阳五郡诸军事、征虏将军、司州刺史；鲁秀为辅国将军、荥阳、颍川二郡太守。鲁爽一行人行至汝南后，宋文帝又为其加督为豫州之义阳、宋安二郡军事，领义阳内史，将军、刺史如故；改任鲁秀为南平王刘铄参军、汝阴内史，将军如故。鲁爽就率部镇守在义阳（河南省信阳市）。这次鲁爽叛逃北魏事件发生在元嘉二十八年（公元451年）的三月底四月初，此时，拓跋焘刚刚回到平城，鲁爽共给刘宋帝国带来了6883人。魏国得知此信，即焚烧了鲁爽父祖的坟墓。鲁爽之父是徐湛之的杀父仇人，徐湛之给宋文帝表态说，朝廷为了国家长久之计，对叛逃北魏的人厚加赏赐是完全正确的，自己绝不敢以私废公，私自去报私仇，但如今两人同朝为官，很不合适，因此，他提出辞职，但宋文帝没有批准。

鲁爽的到来，让一直心情不爽的宋文帝露出了笑容，但宋文帝脸上的笑容没有持续多久，脸色又变得凝重了起来。就在鲁爽兄弟来到刘宋前后，由于刘宋对淮河以北地区控制力下降，在紧邻北魏的青州就发生了动荡。青州居民司马顺则谎称自己是东晋皇室，自称齐王，发动叛乱，一个和尚也自称司马百年，号称安定王，还有流民秦凯之、祖元明等人也都占据村庄坞堡，响应司马顺则。当时，正值梁邹（山东省邹平）城主、宣威将军、乐安渤海二郡太守崔勋之去州里汇报工作，于是，司马顺则等人就聚集民众，乘虚进攻梁邹城。郡司马曹敬会不敌，弃城逃走，乱民占领了该城。当时，青州冀州刺史萧斌尚未被免职，他让崔勋之率领行建威将军、济南、平原二郡太守申坦、长流参军罗文昌等人，带领宋军讨伐司马顺则。崔勋之等人原以为梁邹城内军民都是受司马顺则裹挟的，一旦官军到达，即行崩溃，因此，准备不足，等来到梁邹城下后，他们才发现完全不是这么一回事，城内军民却为司马顺则坚守城池，杀伤了很多宋军。萧斌只得增兵，他又派遣司马、建武将军、齐郡太守庞秀之统领各路宋军，一起进攻梁邹。当时，祖元明又占领了安丘城（山东省安丘市），萧斌另外派遣振武将军刘武之、军主刘回率领一千精兵，讨伐司马百年，将其斩杀。司马顺则失去外援，部众稍稍散去了一些。宋将罗文昌派遣道连诈降，司马顺则信以为真，让其进入城中。道连入城后，偷偷将朝廷悬赏令让乱民们看，从内部瓦解敌人，乱党小头目李继叔等人均愿意归顺。但机事不密，道连被杀，李继叔逾城出降，城内乱民集团离心离德，城外的宋军趁机四面进攻。梁邹城墙并不坚固，在宋军冲车每撞击一下，墙体总要崩塌三五丈。眼看城池即将陷落，南门楼上突然扔下了一个人头，并从城上放下了很多绳索，让宋军攀登。宋军登上城墙后，乱党全部放下武器投降，均称他们已经斩杀了司马顺则，刚才扔下的那颗人头就是。乱党的另一个头目秦凯之逃奔了魏国，到这一年的七月，持续三个多月的青州民变就此平定。

尘埃落定，我们再去回顾元嘉二十七到二十八年宋文帝的这次北伐，总结宋文帝北伐失败的原因，除了上书零星提及的外，大约还有以下几点。

一是双方实力悬殊。正如前述的那样，魏军参战兵力大约在四十万人到六十万人之间，而宋军兵力大约在二十万人到三十万人，从兵力上要多于宋军，并且魏军以骑兵对步兵，占有野战优势，不过，除去将领因素外，从部队的战斗力上，双方难分伯仲：魏军在进攻前征发五万州郡兵，这些兵员的战斗力不一定强，另外，魏军驱赶统治区内各族民众为其效命，这些部队的战斗力也不一定很强；而宋军也存在同样的问题，刘宋朝廷为了解决兵员短缺的问题，在大战之前“三五抽丁”，这些临时入伍的新兵战斗力可想而知。

二是宋文帝暗于知人。刘宋军队缺乏优秀将领，这源于南北制度方面的差异、宋文帝上台以后刘宋特殊的政治斗争、宋文帝猜忌的个性等多种因素，刘宋朝廷虽然终结了东晋以来高门分割皇权的历史，但江南“士庶悬隔”传统并没有结束，一次，宋文帝与杜骥之兄、前青州刺史杜坦闲谈中提到西汉著名少数民族大臣金日磾，宋文帝叹息着说：“恨今日没有这样的人！”杜坦说：“金日磾生在今日，正在忙着养马，皇上您岂能知道！”一句话说得宋文帝脸色大变，说道：“爱卿心中怎么如此看待朝廷！”杜坦回答：“请以我家为例子说说我的理由：臣家本是中华高门，西晋末年天下大乱，我家迁往西凉，世代秉承中华文化，并没有丝毫改变，但是，来到江南以后，江南士族仅仅因为我们南渡较晚，就把我们看作蛮荒之人。金日磾（休屠王太子，休屠王被霍去病击败斩杀后，金日磾被沦为汉朝奴隶）是个匈奴人，还是一个喂马的，却被汉武帝越级提拔为侍中，与汉朝名臣并列。我朝即使再能选拔贤才，我看这一点也是做不到的。”说得宋文帝哑口无言。宋文帝诛杀檀道济、裴方明，重用到彦之、王玄谟，都深为当时的敌国北魏和后世所诟病。在赏罚上，宋文帝对于应当承担战败责任的到彦之和王玄谟，仅仅免官了事，而对于没有反叛迹象的檀道济和因贪污军实的裴方明却予以诛杀，显然是背本趋末，这与太武帝拓跋焘唯才是举、赏罚分明形成了鲜明的对比。

三是北伐准备不足。北伐前，刘宋用度不足，开展大规模的捐献活动，三五抽丁，《宋书·良吏传》称："暨元嘉二十七年，北狄南侵，戎役大起，倾资扫蓄，犹有未供，于是深赋厚敛，天下骚动。"也都说明了这一点。

四是战略部署不当。从北伐的整体布局上看，宋军在力量配置上，东西两翼较强，而中路薄弱，这样一来，一旦敌人从中路突破，立即将宋军东西两翼遥遥分割，使得东西两路无法协同作战。而战役的进展也恰恰说明了这一点，让荆州的精兵猛将单独西上，并由自己年幼的儿子刘诞全权指挥，这本身就是不负责任的。假如仅仅以梁州南北秦州军队西进，而以荆州雍州主力穿越南阳盆地向东北进发，与从寿阳方向的豫州军队回师，形成一股强大的中路军团，与东路军遥相呼应，就有可能击退拓跋仁的进攻，拿下并牢牢控制住中路虎牢、荥阳等据点，这样，即使东路滑台失利，拓跋焘绝不敢在没有西路策应的情况下，长驱直入，宋军依然有机会。而现实的部署是雍州的精锐部队崎岖于穷山恶水之间，事倍功半。

九七 魏宫惊变（一）

刘宋之间的这场大战，是一场双输的战争，也引发了两国内部的各种矛盾：刘宋方面，让太子刘劭与宋文帝最亲信的大臣江湛剑拔弩张，势同水火，表面上是太子刘劭与江湛之间的矛盾，其实却是宋文帝与太子刘劭之间的矛盾——宋文帝为使两人和解，让刘劭的长子刘伟之聘江湛的第三女为妻。

无独有偶，北魏太武帝拓跋焘与自己的太子拓跋晃之间的矛盾，也凸显了出来。我们知道，拓跋焘一生共有六子：贺夫人生拓跋晃，越椒房（拓跋焘创设的嫔妃位号）生次子拓跋伏罗，舒椒房生三子拓跋翰，弗椒房生四子拓跋谭，伏椒房生五子拓跋建，闾左昭仪（敕连可汗吴提妹妹）生六子拓跋余。据《宋书·索虏传》记载，拓跋焘的次子、率军进攻吐谷浑的那位拓跋伏罗，在太平真君八年即公元447年十二月死去。《宋书》还称，当时，拓跋焘居住的大帐遭遇雷击倾倒，拓跋焘被压在大帐之内，差点被压死，身边的人都号啕痛哭，只有晋王拓跋伏罗毫不悲痛，拓跋焘大怒，将其赐死。《魏书》对拓跋伏罗的死因只字不提，从拓跋伏罗死后因无子封国被撤、并没有给其过继嗣子及史书的行文语焉不详等方面判断，《宋书》的说法也许并非没有根据。拓跋翰是拓跋焘的第三子，被拜为侍中、中军大将军，参与处理朝廷政务，高允曾任拓跋翰的师父，写了一篇《诸侯箴》劝诫，拓跋翰看后非常高兴。据《宋书》记载，“次曰秦王乌弈肝（拓跋翰），与晃（太子拓跋晃）对掌国事，晃疾之，诉其贪暴，焘鞭之二百，遣镇桴罕。”太子拓跋晃与拓跋翰有矛盾，就在拓跋焘面前打小报告，说拓跋翰贪婪横暴，拓跋焘大怒，将拓跋翰鞭打二百，让其镇守边地枹罕。拓跋焘的第四子是拓跋谭，他追随拓跋焘南下，担任了中军主将，率众进攻邹山，缴获宋军大量军粮；在第一次盱眙城外交战中，他率众偷渡淮河，大破臧质之军。拓跋焘的第五子拓跋建和第六子拓跋余前此均未留下事迹。

从史书留下的蛛丝马迹，我们也许能够看出，拓跋焘与太子拓跋晃的矛盾大约产生于灭掉北凉之后。太平真君四年（公元443年）拓跋焘北伐柔然，意外地将时年十六岁的拓跋晃带在身边，结果，刘洁与诸王企图发动政变，北魏政局经历了一场危机，危机过后，拓跋焘让太子拓跋晃开始处理国政。在接下来的数年里，拓跋晃对拓跋焘并非唯命是从，尤其是在灭佛一事上，拓跋晃故意提前透露消息，让大量僧人得以逃脱、藏匿，对此，拓跋焘不会不知。公元449年，拓跋焘两次北伐柔然，这一次，他虽然没有带上拓跋晃，但在回军时，命令拓跋晃率领平城百官离开平城前去行宫奉迎。公元450年九月，拓跋焘大举南下之前，再次意外地让太子拓跋晃率军离开平城，北上漠南，防备柔然，却让他最小的儿子南安王拓跋余镇守平城。《南齐书·魏虏传》称，“宋元嘉中，伪太子晃与大臣崔氏、寇氏不睦，崔、寇谮之。”崔浩在与拓跋晃的争斗中失败被杀，拓跋晃的东宫集团进一步加强，但种种迹象表明，拓跋焘在崔浩死后，对东宫集团力量的膨胀保持了高度的警惕。

拓跋晃自公元444年监国，至今已经七年，当年的监国四辅穆寿、崔浩、张黎、古弼，穆寿和崔浩分别于447年和450年死去，只剩下张黎、古弼二人，而拓跋晃也长到了二十三岁。拓跋晃自从监国以来，为了培养自己的势力，一方面信任身边的人；另一方面开始经营庄园，积攒财物。高允劝谏说：“天地无私，才能承载万物；王者无私，才能囊括四海。过去的圣王，将金玉藏于深山，将珠宝藏于大川，向天下人显示没有私心，教育大家要勤俭，所以，他们美好的名声才能长久不衰。殿下您是国家的储君，言行举动，为四方的榜样，却经营庄园，养鸡养狗，甚至将农产品拿到街市上贩卖取利，闹得人们在背后指指点点，无法掩饰。天下就是殿下的天下，您富有四海，要什么能没有？却与平民百姓争利。过去，虢国将要灭亡，神灵下临，赐给土田，却最终亡国；汉灵帝不像君主的样子，与宫人一起做生意，设立私人仓库，最终覆灭。为君主的，最重要的是选择人才，因此说，真正做到能够洞察人才的，就是哲人，即使是上古的尧舜一般的圣王做到这一点都很难。孔子说过：‘小人近之则不逊，远之则怨矣。’周武王亲近周公、召公等人，所以一统天下。殷纣亲近飞廉、恶来，所以失去了他的国家。如今，东宫虽说缺乏人才，但人才并不少，而近来殿下身边亲近的，恐怕都不是朝廷重臣的后备人选。请求殿下能够采纳我的建议，远离佞臣，亲近忠良，将东宫所属庄园分给百姓，不再经商牟利，这样一来，殿下美好的名声自然就产生了，诽谤之言也就消失了。”但拓跋晃没有听从。

拓跋晃拒绝高允的建议，并非毫无道理：北魏初年百官没有俸禄，出征将士均靠掠夺增加个人财富，这从一定程度上激发了北魏将士出征作战的热情，但也导致了魏初各地官员贪污成风。身为皇太子的拓跋晃虽然是一人之下，万人之上，但并无收入来源，而在拓跋晃看来，他的地位并不巩固，而且，他与父亲之间的关系从开始时的融洽慢慢变得不太融洽，甚至是开始了明争暗斗，对此，我们从史书中透露出的蛛丝马迹可以看出这一点，比如，《魏书·屈遵传附屈恒传》称，屈恒与卢鲁元二人都是拓跋焘最为信任的心腹，拓跋焘任命屈恒为中领军，掌管着禁卫军，后来，拓跋焘又让屈恒兼任太子少傅，这也许意味着拓跋焘又让屈恒控制了东宫的兵力，公元443年四月，当拓跋焘离开平城在阴山之时，身在平城的屈恒却从马上掉下摔死了。屈恒的死有些奇怪，拓跋焘对此不仅反应强烈，而且高度警惕，当他得知屈恒死讯后，对拓跋晃派来报信的人说："你们杀了朕的良臣，还乘什么马！"让这些人徒步回家。为什么拓跋焘说你们杀了朕的良臣？这里面也许是话中有话？也许拓跋焘感到屈恒是死于谋杀？只是当时拓跋焘正筹划北伐柔然而苦于分身乏术，没有精力予以追究才说出这句话？紧接着，到了九月拓跋焘北伐柔然，却将十六岁的拓跋晃带到身边，一起出征，这一违反常理的举措，恰恰说明了失去屈恒的拓跋焘对拓跋晃在后方是不放心的；皇帝与太子之间的矛盾，让宗室尤其是拓跋焘的兄弟们心生觊觎，拓跋鲜卑原本就有"兄终弟及"的传统，在拓跋焘北伐前后，尚书令刘洁与拓跋丕等人密谋利用这次北伐，借刀杀人，除掉拓跋焘，刘洁阴谋败露被杀后，拓跋焘权衡利弊，采取了以退为进的策略，将拓跋晃推到了政治的前台，担任监国。但这并不意味着父子二人的矛盾和分歧就此消失，相反，几乎与拓跋晃担任监国同时，拓跋焘就下令限制佛教，并将拓跋晃的佛教师父释玄高诛杀，另外，崔浩敢于与拓跋晃争执，强行将新征召的人士下派，没有拓跋焘在背后撑腰，是无法想象的。

要想进一步巩固自己的地位，就必须拉拢一大批效忠自己的人，而这都需要财富做支撑。除了大肆经营田庄之外，拓跋晃还刻意拉拢拓跋焘的身边近臣，据《魏书·于栗磾传》记载，于栗磾的儿子于洛拔，深得拓跋焘的喜爱，是拓跋焘的亲信侍卫，拓跋晃刻意拉拢他，但于洛拔认为，虽然拓跋晃是嗣君，这种主动结交皇帝近臣的行为是不妥当的，因此，他"畏避屏退"，结果被贬职。《魏书·李孝伯传》也称，拓跋焘信任李孝伯一人，拓跋晃就建议拓跋焘广纳贤才，却被拓跋焘拒绝了，拓跋晃虽说是让广纳贤才，其实，不过是想在拓跋焘身边安插自己的人。

宋魏大战让双方两败俱伤，魏国国内各种矛盾逐渐激化，而非常迷信的拓跋焘在北归的途中，大约也对流传于南北两地内容非常接近的两种谶言忧惧不已。南方谶言为“虏马饮江水，佛狸死卯年”。北方谶言为：“轺车北来如穿雉，不意虏马饮江水。虏主北归石济死，虏欲渡江天不徙。”他让高允详细整理历代灾异，试图寻找到其中的规律，高允依据《洪范传》《天文志》写成了八篇，拓跋焘后来看到后赞赏地说：“高允对灾异的明察能力，与崔浩相比差不多。”

二月二十九日，当拓跋焘北渡黄河，来到鲁口（河北省饶阳县南），他命令拓跋晃前往鲁口迎接，这可能也是拓跋焘对拓跋晃不放心的一个信号。

拓跋焘与拓跋晃之间矛盾激化，发生在拓跋焘回到平城后不久。我们无法知道，在拓跋焘南下这八个月期间，远处北方的太子拓跋晃究竟做了些什么，但从南方史书上，我们起码可以得出以下几点：一是私自扩充东宫禁卫军。《宋书·索虏传》称，“焘至汝南瓜步，晃私遣取诸营，卤获甚众。”拓跋晃趁着拓跋焘南下，偷偷扩充东宫军队，其用意昭然。二是与拓跋焘妻妾淫乱。裴子野《宋略》：“焘既南侵，晃淫于内，谋欲杀焘，焘知之，归而诈死，招晃迎丧，晃至，执之，罩以铁笼，捶之三百，曳于丛棘以杀焉。”拓跋焘南下之前，命令拓跋晃率军离开平城，屯军漠南，以防备柔然。但是，柔然经过打击后，一直不敢再度南下，拓跋晃在此期间，擅自回到平城也是可能。三是拓跋晃密谋杀死拓跋焘，取而代之。《南齐书·魏虏传》：“晃后谋杀焘见杀。”

不过，北方史书却将拓跋晃的被杀归结于他与拓跋焘近臣、宦官宗爱之间的矛盾。《魏书·宗爱传》记载：“恭宗之监国也，每事精察。爱天性险暴，行多非法，恭宗每衔之。给事仇尼道盛、侍郎任平城等任事东宫，微为权势，世祖颇闻之。二人与爱并不睦。为惧道盛等案其事，遂构告其罪。诏斩道盛等于都街。时世祖震怒，恭宗遂以忧薨。”说的是，宗爱与拓跋晃的近臣仇尼道盛、任平城等人有矛盾，而东宫的这些人又都依靠拓跋晃作威作福，宗爱担心这些人会告发自己的罪过，先发制人，向拓跋焘告发，拓跋焘震怒，将拓跋晃及东宫官属一网打尽。北魏史书将拓跋焘与太子拓跋晃之间的矛盾，归结于东宫官属与宗爱之间的矛盾，这是因为，北魏后世君主大多是拓跋晃的直系后代，还是出于“为尊者讳”的意思。

透过史书的字里行间，我们也许能够得出这一判断：一是拓跋晃不是自然死亡；二是拓跋晃在策划一场政变！

九八 魏宫惊变（二）

回到平城的拓跋焘很快就发现了拓跋晃的种种不法行为，他大为恼火，开始计划清除拓跋晃集团。

五月十九日，北魏宣布大赦，这自然是拓跋焘在试图缓和国内矛盾，消除宋魏大战后的不良影响，与此同时，在他的心中，清除拓跋晃一党的计划已经酝酿成熟……

《魏书·天象志》记载："六月，帝纳宗爱之言，皇太子以强死。""强"，是强壮的意思，也是实力坐大的隐晦表示。拓跋晃私自扩充东宫军队，已经超出了拓跋焘的容忍范围，他下令进行大规模的调查，这让拓跋晃非常恐惧，于是，他开始密谋发动政变，而他的这一政变阴谋却被拓跋焘发现……

六月九日，拓跋焘又宣布将太平真君改为正平，同日，他下令将宗室略阳王拓跋羯儿、高凉王拓跋那同时赐死。接着，他又命令太子少傅游雅、中书侍郎胡方回等人重新修订法律，进行了较大规模的修改，定下了三百九十一条。拓跋羯儿和拓跋那的死，肯定与拓跋晃的阴谋有关，也是拓跋焘处理拓跋晃一党的开始，而拓跋焘下令修订法律，也许也与此有关。

《魏书》记载，拓跋晃死于六月十五日，但这并不代表着拓跋晃就是这一天被逮捕的，相反，逮捕拓跋晃也许就在诛杀拓跋羯儿和拓跋那同日甚至之前。按照南方史书的记载，拓跋焘假装驾崩，让亲信将拓跋晃骗来，逮捕，装到铁笼之中，并鞭打三百下，然后杀死。

与拓跋晃一起被处死的还有大量东宫的官属，据《魏书·卢鲁元传》记载，"少子内，给侍东宫，恭宗深昵之，常与卧起同衣。父子有宠两宫，势倾天下。内性宽厚，有父风，而恭顺不及。正平初，宫臣伏诛，世祖以鲁元故，唯杀内而厚抚其兄弟。"卢鲁元是拓跋焘的亲信旧臣，卢鲁元的小儿子卢内因与拓跋晃关系密切，也在这次事变中被杀，拓跋焘只是考虑到卢鲁元的缘故，才没有株连卢内的其他兄弟。

拓跋晃于六月十五日被杀，三天后，拓跋焘命令张黎为兼太尉、窦谨为兼司徒，前往太子宫给其加谥号为景穆，第五天，就将他埋葬在云中金陵。

拓跋晃被杀后，高允很长时间都没有进见，一次，拓跋焘召见高允，高允一进门，就悲不自胜，泪流满面，拓跋焘见此情形，也流下了眼泪，让人将高允扶出。拓跋焘身边的人私下相互说道："高允无故悲泣，让陛下伤心，是怎么回事？"拓跋焘听说后，对他们说："你们不知道高允悲伤的原因吗？崔浩被杀时，高允理应被处死，东宫苦苦劝谏，才被免死，如今，东宫已死，高允因此见到朕悲伤。"

据《资治通鉴》记载，稍后，拓跋焘知道拓跋晃并没有罪过，心中非常懊悔。至于拓跋焘是否真的后悔过，只有天知道！我们知道，崔浩是北魏汉族士大夫的代表，而拓跋晃则是北魏鲜卑贵族的代表，二人可以说是拓跋焘的左膀右臂，在短短的两年里，拓跋焘相继诛杀了崔浩和拓跋晃，如今，他还能依靠谁呢？正如他曾经懊悔过诛杀崔浩一样，大约他也会后悔在盛怒之下杀了自己的太子吧？在诛杀崔浩和拓跋晃的同时，拓跋焘是否想到他也击垮了自己？

诛杀拓跋晃之后，拓跋焘还做了三件事情：一是分别于七月和十月，前去阴山行宫；二是于十月派遣使者前往刘宋请和；三是在十二月，改封拓跋晃之子拓跋浚为高阳王，不久，又认为拓跋浚是嫡长孙，不应为藩王，又撤销了任命；同时，拓跋焘改封第三子秦王拓跋翰为东平王，第四子燕王拓跋谭为临淮王，第五子楚王拓跋建为广阳王，第六子吴王拓跋余为南安王。《资治通鉴》称，这一年拓跋浚四岁，深得拓跋焘的喜爱等，但《魏书》明确记载拓跋浚生于太平真君元年，即公元440年，《资治通鉴》记载是错误的；另外，在皇太子拓跋晃死后，拓跋焘在处理继承人的问题上，似乎出现了一定程度的摇摆：他将自己喜爱的时年十二岁的拓跋浚封为高阳王，但紧接着，又撤销了封号。理由似乎冠冕堂皇，说拓跋浚是嫡长孙，不应位列藩王，然而，这个理由是十分勉强的，拓跋浚很小的时候，就因其父皇太子的特殊地位而被称为嫡皇孙，如果拓跋焘意欲册立拓跋浚为嗣君的话，可以直接册立其为皇太孙，而不用这样做。从一般情理推断，杀其父而立其子，拓跋焘内心肯定不会册立拓跋浚为嗣君，这样做的目的不过是掩盖拓跋晃不正常死亡的真相，同时，也是将拓跋浚排斥出权力核心的一项举措：

因为，除了过去人们曾经称呼的嫡皇孙外，拓跋浚既不是皇太孙，又不是王爷，似乎已经与未来的王位无缘了——但是，拓跋焘还没有急于确定继承人。

然而，时间不等人，虽然拓跋焘挪过了卯年，但紧接着到第二年，即元嘉二十九年（公元452年）年初，拓跋焘就死去了！

对于拓跋焘的死，大致有两种说法：一是病死。《宋书》和佛教书籍上称拓跋焘是病死的，一般认为，这也许是南方史家根据错误传闻误记，而未采信谋杀一说。二是谋杀。《资治通鉴》和《魏书》是这样说的，但二者稍有不同的是《资治通鉴》称，拓跋焘后来发现拓跋晃并没有罪，非常懊悔，而《魏书》则只是说拓跋焘追思儿子。凶手就是在拓跋晃之死中起到关键作用的宦官宗爱，他担心为拓跋焘所杀，为了自保，开始密谋要杀死拓跋焘。南方史书给出的脉络是：魏军南下爆发大规模的传染病——拓跋焘得了痢疾——拓跋晃有罪并企图抢班夺权——拓跋焘诈死，骗他来到鲁口（？或者平城宫中）——抓获赐死——拓跋焘病死。北方史书给出的脉络是：宗爱与拓跋晃有矛盾——诬陷拓跋晃成功——拓跋焘杀死东宫有关人员——拓跋晃忧愁而死——拓跋焘事后发现拓跋晃没有罪，很后悔——宗爱担心被杀——主动出击杀死了拓跋焘——拓跋焘死后，大臣们在册立嗣君问题上有分歧——宗爱骗杀其他大臣、立了拓跋余——宗爱独揽大权——拓跋余欲从宗爱手中夺回权力，宗爱先发制人杀死了拓跋余——其他大臣迎立了拓跋晃之子拓跋浚。不过，采信谋杀说，不是没有疑问的：一是如前所述，我们更倾向于采信南方史书的记载，即：从种种迹象表明，拓跋晃是有罪的，那么，既然拓跋晃有罪，就无从谈起拓跋焘后悔，也就不可能出现宗爱担心被杀的事情。二是退一步讲，如果按照北方史书记载的，是宗爱诬陷的拓跋晃，那么，既然拓跋焘知道了拓跋晃是无罪的，宗爱肯定是有罪的了，以拓跋焘的性格，绝不会仅仅“追思”拓跋晃而不对宗爱采取措施，给宗爱对自己下手的机会。三是如果宗爱一手主导了诛杀拓跋晃一案，在拓跋焘在世时，也许他对拓跋晃之子拓跋浚的生死无法置喙，但当拓跋焘死后，宗爱不会不知道留下一个曾经的嫡长孙拓跋浚，将是一个怎样的威胁，况且，此时的拓跋浚已经是十三四岁的人了！宗爱岂能坐视不顾？有人以彼时拓跋余已经登基，拓跋浚没有皇位威胁为由，提出这是宗爱放过拓跋浚的原因，这一说法貌似合理，但经不起推敲，因为，如果承认拓跋晃大狱是源于宗爱的话，拓跋浚与宗爱之间是有着杀父之仇，且拓跋浚是否有皇位威胁，还不是宗爱急于考虑的事。四是史书关于宗爱是如何杀死拓跋焘这一关键史实，语焉不详。五是在拓跋焘死后，朝廷大臣并没有进行深入调查，只是因为嗣君未定而“秘不发丧”，这让人觉得更像是一个正常死亡事件；宗爱即使在内廷有生杀予夺的权力，但是，他并没有掌握禁卫军，也没有外廷其他权力，如果像《魏书》所云是宗爱弑君、拓跋焘暴崩的话，北魏整个朝廷为何却显得异常平静？回想拓跋焘祖父拓跋珪被亲生儿子拓跋绍弑杀后，北魏朝廷即引起了轩然大波，而如今却如此平静，令人十分不解，这只能说明：拓跋焘有可能是正常死亡。有了上述几点疑问，我们反过来审视《魏书》设计宗爱杀死拓跋焘的内在逻辑：首先，需要明确的一点还是北魏后世大多数帝王都是拓跋晃的后裔，这使得史书给拓跋晃掩饰成为可能；其次，宗爱只是一个宦官，无根无党，出身不详，更没有后嗣，后来又被杀掉，在他身上编造故事，无法考证；最后，如果要掩饰拓跋焘、拓跋晃父子相残的丑事和拓跋晃的谋反行为，就必须说拓跋晃是无罪的，拓跋晃之死是一个冤案，拓跋焘是受人蒙蔽才弄死了儿子，这样，就必须有一个反面角色；而设计拓跋焘是宗爱所杀，将宗爱弄成一个弑君者，就让以后诛杀宗爱、迎立拓跋浚显得非常正当，也掩盖了拓跋焘死后，北魏宫廷内部错综复杂、毫无正义可言的权力斗争。

因此，一是假如拓跋晃真的曾经有种种不端行为的话，即使没有宗爱的谗言，加上当时严峻的国内局势，考虑到两人之间长期若明若现的矛盾和分歧，拓跋焘得知后也会将其处死；二是佛教书籍上说拓跋焘是死于痢疾，联系魏军南下在盱眙之战中军中爆发大范围的传染病，死亡大半的事实，拓跋焘被传染病死的可能性并不是没有。不过，从时间上来看，自拓跋焘回到平城到死去相距近一年之久，其间，他还两度北巡阴山，住在阴山的广德宫，因此，假如支持病死说，说拓跋焘是直接死于南下染病，似乎也是有问题的，最多也只能说，拓跋焘因南下染病，时好时坏，最终死于痢疾。

九九 魏宫惊变（三）

宗爱，出身不详，因罪而被处以宫刑，成为一名宦官，一直做到中常侍，拓跋焘南下瓜步大封功臣时，宗爱被封为秦郡公。按照一般的说法，是宗爱担心被拓跋焘杀，先下手为强，于元嘉二十九年（北魏正平二年，即公元452年、壬辰年）二月初五，将拓跋焘杀死了。（《魏书》则称拓跋焘死于“三月甲寅日”）。

一代雄猜之主拓跋焘就这样不明不白地死了，享年四十五岁。他虽然安全地度过了卯年，但仅过去一个月零五天，距离他儿子拓跋晃的死也仅仅过去半年。北魏太武帝拓跋焘在位三十年，是北魏实际统治时间最长的皇帝，他雄才大略，在位期间，北伐柔然，西灭大夏、西秦、北凉，东并北燕，南抗刘宋，完成了统一北中国的大业；他生活节俭，“不好珍丽，食不二味”，爱惜民力，曾多次下诏与民休息，加大对贪污官吏的惩治力度，两次下令修订法律，并进行了十二次大赦或曲赦（有地域范围的赦免），对内实施崇道灭佛的政策，镇压统治区内各族民众的反抗，也使得他开创的时代成为北魏帝国真正崛起的时代，《魏书》评价道：“世祖聪明雄断，威豪杰立，藉二世之资，奋征伐之气，遂戎轩四出，周旋险夷。扫统万，平秦陇，翦辽海，荡河源，南夷荷担，北蠕削迹，廓定四表，混一戎华，其为功也大矣。遂使有魏之业，光迈百王，岂非神睿经纶，事当命世？”《宋书》也这样说：“佛狸篡伪，弥煽雄威，英图武略，事驾前古，虽冒顿之鸷勇，檀石之骁强，亦不能及也。西吞河右，东举龙碣，总括戎荒，地兼万里，连骑百万。”

拓跋焘去世前并没有册立嗣君，如今，他还剩下四个儿子，即第三子东平王拓跋翰、第四子临淮王拓跋谭、第五子广阳王拓跋建、第六子南安王拓跋余。从理论上说，这四个儿子都具有竞争皇位的资格，而那位前太子拓跋晃之子拓跋浚也有这个资格。

拓跋焘神秘驾崩以后，尚书左仆射兰延、侍中和疋（音：匹）、薛提等人秘不发丧，外廷重臣与内廷中常侍宗爱围绕着皇位继承人又展开了一场没有硝烟的战争。据《魏书·官氏志》和《崔浩传》的记载，兰延在太平真君六年（公元445年）即为尚书顺阳公，与崔浩的地位相当，同为“都督行台中外诸军事”，兰延大约出自乌洛兰氏。和疋，当为北魏初年功臣和跋后人，出自素和氏，生平不详。薛提，《魏书》有传，为太原人，累迁散骑常侍、太子太保，赐爵历阳侯，加晋兵将军。出为镇东大将军、冀州刺史，晋爵太原公。

尚书左仆射兰延、侍中和疋等人商议，认为皇孙拓跋濬年纪尚幼，应该迎立年长之君，于是，秘密征召秦王拓跋翰，将他偷偷藏了起来；而薛提则称：“皇孙拓跋濬是直系，为民心所向。周成王和汉昭帝年龄虽小，但美好的名声早已闻名天下，让周朝和汉朝达到了鼎盛。废黜应当册立的人选，去册立他人，这肯定不行。”说得兰延等人也犹豫不决。

然而，时间不等人，外廷重臣们就嗣君人选无法达成一致意见，时间一长，没有不透风的墙，内廷的中常侍宗爱也风闻了外廷重臣们的打算。

宗爱与东平王拓跋翰素来关系不和，同时，他还担心自己已经因拓跋晃一案得罪了其子拓跋濬，因此，无论外廷重臣们册立何人，对于宗爱而言都是凶多吉少。宗爱与拓跋焘最小的儿子南安王拓跋余关系密切，于是，他决定册立拓跋余为帝，派人秘密将拓跋余从中宫便门迎入皇宫大内，然后，他假借拓跋焘皇后赫连氏的命令征召兰延等人入宫。兰延等人平素从来都看不起宗爱，认为他不过是一个低贱的阉人而已，根本没有怀疑，都放心大胆地应召进入了皇宫（也许他们不知宗爱杀死拓跋焘？还是宗爱本没有弑君？如果他们知道宗爱弑君，还会如此放心前去吗）。他们谁也没有料到，宗爱已经提前命令三十名宦官手持武器埋伏在宫中，当兰延等人鱼贯而入后，一一被拿下，全部被斩杀在殿堂之上，并把东平王拓跋翰搜了出来，在宫廷监狱里予以诛杀。接着，宗爱遂以赫连皇后之命拥立拓跋余为帝，宣布大赦，改元承平（《魏书·拓跋余传》称“永平”），尊赫连皇后为皇太后，以宗爱为大司马、大将军、太师、都督中外诸军事、领中秘书，封冯翊王。三月十三日，北魏将太武帝拓跋焘安葬在盛乐（内蒙古自治区和林格尔县）的金陵，庙号世祖。

对此，《宋书》有着不同的记载，（拓跋焘）“以乌弈肝（拓跋翰）有武用，以为太子。会焘死，使嬖人宗爱立博真（拓跋余）为后，宗爱、博真恐为弈肝所危，矫杀之而自立，年号承平。”说的是：在拓跋焘诛杀拓跋晃之后，即打算册立拓跋翰为太子，但等拓跋焘去世时，指令宗爱册立拓跋余为帝，宗爱和拓跋余担心拓跋翰作乱，就将其诛杀。这种说法也有一定的合理性：一是东平王拓跋翰原本镇守枹罕，《魏书》并没有交代他是什么时候被征召入京的，但拓跋翰入京肯定不是在拓跋焘死后，被兰延等人秘密征召的，这是因为，时间来不及。拓跋翰入京极有可能是在上年十二月拓跋焘将四个儿子改封之前，而拓跋焘在诛杀了太子拓跋晃之后，拓跋翰作为年龄最大且有丰富的治国经验的皇子，拓跋焘立其为继承人的可能性最大；二是拓跋焘死后，外廷大臣兰延、和疋等人本来打算遵循拓跋焘生前的遗愿，立拓跋翰为帝，但遭到了薛提的反对，作为汉族士大夫的薛提本着“立嫡立长”的儒家传统，不愿执行拓跋焘的“乱命”，争执不决中，被宗爱乘虚而入，立了拓跋余。

拓跋余的上面还有两个哥哥：临淮王拓跋谭、广阳王拓跋建。拓跋余被立为皇帝后，也感到自己是“违次而立”，名不正言不顺，为了争取人心，他大量赏赐群臣，经常设宴款待群臣，与大家一起通宵达旦地畅饮，继位不足一月，皇宫大内中的财物都被他赏赐一空。拓跋余还酷爱游猎，无意应对帝国面临的危机，拓跋焘死后，刘宋再次发动了一场小规模的北伐，北魏边防告急，但拓跋余置若罔闻，依然故我，令百姓们愤愤不平。拓跋余登基后，宗爱大权独揽，囊括了帝国军政最高权力，成为帝国权力最大的大臣。小人得志必猖狂，宗爱得志后，“坐召公卿，权恣日甚，内外惮之。”当时，宗爱威风八面，北魏群臣见到他无不望风而拜。开始的时候，宗爱与拓跋余的关系是密切的，但随着时间的推移，两人的矛盾逐渐显现，日益跋扈的宗爱让拓跋余感到非常不安，北魏群臣也都认为，长此以往，宗爱肯定会像赵高和阎乐（赵高女婿）谋杀秦二世那样，杀掉拓跋余，说得拓跋余脊背丝丝发凉，暗中打算剥夺他的权力。

消息灵通的宗爱得知拓跋余的计划，恨得牙齿发痒，心说你这个白眼狼，如果没有我宗爱，哪有你拓跋余的荣华富贵？如今倒好，你竟要过河拆桥，把矛头对准自己的恩人？元嘉二十九年十月一日，宗爱趁着拓跋余夜间出城祭祀拓跋珪的庙宇（在白登山以东），命令宦官贾周等人将拓跋余刺死，对外封锁消息，只有羽林中郎（禁卫军军官，从四品）刘尼知道此情。拓跋余在位七个多月被杀。

刘尼本独孤氏，祖父为拓跋珪方面大人（酋长），父亲为冠军将军，刘尼年少勇果善射，被拓跋焘拜为羽林中郎，加振威将军，宗爱杀死拓跋余后，刘尼对宗爱建议册立皇孙拓跋浚为帝，宗爱听了吃惊地说："你可真是个大傻瓜！皇孙如果立为皇帝，岂能忘记正平年间的事情？（指拓跋晃被杀之事）"刘尼又问："那么，大人将立何人？"宗爱回答："等到回宫后，再挑选诸王中贤能的人立为皇帝。"

刘尼担心有变，偷偷将拓跋余被杀之事告诉了殿中尚书源贺。据《南齐书·魏虏传》记载，北魏殿中尚书"知殿内兵马仓库"，位置非常重要。当时，源贺与刘尼一起统领禁卫军，负责皇帝的保卫工作，于是，两人又找到南部尚书陆丽商议："宗爱已经册立了拓跋余，却又将其诛杀。如今如果不奉戴皇孙拓跋浚，以顺应民心，那么社稷将要危险了。我们该怎么办呢？"陆丽说："那只有秘密奉戴皇孙为帝这一个法子了。"三人定下了秘密迎立拓跋浚的计划。我们知道，源贺，本是南凉王秃发傉檀之子，南凉被后秦灭后，源贺辗转投奔了北魏，受到拓跋焘的赏识，以拓跋部与秃发部同源，赐姓源氏。源贺文武双全，作战勇猛，每遇强敌，总是冲在最前面，拓跋焘南下瓜步时，源贺就担任前锋大将。拓跋焘曾告诫他说："兵凶战危，你可以运筹指挥，不要总是冲杀在前。"源贺本名源破羌，魏军北撤后，拓跋焘说："人们取名要名实相符，岂可滥用？"又赐名为贺，拜为殿中尚书。陆丽，是北魏名将陆俟第五子。陆俟有子十二人，史书有传的有九人。陆丽忠诚谨慎，从小就跟随拓跋焘，拓跋焘对他非常亲昵。陆氏，据《魏书·官氏志》，原为鲜卑步六孤氏，因此，陆丽当时叫步六孤丽。

一〇〇 魏宫惊变（四）

三人商量妥当后，他们又联络尚书长孙渴侯，一起决定发动政变。

元嘉二十九年（公元452年）十月三日，殿中尚书源贺与殿中尚书长孙渴侯率领身边的亲信秘密戒备，而刘尼与陆丽则秘密前往上林苑中迎接拓跋浚。接到拓跋浚后，陆丽将他抱到马上，一起进入京城，而刘尼则飞马回到了东庙，他对禁卫军将士们高呼："宗爱诛杀南安王，大逆不道，皇孙已经在京城登上大位，有诏书命令：宿卫将士们均可还宫！"听到刘尼的传达，东庙的禁卫军将士们一片欢呼，高喊万岁，与此同时，早已准备好的源贺和长孙渴侯则立即逮捕了宗爱和贾周等人，率领禁卫军浩浩荡荡地进入平城，在皇宫门外迎接拓跋浚，一起进入永安殿，拓跋浚就此登上了皇位，时年十三岁，他就是北魏的第四任皇帝，史称文成帝，是历史上赫赫有名的北魏孝文帝的祖父。（对政变的细节，《魏书·源贺传》与《刘尼传》稍有不同，前者称，源贺先回到平城，守卫宫城为内应，不一会儿，陆丽即抱着拓跋浚单骑而至，源贺打开了宫门，而长孙渴侯则在东庙逮捕了宗爱等人，而后回到京城。也就是说，四人的分工如下：源贺先回到平城接应，陆丽和刘尼两人去迎接拓跋浚，接到拓跋浚后，陆丽抱着拓跋浚回平城，刘尼返身回东庙报信，长孙渴侯则在东庙看护，按情理推断，《源贺传》的记载较为合理。）

文成帝拓跋浚登基后，即宣布大赦天下，改元兴安，杀死宗爱和贾周等人，将二人实施在脸上刺字、割下鼻子、斩去脚趾头、用鞭子抽打致死、斩首并剁成肉酱的残酷刑罚（"具五刑"），并灭掉了三族。柏杨先生在论及此事时，对于宗爱被杀却只指控谋杀拓跋余一事，而对谋杀拓跋焘只字不提，感到困惑，敏感的他也认为，宗爱也许并没有谋杀过拓跋焘，而拓跋余的继位也许是有依据的，对此，正巧与我们的分析相一致。

紧接着，文成帝拓跋浚任命北魏宗室骠骑大将军拓跋寿乐为太宰、都督中外诸军事、录尚书事，以尚书长孙渴侯为尚书令、开府仪同三司。拓跋寿乐是北魏始祖拓跋力微的儿子拓跋悉鹿之后，拓跋悉鹿为北魏第二代可汗，谥号章帝，公元278年到286年在位，与现在的北魏皇帝是关系疏远宗室；拓跋寿乐此前为选部尚书，原封南安王，改封长乐王，他也参与了这次政变；长孙渴侯，《魏书》无传，当属于魏初名将长孙嵩或者长孙肥之后。文成帝拓跋浚还任命源贺为征北将军、加给事中，晋爵西平王；封章安子陆丽为平原王，加抚军将军；以刘尼为内行长，晋爵建昌侯，升散骑常侍、安南将军。在接受赏赐时，源贺和陆丽都显得非常谦虚，文成帝拓跋浚重赏群臣，他对源贺说："朕将重赏功臣，这次财物爱卿随意挑选，不要谦让。"而源贺却坚决不要，拓跋浚再三要求，源贺只牵回了一匹战马。陆丽也是如此，给陆丽封王的时候，陆丽再三推辞，但拓跋浚不从，无奈，陆丽只得说出心声："臣的父亲侍奉了几代先帝，现行将就木尚未封王，我年纪轻轻就封王，请求皇上收回成命。"拓跋浚回答："朕为天下之主，难道不能将你们父子同时封为王爷吗？"又将其父陆俟封为东平王。

文成帝拓跋浚顺利地登上了皇位，但北魏宫廷内部的新旧势力之间的斗争依然在持续：

文成帝拓跋浚继位后不足一个月，到了十一月一日，拓跋寿乐和长孙渴侯因为争权夺利，双双被文成帝拓跋浚赐死。由于史书缺载，二人之间争斗的细节，我们已无法知道。可能的情况是：二人在迎立文成帝一事上，均非最初创意者，也不是核心成员，新贵集团只是利用他们原来尊崇的地位作为一个过渡而已。紧接着，新贵集团开始了紧锣密鼓的排除异己和扫清皇位威胁的行动：十一月八日，文成帝仅余的两个叔叔四叔临淮王拓跋谭、五叔广阳王拓跋建被杀，杀死两位王爷，就是为了避免类似拓跋余继位的情形再度出现；第二天，拓跋浚的生母郁久闾氏去世，当天，原朝廷重臣古弼和张黎被废黜。关于拓跋浚的生母郁久闾氏的死，还可以多说两句，《魏书·皇后传》称：郁久闾氏"世祖末年薨"，让人们怀疑，郁久闾氏是在拓跋焘末年诛杀太子拓跋晃时，同时牵连被杀的，但《资治通鉴》和《魏书·高宗本纪》则准确地记载了郁久闾氏的死亡和埋葬时间，因此，《皇后传》的记载当属于不准确的。值得重视的是：在郁久闾氏死亡的同时，旧臣太尉古弼和司徒张黎以"议不合旨"，被降为外都大官。郁久闾氏是郁久闾毗的妹妹，据《魏书·外戚传》的记载，他们是柔然人，在拓跋焘时代从柔然来降；拓跋余的生母、拓跋焘的左昭仪也是郁久闾氏，是柔然可汗吴提的妹妹，但郁久闾氏是柔然皇族，因此，拓跋浚的生母与拓跋余的生母当还有某种关系。郁久闾氏虽然是拓跋浚的生母，但拓跋浚生下后就由乳母常氏抚养，拓跋浚似乎与郁久闾氏并不亲近，从表面上看，郁久闾氏被赐死，是遵循了北魏“子贵母死”的传统，但是，她是在儿子当上了皇帝之后被赐死的，这就显得有些异常。可能的情况是：1. 由于郁久闾氏与拓跋余之间的某种关系，新贵集团为了防止同情拓跋余势力的再度崛起，而对她采取了行动；2. 拓跋浚的保姆常氏为了维护自己的利益而对其下手。在这一问题上，太尉古弼和司徒张黎提出了不同意见，也遭到处罚，不久，二人又因家人报告其有“怨谤之言”、搞“巫蛊”而被杀。古弼和张黎在拓跋晃监国之时，即为监国四辅，是太武朝的元老重臣，太武帝死后，两人与宗爱一起拥立拓跋余，因此，被继位后的文成帝镇压，史书称，二人死后，“时人冤之”。十一月二十七日，北魏朝廷追尊景穆太子拓跋晃为景穆皇帝，郁久闾氏为皇后，尊保姆常氏为保太后，从此，常氏家族登上了历史舞台，左右北魏政局很多年。

文成帝初年，陆氏家族的崛起是另外一个十分引人注目的现象。陆丽首创拥立文成帝拓跋浚，无疑是拓跋浚新贵集团的核心人物，史书称：“社稷获安，丽之谋矣”。拓跋浚登基后，投桃报李，将陆丽从一个子爵直接晋封为王，跨度之大，令人咋舌，更有甚者，在陆丽封王的同时，拓跋浚还同时将其父亲陆俟封王。史书称：陆丽“由是受心膂之任，在朝无出其右者”。拓跋浚还册命陆丽的妻子为王妃，免除陆丽子孙世世代代的田赋，但陆丽坚决推辞，拓跋浚对他更加赞赏。

拓跋浚继位后，除了打击异己势力之外，最明显的一个举措就是废除其爷爷拓跋焘的灭佛法令，十二月十一日，在他登基两个月后，他下令恢复佛法，他下诏称：“身为帝王必须尊奉神灵，彰显仁义道德，那些对百姓有恩惠的圣人，即使古代也要尊崇，释迦牟尼如来佛功德崇高，前代以来都十分尊崇。太武皇帝开疆拓土，远近和尚千里迢迢，来到国内，大海深山常有怪物，奸淫之徒也趁机聚集在佛寺之内，因此，先朝才诛杀那些有罪之人。地方长官没有遵照朝廷的旨意，却将所有的出家人都予以禁止。景穆皇帝生前每每感慨，正值军国多事，一直无暇顾及。如今，朕君临四海，要追述先帝遗志，恢复佛教。命令：1. 各郡县允许在居民点建立一所佛寺，建筑费用不设限额；2. 愿意出家的，不论年龄大小，只要品行端正即可，大州允许有五十名僧人，小州四十名，距离州治所偏远的县，也可以有十名出家人。”拓跋浚还亲自为师贤等五名和尚剃发，并以师贤为道人统（全国佛教会长），于是，过去毁掉的佛寺很快就修复起来了。公元446年太武帝拓跋焘灭佛，到公元450年崔浩被杀后，太武帝拓跋焘已经心生悔意，只是碍于脸面无法在自己手中重新恢复，但佛禁慢慢宽缓，魏国各地一些笃信佛教的人家开始偷习佛法，至今，佛教在被禁止七八年以后得以恢复。拓跋浚还下令按照自己的形状开挖石像，石像建成后，脸上和脚下各有一个黑色的石块，与拓跋浚身上的两个黑痣一样，这尊佛像就是山西省大同市以西武周山南麓云冈石窟的第十六窟高13.6米的主佛像，自此，云冈石窟开始了大规模的开凿，并最终成为人类艺术史上的瑰宝。

对于北魏而言，元嘉二十八和二十九年真的是一个多事之秋。先是元嘉二十八年六月的拓跋晃之狱，转眼到二十九年二月拓跋焘驾崩，接着是宗爱诛杀了异己势力拥立拓跋余为帝，到十月宗爱又诛杀拓跋余，紧接着，陆丽等人发动政变，又诛杀了宗爱一党，迎立了拓跋浚。拓跋浚继位后，马不停蹄地开始了清除旧党的行动，经过一番清洗，一些新贵逐渐浮出水面。我们通过万斯同的《北魏将相年表》对此即可看得一清二楚：元嘉二十九年，即公元452年，北魏朝廷重臣如同走马灯似的换来换去，而每次变换都隐藏着许多不为人知的故事：太师宗爱，二月自命，十月被杀；太宰拓跋寿乐，十月任命，十一月被杀；太尉张黎，三月任命；十一月被杀，周忸十一月任命，十二月被杀；司徒古弼，三月任命，十一月被杀，陆丽十二月任命侍中、司徒、抚军大将军、平原王；司空杜元宝（太武帝舅舅杜超之子、拓跋浚表舅），十二月任命；辅国大将军拓拔崇（原任、拓跋焘六弟，是仅存未被拓跋焘诛杀的弟弟，为拓跋浚叔祖）；中军大将军先由拓跋翰担任，拓跋翰二月被宗爱杀，后由拓跋谭担任，十一月被拓跋浚杀；尚书令长孙渴侯十月任命，十一月被杀，尚书右仆射韩茂晋升为尚书令；尚书左仆射兰延二月被杀，拓跋目辰晋升为左仆射；尚书右仆射韩茂晋升尚书令后，刘尼十二月晋升为尚书右仆射，加侍中，进爵为东安王；侍中为伊馛。周忸，史书无传，他在晋升七天后即被杀，此人大约出自宗族十姓的普周氏；韩茂仕明元帝、太武帝、文成帝三朝，是一员猛将，追随太武帝南征北战，屡立战功，太武帝南下后，被任命为侍中、尚书左仆射。拓跋目辰是宗室疏属。伊馛前已提及，在拓跋焘讨伐北凉时，因与崔浩意见相同而受到拓跋焘的重视，在拓跋焘末年被升为殿中尚书，“常典宿卫”。

经过一番洗牌，文成帝继位之初，北魏朝廷最有权势的人物当是：侍中、司徒、抚军大将军、平原王陆丽；司空杜元宝；辅国大将军拓拔崇（原任、拓跋焘六弟，是仅存未被拓跋焘诛杀的弟弟，为拓跋浚叔祖）；尚书令韩茂；尚书左仆射拓跋目辰；侍中、东安王、尚书右仆射刘尼。

一〇一 再度北伐（一）

南北大战后的北魏政局发生了巨大的变化，而南朝的刘宋朝廷也好不到哪去。

如今，宋文帝与北魏的拓跋焘一样，也已执政了近30年，回顾他登基这些年来走过的路，自他清除顾命大臣、真正掌握朝廷大权之后，由于存在本人多病、子嗣尚幼、高门大族势力很强等诸多因素，在第一个阶段，宋文帝成功地在中枢重用了较为内敛的王氏家族，并在地方任用宗室子弟予以牵制，在这一时期，较有代表性的中枢外姓重臣是王弘、王华、王昙首、殷景仁、谢密和刘湛。随着宗室子弟年龄的逐渐增长和执政经验的日益成熟，宋文帝开始给予宗室子弟更大的权力，这以征召刘义康为宰相为标志，然而，随着刘义康相权的膨胀，在身边形成了一个强大的集团，对多病的宋文帝构成了现实的威胁，而此时，宋文帝的儿子们也已逐渐成长了起来，他不得不为自己的后事考虑，果断地清除了刘义康和刘湛一党，开始增强太子刘劭的权力。在剥夺了刘义康的权力之后，宋文帝开始重用次等或者江南士族，其代表人物是范晔、沈演之和庾炳之三人，不久，三人相继被杀或者病死，而宗室诸王如刘义恭、刘义季、刘义庆等人为了避祸全身，也不得不逐渐淡出政治舞台，与此同时，宋文帝的子嗣们则逐渐走上前台，掌握了刘宋帝国的核心权力，到宋文帝末年，他在中枢又重用了江湛、徐湛之、何尚之（《资治通鉴》记作何瑀之，胡三省注称，恐为何尚之之误）和王僧绰四位外姓大臣。何瑀之（何瑀），在历史上并不是没有此人，据《宋书·皇后传》的记载，他是宋前废帝刘子业（孝武帝刘骏之子）皇后何令婉的父亲；何瑀之与何尚之同出于庐江灊县（今属安徽省霍山县）何氏，东晋第四位皇帝晋康帝、第五位皇帝晋穆帝时期的宰相何充，他的五弟何准，是晋穆帝司马聃皇后何法倪的父亲，何准有三个儿子：何放、何淡、何澄，其中何放过继给了何充，何淡就是何尚之的祖父，而何澄则是何瑀之的曾祖，因此，何尚之是何瑀之的族叔。何瑀之娶了刘裕最小的女儿豫章康长公主刘欣男（刘欣男二任丈夫），二人夫妻关系甚好，因此，宋文帝对何瑀之这个妹夫也很看重，何瑀之的官一直做到卫将军。如前所述，江湛与宋文帝是亲家，为吏部尚书；徐湛之是宋文帝的外甥，为尚书仆射；王僧绰是宋文帝的女婿，为侍中；何尚之，元嘉二十八年拜为尚书令，此年已七十岁了。何尚之的逸事不少：他看到尚书仆射徐湛之是外戚，为宋文帝所宠信，因此，总将朝政让给徐湛之处理，到第二年，他干脆上书请求退休，隐居在建康东北的方山。宋文帝对江夏王刘义恭说："像羊玄保、孟顗两位老先生还没退休呢，何尚之的地位更高，我不会答应的。"羊玄保时年八十二岁，孟顗年龄不详，但孟顗资格要比何尚之老，过去孟顗是尚书仆射的时候，何尚之是吏部尚书，孟顗晋升为尚书左仆射的时候，何尚之为尚书右仆射，由此可知，大约孟顗的年龄也是比何尚之要大的。何尚之申请退休后，朝廷群臣都认为何尚之绝不会真的一直隐居下去，果然，在宋文帝的一再敦促下，何尚之又回到了朝廷。御史中丞袁淑写作《真隐传》，记录了自古以来那些没有留下名字的诸多真正的隐士，以嘲讽何尚之。这还不算什么，还有更绝的：据《南史·王弘传附王僧达传》记载，王弘的少子王僧达（王僧绰堂兄弟、临川王刘义庆女婿）一向自恃门第高贵，狂妄放达，酷爱游猎，何尚之重新回到朝廷后，曾召集群臣在自家中设八关斋（佛教用语，是指佛教信徒一昼夜中所必须遵守的八条戒律：一不杀生；二不偷盗；三不邪淫；四不妄语；五不饮酒、食肉；六不涂饰香及歌舞观听；七不眠坐高广华丽床座；八不食非时食）。他亲自行香，行完香，第二个就让王僧达行，他顺便对王僧达说："祝愿你以后将鹰犬扔掉，不要再游猎了。"王僧达应声回答："我家喂养了一条老狗，扔掉以后没地方去，已经又回来了。"把何尚之比作他们家的那条去而复回的老狗。不过，何尚之却很有特点，他性格开朗，喜欢谈玄，与颜延之二人开了一辈子玩笑，他们两人都是矮子，何尚之总是说颜延之是个猿，而颜延之则戏称何尚之是个猴子。一次，二人一起游玩，颜延之问路人："你说我们俩谁更像猴子？"路人指着何尚之答："他像。"颜延之听了，眉开眼笑，可是，这位路人很搞怪，接着他又说了句："他只是像猴子而已，你才是真猴子。"颜延之立即晕倒。两人之间的笑料多多，在当时都广为传播，成为人们茶余饭后的谈资。何尚之的孙子何戢，就是后来那位淫荡的孝武帝刘骏之女山阴公主刘楚玉的丈夫。

元嘉二十九年，虽然经历了北伐的惨败，但对于四十六岁的宋文帝来说，起码让他感到欣慰的是，他的儿子们已经茁壮成长了起来。宋文帝过去多病，但这丝毫没有影响他的繁殖能力，他的一生共留下了十九个儿子，最小的儿子刘休若本年才刚刚五岁，最大的儿子太子刘劭也已经年近三十岁，这一年的二月，也就是北魏太武帝拓跋焘去世的同月，宋文帝刚刚将自己刚满十岁的第十二子刘休仁加封为建安王。至此，宋文帝的十九个孩子当中，除去长子皇太子刘劭，掌握实权并封王的就有七个：次子始兴王刘濬（南徐州刺史）、第三子武陵王刘骏（后来的孝武帝、时任江州刺史、时年二十三岁）、第四子南平王刘铄（豫州刺史、时年二十二岁）、第五子庐陵王刘绍（本年病死）、第六子竟陵王（后改为随郡王）刘诞（会稽内史）、第七子建平王刘宏（中护军、中书令，时年十九岁）、第八子庐江王刘祎（广州刺史、时年十八岁）；封王的有四个：第九子刘昶（义阳王，时年十七岁）、第十子刘浑（原封汝阴王，本年改封为武昌王，时年十四岁）、第十一子刘彧（后来的宋明帝，原封为淮阳王，本年改封为湘东王，时年十四岁）、第十二子就是刚刚被封为建安王的刘休仁。但是，宋文帝也不是没有烦恼，当初，他盼望着孩子们快快长大，当刘义康掌权的时候，宋文帝的孩子们尤其是太子刘劭是作为皇权的有力支撑，与相权相抗衡，在很多时候，以太子为代表的宋文帝诸子集团又是宋文帝皇权的象征和保护的对象，但当宗室力量逐渐削弱以后，他突然发现，矛盾无处不在，旧的矛盾离去，新的矛盾很快就又产生了：首先是太子刘劭给自己填堵。刘劭在北伐一事上与自己意见不同，北伐之后，太子刘劭又因此而与自己的亲信江湛关系紧张，这让宋文帝非常懊恼，为了平息二人的矛盾，宋文帝做主为刘劭的长子刘伟之聘江湛的第三女为妻；其次，就是刘劭与次子刘濬也是貌合神离。刘劭长大以后知道了自己的母亲袁齐妫是因父亲宠爱刘濬的母亲潘淑妃而被气死的，自然对潘淑妃和刘濬是恨之入骨，必欲除之而后快。虽然宋文帝念及旧恩，自袁齐妫死后一直没有另立皇后，但潘淑妃一直总管后宫，与皇后无异，爱屋及乌，宋文帝对刘濬也是另眼相看，新仇旧恨、恐惧忌惮加在一起，刘劭更是怒火中烧，这也让宋文帝十分忧虑。好在刘濬倒是心眼活，他担心日后为刘劭所杀，主动曲意奉迎刘劭，二人逐渐和好。三是刘濬也让宋文帝不太满意。刘濬依靠自己的母亲，肆意妄为，无法无天：赵伦之的孙子、赵伯符的儿子赵倩，娶了宋文帝的第四女海盐公主，我们知道，赵伦之是刘裕生母赵安宗的弟弟，论辈分赵倩是娶了自己的外甥女，不过，这本来是亲上加亲的美事却被刘浚给搅和了。事情是这样的：刘浚因为母亲潘淑妃的缘故，得以自由出入后宫，结果竟然与偶然进宫的同父异母妹妹海盐公主私通。一次，正巧被海盐公主的丈夫赵倩撞上，海盐公主吓得躲到自己母亲蒋美人那里，谁料想这位赵倩不愧是将门虎子，戴了绿帽子后，他岂能善罢甘休？竟然追入宫中，破口大骂，挥拳奋击，与公主厮打了起来，将屋内的床帐都撕烂了，公主的衣带也被扯断，弄得不成体统。宋文帝听说后，也感到脸上无光，下诏命令两人离婚。虽然对儿子女儿非常恼火，但又没办法严惩，无处发泄的他把一腔怒火竟然发泄到海盐公主的生母蒋美人身上，下令杀了她。看到皇帝震怒，赵倩的父亲赵伯符是既害怕，又羞愧，竟然一病不起，很快也死了。这一事件影响很大，也很恶劣，宋文帝对刘浚不知道骂了多少遍。四是宋文帝对自己的第三子刘骏也不喜欢，长期以来，就没有给他一个肥缺，总让他在边地镇守。五是自己非常喜欢的第五子刘绍病情加重，眼看不保，等等。这么多烦心的事，都出在儿子们身上，宋文帝哪能高兴得起来？

不过，宋文帝真的就高兴了——因为，在这一年的二月，他听到了自己的死对头、北魏太武帝拓跋焘死了！拓跋焘比自己小一岁，按年头算，他比自己早继位一年，但实际上，仅仅比自己早继位了七个多月。在宋文帝继位后的这近三十年里，两国之间时好时坏，打打停停，其实就是和这个拓跋焘一直在耗着，如今，拓跋焘竟然真的死了！虽然没有完全符合谶言，但宋文帝也顾不了那么多了，闯入他脑海中的是：趁着拓跋焘刚死，北魏政局动荡不安之际，立即再度北伐，以雪旧耻！

算起来，这该是宋文帝的第三次北伐了。

一〇二 再度北伐（二）

当宋文帝的决定交付群臣讨论的时候，大家应该都很纠结。

当时刘宋国内经过一年前魏军南下的蹂躏，已经非常凋敝，说实在的，是根本无力承担大规模的北伐了，但面对宋文帝的决心和魏国境内真真切切的混乱，谁又敢给宋文帝泼上一头冷水呢？这一次的讨论显得非常奇怪：在朝廷上既没有赞同的声音，亦听不到重量级人物反对的声音。究其原因，大约在于：宋文帝的心腹徐湛之和江湛有了前车之鉴，上次极力鼓动北伐，结果惨败，招致民怨沸腾，更重要的是引起了太子刘劭的强烈不满，这次他们也学乖了；刘义恭作为上次北伐的前敌总指挥，因畏首畏尾而对战败负了责，这次再也不敢表态；太子刘劭最近出现很多过失，引起宋文帝的不满，更是不敢出头反对了。只有司州刺史鲁爽等人明确表态支持北伐，而反对的也只有尚书令何尚之的儿子、太子中庶子何偃，他说："臣认为贼人国内的确出现了混乱，也确实像陛下所说的那样，消灭他们并不困难，不过，虽然陛下已经内算于心，但部队并未得到恢复，边境上的各个军镇，还都兵员短缺，边境的流民，也都没有找到赖以生存的职业。假如实施北伐，军资全部需要后方的支援，北魏往年挫败，接着国内又出现了内乱，取乱侮亡，确实在理，但是，淮河泗水流域的几个州县，实在是非常残破，百姓流离失所，创伤尚未平复，况且，进攻与防守完全不同，强攻则困难重重，围困则旷日持久，进退之间，将会出现不测。因此，臣以为，从目前的局势上看，应当忍辱负重，谨慎发兵。"何偃的话拿捏得很有分寸，作为太子中庶子的他说出这番话，宋文帝当然明白应该代表了太子刘劭的意思，但他并没有听从。

元嘉二十九年（公元452年）五月十九日，宋文帝正式下诏再度向北魏宣战，他在诏书中称："穷凶极恶的匪首没有劳驾我们的刀斧，已经受到上天的惩罚死亡，他的骨肉之间相互残杀，国内离心离德，黄河沿岸、洛阳地区的敌军将领纷纷表示归附，黄河以北的中原遗民也都日夜盼望着王师前来。拯救将要淹死的人，荡涤世间的污秽，时机已经到来！如今，我下令骠骑将军刘义恭（镇守盱眙）和司空刘义宣（镇守江陵）率领本部人马，东西呼应，再度北伐！凡是魏国国内起义投降的人，都要按照他们各自的功劳，予以奖赏。”

从战役的发展上看，这次北伐的规模远比元嘉二十七年的要小，刘宋东中西三路同时并举，但主要动用的是地方部队：东线，主要使用的是徐州、兖州、青州、冀州的边防军；中路，主要使用司州、荆州军队；西线则主要使用的是雍州、梁州的军队。此时，原徐兖二州刺史刘骏已调任江州刺史，奉命前去讨伐山蛮，由护军将军萧思话接任为持节、监徐、兖、青、冀四州、豫州之梁郡诸军事、抚军将军、兖徐二州刺史；原青冀二州刺史萧斌因上次战败被罢免，由刘裕姨表兄弟刘怀慎之子、少府刘兴祖接任；在临战前，宋文帝又任命原益州刺史张裕（张邵兄）之子张永为冀州刺史，按：张永，字景云，刘宋大战时在彭城与北魏李孝伯舌战的那位张畅，是他的堂兄，张永多才巧思，博学多能，既会写文章，书法也好，还通晓音乐，骑射杂艺，无所不通，他自己用的纸墨均是自己制造，宋文帝每次拿到张永的奏疏，总是反复把玩，叹息御用纸张的质量远远不及。但此人从未带过兵、打过仗，只是充当过基层官吏，监督修筑过华林园和玄武湖，可是，宋文帝认为此人有将才，破格提拔其为冀州刺史，领兵打仗。司州刺史是前不久归附的鲁爽；荆州刺史还是宋文帝的弟弟刘义宣；雍州刺史则是臧质，臧质去年在盱眙打了一场漂亮的防御战，受到宋文帝赞许，被宋文帝提拔接替随郡王刘诞为雍州刺史，具体职位为：使持节、监雍、梁、南北秦四州诸军事、冠军将军、宁蛮校尉、雍州刺史，另封开国子，食邑五百户。

从这次北伐的军事部署上来看，与上次毫无二致，宋文帝还是以占领黄河以南为目标，诸路平推。沈庆之再次表示强烈反对，宋文帝以其不同意北伐，没有派其出征。当时，流民司马黑石、庐江叛吏夏侯方进在西阳（湖北省黄冈市东）五水，煽动群蛮，自淮河、汝河一直到汉水、长江之间，山蛮四起，反抗官府，十月，宋文帝命令沈庆之率领众将前去讨伐，并令豫州、荆州、雍州各派军队，受其节度。

青州刺史刘兴祖上书建议：“黄河以南已经非常凋敝，百姓饥馑，野外无法抢掠到粮食，如果魏军黄河以南各个城市固守不战，没有十天半月是无法攻克的。屯兵坚城之下，从后方转运粮食，是非常艰难的。抓住有利时机，要速战速决才是。如今，魏主刚死，天气炎热，内讧不已，难以派军远征。臣建议应当率领部队渡过黄河，长驱直入，占领中山（河北省定州市），守住太行山一线的险关要隘。冀州以北的百姓富足，况且小麦已经成熟，军粮问题容易解决，那里，响应祖国号召的义士一定很多。如果黄河以北受到我军的冲击，黄河以南敌人自然就会瓦解。臣请求派遣青州、冀州七千兵马，北渡黄河，直插敌人腹心地带，如果前锋进展顺利，冀州刺史张永以及黄河以南的各路军马应当同时渡过黄河，在那里设置官吏，招抚归附的百姓，西面据守太行山的关隘，北面把手军都关（北京市昌平区西），当地的魏国官吏一律留任，聚众响应的人一律封官，恩威并用，这样一来，百姓们一定会热烈欢迎我们的到来。如果能成功，则统一天下，可指日而待，即使失败，也损失不多。我已经下令部队整装待发，只等圣上的旨意。”刘兴祖的建议可谓是釜底抽薪，避实击虚。仅就战斗力而言，宋军与魏军相比并不差，如今，天气炎热，马匹瘦弱，以骑兵为主体的魏军失去了一定的野战优势，突入敌国境内，因粮于敌，能收到事半功倍的效果，且，魏主拓跋焘南下，魏军死伤惨重，魏国国内民怨沸腾，拓跋焘死后，魏国境内民心摇动，刘兴祖之计不是没有成功的可能，但是，缺乏战略眼光的宋文帝认为宋军只用打下黄河以南即可，对进攻黄河以北，他是想都不敢想，因此，拒绝了刘兴祖的请求。为了加强对前线将领的控制，他故技重演，提前写好具体的方略，派遣亲信、员外散骑侍郎徐爰随军，代表皇帝，指挥前线将领作战。

基于占领黄河以南的考虑，宋文帝将主攻方向放在了中路和东路。

元嘉二十九年（公元452年）五月，他命令徐兖二州刺史萧思话都督冀州刺史张永等军向碻磝城进发，鲁爽、鲁秀、程天祚等率领四万荆州军队进攻许昌、洛阳，雍州刺史臧质率领雍州部队进攻潼关，左军中兵参军萧道成率领偏师进攻仇池。

东路：宋军五月从沿口（今地不详）出发，建威将军、济南平原二郡太守申坦、副将任仲仁，率领宋军先头部队进入黄河，冀州刺史张永司马崔训率领冀州部队、齐郡太守胡景世率领青州部队陆续会合。七月，萧思话率领各路宋军悉数到达碻磝，从三个方向对碻磝城发起了进攻，张永、胡景世从东面进攻，申坦、任仲仁从西面进攻，崔训从南面进攻。宋军连续进攻十八天，一直无法攻陷碻磝城，到八月五日，碻磝城内的魏军从地道里秘密出城，烧毁了城南崔训的军营以及望楼、蛤蟆车等攻城器械。八月七日深夜，魏军再次偷偷打开城门，摧毁城东张永所部长墙及攻城器械，不少宋军士兵被火烧死、被魏军斩杀，继而，魏军又转兵向南，摧毁了城南宋军的进攻通道。从未经历过战阵的冀州刺史张永吓得魂飞魄散，不向其他将领通报，擅自率领本部人马仓皇而逃，东面宋军撤离后，其他方向的宋军相互惊扰，一片混乱，纷纷向后方狂奔，魏军趁机出城追击，宋军是一败涂地。

在后方的萧思话亲自率军赶来，以崔训望楼被烧、又不能守住进攻的通道，将其斩杀于碻磝城下，将张永和申坦打入历城（山东省济南市）监狱，然后，他又增加兵力继续攻城，但宋军又进攻了十几天，碻磝城还掌握在魏军之手，无法攻下。此时，宋军已经断粮，八月二十一日，萧思话只得下令全线退却，率军回到了历城。①

中路：八月，中路宋军进至长社（河南省长葛市），北魏守将永平公秃发幡乃同弃城而逃，宋军顺利拿下了长社。接着，宋军继续北进，进攻大索城（河南省荥阳市以北）。魏军守将豫州刺史拓跋仆兰（长孙兰，长孙肥第四子）说："鲁爽自恃骁勇，疏于戒备，如今，我弃城，他肯定会率军前来，我在檀山设下埋伏，一定能将其活捉。"闻听魏军弃城，鲁爽果然趁夜率军北进。鲁秀劝说，但鲁爽不从，鲁秀只好率领本部随后前来。果然，天将破晓，宋军在檀山附近遭遇魏军埋伏，魏军骑兵从两面发起进攻，幸赖鲁秀纵兵力战，才将魏军击退，魏军退回虎牢。宋军趁机占领了大索城和小索城，包围了虎牢关。鲁爽本来寄希望于东线水军在攻下碻磝城后，进入黄河西上，能够切断虎牢关魏军的水门，但此时，得知东线宋军没有攻下碻磝，已经败退，鲁爽只好率军撤退。魏军跟踪追击，宋军边打边撤，两军转斗数百里；宋军退至曲强（今地不详），魏军发现此时宋军已经又饥饿又疲惫，集中全部的精锐部队发起了猛攻，鲁爽亲自与敌人搏斗，终于打退了魏军，回到国内。

西路：统帅雍州刺史臧质对这次北伐并不积极，按照宋文帝的指示，西路军的目标是占领潼关。臧质集结雍州主力军队，驻扎在襄阳近郊，并没有按时出发，只派遣司马柳元景率领薛安都等将带着部分军队向北进发，北魏关城（疑为鲁山关）守将弃城而逃，宋军即占领了关城。柳元景进至洪关（河南省灵宝市

① 《魏书·岛夷刘裕传》称："思话遣建武将军垣护之至梁山逆军，尚书韩茂率骑逆击之，思话退还麋沟。"《韩茂传》称："世祖崩，刘义隆遣将檀和之寇济州，南安王余令茂讨之。至济州，和之遁走。"

西南），打算与薛安都一起渡过黄河，进攻魏军蒲坂守将杜道生。九月，魏冠军将军封礼率军从洹津（河南省灵宝市东北）渡过黄河，增援弘农（河南省灵宝市）；司空高平公儿乌干驻守潼关，平南将军黎公辽驻屯河内（河南省沁阳市）。这时，柳元景等人听说中路鲁爽已经撤退，他们也只好退去。至此，西路统帅臧质依然未出师，史书称，在此期间，他还“顾恋嬖妾，弃营单马还城，散用台库见钱六七百万”，被有关部门弹劾，宋文帝念及他有战功，没有追究。《魏书》称：义隆又遣雍州刺史臧质向峭陕，梁州刺史刘秀之、辅国将军杨文德出子午。豫州刺史长孙兰遣骑破之，秀之等仅以身免。臧质、柳元景、薛安都等至关并相继败走。

一〇三 巫蛊之祸（一）

宋军西路还有一支部队，那就是梁州的军队，他们的任务是西击长安。

战役发起之初，梁州刺史刘秀之即命令司马马汪、左军中兵参军萧道成率军朝长安方向进击。梁州西部边境上原有武兴坞堡（陕西省略阳县），在东晋隆安年间（公元397—401年）被氐族占领，在武兴的西北又有兰皋坞堡（甘肃省康县西北），距离仇池二百里。萧道成率军进攻这两座坞堡，均将其攻下，遂从谷口入关（应为大散关），推进到距离长安八十里处。在二人行进途中，听说各路宋军均已撤退，他们只好转兵仇池。宋军进攻谈堤城（今地不详），将其攻下，北魏河间公逃跑。接着，萧道成率领氐族羌族等部队，进攻北魏的武都（甘肃省成县西），北魏高平镇将苟莫于率领两千精锐骑兵前来救援，萧道成等人退回南郑（陕西省南郑县）。

宋文帝的这次北伐从元嘉二十九年的五月开始到十月已基本结束，仅持续了五个月，而萧道成进攻仇池的偏师则一直到第二年的年初才撤回国内。据《魏书·皮豹子传》记载，萧道成、王虬、马光等将入汉中，又令杨文德、杨头等率氐族部众进攻武都（甘肃省陇南市武都区），城中魏军固守，宋军被杀二百多人。皮豹子分兵救援，魏军进至女磊（今地不详），听说宋军暂缓了攻势，即派人前去祁山（甘肃省礼县东）取马，打算救援。杨文德认为皮豹子将要切断自己的粮道，于是，撤退到了覆津（武都区东），据险自固。宋文帝担心杨文德擅自撤回，又调兵遣将增援，并命令晋寿（四川省广元市）、白水（甘肃省文县东南白水江）给覆津送粮，汉川（陕西省汉中市）、武兴（陕西省略阳县）给甘泉（陕西省甘泉县）运粟。皮豹子上表称："刘义隆增兵运粮，肯定还会前来，而我率领的部众，数量本来就不多，全靠民兵，统万和安定两镇的部队已经在此坚守了三四年，而长安的部队也过了轮休期限，他们思念家乡，纷纷逃亡，当地百姓知道我的部队人数较少，暗中与宋军联络，互为唇齿。杨文德去年八月与宋梁州刺史刘秀之同征长安，但担心在平原与我骑兵交战，又回师仇池，进围武都，已经多日，请求派遣高平突骑二千，携带一月粮食，火速增援仇池。”文成帝下诏命令高平镇将苟莫于率突骑二千前来，宋军这才退去。宋魏对仇池的争夺，沿着白水江河谷展开，宋军从白水江河谷北上夺取仇池，这是争夺仇池控制权的主要通道。

其实，这次北伐失败后，宋文帝并没有死心，这从他给萧思话的诏书中即可见一斑：“碻磝不拔，士卒疲劳，且班师清济，更图进讨。此镇山川严阻，控临河朔，形胜之要，擅名自古，宜除其授，以允望实。思话可解徐州为冀州，余如故。彭城文武，复量分配，即镇历城。”战后，他没有诛杀战败的张永和申坦，而是对萧思话说：“虏既乘利，方向盛冬，若胆敢送死，兄弟父子，自共当之耳。言及增愤，可以示张永、申坦。”他命令萧思话自彭城（江苏省徐州市）北上镇守历城（山东省济南市），一方面是担心秋冬到来，魏军南下；另一方面则是为了图谋再举。他在给江夏王刘义恭的信中说：“要是我早知道众将如此，恨不能用刀驱赶着他们进攻，如今后悔也来不及了！”不久，刘义恭又上奏免去萧思话的官职，宋文帝同意了。

北伐结束以后，宋文帝就将注意力集中到讨伐五水蛮上了，元嘉二十九年十月，他即派遣沈庆之率领各路人马前往讨伐，到元嘉三十年（公元453年）年初，他又下诏命令江州刺史武陵王刘骏率领各路军马，与沈庆之会合，武陵王刘骏推进到五洲（湖北省浠水县西南长江中）。

虽然山蛮蜂起让宋文帝忧心不已，但对他而言，还有更为忧心的事：那就是宋文帝吃惊地发现，太子刘劭和始兴王刘浚竟然暗中在诅咒自己！

宋文帝一向简朴，他下令让宫中养蚕，为天下作出榜样。有一位叫严道育的吴兴女巫，因丈夫犯抢劫罪受到牵连而被打入奚官（负责处理宫女的处罚、疾病、丧葬等事宜），她自称通灵，能驱使鬼物。东阳公主刘英娥（王僧绰之妻、太子刘劭亲姐姐）的贴身婢女（《宋书·沈怀远传》称，是公主的养女）王鹦鹉对公主说：“严道育通灵，有异术。”公主就对宋文帝说，这个严道育善于养蚕，请求将她召入公主宫中，宋文帝答应了。严道育见到公主后说：“天神将赐予公主道符。”当夜，公主躺在床上，看到一串形同萤火的光从外而入，落入箱子里，打开箱子一看，是一双圆青可爱的珠子，自此，东阳公主、刘劭开始对严道育深信不疑。始兴王刘浚自从与妹妹海盐公主通奸败露，闹得满城风雨，宋文帝对他是非常恼火，而刘浚还有其他很多过失，也担心被宋文帝发现，就让严道育向天神请求，不要让宋文帝发觉。每次严道育都是满口答应："我亲自上天向天神请求，肯定不会泄露。"刘劭有过很多过失，当然也不想让父亲知道，于是，他们日夜歌舞诅咒，刘劭等人尊称严道育为天师。慢慢地，他们开始诅咒、盼望宋文帝早死，用玉石做成宋文帝的模样，埋在含章殿前面。

要说宋文帝一直对刘劭和刘浚很好，为什么他们要诅咒自己的生身父亲早死呢？当然是为了抢班夺权。长期的太子之位，大约已经让刘劭难以忍受。太子是一个非常尴尬的位置，看似他是一人之下万人之上，尊崇无比，但他的权力是将来时，在现任皇帝面前，他的处境很微妙，既不能显得无能，又不能过于聪明，既要培养自己的势力，又不能引起猜忌，这是非常难的；有的时候，一个太子的发言权甚至还没有现任皇帝一个亲信的大，身为一个太子需要做到的，就是一个忍字，一个等字。然而，忍一天、一年、十年，可以，而刘劭六岁被立为太子，十二岁出居东宫，如今他已经三十岁了，已经忍了很多年，他不想再忍下去了，况且，刘劭在北伐上与宋文帝政见不合，已经让他与宋文帝的近臣江湛等人水火不容，这一矛盾，实际上是他与宋文帝之间的冲突，当他声称要斩杀江湛、徐湛之以谢天下时，宋文帝当然不会自剪羽翼，而把过错揽到了自己身上，把刘劭给顶了回去。

东阳公主有个叫陈天兴的奴仆，王鹦鹉将其收为养子，却与之私通。王鹦鹉、陈天兴和宁州所献的宦官庆国三人都参与了巫蛊诅咒之事，为了酬谢陈天兴，刘劭将其任命为东宫卫队队长。后来，东阳公主去世，按规矩，王鹦鹉也要嫁人，但刘劭担心王鹦鹉会泄露天机，就与刘浚商量，把她嫁给一个自己身边的人。当时，吴兴的沈怀远是刘浚的长流参军（治狱参军），深受刘浚的信任，于是，他们就将王鹦鹉嫁给了他做妾。这件事情刘劭等人不敢提前给宋文帝报告，等到将王鹦鹉嫁给沈怀远以后，才通过临贺公主捎带着告诉了宋文帝。后来，宋文帝听说陈天兴当上了东宫卫队队长，派宦官奚承祖责备刘劭说："听临贺公主说南第（东阳公主府邸在西掖门外，因此称为南第）有个下人要嫁，又听说这个下人养别人的奴才为子，而你却将此人提拔为卫队队长，为何提拔如此迅速？你最近用的队长、副队长都是奴才出身吗？那个下人嫁到了哪里？"刘劭回答："东阳公主生前曾将陈天兴托付给我，让我给他找个差事，当时我回答说：'伍长倒还可以，如果能杀敌，也可以当队长。’当时说这话时，不过是戏言，后来，我都忘了。公主去世后，陈天兴在路上请求见我，要个职位，我念及死去的姐姐，不忍食言，又见其体格强健，就草率地任命他为政治委员（监礼）兼副队长。近期用人虽也按照论资排辈，但也用了有器干的，特此将近期东宫提拔的人员名单奉上。那位要嫁人的下人，尚未找到人家。”其实，当时王鹦鹉已经嫁给沈怀远了。

宋文帝突然派人问及王鹦鹉出嫁和陈天兴当队长的事，让心怀鬼胎的刘劭心惊肉跳，他立即给刘浚写信，并给临贺公主报信说：“如果皇上问及王鹦鹉嫁给谁，就说尚未找到人家。”刘浚回信说：“接到您的命令，深为害怕，临贺公主说及此事已过去多日，他今天才来责问，肯定是有感而发，只是我们不知道缘由而已。估计临贺公主应该不会说话反复、自找麻烦吧？这老太太从来就是首鼠两端，难以确保，正要亲自询问她，希望能了解到真实情况。她如果被问及此事，要认真回答清楚。陈天兴原曾在佞人（指刘义恭）府里做事，不清楚皇上手里是否有登记文薄。应该尽快将其处理了。殿下已经与王鹦鹉见面了吗？应该将此事让严道育亲自上天向天神报告。彼人（指宋文帝）如果一味地追查下去，正可加快结束他残余的性命，也许正是我们大庆的开始。”

刘浚建议刘劭要尽快杀死陈天兴，而王鹦鹉自从嫁给沈怀远以后，也担心她与陈天兴此前的奸情暴露，也建议刘劭杀死陈天兴，于是，刘劭就秘密派人杀死了他。得知陈天兴被杀的消息，庆国非常害怕，他自忖，知道底细的只有他与陈天兴两个人，现在陈天兴已死，看来刘劭他们是要杀人灭口了，下一个被杀的人很有可能就轮到了自己，于是，庆国就向宋文帝自首了，将前前后后和盘向宋文帝托出。听了庆国的话，宋文帝极度震惊，震惊之余，又万分惋惜，他立即派人逮捕王鹦鹉，在王鹦鹉的家中搜出了刘劭与刘浚的亲笔书信，信中都是些诅咒巫蛊的话，又在皇宫内的含章殿前挖出了那个玉人。严道育闻讯逃亡，一直没有抓到。宋文帝大怒，要彻查此事，务必抓住严道育，从宫中向各地派出宦官督促各地展开搜捕，却依然没有抓到。

刘浚元嘉十三年八岁封王，元嘉十六年十一岁为湘州刺史、南豫州刺史，元嘉十七年十二岁为扬州刺史，元嘉二十六年是从扬州刺史任上转任为兖、南徐二州刺史，这一年，他的五弟刘绍因病解除扬州刺史一职后，刘浚自忖扬州刺史一职非他莫属，可是，宋文帝任命了刘浚的叔父、荆州刺史刘义宣为中军将军、扬州刺史，这让刘濬大失所望，心生怨恨，于是，就通过宋文帝亲信徐爰请求去当荆州刺史，又请求尚书仆射徐湛之说好话，尚书令何尚之等人则认为刘濬是皇太子的次弟，不宜远出，但宋文帝认为，荆州位置非常重要，应当掌握在至亲手中，就答应了刘濬的请求。刘濬入朝后，宋文帝又将他遣还京口，让他准备行装，刘濬刚回到京口几天，巫蛊这件事就败露了。宋文帝痛心疾首，连日里叹息不已，《魏书》称："事发，义隆愤愧自失，废于政事。"他对潘淑妃说："太子想要富贵，这还能说得通，虎头（刘濬的小名）竟然也这么做，已完全超出了我的想象。你们母子二人岂能一天没有我吗？"因为，宋文帝非常明白袁齐妫与潘淑妃之间的矛盾，也清楚刘劭对潘淑妃母子是恨之入骨。对于潘淑妃和刘濬之间的关系，《南史》有不同的说法："初，濬母卒，命潘淑妃养以为子。淑妃爱濬，濬心不附。"说的是潘淑妃并非刘濬的生母，而是养母，虽然潘淑妃对刘濬非常喜爱，但刘濬从内心对潘淑妃没有感情，从后来发生的事情上看，《南史》的说法也许是真实的。

宋文帝严词斥责刘劭和刘濬二人，二人惶恐万分，无言以对，只是一个劲地谢罪罢了。对刘濬，宋文帝派朱法瑜秘密责备，言辞既严厉又悲哀，还亲自给刘濬写信道："王鹦鹉的事大概你也清楚吧，你怎么能痴迷到如此地步啊，况且，沈怀远又是什么样的人，他能为你隐瞒这些吗？我特意派朱法瑜传我的口谕，写完这些话，我扔下笔的时候，心中既惋惜又感慨！"刘濬既羞愧又恐惧，不知该如何回答。严道育化装成尼姑，藏匿在东宫，刘濬前去京口驻地，又将她带出京师，有时则把她藏匿在一个叫张旿的百姓家里。虽然宋文帝非常恼火，但还是不忍心对二人处罚。

一〇四 巫蛊之祸（二）

宋文帝不忍心处罚二人的原因，应该是多方面的，大致如下：

一是一旦处罚二人，将让他苦心建立起来的政治格局毁于一旦。多年以来，宋文帝一直在精心构筑一个以太子刘劭为核心的皇子集团，用这个集团来对抗和平衡宗室诸王、高门大族势力，以巩固太子刘劭合法继承人的地位，确保权力能够顺利交接，这也是宋文帝一直不断增强东宫力量（“东宫置兵，与羽林等”）的原因。如今，却让自己亲手去摧毁苦心构建的体系，这实在令他非常难受。

二是历来废黜太子都是一件关系重大的事件，弄不好就会出大事。巫蛊事发时，宋军正开展第三次北伐，前方战事正酣，如果后方再出乱子，后果将不堪设想。

三是太子、始兴王二人是宋文帝最看好的两个儿子，将二人废黜，真的是不知道立谁好。太子是原配夫人袁齐妫所生的嫡子，宋文帝与袁齐妫伉俪情深，又对袁齐妫怀着难以言表的愧疚，太子刘劭又是方面大口，英俊潇洒，亦有治国之才，长久的太子之位让他产生迫切继位的心态，也是可以理解的；刘浚之母潘淑妃是宋文帝最心爱的女人，也是他一天也离不开的女人，爱屋及乌，刘浚也是宋文帝非常看好的儿子，宋文帝怎忍心杀掉刘浚？况且，宋文帝真的不知道立谁好，也看不出还有谁能比得过这两位：第三子刘骏，宋文帝一直对他不喜欢，排除在外；第五子刘绍已死；具备条件的也就剩下了第四子刘铄、第六子刘诞、第七子刘宏三人，当然可以从中挑选一个，但这样不按顺序立储，就涉及一个如何处理第三子刘骏的问题，事情会变得非常棘手。

不过，此事对宋文帝的打击是巨大的，《魏书》称他因此而荒废了政事，当不是虚言，第三次北伐草草结束，当与此有直接的关系。从元嘉二十九年下半年直到第二年年初，宋文帝就一直为此事操心，在存废刘劭这一问题上纠结，开始的时候，宋文帝是打算原谅刘劭的，他给江夏王刘义恭写信称："看史书经常看到这一幕，总认为是写史人瞎写的，岂料自己竟然亲眼看到了这种事。刘劭所为虽然无道，但以他的才还不至于让社稷覆亡，等到他登基以后，就不关你我的事了。你的儿子也多，恐怕这种事也会发生到你的身上。"由此可以看出，宋文帝在权衡利弊之后，最初是打算维持现状的，但这件事发生在自己的两个爱子身上，无论如何让宋文帝无法接受，他心中一直愤恨不已：太子也就罢了，为了社稷，宋文帝无可奈何；对于刘濬，宋文帝却一直无法原谅：去年巫蛊事件败露前几天，宋文帝已经答应了刘濬担任荆州刺史的请求，刘濬回到京口本是收拾行装，但巫蛊事件败露后，宋文帝非常恼火，一直没有下诏让其上任，将刘濬滞留在京口近半年之久。刘濬当然明白，彼人是在玩我！当年十二月，中书侍郎蔡兴宗（蔡廓之子）问建平王刘宏说："今年即将过去，征北将军（指刘濬）何时能够回来？"刘宏叹息一声，沉默了很久才说："就不必寄希望年内能回来了啊。"在京口滞留期间，刘濬任命沈怀远为长流参军，每晚总是开城门出城游荡，宋文帝听说后，又是急火攻心，下令诛杀了刘濬的亲信杨承先。

元嘉三十年（公元453年）一月，相关人员终于等到了盼望已久的命令：宋文帝任命原荆州刺史刘义宣为司徒、扬州刺史；任命征北将军、始兴王刘濬为荆州刺史。还有一个人，则接到了一个出力不讨好的差事，这个人就是武陵王刘骏：宋文帝命令他统领各路军马，去征讨西阳蛮。截至元嘉三十年一月，半年前发生的巫蛊事件似乎已经风平浪静，新年过去，宋文帝也似乎已经原谅了自己的两个儿子，他打算从头开始。这一点我们还可以从另外一件事上看出来：从元嘉二十八年起，天象就出现了异常，元嘉二十八年彗星从毕宿、昴宿方向出发，进入太微垣，横扫属于帝王星座的端门，灭掉翼宿、轸宿各星光亮。去年，火星朝着相反方向运行守住氐宿，从十一月开始连绵大雨夹杂下雪，人们很少能看到太阳发出光芒。本年正月初一，宋文帝在太极殿大会群臣，有一股黑青色的雾气从东南方向飘来，笼罩了整个皇宫，数日后，天上又刮起大风、白霰飞舞而且雷声隆隆。去年，一个叫范材的道士说出自己的死期，果然如期而死，埋葬后，刘义恭怀疑他成仙了，就命人开棺验尸，却发现道士的人头像刚被斩首一样，鲜血流到背上。宋文帝听说了，感到不祥，心里十分厌恶，预感到会发生巨变，就增加了东宫卫队人数，使得东宫兵力总数达到了一万人，并且，他还下诏规定，皇上出巡在外，就由皇太子刘劭入宫守护，允许东宫的白直队随其一起入宫。

种种迹象表明，到元嘉三十年一月，宋文帝基本上原谅了太子刘劭和始兴王刘濬，并已从巫蛊事件中恢复了常态，也确定了维护原有体制不变的方针，因此，有学者将宋文帝的最终被杀，归结于他本人的犹豫不定，其实是错误的，如果没有后来的突发事件，刘宋朝廷也许还会一直风平浪静下去的。

然而，树欲静而风不止，到二月十四日，事态突然发生了巨大的变化！

元嘉三十年（公元453年）二月初，始兴王刘濬入朝拜见宋文帝，准备西上荆州上任，与他一同入京的还有他一直藏匿的那位“天师”严道育，进京以后，刘濬偷偷将严道育安排到东宫，打算在京稍作停留，就把她一同带到荆州。二月十四日，宋文帝亲临大殿，接受刘濬的朝拜。拜见皇帝以后，刘濬就要离开京师了，然而，就在这一天，有人向宋文帝告密说：“京口百姓张旿家有一个尼姑服食丹药，出入于征北将军刘濬府中，似乎就是严道育。”宋文帝原以为刘劭、刘濬已经与严道育划清了界限，对此将信将疑，试着派人前去京口突击搜捕，结果，果真抓到了严道育的两个婢女，二人招供说：“严道育已随征北将军刘濬一起回到了京师。”听到京口方面的汇报，宋文帝惊得是目瞪口呆，顿时六神无主，一时间心中是五味杂陈，他是既惆怅，又伤心，既惊骇，又怜惜，脑子一片空白，不知道该怎么办。他下令京口方面火速将这两个婢女用船押送到京，等到审讯清楚以后，再追究刘劭、刘濬二人的罪过。

愤懑之余，宋文帝将此事告诉了与自己朝夕相处的潘淑妃。我们想，以宋文帝那么缜密的一个人，如果已经决定废黜太子、诛杀刘濬的话，他是绝不会将此事告知潘淑妃的，而他在潘淑妃面前发火的时候，当是在听说实情不久，而当时他的心中更多的是狂怒吧。以京口与建康之间的距离，从建康前去京口，再逮捕两位婢女，并审讯，最早可以在二月十四日当天，实际上，宋文帝至迟不会晚于第二天，即二月十五日，即知道了此情。

二月十五日，刘濬入宫谢罪，宋文帝脸色非常难看，当晚，即派人对刘濬加以责问，刘濬只是谢罪而已，再无余言。潘淑妃抱着刘濬，哭得死去活来，教导他说：“你原来参与巫蛊之事，我还寄希望于你能改过自新，谁能想到你竟然还藏匿严道育？皇上对你失望之极，以致我一直叩头请求原谅你，但皇上还是难以释怀。现在我活着还有什么意思？你把毒药送来，我先死在你前面，不忍心看到你受祸败灭！”谁知，刘濬却抖抖衣服，挣脱母亲的怀抱，说道：“天下之事很快就会有个结果，请稍稍放下心来，我一定不会连累你！”说毕，拂袖而去。

大约也就是从这一天开始，宋文帝定下了废黜太子刘劭、诛杀始兴王刘浚的决心，他先与侍中王僧绰商议，让王僧绰将汉魏以来废黜太子、诸王的典故都搜集整理出来，然后，送给尚书仆射徐湛之和吏部尚书江湛研究。废黜太子毕竟是一件非同小可的大事，这也就意味着自己二十多年来的努力完全付之东流，不过，既然定下了这件事，也就罢了，而关键问题是：接下来，册立哪个儿子为太子呢？

然而，事情已经变得非常危急了。二月十五日，当潘淑妃将情况告诉刘浚以后，刘浚立即向刘劭做了汇报，二人立即开始密谋发动政变。刘劭每天夜里都设宴款待东宫将士们，有时，他亲自给大家敬酒，并与心腹队长陈叔儿、守卫斋宫（皇帝祭祀之所）的将领张超之、任建之密谋。刘劭的姐夫王僧绰秘密将这一情况向宋文帝做了汇报，但宋文帝并没有果断采取措施。

宋文帝废黜刘劭的计划之所以耽搁了下来，表面上看主要有两个原因：一是严道育的两个婢女尚未押送到京，严道育本人也未抓获；二是究竟立谁，徐湛之、江湛和宋文帝三人之间达不成统一。但实际上，从种种迹象表明，宋文帝似乎还是对刘劭抱有希望的：一是，线人只是告发严道育在京口与刘浚往来，并没有牵扯到刘劭，且刘浚只是谢罪，也没有明确指认严道育在刘劭东宫之内，因此，宋文帝似乎对刘劭还幻想着什么。宋文帝对太子刘劭的治国理民的能力还是认可的，也许他在盼望着或者等待着刘劭主动坦白，再次认错，交出严道育，然后，这件旧事就此掀过？二是，宋文帝并没有在事情尚不明朗的情况下解除刘劭的兵权，并将刘劭和刘浚二人控制起来，这当然是一个失误，但在当时宋文帝也许有其他方面的考虑。三是，当王僧绰报告刘劭连续设宴款待东宫将士的时候，宋文帝不会想到身为儿子的刘劭会干出诛杀老父这一大逆不道的事情。

一〇五 元凶弑逆

这当然是父亲的一厢情愿，不过，宋文帝也是两手准备，已经下令让江湛写好了废黜刘劭的诏书。

但是，三人之间就新太子的人选，一直没有达成一致意见：

宋文帝打算册立第七子、时年二十岁的建平王刘宏。这当然有宋文帝自己的理由：刘宏自幼丧母，失去母亲庇护的刘宏性情淡泊，爱好读书，宋文帝对他非常喜爱，给他在鸡笼山上修筑府邸，极尽山水之美，并规定建平国官员的职级待遇要比其他王国高一级。立一个没有复杂背景的太子，宋文帝感到放心。

徐湛之则主张立第六子随郡王刘诞。原因在于，刘诞的妃子就是徐湛之的女儿，如果刘诞当上了皇帝，徐湛之就是未来的国丈。

江湛则意欲册立宋文帝的第四子南平王刘铄，理由也是私利，即刘铄的王妃是江湛的妹妹。

如今，除去刘劭、刘浚和死去的第五子刘绍之外，具备竞争新太子的人选是：第三子武陵王刘骏、第四子南平王刘铄、第六子随郡王刘诞、第七子建平王刘宏，至于第八子刘袆则才能低劣，以下诸子年幼均没有竞争实力。按道理说，第三子武陵王刘骏按“立嫡立长”的规矩，在没有嫡子的情况下，刘骏作为长兄，应当属于最具竞争实力的人选，然而，如前所述，宋文帝历来讨厌刘骏，因此，从一开始刘骏就已被排除在外。假如宋文帝以立嫡立长的规矩册立刘骏的话，江湛与徐湛之当然无话可说，但宋文帝本人破坏了这个规矩，还打算立竞争人选中年龄最小且最没有实力的刘宏，江徐二人自然就有话可说了。有人说宋文帝难道不可以强行册立刘宏，一锤定音？当然可以，但是，册立刘宏容易，要让刘宏牢固地掌握权力，保证未来帝国的稳定就难了。首先，宋文帝不得不考虑如何处理刘宏上面三个哥哥，其次，宋文帝还不得不面对如何安排江湛和徐湛之在未来朝廷中的地位，这里面存在有许许多多的问题。因此，宋文帝与江湛、徐湛之等人安排部署废黜太子、讨论未来太子人选等事宜，一共用了四五天的时间，说长也并不算长。

问题的关键尚不在于此。关键是：人有三昏三迷，再聪明的人也有糊涂的时候。首先此时，宋文帝应当预料到刘劭已经隐约得知了宋文帝的意图，事情紧急，不容拖延，一味地拖下去，将有出现变故的危险；其次，宋文帝奇怪地将废黜太子与册立新太子这两件完全可以分开的事情，扯到了一起！三四天的时间，仅就废黜太子一事说，的确是太拖延了，对比北魏拓跋焘在废杀拓跋晃的时候，如同打仗一般，采取欺骗的手段将其逮捕，诛杀，可谓是雷厉风行，而宋文帝在已经得知走漏风声的情况下，却一直暗中密谋，迟迟没有行动；这同样三四天的时间，对于讨论册立一个新太子而言，又过于仓促了。

形不成一致意见，宋文帝见到王僧绰发牢骚说："他们都各自为自己考虑，没有一个与国家同甘共苦的。"王僧绰回答："立储之事，全由圣上做主。臣以为，要迅速作出决定，不能再耽搁了。当断不断，反受其乱。请皇上以大义为重，割断恩情，稍稍狠下心来。假如做不到这样，就该对太子像过去那样坦诚相见，无须再猜疑。事情虽然秘密，但没有不透风的墙，不能让变故突然发生，让千载以后的人们取笑。"宋文帝回答："卿可谓能断大事，但此事重大，不可不好好三思，况且庶人（指刘义康）刚死，再如此，天下人将会说我没有慈爱之道。"王僧绰回答："臣恐千载以后，人们会说陛下只能制裁弟弟，不能制裁儿子。"宋文帝听了，默然不语。

王僧绰、江湛退下后，江湛说："你刚才说的话，恐怕说得过于直接了。"王僧绰回答："弟也恨大人的话不直接。"

刘铄从寿阳入朝，来到以后，宋文帝对他很不满意，因此，江湛支持的刘铄也被排除在外。过去，宋文帝生病期间，徐湛之总是入宫尽心侍奉，如今，宋文帝又将他留在宫中，夜以继日地秘密商谈，归根结底，他们还是忽略了废黜太子与册立太子的关系，一直在将要册立何人上纠结不已。宋文帝想立刘宏，却担心他年纪太小，失去长幼次序，因此，一直难以下决心。夜深人静的时候，宋文帝担心有人在外窃听，常命徐湛之亲自拿着蜡烛到屋外，绕着屋子四周查看。但通过潘淑妃，太子刘劭、始兴王刘濬已经完全知道了宋文帝的计划。

二月二十日，拘押严道育两个婢女的船只即将抵京，刘劭也加快了发动政变的步伐。当夜，他伪造了一道宋文帝下发给自己的诏书，称："鲁秀谋反，你可以在黎明时分率军入宫，驻守宫门。"于是，他下令让张超之等人集合平素豢养的亲兵两千多人，全部披甲整齐；又命令内外巡逻队长们，提前部署军队，做好戒备，声称将要讨伐乱党。当晚二更（晚9点到11点），他派人召来了前中庶子、右军长史萧斌、左卫率袁淑、中舍人殷仲素、左积弩将军王正见。见到众人后，刘劭流着眼泪对大家说："主上听信谗言，将要废黜我。我自思并无什么罪过，不能白白被人冤枉。明天一早，我将要行大事，希望大家同心协力。"说完，他站起身来，逐一向每一个人下拜。四人听了这番话，不禁大惊失色，霎时间惊呆在那里，无言以对。过了很久，萧斌和袁淑才一起说："从古至今，这是从未有过的事，请太子三思。"

听了二人的话，刘劭立刻变了脸色，他身边的侍卫也都蠢蠢欲动。

萧斌担心被杀，只好表态："臣过去曾侍奉大王，常思为大王效命，何况事情如此紧急，我愿意竭尽全力，听从大王指挥。"

袁淑斥责道："你以为殿下真要如此吗？殿下年少之时曾得过疯病，可能是旧病复发罢了。"

刘劭听了袁淑的话，更加恼火，他斜着眼睛盯住袁淑说道："我的事能成功吗？"

袁淑回答："你身为儿子，处于不被怀疑的地位，还怕不成功！只是你成功之后，不为天地所容，大祸马上就会降临。假如真有这个想法，现在收回还来得及。"

刘劭身边的人拉着袁淑的衣服说："这是什么事，能中途停下？"

刘劭赏赐给袁淑、萧斌等人便装，又命负责衣服的人拿来锦缎，三尺截成一段，一段又从中一分为二，分发给大家，用来绑腿。袁淑回到值班室，绕着床铺，左思右想，久久难以入睡，一直到四更才睡去。

二月二十一日清晨，皇宫的大门尚未打开，刘劭将大红衣服披在戎装外面，乘坐画轮车，与萧斌坐在一起，东宫卫队像往常入朝一样。刘劭出发之前，派人呼唤袁淑，而袁淑却还在呼呼大睡，一直没有起床。刘劭在东宫西边的奉化门外停车等待，不断派人前去催促，无奈，袁淑这才慢慢腾腾地起床，来到车后。刘劭让他登上车子，袁淑却不上，弄得刘劭火从心中起，对身边的人说："杀了他。"就这样，袁淑被杀死在奉化门外，时年四十六岁。

刘劭等人浩浩荡荡地朝皇宫而来，等宫门打开后，他们从皇宫的东门万春门进入皇宫。按照规定，东宫的军队不得进入皇宫，刘劭将伪造的诏书交给守卫，说："受诏，将入宫执行逮捕。"并催促后面的军队迅速赶上。

张超之等数十人骑马驰入云龙门、东中华门及皇帝休息室，抽出刀剑，径直登上西殿。

头一天晚上，宋文帝与尚书仆射徐湛之两人密谈，一直到天亮蜡烛还未熄灭，门口及房屋周围并无侍卫，值班卫士也还在休息。张超之等人破门而入，宋文帝被惊醒，惊恐之间，狼狈地用身边的茶几抵挡，张超之手起刀落，宋文帝的五个手指头齐齐被砍下，最终当场死于非命，终年四十七岁。徐湛之也从床上惊起，本能地想夺窗而逃，还没等他打开北面的窗户，就被杀死，时年四十四岁。徐湛之共三个儿子，长子徐恒之（宋文帝第十五女南阳公主之夫）早死，次子徐聿之、徐谦之，皆为刘劭所杀。

这时，刘劭也来到了西殿的中堂，听说父亲已经被杀，就从西殿出来，来到东殿，萧斌持刀侍立在一旁。

坐定之后，刘劭命人呼唤中书舍人顾嘏。顾嘏害怕，没有及时赶到，等他磨磨蹭蹭来到之后，刘劭问道："皇上打算把我们一起废黜，你为什么不早早汇报？"不等顾嘏回答，就将其斩杀。

当晚，江湛在门下省值班，他听见喧闹之声，知道事情坏了，叹息道："没有听从王僧绰的话，竟然到了如此地步！"就藏在崇礼闼（小屋）内。很快，刘劭派来的人就涌到了这里，士兵们询问江湛的下落，官吏谎称不在这里，乱兵一刀将官吏杀死，在屋内搜出了江湛。江湛依靠窗户受害，神色不变，时年四十六岁。江湛的五个儿子江恁（宋文帝第九女淮阳公主之夫）、江恕、江憼、江悉、江法寿，随后全部被杀。据说，江湛家在事发之前，经常出现怪异，前几天，江湛的床上突然出现几升鲜血。

禁卫军中原东宫将领罗训、徐罕均望风投降。左细杖主（武器营队长）、广威将军卜天与不暇披甲，手持长刀弓箭，高呼左右出战。徐罕说："殿下入宫，你要做什么！"卜天与大骂道："殿下经常这样入宫？事到如今你还说出这种话！你就是贼人！"他领着队将张泓之、朱道钦、陈满直入东殿，卜天与一箭朝刘劭射去，差一点将其射中。无奈寡不敌众，卜天与被砍断胳膊而死，其他人也均战死。孝武帝继位后，追赠卜天与为龙骧将军、益州刺史，谥号壮侯，孝武帝亲自哭祭。

左卫将军尹弘担心被杀，惊慌失措，亲自前去刘劭跟前，请求处分。

刘劭顾不得这些，他命令士兵们从东阁门进入后宫，诛杀了潘淑妃，剖开胸膛，挖出心来，看看心是正还是歪。使者顺从刘劭的意思，汇报说："心歪。"刘劭说："邪佞之人的心，当然是歪的。"又诛杀了宋文帝的数十名左右亲信，并向西州（建康西）派人让始兴王刘浚火速前来，驻屯在中堂。

一〇六 刘劭即位

刘劭发动政变的早晨，刘浚尚在西州。

王府的舍人朱法瑜急急忙忙前来禀报："皇宫之内传出呼喊之声，宫门全部关闭了，路上人们都说太子谋反，不知道事情的具体情况。"

刘浚其实早就知道这一天早晚会到来，他假装吃惊的样子，说道："现在该怎么办？"

朱法瑜劝说他占领石头城。刘浚没有得到刘劭的确切消息，不知政变是否成功，他心急如焚，不知该如何是好。将军王庆说："如今宫内有变，不知主上安危，身为臣子，当立即行动，前去赴难，固守城池，这不是臣子应当做的。"

刘浚不从，就从南门出城，率领文武一千多人，径直前往石头城。当时，南平王刘铄驻守在石头城，也有一千多士兵。

不一会儿，刘劭即派遣张超之骑马召刘浚入城，刘浚屏去众人，询问情况，张超之如实汇报后，刘浚即骑马率众前去。朱法瑜坚决制止，但刘浚不从。

他们出了石头城中门后，王庆又劝谏道："太子谋反，天下怨愤。大人应当关闭城门，坐吃粮食，不出三天，叛党自然离散。大人所处的特殊地位，如今岂能前去？"

刘浚说："皇太子有令，谁再敢多说，斩首！"

入见刘劭后，刘浚又建议刘劭诛杀徐湛之一党荀赤松等人，刘劭对他说："潘淑妃为乱兵所害。"刘浚回答："正合我意。"

刘浚到来后，刘劭又以宋文帝的名义征召大将军刘义恭、尚书令何尚之入宫，将二人软禁在宫中，并召百官进见，群臣担心被杀，入宫的才数十人。尽管如此，刘劭就匆忙宣布继位，他下诏称："徐湛之、江湛二人谋反，弑杀父王。我率领部队入宫，已经无法挽救，我号啕痛哭，五内俱焚，肝肠寸断。所幸如今罪人已经抓获，元凶也已伏法，现在宣布大赦天下，改元太初。”太初这个年号，是刘劭早就与严道育定好了的，萧斌说：“先皇去世尚未过了新年，现在就改元似乎不妥。”刘劭征求姐夫、侍中王僧绰的意见，王僧绰回答：“晋惠帝即位后就改元了。”刘劭听了很高兴，刚开始的时候，刘劭让萧斌撰写诏书，萧斌以文笔功底不高推辞了，改由王僧绰起草。就在宋文帝驾崩当夜的一更（晚上7点到9点），太史令匆匆忙忙向宋文帝报告说：“东方有即将到来的大兵，祸害深不可测，应当在太极前殿排列一万军队，方可消灾。”宋文帝也许是认为太史令的话说得太离谱，在皇宫太极殿的广场上排列一万军队，也太滑稽了，因此，没有听从。刘劭即位后，听说此事，不禁叹息道：“差一点耽误了我的大事。”然后召见那位太史令，问道：“我能坐几年皇帝？”太史令回答：“十年。”退下之后，这位太史令对别人说：“不过十旬罢了（一百天）。”刘劭闻听此语，不禁大怒，就杀了那位太史令。

刘劭即位仪式结束以后，就称病躲到了皇宫中的原太子居住的宫殿永福宫里，轻易不肯出来，然后将宋文帝的尸体搬到太极前殿。当天，刘劭任命萧斌为散骑常侍、尚书仆射、领军将军；何尚之为司空；前太子右卫率檀和之镇守石头城；侍中营道侯刘义綦为征虏将军、晋陵南下邳二郡太守，镇守京城（京口）；尚书殷冲为侍中、中护军。刘裕的同父异母二弟刘道怜共有六个儿子，刘义欣、刘义庆、刘义融、刘义宗、刘义宾和刘义綦，刘义綦是刘道怜的幼子，他与父亲刘道怜一样粗鄙，经常受到刘浚兄弟们戏弄，一次，刘浚对他说：“陆士衡（陆机）有诗称：‘营道无烈心。’这人为何要挖苦叔父呢？”“希世无高符，营道无烈心。”这是晋陆机《赴太子洗马时作诗》中的头两句，吕向注称：“高符，瑞命也，言望于世俗富贵，则无瑞命；营道艺之术，又无猛心。”陆机是说自己追求世俗富贵，却没有命运，而钻研学术，又没有雄心。刘义綦是营道侯，所以，刘浚借用营道二字戏弄他没有烈心。果然，刘义綦不仅没有听说过这句诗，而且，也不知道陆机这个人，他听了也很纳闷，回答：“下官根本就不认识此人，为啥他突然要挖苦我呢？”说得大家都掩口而笑。殷冲是刘劭王妃殷氏的叔父，殷氏父亲殷淳的弟弟，与殷景仁是同族兄弟关系。各本均记作殷仲景，据孙霦《宋书考论》称此处应为殷冲。《资治通鉴》称，殷冲是刘劭妻子殷氏的父亲，错误。

三天后，新朝对宋文帝的尸体进行大殓，即将尸体放入棺材，刘劭以病重为由不敢出来，这当然是他不敢面对被自己杀害的父亲。根据《礼记》的要求，大殓仪式，孝子们要在整个大殓、入棺、加盖等阶段，都要跳起脚来痛哭，这是丧礼中表达哀思的一个重要仪式，因此，刘劭没有参加是不合礼仪的。大殓后，亲戚们按照血缘关系的亲疏分别穿上不同的丧服，叫成服，等成服这一天，父亲的尸体也放入棺材了，刘劭总算有机会好好地表现一番了，在太极前殿上，刘劭哭得是死去活来。表演完毕，他看到局势渐渐稳定，又下令将前不久分发给众亲王和各部门的兵器又重新收了回来，并开始着手处理徐湛之和江湛一党，也就是在这段时间里，他诛杀了刚被他任命的始兴内史荀赤松、尚书左丞臧凝之、山阴令傅僧祐、吴令江徽、前征北行参军诸葛诩、右卫司马江文纲等人。刘裕原配夫人臧爱亲有两个兄弟：臧焘和臧熹，臧凝之是臧焘的孙子，臧质是臧熹的儿子，因此，臧凝之是臧质的堂侄，是刘劭表兄弟。元嘉二十七年，拓跋焘南下渡过淮河，在盱眙城下击破臧质四军，其中领军的太子左积弩将军臧澄之，就是臧凝之的四弟，由于臧爱亲与刘裕仅生下会稽长公主一女，而会稽长公主之子就是徐湛之，所以，臧凝之与徐湛之是关系更近一些的表兄弟关系，两人为“异常之交”。傅僧祐的祖父傅弘仁，是刘裕的表弟，傅僧祐的父亲傅邵又娶了臧凝之的姑姑，生下了傅僧祐，因此，傅僧祐与臧凝之又是姑表兄弟，也是徐湛之一党。荀赤松曾祖父就是东晋骠骑将军荀羡（女英雄荀灌的弟弟）。

与此同时，刘劭又加封同党殷仲素为黄门侍郎，王正见为左军将军，张超之、闻人文子、徐兴祖、詹叔儿、陈叔儿、任建之等人以及军队将校们，各赐钱二十万。为了安抚鲁秀，刘劭还派人对他说：“徐湛之经常想要加害于你，如今我已经替爱卿把他除掉了。”让鲁秀和屯骑校尉庞秀之（萧斌的旧吏）同掌军队。又以侍中王僧绰为吏部尚书，司徒左长史何偃为侍中。初步安顿后，刘劭逐一登门拜访公卿大臣，询问治国之道，下诏减轻百姓的赋税，减少皇帝巡游的费用。皇家田园和能够解禁的山川湖泊，都对贫民开放，允许百姓耕种，上山打猎，下河捕鱼。

三月初，刘劭又派遣使者到全国各地巡视，嘘寒问暖，稳定帝国局势，并将浙东五郡设立会州，撤销扬州建制，恢复两汉时期的司隶校尉官职，以取代扬州刺史。加封刘义恭为太保领大宗师，以荆州刺史刘义宣为太尉，任命始兴王刘浚为骠骑将军，武陵王刘骏为征南将军、散骑常侍，抚军将军南平王刘铄为中军将军，征召雍州刺史臧质为丹阳尹，任命会稽太守王诞为会州刺史。不久，刘劭在翻阅宋文帝的书橱和抄没的江湛家的书信时，发现了王僧绰向宋文帝密报自己在政变前设宴款待东宫将士的奏疏和前代废黜太子、诸王的典故，三月十一日，刘劭下令将自己的亲姐夫王僧绰诛杀（不过，此时东阳公主已死），王僧绰死时三十一岁。当初，在太社的西面有一片空地，三国时期，东吴名将丁奉家就在那里，后来，丁奉被孙皓流放；东晋时期，周颛、苏峻、袁悦之、司马秀，都曾在此立宅，四人均不得善终，刘宋建立，臧焘住在了这里，也是凶事连连，因此，此地被称为凶地。王僧绰不信邪，认为住宅没有什么吉凶之分，请求在这里居住，刚刚开始动工，王僧绰就被杀了。借王僧绰被杀一事，刘劭又污蔑住在北城的宗室诸王与王僧绰一起谋反，将他们全部诛杀，被杀的宗室诸王主要是刘裕同父异母弟弟刘道怜的后代：刘道怜嫡长孙长沙王刘瑾（刘道怜长子刘义欣之子）、临川王刘烨（刘道怜儿子刘义庆长子）、桂阳侯刘颛（刘道怜三子刘义融长子）、新渝侯刘玠（刘道怜四子刘义宗长子）。史称刘劭与上述王侯过去就有过节，但也许还有别的原因：刘劭发动政变前，刘瑾的官职是太子屯骑校尉，太子屯骑校尉是东宫三校尉之一，掌握着东宫卫队，但在刘劭发动政变过程中，我们并没有看到刘瑾的影子，相反，身为太子屯骑校尉的刘瑾在政变前几天肯定也是参加了刘劭的宴会，王僧绰之所以能够得知其中的详情，极有可能就是刘瑾给他报的信。

三月二十日，刘劭将宋文帝埋葬在长宁陵，礼官迎合刘劭，不敢给宋文帝用尽善尽美的谥号，追谥宋文帝为中宗景皇帝。后来，孝武帝继位后，改谥为文皇帝，庙号太祖。

一〇七 孝武举义（一）

刘劭给宗室重臣都一一加官晋爵，但手握兵权的外藩宗室并不买他的账。

当京师发生政变时，武陵王刘骏正驻军五洲，沈庆之从巴水（湖北省东部巴河）前来，共同研究讨伐五水蛮的作战方略。三月二日，典签（收发官）董元嗣从京师来到五洲。董元嗣前不久被派往建康汇报工作，刘劭继位后，又派其回到五洲，对刘骏传达徐湛之等人作乱的情况，但董元嗣来到军中以后，向刘骏汇报了太子刘劭弑父的真实情况，刘骏让他将这一情况向文武官员都做了通报，然后，刘骏一方面命令董元嗣回京，对刘劭表示拥戴，以麻痹刘劭；另一方面，刘骏则命令沈庆之将深入群山之中的各路宋军全部召回，准备讨伐刘劭。沈庆之私下对自己的心腹们说："萧斌懦弱无能，不过是一个女人罢了，刘劭其余的将帅也都好对付。死心塌地为太子效命的不会超过三十个人，其余的人都是被胁迫的，肯定不会为他所用。如今，我们辅佐正义，以讨伐叛逆，不用担心不会成功。"

刘骏的一举一动当然也逃不过建康刘劭的眼睛。他秘密派人前往五洲，交给沈庆之一封他的亲笔书信，命令他杀掉刘骏。沈庆之求见刘骏，刘骏担心出事，推辞病重，不敢接见沈庆之。沈庆之从门外冲进屋内，将刘劭的亲笔信交给刘骏过目，刘骏看后，哭着哀求沈庆之允许自己回到后堂与母亲路惠男诀别。沈庆之说："下官受先帝厚恩，今日之事，谁的力量强，谁就能成功。殿下为何对我如此怀疑啊！"刘骏站起身来，一再对沈庆之叩头说："家国安危，全拜托将军你了！"沈庆之即命令全军戒严。

武陵王主簿颜竣说："如今，其他方镇并不知道我们起义，刘劭占据京师，如果头尾不能相应，这非常危险，应该等到联络好其他方镇以后再行动。"

沈庆之厉声说道："如今行大事，连黄头发的小儿们都能参与，岂能不败！

应将他斩首示众！”

刘骏让颜竣向沈庆之拜谢，沈庆之说：“你只用管理好军中的文书就行了。”半月之内，沈庆之就把一切准备就绪，被人视为神兵。颜竣，是颜延之的儿子，他身为刘骏的主簿，两人关系非常密切。在巫蛊事件发生前，一个叫释僧含的和尚对颜竣说：“贫道曾见到谶言书，宣称当有真人出现，名字次序应在殿下刘骏身上。”颜竣将此事告知了自己的亲朋好友，这事很快就被宋文帝得知。当时，巫蛊之事已经发生，宋文帝顾不得去追究。这年年初，颜延之退休，颜竣请求准假回京探望，他还没有离开，宋文帝被杀的消息就传来了。

三月十七日，刘骏下令戒严、誓师。他任命沈庆之为司马；襄阳太守柳元景、随郡太守宗悫为咨议参军，兼中兵参军；江夏太守朱修之为代理平东将军；任命记室参军颜竣为咨议参军，兼总参议官，负责内外全局，并起草檄文；任命咨议参军刘延孙为长史、浔阳太守，负责留守事宜。

南谯王刘义宣、雍州刺史臧质也都没有接受刘劭的任命，而是与司州刺史鲁爽一起举兵响应刘骏。当初，臧质家的门生师颢将宋文帝被杀的详情报告给了臧质，臧质将师颢说的话写下来，派人火速通知了刘义宣，又派遣州祭酒从事田颖起告知刘骏，并率领五千人马南下讨伐叛逆，从阳口（今地不详）进江陵去拜见刘义宣。臧质的儿子们都在京师，听说臧质发兵后，纷纷逃亡。刘劭想安抚臧质，就下诏说：“臧敦等人无故惊骇，匆匆逃窜，太糊涂了，实在是可叹。臧质是国家的外戚功臣，忠诚贤良，我正要委以重任，他的儿子们却四散逃走。可以劝说他们回来，官复原职。”不久，刘劭就抓到了臧敦，让刘义恭打了他三十杖，又厚厚地赏赐给他很多财物。臧质举兵，有他自己的考虑，臧质自认为一代英雄，当他听到宋文帝驾崩的消息后，就有了趁乱攫取更大权力的图谋，臧质与刘义宣是儿女亲家，而且，臧质认为刘义宣才能低劣，容易控制，打算推举刘义宣为盟主。他派人秘密前往刘骏军中，通知柳元景率领本部人马，西上与刘义宣的荆州军队会合，但柳元景将臧质的书信让刘骏看了，并对臧质的使者说：“臧冠军将军可能尚不知殿下已经举义了，如今正要讨伐叛贼，不能西还。”臧质非常恼火。到江陵以后，臧质对刘义宣就行三跪九叩大礼。臧质与刘义宣是表兄弟，并且，他比刘义宣要大将近十岁。见此情景，刘义宣大惊：“你为何要向弟弟叩头？”臧质回答：“事情本该如此。”可是，当时刘义宣已经拥戴了刘骏，因此，臧质的如意算盘没有得逞。

三月二十二日，刘骏从西阳（湖北省黄冈市东）出发。三月二十四日，抵达浔阳（江西省九江市）。回到浔阳后，沈庆之、柳元景等人以天下无主，劝说刘骏即皇帝位，但刘骏没有同意。刘劭派遣沈庆之的门生钱无忌携带书信，劝说沈庆之解除武装，沈庆之将钱无忌逮捕，送交刘骏。三月二十七日，刘骏命令颜竣发布文告，要求各地一起讨伐刘劭，接到文告的各地郡守都纷纷响应。刘义宣命令臧质率军东下，与刘骏一起进攻建康，他留下了鲁爽协防江陵。

刘劭任命兖州冀州二州刺史萧思话为徐州兖州二州刺史，提拔张永为青州刺史。萧思话率众从历城（山东省济南市）率领本部人马南下彭城（江苏省徐州市，《资治通鉴》记载为平城，错误），起兵响应刘骏，他派人给刘骏写信说："下官在历城时听说了国丧，不知内情，向建康派出使者也不知实情，使者还在回来路上的时候，我就渐渐对事情的真相有所耳闻了，只是还认为伦理道德不会允许出现这种大逆之事，私下感慨，但不敢明说，今天接到殿下的文告，果然出于意表，更增添了自己的悲哀，这种事情的确是天地不容，人神共愤，普天之下，无不愤恨，何况下官深蒙恩宠，这个月的五日，我已经命令追回进京的使者，即使我的家属都在京师，我也义无反顾。命令辅国将军申坦、龙骧将军梁坦两军，分别配备五千精兵，以申坦为统帅，即日水陆两路一齐南下，下官与本部文武也随后进发。"建武将军垣护之在历城，也率领本部人马与萧思话会师。南谯王刘义宣任命张永为冀州刺史，张永命令参军崔勋之等率军加入讨逆军。刘义宣担心萧思话与张永因去年萧思话逮捕张永而有矛盾，特意让长史、张永的堂兄张畅给他写信，劝说两人要精诚团结。随郡王刘诞本来要接受刘劭会州刺史的任命，参军沈正（沈林子兄沈渊子之子，与沈约为堂叔伯）对司马顾琛说："国家遭遇此祸，这是开天辟地以来闻所未闻的，今天以江东骁勇忠义之士，率先倡议，如果派出一介之使，四方都会响应，以此来洗雪朝廷之耻，表明臣子的气节，岂能让殿下向凶逆称臣，接受他的官爵呢！"顾琛说："江东忘战日久，士不熟悉战斗。虽说是逆顺不同，但强弱又很明显，应当等到其他地方有义兵后，我们再响应不迟。"沈正说："假如天下真的允许出现无父之国，也还罢了。如果不是这样，岂能自愿忍受耻辱，却盼望别人去行义举！如今正是与弑君杀父仇人不共戴天之时，举兵之日，怎么还考虑要万全？冯衍说过：'大汉之贵臣，将不如荆、齐之贱士乎！'况且，殿下不仅是臣子，还是儿子，对他来说，国就是家，家也是国啊！"二人一起劝说刘诞，而刘诞却一直犹豫不决。正巧刘骏派遣沈庆之的侄儿沈僧荣前来，并派宁朔将军顾彬之从鲁显（今地不详）东入，接受刘诞的指挥。刘诞这才加入义军，命令参军刘秀之与顾彬之所部会合，加封沈正为宁朔将军，领军随后进发，刘诞自己则驻扎在西陵（浙江省杭州市萧山区西北）。豫州刺史刘遵考是刘裕的族弟，刘劭继位后，将其进号为安西将军，派遣徐安期、仰捷祖前往历阳监视，刘遵考斩杀了二人，也起兵响应刘义宣，刘义宣加封其军号为镇西将军，他派遣部将夏侯献率众驻扎在瓜步山，等待着刘骏讨逆军的到来。

刘劭素来自以为精通军事，当初，他对群臣说："你们大家只用替我打理文案，不用担心战场上的事，如果有人胆敢造反，我将亲自处理，只是我怕无人敢动！"等到听说全国各地诸侯蜂起，这才开始害怕，他下令：一是实施戒严，将轮休的将士们全部征召回来，任命司隶校尉殷冲掌管文书，左卫将军尹弘统领军队，萧斌担任总指挥；二是将秦淮河南岸的居民全部迁往北岸，把诸王、大臣们悉数迁到城内，将江夏王刘义恭迁到尚书下舍，把刘义恭及刘骏的儿子们都迁到侍中下省，南谯王刘义宣儿子们软禁在太仓空屋；三是给三吴地区的太守们加军号，以对付东面的刘诞；四是册立殷玉英为皇后。

一〇八 孝武举义（二）

就在这时，建康传来了刘骏的檄文。

檄文历数了刘劭和刘濬弑杀父皇的罪恶，并称已经命令冠军将军领咨议中直兵柳元景、宁朔将军领中直兵马文恭等，率领精兵三万人，直至石头城；辅国将军领咨议中直兵宗悫等，统领甲卒二万人，征虏将军领司马武昌内史沈庆之等，统领壮勇五万人，随后进发。中直兵，是中兵和直兵的合称，中兵是京畿部队，直兵是王公所属部队。声称自己统领十余万人的大军已经进发，荆州雍州部队不下百万人，也已陆续到来。另有安东将军刘诞、平西将军刘遵考、前抚军将军萧思话、征虏将军鲁爽、前宁朔将军王玄谟等人密信已到，齐心协力，围攻建康。

刘骏的檄文在描述兵力上当然是夸大其词，不过，也并非空穴来风，四月一日，他命令柳元景率领宁朔将军薛安都等十二路大军一起从湓口（江西省九江市西北）出发，正式发起了讨伐刘劭之战，稍后，刘义宣派遣的参军徐遗宝率领的三千荆州军队也出发了，四月五日，武陵王刘骏也从九江出发，沈庆之率领中军随着刘骏一起东下。不过，要命的是：出发后不久，刘骏就莫名其妙地得了重病，无法接见将领们，更不要说指挥战斗了。为了稳定军心，只有颜竣出入于刘骏的卧室，亲自安排刘骏的饮食、医药，把刘骏抱在膝头，照料他的日常生活。刘骏病势沉重，几次都濒临死亡，无法听取汇报，全部由颜竣一人决定。除了处理军政事务之外，颜竣还发布各类文书，接见归附的人士，每天清晨和傍晚在宋文帝的灵前恸哭，就像是真的刘骏一样。就这样经过了几十天，即便是刘骏座舰上的卫士也不知道刘骏生病了。

接到刘骏的檄文后，刘劭命令二弟刘濬给刘骏写信："听说弟弟突然发出狂妄的檄文，领兵犯上作乱，消息传来，士人们愤怒叹息，义士们勃然变色。自古以来犯上作乱的，哪个不被诛灭？弟弟博览群书，哪能不知？主上英明睿智，弟弟从小受到恩遇，却听信谗言，行此不义之事。如今，水军已经准备就绪，皇上、太保刘义恭已亲自统领大军，我与乌羊（南平王刘铄小名，刘劭四弟）也将领军出发。之所以一直迟迟没有出发，就是给弟弟留下时间，想让你迷途知返。皇上一直对法师（刘骏的世子，即前废帝刘子业）非常喜爱，如今让法师住在皇宫，想到弟弟也想知道孩子的消息，所以，我顺便提及。”刘铄在宋文帝末年被任命为散骑常侍、抚军将军，领兵驻守在石头城，刘劭继位，被任命为中军将军，抚军将军、散骑常侍如故。刘劭拿着颜竣的檄文，对颜竣的父亲、太常颜延之说：“这檄文是谁写的？”颜延之回答：“是我儿子颜竣。”刘劭说：“檄文上的话竟然如此不堪！”颜延之回答：“颜竣尚且不顾念老臣，他岂能顾及陛下的感情！”听了颜延之的回答，刘劭的怒气稍微平息了下来。他打算将雍州、荆州、江州侨居在建康的人士全部诛杀，江夏王刘义恭劝说道：“凡是办大事的人，不会顾及家中的亲眷，况且，敌人军中大多是被胁迫的，现在，如果突然诛杀了他们的亲眷，正好坚定了他们追随刘骏等人的决心。”刘劭听了，这才作罢，专门下诏不再处理这些人，命令褚湛之（刘劭兄弟们的姑父，其女嫁给刘浚）领兵驻守石头城，刘思考（刘遵考堂弟）镇守东府。

刘浚和萧斌劝说刘劭亲自率领水军西上，与刘骏所部决战，不然的话，也要死守梁山（安徽省和县南、长江西岸西梁山）。可是，心向义军的江夏王刘义恭担心义军仓促起兵，战舰简陋狭小，不宜水战，他建议刘劭说：“蠡贼刘骏年少，不熟悉军事，他们远来疲惫，我们应当以逸待劳。如今，主力部队远离京师，前去梁山，则京师空虚，东面刘诞之军乘虚而来，兴许也会造成损害。如果一分为二，则兵势就离散了，倒不如养精蓄锐，等待敌人前来。我们可以放弃秦淮河以南，用木栅切断通往石头城的道路，这是先朝防守京师的老办法，不愁敌人不被击败。”刘劭表示同意。萧斌厉声说道：“南中郎将不过是二十岁的少年，竟能建立此等大事，岂可限量？三个方镇同时发动叛乱，又居于上游，沈庆之非常熟悉军事，柳元景、宗悫又多次立下战功，形势如此，的确不是小敌。唯一的办法是趁着人心尚未离散，还可以与之决一死战。端坐在皇城，岂能长久！皇上和相国都无心一战，难道说是天意如此吗？”刘劭没有接受。刘劭认为朝廷群臣都不忠于自己，他当然不敢派遣大臣领兵出屯梁山了，所以，他对鲁秀和刘铄的右军参军王罗汉特别厚待，将军事完全托付给二人，对二人赏赐了大量金银珠宝和美女。又有人劝说他固守石头城，刘劭却说：“过去，人们之所以固守石头城，是等待诸侯的勤王之师，我如果守在此城，谁还能来救我？只能死战一决胜负，不然不会成功。”每天亲自巡视军队，慰问将士们，并亲自督促都水使者修造战舰，四月十日，刘劭下令纵火焚烧了秦淮河南岸的房屋和秦淮河内的游船，将百姓全部驱赶到了北岸。不久，他又册立儿子刘伟之为皇太子，以褚湛之为后将军、丹阳尹，骠骑将军始兴王刘浚为侍中、中书监、司徒、录尚书六条事，中军将军南平王刘铄为使持节、都督南兖青徐冀五州诸军事、征北将军、开府仪同三司、南兖州刺史，新除左将军、丹阳尹建平王刘宏为散骑常侍、镇军将军、江州刺史，以征虏将军营道侯刘义綦以本号为湘州刺史，辅国将军檀和之为西中郎将、雍州刺史。

义军已经慢慢接近了建康，让建康城内每个人的神经都高度紧张，就在这时，又传来了太尉司马庞秀之从石头城率众叛逃的消息，更让建康城内一片恐慌！

四月十一日，武陵王刘骏率领的义军进抵鹊头（安徽省铜陵市西南鹊头山），经过七天，义军主力已经走了一半的行程。宣城（安徽省宣城市）太守王僧达（王弘之子）接到武陵王刘骏的檄文，却不知该投靠哪一方。一位朋友告诉他说：“如今，叛逆罪恶滔天，自古未有。为你考虑，不如接受义军的文告，并将其转告临近各郡，只要是个有心人，有谁不会响应？这是上策。如果做不到，可以亲自带领志同道合之人，弃郡投靠武陵王，这是中策。”王僧达采纳了中策，与亲信一起南下，在鹊头遇到了刘骏，刘骏即任命其为长史。刘骏刚从浔阳出发的时候，沈庆之就对别人说：“王僧达肯定会响应我们。”人家问为什么，沈庆之回答：“北魏南下之时，王僧达也曾赴难，我见他在先帝面前发表议论，思路开阔，条理清楚，以此推断，他肯定会来。”

柳元景也担心义军的战舰不坚固，不敢与刘劭军水战，等到部队到了芜湖以后，柳元景发现这里并无敌人的水师，不禁大喜，命令部队倍道兼行，迅速向建康推进。四月十四日，义军前锋即进抵江宁（江苏省南京市江宁区西南），在这里，他命令义军弃船登岸，从陆路北上，在板桥（在江苏省南京市江宁区西南大胜关南，西北隔大江与江浦县地相望）建立营寨，而后，又推进到阴山（今地不详），让薛安都率领铁骑在秦淮河南岸示威，薛安都跨马挺枪，威风凛凛，他怒目呵斥刘劭部将皇甫安民等人：“你们是什么心，要侍奉杀父贼人！”柳元景还给建康的群臣写信，以瓦解建康城内的人心，柳元景在信中说：“国祸冤深，凶人肆逆，民神崩愤，若无天地。南中郎将刘骏亲自率领义军，与司徒刘义宣、冠军将军臧质一齐讨伐逆贼，各位大人累世忠良，受先朝厚恩，却被拘禁在敌人那里，无由自效，我相信你们听到义军的消息，肯定是会既高兴，又悲凉的，大功即将告成，届时诸位大人再一展哀情。”刘劭下诏加吴兴太守周峤为冠军将军，随郡王刘诞的檄文也传至吴兴，周峤素来胆怯，不知应该站在哪一边，府司马丘珍孙诛杀了周峤，响应刘诞。周峤是刘裕的女婿，娶刘裕第四女宣城公主，他的两个女儿又嫁给了宋文帝的两个儿子建平王刘宏、庐江王刘祎。

四月十六日，武陵王刘骏抵达南洲（安徽省当涂县境），投降义军的人络绎不绝。

四月十七日，大军进抵溧洲（江苏省南京市江宁区江宁镇西长江中）。

四月十九日，义军进抵新林，刘劭登上石头城的烽火楼，遥望义军。新林，即新林浦，在江苏省南京市江宁区西南，《建康志》称，在县西南三十里，源出牛头山，西流七里入大江。

四月二十一日，柳元景率领的义军先头部队偷偷推进到新亭（江苏省南京市江宁区西南），紧靠山峦建立营垒，并把守住东西两面的险要：柳元景为中营，宗悫居西营，沈法系（沈庆之堂弟）居东营。刘骏又派遣龙骧将军、行参军程天祚率众增援，程天祚又在新亭东南，占据高岗设立营寨。所有从建康归顺的人们都劝柳元景速速与刘劭决战，柳元景却说：“不对。仅仅依靠理直气壮，不足以确保胜利；一同作恶的敌人，会同恶相济，我们如果轻率冒进，不设防备，相反会让敌人生出野心。我们依靠的是不被敌人战胜，岂能心存侥幸，寄希望于敌人不进攻我们呢！”柳元景的营垒还未建成，就被敌龙骧将军詹叔儿发觉，他劝说刘劭趁机出战，但刘劭没有同意。一直到第二天，刘劭才派遣萧斌统领步兵，褚湛之统领水军，与鲁秀、王罗汉、刘简之等人率领一万精兵，进攻新亭义军营垒，刘劭亲自登上朱雀门督战。刘劭军行至瓦官寺（南京市集庆门附近），与义军的巡逻骑兵遭遇，义军巡逻骑兵退去，刘劭军长驱进攻义军的营垒。在刘劭之军出发之前，刘劭没有料到义军的营垒已经建成，还想着能够在平地与义军决战，谁知，等到近前却发现柳元景的营垒已经建成，刘劭军根本没有做好进攻营垒的准备，随军也没有带着攻城器具，只好肉搏向义军营垒发起进攻。头天晚上，柳元景就传令军中说：“战鼓敲得过多，气势反而容易低落；呐喊得多了，力量也容易衰竭。你们只用闭口死战，只听我的鼓声指挥。”刘劭将士贪图重赏，鲁秀、王罗汉、刘简之、骑将常伯与等率领士兵皆殊死血战，刘简之先进攻义军营垒的西南面，程天祚的营垒还没有完全建好，也被刘劭军摧毁。王罗汉等人进攻柳元景营垒的北门，刘劭水军也及时赶到，一起发起猛烈的进攻。沈法系的东营建在高岗之上，当敌人进攻柳元景中营的时候，沈法系命令将士们居高临下，射杀了很多敌人，沈法系提前命人将营外壕沟的树木砍倒，刘劭军队进攻时，攀缘着倒地的树木前进，沈法系命令神射手射击，箭无虚发，又射杀了很多敌人。中营的柳元景也遭到水陆两路敌人的进攻，但他意气风发，毫无惧色，把护卫亲兵都派出去作战，身边仅留下几个人负责传达命令，还分出一支部队协助程天祚又夺回了营寨。眼看刘劭军行将取胜，鲁秀却敲响了撤退的鼓声，刘劭军遂停止进攻。看到刘劭军已经衰竭，柳元景这才命令大开营门，率军呐喊着从营中杀出，刘劭军大败，很多人投入秦淮河中被淹死。刘劭带着刘义恭亲自率军再次发起进攻，柳元景又将其击败，杀伤的敌人超过了上次战斗，萧斌胳膊被流箭射中。刘简之收兵列阵，柳元景再次从营中杀出，刘劭军的士兵们纷纷跳入死马涧，涧水为之泛滥，刘劭亲手斩杀后退的人，却无法阻止。斩杀了刘简之及军主姚叔艺、王江宝、朱明智、诸葛邈之等，刘劭仅仅逃出一命，他吓得逃回了皇宫。刘劭水军主将褚湛之带着两个儿子与副将刘道存及檀和之一起向义军投降，当晚，鲁秀也逃离建康，投奔义军。当时，江夏王刘义恭密谋夺占石头城，但刘劭已经派刘浚、萧斌固守，因此，刘义恭的密谋没有得逞。刘劭下令将建康的军籍全部焚毁，让过去的军户全部转为自耕农，借此提高部队的凝聚力，他又任命前军将军、辅国将军王罗汉为左卫将军，辅国将军如故，左军将军王正见为太子左卫率。刘劭命令刘义恭在东堂挑选将领，他先派人在东冶渚（秦淮河上渡口）秘密安排船只，为逃离建康做准备。

四月二十四日，刘骏来到江宁。

四月二十五日，江夏王刘义恭单人匹马从建康东掖门逃出，东掖门的队主吴道兴原是臧质的门客，冶渚军主原稚孙是刘骏过去的下属，因此，刘义恭得以逃脱。他刚渡过秦淮河，从城内出来追赶的骑兵已追到了北岸，刘义恭差一点没有脱身。刘义恭逃脱后，刘劭大怒，他命令始兴王刘浚在西省（中书省）诛杀了刘义恭的十二个儿子。刘义恭逃脱时，他的近两千部属也都纷纷南逃，但大都为追兵所杀。散骑常侍徐爰对刘劭谎称去追赶刘义恭，也趁机脱离了建康，投奔义军。垣护之的弟弟垣询之骁勇善战，刘劭早闻其名，让其担任辅国将军张柬的副将，张超之手刃宋文帝，垣询之一直计划将其诛杀，只是担心张柬不同意，正巧，一次张超之前来商议，张柬脸色变了，垣询之因此觉得有异，二人遂定下了杀张之计，派人招呼张超之。张超之怀疑，晚上转移了住所，当晚，张柬、垣询之二人偷偷进入张超之的房内，却杀死了他的仆人，事后，二人一起偷偷逃出建康，张柬渡秦淮河时淹死，垣护之顺利投奔了义军。

一〇九 孝武举义（三）

刘义恭南逃事件，让刘劭、刘濬二人失去了一个主心骨，刘劭集团已成瓦解之势。

他们既着急又担忧，无计可施，只得借助于神灵，用皇帝专用的车辆将钟山上的蒋侯神像奉迎到皇宫之内供奉，刘劭拜蒋侯为大司马，封钟山郡王，食邑一万户，加节钺，并虔诚地向神像叩头，请求赐予恩典；又加封苏侯（苏峻）为骠骑将军。还让南平王刘铄撰写祷告文书，向神灵报告刘骏的罪恶。加刘濬为使持节、都督南徐兖二州诸军事、领太子太傅、南徐州刺史，给班剑二十人；征北将军、南兖州刺史南平王刘铄进号骠骑将军，与濬并录尚书事。

四月二十六日，刘骏进抵新亭，大将军刘义恭上表劝刘骏即皇帝位。散骑常侍徐爰熟悉宫廷礼仪，就以他兼任太常丞，负责筹备即位仪式。

四月二十七日，武陵王刘骏在新亭登基即位，大赦天下，文武百官全部增加一级爵位，从军的增加两级，改刘义隆的谥号为文帝，庙号太祖，以大将军刘义恭为太尉、录尚书六条事、南徐州刺史，刘骏就是历史上的刘宋孝武帝。同日，建康城内的刘劭也正式拜儿子刘伟之为太子，百官全部一身戎装，只有刘劭一人穿着朝服，他也宣布大赦天下，只有刘骏、刘义恭、刘义宣、刘诞除外。改新亭为中兴亭。

四月二十八日，孝武帝刘骏又任命南谯王刘义宣为中书监、丞相、录尚书六条事、扬州刺史，随郡王刘诞为卫将军、开府仪同三司、荆州刺史，臧质为车骑将军、开府仪同三司、江州刺史，沈庆之为领军将军，萧思话为尚书左仆射。

四月三十日，他又任命王僧达为尚书右仆射，柳元景为侍中、左卫将军，宗悫为右卫将军，张畅为吏部尚书，刘延孙、颜竣为侍中。过去，刘骏曾将一副上朝用的手板赠给刘宏，此时，刘宏秘密派亲信周法道将手板带出建康，交给了刘骏，表达了归顺的意愿。

五月一日，臧质率领两万雍州军队也来到了新亭。他一直担心自己在起兵之初拥立刘义宣的阴谋会败露，为了掩人耳目，他见到刘义恭以后，故意向江夏王刘义恭下拜。刘义恭见状不禁愕然，问为什么要这样，臧质回答："天下危机之时，礼仪自然与平时不同，我在荆州的时候，也曾向司空下拜过。"不过，臧质的那点心思，明眼人不会不知。刘骏在起兵之初，曾询问过柳元景，假如事情成功后，愿意当什么官，柳元景曾表示愿意回到老家，因此，刘骏任命柳元景为左卫将军不久，又改任他为使持节、监雍、梁、南北秦四州、荆州之竟陵、随二郡诸军事、前将军、宁蛮校尉、雍州刺史，但臧质对于柳元景不服从命令，归于荆州，一直耿耿于怀，他担心柳元景担任雍州刺史后，会对刘义宣的荆州和自己的江州构成威胁，因此，他假惺惺地建议孝武帝刘骏说心腹之臣不宜远远离开身边。刘骏自然明白他的用意，但此时尚未平定刘劭，义军内部不敢再起波澜，就改任柳元景为护军将军，后又改为领军将军。

刘骏等人的西军已经进抵建康城下，而刘诞的东军也进至曲阿（江苏省丹阳市）。刘劭派遣太保参军庾道、员外散骑侍郎朱和之等人，又遣殿中将军燕钦率军抵御东军，两军在曲阿的奔牛塘（江苏省常州市武进区奔牛镇）相遇。当地道路十分狭窄，路的两边长满了茂盛的茭白，东军躲藏在茭白丛中朝刘劭之军射击，燕钦等人大败。连战连败，刘劭命令沿着秦淮河北岸树立木栅防守，又破冈渎和方山的堤坝，以迟滞东军的前进；在秦淮河上还部署了很多战舰，以战舰为防御单位，设置了大量弓弩。当时，京师男丁已全部征召入伍，妇女们也被强迫从事劳役。

五月二日，鲁秀等人招募五百壮士组成敢死队，开始对秦淮河上的朱雀桥发起了猛烈的进攻，夺取了一条大船。经过激战，义军占领了这座桥梁，打开了通往京师的大门。王罗汉的副将杨恃德命令部队收复朱雀桥，但王罗汉喝得烂醉，得知义军已经攻破朱雀桥，他吓得魂不附体，当即命令部队放下武器投降。王罗汉一投降，立即引发了连锁反应，沿秦淮河各个据点的守备部队全部投降，武器装备扔满了大街小巷。当晚，刘劭下令关闭宫城的大司马门、东华门、西华门、万春门、千秋门、承明门六门，又在城门之内再部署栅栏拒马，把没有遮盖的车子当作射箭用的高楼，但是，刘劭的灭亡已经是个时间问题了，宫城之内一片混乱，丹阳尹尹弘、前军将军孟宗嗣等文武百官纷纷越城投降，刘劭再也无法阻止。驻守石头城的萧斌听说朱雀桥已经被义军占领，也感到大势已去，无计可施，即命令所部全部解除武装，高举白旗，从城内出降，孝武帝刘骏没有饶恕他，下诏将其斩杀在大营门前。

惶惶不可终日的刘劭命令詹叔儿在宫城内焚烧了皇帝专用的车辆和衣服，刘浚劝说他携带金银财宝逃入大海，但此时已经人心离散，无法成行。

同日，萧思话派遣的辅国将军申坦所部，也攻克了京口。

五月三日，辅国将军朱修之率军攻克东府。

五月四日，太尉刘义恭登上了朱雀门，统率各路义军向宫城发起了总攻，他命令鲁秀、薛安都、程天祚等率部径直朝宣阳门扑来，刘劭部将徐兴祖、罗训、虞丘要儿等纷纷率众投降。起初，刘劭派遣龙骧将军陈叔儿东讨，建康危急，刘劭火速将其召还。当天，这支军队刚进入建阳门，就遥遥地望见了义军，陈叔儿所部瞬间崩溃；刘劭的心腹和贴身卫队原先都屯兵在阊阖门外，一起逃还大殿，程天祚与薛安都的副将谭金趁势攻入城内，薛安都及其部将武念、宋越等人率领骑兵相继而进，当时，殿内尚有数百敌人，看到义军来势甚猛，顿时四散而逃。臧质大军也从广莫门入城，在大殿之上会师，生擒太子左卫率王正见，将其斩首；亲弑宋文帝的贼首张超之狼狈逃到西殿的御床之处，他在这里曾亲手斩杀了宋文帝刘义隆，但仅仅过去两个月，义军将士们也在此将其斩杀，挑开肠子，挖出心脏，诸将争先恐后地寸割其肉，生生将其吃尽，焚毁头骨。建平王刘宏（老七，二十岁）、东海王刘祎（老八，十九岁）、义阳王刘昶（老九，十八岁）、武昌王刘浑（老十，十五岁）、湘东王刘彧（老十一，十五岁）、建安王刘休仁（老十二，十一岁）、皇子刘休祐（老十三，八岁）七位皇子从被拘禁的屋里哭着出来。刘劭无路可逃，挖开西墙，逃入武器库的井中躲藏，被卫队副队长高禽活捉。刘劭问高禽："天子在哪里？"高禽回答："天子在新亭。"高禽将他带至大殿前面，臧质见到他后恸哭失声，刘劭说："我这个天地之间不容的人，表叔，您老人家何必要为我伤心？"臧质询问他弑杀宋文帝的缘由，刘劭回答："先帝将要冤枉我，废黜我，我不能束手就擒，做一个阶下之囚，向萧斌问计，萧斌劝说我如此这般。"又对臧质说："能不能替我说说话，把我远远地流放呢？"臧质回答："主上就在朱雀桥南，自会作出决定。"于是，臧质下令将其捆绑在马背上，押送到营门之前。

刘浚率领数十名亲随，与南平王刘铄一起从西明门出城，投奔义军。这一行人在越城遇到江夏王刘义恭，刘濬下马说："南中郎将现在是什么官？"刘义恭回答："四海无主，群臣坚请，圣上顺应民心，已经登基。"刘濬接着说："虎头我是不是归顺晚了？"刘义恭回答："确实太晚。"刘濬又说："应该不会被杀吧？"刘义恭回答："你可以到皇帝面前请罪。"刘濬又问："也不清楚会不会给我赏赐个一官半职，以效命国家？"刘义恭回答："这说不准。"刘义恭的十二个儿子都是刘濬奉命所杀，刘义恭当然对他是恨之入骨，刘义恭命人护送刘濬一起前往刘骏大营，就在半路上将其诛杀。

刘劭被押到大营前，他坐在马鞍上四处打量，刘义恭与宗室诸王也都到他面前。刘义恭质问刘劭："我弃暗投明，有什么大罪，你竟然杀掉我十二个儿子？"刘劭回答："杀诸位堂弟，这事我对不起叔叔。"江湛的妻子庾氏坐着车子谩骂刘劭，庞秀之也责备他不道，刘劭厉声说道："你们这些鼠辈啰唆什么！"当时，找不到传国玉玺，问刘劭，刘劭回答："在严道育那里。"果然，在严道育处，找到了玉玺。

孝武帝刘骏下令先将刘劭的四个儿子刘伟之、刘迪之、刘彬之、其一没有名字（大约是婴儿），刘濬的三个儿子刘长文、刘长仁、刘长道，全部在朱雀桥上斩首；看到自己的儿子们被杀，刘劭对南平王刘铄说："这又有什么啊。"接着，孝武帝刘骏又命令将刘劭斩首，临刑前，刘劭一点都不心疼，他一副无所谓的样子，叹息一声，说道："没有想到宗室内部自相残杀，竟然到了这步田地！"刘劭、刘濬父子的尸体均陈列在大街之上。

刘劭的妻子殷玉英及其女儿、姬妾以及刘濬的女儿、姬妾均在狱中被赐死。殷玉英临死前，对狱丞江恪说："他们家骨肉相残，为何要枉杀我这个无罪之人？"江恪回答："你受拜封为皇后，岂能说是无罪？"殷玉英回答："这不过是暂时的啊，马上就要封王鹦鹉为皇后了。"刘濬的妻子是褚湛之的女儿，褚湛之投降义军后，刘濬即宣布与褚氏离婚了，因此，褚氏得以侥幸活命。刘劭、刘濬的其余同党，包括投降的尹弘、殷冲、王罗汉等人，均被斩杀。严道育、王鹦鹉两人被拖到大街之上，用鞭子抽打至死，在石头城四望山下焚烧尸体，将骨灰撒到长江之中。刘劭、刘濬的尸体陈列腐烂后，被投入长江之中，并将刘劭曾经居住的东宫寝宫毁掉，挖成一个水池。《宋书》作者沈约之父沈璞，即沈林子的幼子，曾与臧质一起在盱眙打得拓跋焘晕头转向，因当时病重，奉迎义军较晚，当初，孝武帝刘骏身边的红人颜竣打算与沈璞结交，沈璞拒绝，颜竣因而怀恨在心，至此，他向孝武帝刘骏进谗言称沈璞奉迎来得晚，于是，孝武帝将其作为刘劭的死党，与王罗汉等人一起杀掉，沈璞死时年仅三十八岁。但据《南史·沈约传附沈璞传》的记载，沈璞自元嘉十七年开始，即为始兴王刘浚的主簿，“宠爱殊异”“任遇既深”，刘浚名义上是扬州刺史，但一州的实权全部掌握在沈璞之手，沈璞一直就是刘浚的死党，因此，沈约《宋书》所言也许并不全是实情。

五月八日，孝武帝刘骏宣布解除戒严。

一一〇 孝武初立（一）

尘埃落定，我们不得不对主导了近三十年的刘宋文帝和魏太武帝做一个简单而有趣的对比。

一是二人在位时间一样。宋文帝刘义隆出生于407年，死于453年，终年四十七岁；太武帝拓跋焘出生于408年，死于452年，终年四十五岁。拓跋焘继位和被弑杀均比刘义隆早了一年，二人在位均为三十年。

二是二人在历史上均有功绩。二人均是第三任皇帝，在他们两人在位期间，也都开创了一代伟业：拓跋焘东征西杀，先后消灭了赫连夏、北燕、北凉，结束了北中国长达百余年的五胡乱华时代，统一了北中国；刘义隆则巩固了刘宋的统治，使得新建立的刘宋王朝顺利地度过了危险的瓶颈时期，并开创了元嘉之治，促进了江南经济的进一步发展。

三是他们二人有着共同的特点。他们都崇尚简朴，也都非常猜忌。但不同之处也非常明显，那就是：拓跋焘强悍、残暴，而刘义隆相对柔弱、温和。

四是他们二人的结局也都大体相同。二人均死于父子相残的悲剧中：拓跋焘诛杀了自己的儿子，并因此又被中常侍宗爱弑杀；刘义隆则直接死于自己的儿子刘劭之手。

五是在他们死后的时代两国均暂时失去了往日的辉煌。在二人的统治后期的对决中，两国两败俱伤，很长时期，北魏再也无力南下，正如《魏书·高宗本纪》“史臣曰”说的那样：“世祖经略四方，内颇虚耗。既而国衅时艰，朝野楚楚。”而刘宋则结束了元嘉时代的繁荣。

在他们二人死后，两国均经历了一场危机，也都推出了一位在历史上昙花一现的君主：北魏是被宗爱推举上台的拓跋余，在位仅仅八个月就被弑杀，群臣又推举了皇太孙拓跋浚为帝；刘宋则在太子刘劭弑父篡位两个月后被其弟武陵王刘骏诛杀。两个国家新上台的皇帝，北魏文成帝拓跋濬生于440年，而刘宋孝武帝刘骏生于430年，后者比前者整整大了十岁，而前者则比后者早登基半年，两位新君主同样要面临一个巩固各自统治基础的问题，两个国家之间也还将进行一场赛跑，然而，在这场历史的赛跑当中，北魏的文成帝采取了与民休息的政策，慢慢巩固了自己的统治，并为在不久的将来迎来一位伟大的君主做好了铺垫；而刘宋的孝武帝则是一位类似桀纣的昏君，他荒淫好色，挥霍无度，残忍好杀，将刘宋带入骨肉残杀的泥潭，并最终将刘宋帝国引向了灭亡。正如《宋书》“史臣曰”的那样：“役己以利天下，尧、舜之心也；利己以及万物，中主之志也；尽民命以自养，桀、纣之行也。观大明（刘骏第二个年号）之世，其将尽民命乎！虽有周公之才之美，犹终之以乱，何益哉！”

刘宋帝国从它建立之初，即伴随着残酷的杀戮，刘裕为了攫取最高权力，诛杀了大量东晋宗室和异己大臣，并在篡位之后，又将自己亲家、退位以后的晋恭帝残害。榜样的力量是无穷的，刘裕死后坟土未干，徐羡之等诸顾命大臣就诛杀了宋少帝刘义符和庐陵王刘义真，开了群臣弑杀君主的先例。登基后的宋文帝刘义隆又将徐羡之等人诛杀，并在自己儿子们幼小、自己多病的情况下，开始重用自己的兄弟们，但等到自己的儿子们逐渐长大，又将弟弟刘义康诛杀，然而，历史仿佛是给刘义隆开了一个不大不小的玩笑，他最终死于自己苦心经营一辈子、原本要传位的太子刘劭之手！而刘劭也成为明目张胆弑杀父王的第一人，让刘宋王室之间自相残杀走上顶峰，再无任何规矩可言，《魏书》引用当时江南人们的话说：“遥望建康城，小江逆流萦，前见子杀父，后见弟杀兄。”在这种气氛中，刘宋王室内部没有起码的道德底线，有的只是今朝有酒今朝醉，有的只是与邻为壑，有的只是深深的猜忌和癫狂的杀戮，这样的君主，在百姓心中哪里还有半点威信？

有时候，我们会想，假如刘劭没有卷入巫蛊之祸，摆正身为太子的心态，而不与父皇的亲信江湛等人结怨的话，在宋文帝自然死亡后，他一定能够顺利接班，以刘劭的资质，刘宋帝国未必会比刘骏治理得差。在宋文帝刘义隆活着的时候，从来都不看好他的这个第三子刘骏，知子莫若父，以宋文帝过人的观察力，他厌恶刘骏自然不是毫无道理，那么，这位刘宋的孝武帝刘骏是否与东晋的孝武帝司马曜一样荒淫酗酒，在他的统治时代是否也像后者那样成为帝国由盛到衰的转折点呢？让我们拭目以待。

元嘉三十年（公元453年）五月八日孝武帝刘骏宣布解除戒严，标志着刘劭之乱的终结，历史将翻开新的一页。

第二天，他前往东府，群臣请罪，他下诏赦免了大家的罪过。隔了两天，他尊称自己的生母路惠男为皇太后（时年四十二岁）。路惠男以色选入宋文帝宫中，生下刘骏后，拜为淑媛（皇帝第五级小老婆），年长后失宠，被赶出皇宫，随儿子刘骏出居在外。按：根据此时的刘宋制度，除了皇后以外，皇帝的小老婆群分为有位号的尚有十三级，分别为：贵嫔、夫人、贵人、淑妃、淑媛、淑仪、修华、修仪、修容、婕妤、容华、充华、美人。孝武帝时期，将夫人改为贵妃；改修华、修仪、修容为昭仪、昭容、昭华；在美人之后，又增加中才人、充衣。到宋明帝刘彧时期，他“留心后房”，又增加了很多位号。第二天，刘骏又册封王妃王宪嫄为皇后。王宪嫄的父亲王偃，祖父王嘏，王嘏与弟弟王诞均是王导次子王恬的孙子。王宪嫄出身高贵，她的祖母是东晋孝武帝司马曜的女儿鄱阳公主，她的母亲是刘裕的第二女吴兴公主刘荣男，就是冬夜将丈夫剥光绑在大树上的那位，她的兄弟王藻又娶了孝武帝的妹妹临川公主刘英媛。不过，刘宋王室男女均没有多少教养，这位刘英媛也与她的姑姑刘荣男一样凶悍、妒忌，王藻不喜欢她，反而喜欢一个身边的亲随吴崇祖，后来，在前废帝刘子业继位后，刘英媛向侄儿刘子业告状，王藻因此被下狱死了，刘英媛与王氏离婚，明帝初年，将刘英媛又嫁给庾冲远，未及成婚，庾冲远去世。宋明帝刘彧对宗室公主们刻薄嫉妒之风非常反感，当时，湖熟县令袁滔的妻子因妒忌而被赐死，宋明帝专门让近臣虞通之写了一篇《妒妇记》；江湛的孙子江敩当娶孝武帝女临汝公主，宋明帝故意让他写一篇辞婚表，历数自东晋以来驸马们的窘境：“至如王敦慑气，桓温敛威，真长佯愚以求免，子敬灸足以违诏，王偃无仲都之质，而倮（裸）露于北阶，何瑀阙龙工之姿，而投躯于深井，谢庄殆自同于矇叟，殷冲几不免于强鉏（锄）……制勒甚于仆隶，防闲过于婢妾……不入则嫌于欲疏，求出则疑有别意……王藻虽复强佷，颇经学涉，戏笑之事，遂为冤魂。”刘彧拿着江敩的奏表遍示各位公主，并引为笑谈，刘英媛因之受到教育，请求回归王家，安心教育儿子。话说远了。

孝武帝刘骏继位之初，与北魏文成帝拓跋浚一样，同样需要暂时安抚旧有势力，逐渐安插亲信，朝堂之上也随之出现一系列让人眼花缭乱的变化。如今，刘骏的叔父辈只剩下了五叔刘义恭、六叔刘义宣二人。刘义恭自元嘉十七年开始，就任司徒、录尚书事，二十一年又进太尉，一直身处中枢宰相之位，但刘骏起义后，刘义恭并未举义，不过，在建康之战打响前，刘义恭还是比较早地脱离建康，投靠了刘骏，并率先推举刘骏登基；刘义宣与刘骏同时举义，还派遣荆州部队协助刘骏，因此，两人的功劳不分伯仲，但是，刘义宣在荆州十年，兵强财富，威名著于天下，而刘义恭则长期盘踞中枢，在建康的势力盘根错节，因此，刘骏上任之初就面临如何摆布这两个叔叔的问题了。经过一番思索，在他继位之初就任命大将军刘义恭为太尉、录尚书六条事、南徐州刺史，又任命刘义宣为中书监、丞相、录尚书六条事、扬州刺史。刘骏这么做，当然不是一时冲动，其目的就是将长期在中央的刘义恭调往地方，而将荆州的刘义宣调回中央，起到一箭双雕、釜底抽薪的效果。根据《宋书·职官志》的记载，丞相位居太尉之上，与此同时，刘骏还改封刘义宣为南郡王，另封他的次子刘恺为南谯王。刘骏此举当然是为了安抚刘义宣，以引诱刘义宣离开荆州，但是，刘义宣并不领情，他坚决推辞前往中央，并推辞刘恺的王爵。在这种情况下，刘骏也许已经预见到自己势必以武力消灭刘义宣的荆州势力，如果这样的话，就必须借重于刘义恭势力而不是对两者均予以打压，他只好转而任命太尉刘义恭为扬州、南徐州刺史，进位为太傅，并领大司马，将刘义恭又留在了中央，且位居丞相之上。不过，刘骏这样做，实在是无奈之举，他并不想真的按照先朝那样向太傅行礼，于是，让有关部门上书称皇帝不必向太傅行礼，刘骏表示同意。

一一一 孝武初立（二）

孝武帝刘骏还需要摆布自己的几个成年的兄弟们。

刘骏一生共有二十八个男孩，但此时，二十四岁的他仅有两个孩子，一个是刘子业，时年才五岁，另一个刘子尚，时年三岁，这两个孩子均为皇后王宪嫄所生。刘骏的十九个兄弟中，如今刘骏年纪最长，两个哥哥刘劭和刘濬已经为他所杀，五弟庐陵王刘绍已死，年纪在十岁以上的共八个：南平王刘铄（四弟，二十三岁）、随郡王刘诞（六弟，二十一岁）、建平王刘宏（七弟，二十岁）、东海王刘祎（八弟，十九岁）、义阳王刘昶（九弟，十八岁）、武昌王刘浑（十弟，十五岁）、湘东王刘彧（十一弟，十四岁）、始安王刘休仁（十二弟，十一岁）。

这八个弟弟也各有特色。

刘铄，从小好学，有文才，很小的时候就曾写了三十首拟古诗，被当时的人们看作堪比陆机，他常常自恃才高，与兄弟们比才学，而刘骏从小也是“才藻甚美”，因此，二人虽然年龄相仿，但并不友爱，况且，刘铄是在台城陷落前后，与二哥刘濬一起归顺的，时间最晚，刘濬归降后即被斩杀，因此，刘铄整日里提心吊胆，担心随时会被杀掉，以至于魂不守舍，言语错乱，半夜里会从睡梦中惊醒，突然从床上坐起，他曾对人说：“我感到我的魂魄已不在我身体里了。”

刘诞，“性恭和，得士庶之心，颇有勇略”。他在大是大非面前，最终选择了站在刘骏一边，因此，也成为功臣，自然没有了性命之忧。

刘宏，“为人谦俭周慎，礼贤接士，明达政事”，虽然出降较晚，但是因为被刘劭拘禁在宫中之故，况且，刘骏对他非常信任，也没有问题。

刘祎，在诸兄弟中最愚蠢，刘骏也不担心。

刘昶，轻率急躁，但年纪尚轻，也无官职。

刘浑，人如其名，就是个浑小子，性格凶狠乖戾，曾对身边的人不满，二话不说，拔出佩刀就砍。刘劭即位后，任命他为中书令，他傍晚去殿中哭灵后，赤裸身体蓬头垢面地去散骑省嬉戏，看见通直郎周朗在那里躺着，弯弓一箭射去，射中周朗的枕头，看着惊魂甫定的周朗，刘浑是哈哈大笑。

刘彧和刘休仁年纪尚小，至于刘休祐、刘休茂、刘休业、刘休倩、刘夷父（已死）、刘休范、刘休若，年纪更小，最小的刘休范和刘休若才五岁，这都不会对刘骏构成威胁。思前想后，最令刘骏不放心的还是四弟刘铄，不过，对成年的各位弟弟，刘骏的表面功夫还是要做的，他继位后就加封刘铄为侍中、司空；以刘诞为荆州刺史、卫将军、开府仪同三司，刘诞认为二哥生前的位号也是卫将军，请求改个军号，进号为骠骑将军，但刘义宣不肯内调，刘骏就改任他为侍中、骠骑大将军、扬州刺史，开府如故，改封为竟陵王；任命刘宏为尚书左仆射，让其担负去浔阳奉迎路太后的任务，回来以后，又加官为中军将军、中书监。孝武帝刘骏在元嘉三十年即位之初对弟弟们的加官晋爵到此为止，在涉及的刘铄、刘诞和刘宏三人当中，明显可以看出，孝武帝是在重用刘诞和刘宏，对刘铄是另眼相看，当然，刘铄也是心知肚明，他以尚在国丧期间为由推辞了侍中一职。然而，即便如此，刘骏仍不放心，同年七月二十九日，他命人在刘铄的食物中下毒，将其毒死，追赠司徒，以春秋时期曾弑父的楚穆王的谥号追谥其为“穆”。

摆布完宗室子弟，刘骏还需要安排那些讨逆的功臣们。地方上，在刘劭之乱前，刘宋各大方镇如下：荆州刘义宣、南徐州刘义恭（领）、南兖州（撤销）、江州刘骏、湘州（撤销）、徐州兖州萧思话、青州冀州刘兴祖、冀州张永、豫州刘铄、司州鲁爽、雍州臧质、梁州刘秀之、益州刘瑀、广州刘祎。刘劭即位后，又任命王玄谟为冀州刺史（治所历城，今山东省济南市），代替了张永；以刘遵考为豫州刺史，代替刘铄。

上述方镇大员，参与讨逆之战的主要有：荆州刘义宣、南徐州刘义恭、徐州兖州萧思话、司州鲁爽、雍州臧质、冀州王玄谟，其中刘义宣、臧质、鲁爽大致可以看作一个阵营，刘义恭为一个阵营；梁州刺史刘秀之听说义军起义后，即日要求兵发襄阳，但没有得到刘义宣的许可，也可以看作讨逆的功臣。除此之外，青州冀州刺史刘兴祖、益州刺史刘瑀等人则没有动静。

面对众多的功臣，就出现了僧多粥少的情况，同时，刘骏还必须考虑到各个势力之间的平衡，更重要的是要安插自己的亲信，于是，他采取了以下措施。

一是对于在讨逆之战中行动不积极的方镇大员调回中央或予以架空。他即位后，即将益州刺史刘瑀调回中央，任命为御史中丞，而将梁州刺史刘秀之任命为益州刺史；他暂时没有动青州冀州刺史刘兴祖，而是提拔在讨逆战中立功的济南太守垣护之为青州刺史（治所东阳城，今山东省青州市），提拔山阳太守申恬为冀州刺史（治所历城，今山东省济南市），申恬的堂兄弟申坦受萧思话之命攻克京口，立下了战功，且垣家和申家并为青州豪强，孝武帝这样做，就是屋下架屋，把刘兴祖完全架空了。

二是妥善处理荆州刘义宣集团。1.刘义宣拒不接受内调的任命，刘骏就将荆州一分为二，恢复了湘州的建制，给予他荆州、湘州两州刺史的任命，同时，尊崇其为丞相，但事实上，这些都是虚的，假如身居藩镇，丞相之名仅仅就是一个虚名而已，就实际权力而言，名义上从一州刺史晋升为二州刺史，但疆域照旧，可以说，对刘义宣毫无意义，相反，将大荆州一分为二，又为进一步分割荆州权力打下了基础。2.对臧质的安排。臧质身为皇亲国戚，又是讨逆的功臣，对他的安排也非常引人注目，孝武帝继位后，即以他为都督江州诸军事、车骑将军、开府仪同三司、江州刺史，加散骑常侍，持节如故，封始兴郡公，食邑三千户。从表面上看，臧质从边荒的雍州内调到江州，自然是晋升了，但江州密迩京畿，且是刘骏原来的根据地，便于中央的控制。3.原司州刺史鲁爽兄弟。鲁爽驻军汝南，事发之后，他没有南下浔阳与刘骏会合，而是率部向西进入襄阳，而后与臧质一起前往江陵投靠刘义宣，这当然让刘骏不爽，但毕竟鲁秀在讨逆行动中立下大功，新亭之战中他在刘劭军中故意打撤退鼓，叛离刘劭后，又率领敢死队夺占朱雀桥，为义军的胜利立下了汗马功劳，刘骏也必须予以安抚，于是，他任命鲁爽为使持节，督豫、司、雍、秦、并五州诸军事，左将军，豫州刺史，镇守寿阳，以鲁秀为左军将军，出督司州豫州之新蔡、汝南、汝阳、颍川、义阳、弋阳六郡诸军事、辅国将军、司州刺史，领汝南太守。4.刘义宣部将徐遗宝，刘骏重新设立兖州，予以安排，任命其为兖州刺史，镇守瑕丘（山东省兖州市）。将徐遗宝安置于瑕丘，亦可以让垣护之和申恬将其看牢。

三是安排好从义其他势力。孝武帝即位后，任命王玄谟为徐州刺史，镇守彭城（江苏省徐州市），王玄谟镇守彭城位置非常重要，既与青州冀州遥相呼应，又西抗司州、豫州鲁爽兄弟，南面屏护建康、广陵。原豫州刺史刘遵考虽然也响应义军，但孝武帝继位后，即被免官，原因不详。臧质调任江州以后，雍州刺史一职孝武帝交给了朱修之担任。原徐兖二州刺史萧思话，被孝武帝征调入京，担任尚书左仆射，但萧思话拒绝，孝武帝又改任其为散骑常侍、中书令、丹阳尹。

四是以长江下游为基础，安排心腹。最为明显的是对沈庆之的任命，孝武帝继位以后，即恢复了南兖州的建制，以沈庆之为使持节，督南兖、豫、徐、兖四州诸军事，镇军将军，南兖州刺史，常侍如故，镇盱眙，封南昌县公。沈庆之不仅仅是南兖州刺史，并且治所由原来的广陵（江苏省扬州市）迁往盱眙，便于南兖州与徐州军队的协同，更主要的是使持节，且加督了鲁爽的豫州、王玄谟的徐州和徐遗宝的兖州，体现了孝武帝试图分化瓦解刘义宣集团的意图。降将庞秀之也被任命为梁州刺史，但刘骏对其当然不会信任，不久，他就借口庞秀之家族子弟被刘劭斩杀了近十人，而庞秀之依然酣饮如故，将其免官，不久，又将其改任为徐州刺史，太子右卫率，一年后即死去。

一一二 孝武初立（三）

除了安排沈庆之之外，孝武帝还大量起用自己赖以夺取政权的雍州集团的功臣们。

刘骏在元嘉二十二年以宁蛮校尉、雍州刺史的身份坐镇雍州三年多，在这三年多的时间里，几乎全部是在讨伐山蛮的战争中度过，在长期的讨伐山蛮的战争中，主要来自秦州雍州流民组成的雍州武装逐渐成长起来，同时也产生了一大批优秀将领：柳元景、沈庆之、宗越、宗悫、薛安都等等，虽然刘骏在元嘉二十五年即调任徐州刺史，但雍州集团已与刘骏结下了不解之缘，并在讨伐刘劭的战斗中立下了汗马功劳。在新亭之战中居于首功的非柳元景莫属，刘骏即位后即任命其为侍中，领左卫将军，转使持节，监雍、梁、南北秦四州、荆州之竟陵、随二郡诸军事，前将军，宁蛮校尉，雍州刺史，但因臧质阻挠而转为护军将军，领石头城防卫司令，但还没有到任，又转为领军将军，加散骑常侍，曲江县公，食邑三千户。次功为宗悫，孝武帝任命他为左卫将军，封洮阳侯。孝武帝即位后即封薛安都为右军将军，封南乡县男，食邑五百户。

除了雍州集团之外，孝武帝还大量重用出自自己藩邸的寒门或者次等士人：刘延孙，我们知道，他是原雍州刺史刘道产的儿子，他是刘骏在徐州任上的下属，拓跋焘南下汝南时，宋文帝曾命令刘骏选派精锐骑兵从徐州方向偷袭，刘延孙以自己未经战阵为由，推选刘泰之代替自己，宋文帝闻讯大怒，将刘延孙免官。但不久以后，刘骏又将其收入自己的幕府，刘骏讨伐刘劭时，又提拔他为长史，兼浔阳太守，负责留守事宜，刘骏继位后，即任命其为侍中、领前军将军。如果说刘延孙还属于刘宋关系疏远的宗亲的话，那么，孝武帝重用的戴法兴、戴明宝、董元嗣、巢尚之、蔡闲、颜师伯、颜竣、徐爰等人都是名副其实的寒人。正如《宋书·恩幸列传》所称的那样：“孝建、泰始，主威独运，官置百司，权不外假，而刑政纠杂，理难遍通，耳目所寄，事归近习。赏罚之要，是谓国权，出内王命，由其掌握，于是方途结轨，辐凑同奔。人主谓其身卑位薄，以为权不得重。曾不知鼠凭社贵，狐藉虎威，外无逼主之嫌，内有专用之功，势倾天下，未之或悟。挟朋树党，政以贿成，𫓧钺创磐，构于筵笫之曲，服冕乘轩，出乎言笑之下。”“世祖亲览朝政，不任大臣，而腹心耳目，不得无所委寄。”其实，《宋书》所称是充满了门阀士族的偏见的，将掌权的寒门士人归于恩幸列传中本身就体现了这一点，在他们看来，朝廷中的清阶之官理所应当地属于高门子弟，而贫寒的士人只能去当低级官吏，一旦这些寒人跻身于清显高位，无疑让他们觉得无法接受。其实，这些被列入恩幸的出身贫寒的士人却并非单纯依靠皇帝的开恩，也不全是皇帝身边的佞臣，恰恰相反，他们大多具有真才实学和处理具体事务的能力，靠着长年累月的实际工作所积累起来的丰富实践经验而受到皇帝的重视，远比那些个依靠“冢中枯骨”以抬高身价、整日清谈为高、锦衣玉食的高门子弟要强得多。戴法兴，出身贫寒，父亲以贩卖苎麻为生，戴法兴年少也曾贩卖过葛，后为尚书仓部令史，被大将军彭城王刘义康选拔为记室令史。刘义康被废以后，戴法兴成为刘骏的记室掾，刘骏担任江州刺史后，他又成为南中郎将典签，长期从事文字处理工作，是刘骏身边十分亲近的人，刘骏即位后，即任命他为南台侍御史，同兼中书通事舍人，专管内务，权重当时。巢尚之，在元嘉时期曾陪伴始兴王刘浚读书，为刘骏所赏识，凡是大的选拔任命、诛杀赏赐，刘骏都与戴法兴和巢尚之二人商议，而朝廷内外的杂务则大都交给另一位寒人戴明宝处理。戴明宝，是南东海丹徒人，曾历任员外散骑侍郎、给事中等职务，曾为刘骏南中郎将典签，刘骏登基后，加授南清河太守。徐爰，字长玉，是南琅邪开阳人，最初，他任东晋琅邪王大司马府中典军，谨慎小心，被刘裕看重；刘义符在东宫的时候，徐爰成为他的亲随；宋文帝登基后，又被宋文帝信任，历任殿中侍御史、南台侍御史、员外散骑侍郎等职。刘骏在新亭即位之前，大家都不知道典礼如何操办，只有徐爰对此非常熟悉，等到徐爰从建康城内逃出后，众人见到他都非常高兴，任命他为太常丞，具体负责典礼仪式，刘骏即位后，他被任命为尚书水部郎。史称：“爰便僻善事人，能得人主微旨，颇涉书传，尤悉朝仪。元嘉初便入侍左右，预参顾问，既长于附会，又饰以典文，故为太祖所任遇。大明世，委寄尤重，朝廷大体仪注，非爰议不行。虽复当时硕学所解过人者，既不敢立异议，所言亦不见从。”

颜师伯与颜竣是同族兄弟，同出于琅邪颜氏，本为士族，但家道中落，严格地说，颜师伯与颜竣还是次等士族，而非寒人。颜师伯的父亲颜邵曾任谢晦的咨议参军，谢晦起兵之前曾找颜邵商量，颜邵喝药自杀；颜师伯从小家境贫寒，因他的弟媳是臧质的女儿，臧质担任徐州刺史的时候，任命他为主簿，后历任刘义宾、刘义季、刘骏的参军。颜师伯善于应对，深得刘骏的喜爱，刘骏担任江州刺史的时候，曾请求宋文帝任命颜师伯为南中郎将主簿，遭到宋文帝的拒绝，刘骏退而求其次，请求朝廷任命他为长流参军（主管刑狱），宋文帝也没有答应，但同意由刘骏自己任命，于是，刘骏任命他为参军，主管刑狱，刘骏继位后，即任命其为黄门侍郎。颜竣是颜延之的儿子，宋文帝曾问颜延之："你的几个儿子谁继承了你的风范？"颜延之回答："颜竣继承了我的文章，颜测继承了我的韵文，颜奂继承了我的义气，颜跃继承了我的酒量。"颜竣为刘骏的主簿，"甚被爱遇"，颜竣也是"尽心补益"，尤其是在讨伐刘劭之际，颜竣尽心竭力，立下大功，刘骏继位后，即任命其为左卫将军，封建城县侯，食邑两千户，不久，就晋升为吏部尚书，领骁骑将军。

清赵翼《廿二史札记》"南朝多以寒人掌机要"条称："至宋、齐、梁、陈诸君，则无论贤否，皆威福自己，不肯假权于大臣。而其时高门大族，门户已成，令、仆、三司，可安流平进，不屑竭智尽心，以邀恩宠；且风流相尚，罕以物务关怀，人主遂不能借以集事，于是不得不用寒人。人寒则希荣切而宣力勤，便于驱策，不觉倚之为心膂……然地当清切，手持天宪，口衔诏命，则人虽寒而权自重，权重则势利尽归之。"赵翼所说基本属实，但孝武帝乾纲独断，他重用寒人和武将，并没有给予这些人太大的自主权，从一定程度上讲，这正是孝武帝不信任宗室大臣、高门士族的结果，是平衡朝廷各派力量的必然选择，自有其深刻的社会背景。

首先，寒人和出身下层的武将在孝武帝之前也都在试图挤上政治舞台，只不过孝武帝特定的历史时期顺应了这一潮流。门阀士族不仅有着潜在的巨大影响力，而且文化素养较高，具有相对独立的人格，对于出自寒门的刘宋王室并非俯首帖耳，在必然会对皇权构成一定的威胁，尤其是在国内矛盾复杂的时候，更令人不放心。而寒人在当时的社会环境下没有巨大的号召力，但他们大多与高门士族士人一样有较高的文化素养，除此之外，更重要的是他们具有积极的进取心和较强的办事能力，他们除了依附于皇权，努力效忠皇帝外，别无他途，因此，对皇权构不成威胁。孝武帝以外藩兴兵夺取政权，登上皇位，虽然说是讨伐叛逆，但这一过程充满了血腥，并非正常的权力交接，孝武帝本人不能不对宗室、大臣怀有疑惧之心，不敢放心大胆地重用他们也是情理之中的事。不过，在妥善安排宗室大臣、功臣、亲信之外，孝武帝还没有忘记留任老臣、提拔高门，用来装点门面：老臣何尚之在元嘉后期为尚书令，刘劭继位后又拜为司空，领尚书令，何尚之的儿子何偃也被任命为侍中，负责诏书的起草工作，父子二人一向拥有美好的名声，孝武帝继位后，仍然重用他们，任命何尚之为尚书令，何偃为大司马长史；谢庄是陈郡谢密的儿子，文章写得非常好，名气很大，孝武帝继位后，任命其为侍中；王僧达是前宰相王弘的幼子，孝武帝也任命其为尚书右仆射；王彧是王弘的同族侄儿（王弘是东晋名臣王导第三子王洽之后，王彧是王导第五子王邵之后），与谢庄齐名，并与会稽孔觊之为"南北之望"，孝武帝继位以后，任命其为散骑常侍。在拉拢高门的同时，为了体现自己讨逆的正当性，孝武帝即位不久，即追赠为刘劭所杀的徐湛之等人，追赠袁淑为侍中、太尉，谥曰忠宪公；徐湛之司空，加散骑常侍，本官如故，谥忠烈公；江湛左光禄大夫、开府仪同三司，加散骑常侍，本官如故，谥忠简公；王僧绰散骑常侍、金紫光禄大夫，谥愍侯；追赠在刘劭之乱中被杀的卜天与龙骧将军、益州刺史，谥号壮侯。五家长期发放抚恤金。《南齐书·徐孝嗣传》记载，徐湛之的孙子徐孝嗣，在父祖被杀时还未出生，因此侥幸活了下来，八岁的时候，他去拜见孝武帝刘骏，走上台阶就一直流泪，孝武帝对他非常喜爱，将康乐公主许配给了他。

经过一番调整，截至元嘉三十年年底，刘宋朝廷上的重臣分别为：太傅刘义恭、丞相刘义宣（外镇荆湘）、车骑将军臧质（外镇江州）、骠骑将军刘诞（扬州刺史）、尚书令何尚之、尚书左仆射刘宏、吏部尚书张畅、中书令萧思话（兼丹阳尹）、侍中颜竣、刘延孙、谢庄、何偃、刘恢（刘义宣长子，领卫尉）、袁粲（袁淑侄儿），领军将军柳元景，中护军刘义綦。

一一三 孝武初立（四）

刘骏在新亭即位后，即将新亭改名为中兴亭，显示了中兴刘宋的决心。

一是改革元嘉末期的制度。孝武帝刚刚即位，即下诏称：圣主曾立下教训，要求务必弘扬治国之道，群臣辅佐皇帝，要勤勉地建言献策，朕继承大业，也将秉承圣主的遗训。要量入为出，是国家的常规，而目前国家的用度，却没有规矩。兵役损耗，国库空虚，可是，内外的供应一点都没减少，这不是先帝立国的本意，从今往后，一切"薄己厚民、去烦从简"的措施，都要予以施行，以让朕满意。这当然是一个大的要求，其实质在于：刘骏看到他的父亲刘义隆与弟弟刘义康之间你死我活的斗争，让他不敢再相信宗室们；想到徐羡之等人诛杀伯父宋少帝刘义符和庐陵王刘义真，让他不敢相信大臣们；目睹哥哥刘劭诛杀父亲刘义隆，让他无法相信自己的儿子们，唯一能够相信的就是自己的权力！在这一要求下，孝武帝对元嘉时期的诸多制度都进行了改革，主要是：1.加强对皇宫的保卫。刘骏进入建康数日后，即下令设置殿门及上阁屯兵，不久，又设置卫尉官，负责皇宫保卫。2.对刘义隆时期地方官的任期进行调整。过去地方官员的任期至少是六年，刺史有的能在一地任职长达十年，地方官任期较长好的方面在于地方官没有短期行为，可以踏踏实实地为百姓做事，但孝武帝不这么看，因为，一个地方官如果长期在一个地方任职，极有可能在地方上形成盘根错节的政治势力，威胁到皇权，因此，他下令将任期缩短为三年。3.为了防止东宫势力过大，他在即将册立太子之前，就于元嘉三十年年底裁撤了东宫的太子率更令、步兵、翊军校尉、旅贲中郎将、冗从仆射、左右积弩将军等官；中庶子（太子宫高级助手、原为四人）、中舍人（高级随员，原为四人）、庶子（助手，原为四人）、舍人（随员，原为十六人）、洗马（图书管理员，原为八人），也都各减一半的名额。4.裁撤都水台和都水使者官，另置水衡令一职。

二是施行善政。1.向全国各地派出使者，访贫问苦。继位之初，孝武帝就下诏称："天步艰难，国运不昌，虽然基础牢固，但气数时好时坏，朕以渺小之身，继承大业，心中非常恐惧。国家的政治，以人为本，想到历朝的兴衰，内心忧愁痛苦。命令向各地派遣使者巡视风俗。" 于是，派遣散骑常侍乐询等十五人巡视各地。2.赦免京师及浔阳等地的租赋。赦免京师建康方圆二百里以内的地区，并免除一年的租税，又免除浔阳郡和西阳郡租布三年。3.下诏称："百姓疲劳困顿，徭役很重，应当崇尚节俭，凡不属军国急需的劳役，一律停止；撤销细作营并入尚方省，至于一切精雕细刻之物，金银装饰的工艺，无关用途的，要严格禁止；皇宫供应的衣服、饮食，都要减少数量，严禁奢侈浪费；打猎捕捞也都要依照时令季节；公家与百姓交易，必须公平合理；国家圈占大河、田地、湖泊，也要向百姓开放；贵族参与商业，与百姓争利的，也要一律禁止。" 4.对于在刘裕时代就已经从军的，目前尚活着的军人，一律解除军籍，变为自由民。5.元嘉三十年十月癸未日，孝武帝还亲自到阅武堂审理案件。

三是征求直言。元嘉三十年七月初一，发生了日食，孝武帝随即下诏称："天下还不太平，国家很多忧患，要实施善政，单单依靠一个人的力量是不够的，何况朕还寡德，又处于艰难时期，我是昼思夜想，坐以待旦。王公大臣们，只要是有好的建议，能够移风易俗的，都不要隐瞒。"接到征求直言的诏书后，周峤的弟弟、建平王刘宏录事参军周朗上书称："孔子说过：'治理天下如同放在掌中。'岂是虚言！国家政治兴废，完全在于用人，只是当代之君不这样做罢了。何况当今乱离，而前朝的弊政却依然行于今天，我将现在百姓的疾苦略陈一二：一是治理天下的本质是什么？是教化人心。可是今天教化之事早已不再实行，百姓不知规矩，政府却继之以刑罚，这岂是为政之道？要想实施教化，可以在二十五户人家中选举一个保长，一百家中设置一个老师，男子十三岁到十七岁的，都要学习经书，十八岁到二十岁的，均要习武。教授他们忠孝仁义的道理，传授他们射击技术、兵法战略。学习经书五年有成，就上报司徒；学习武艺三年有成，即升为司马。如果经过七年学习，经书无成，经过五年学习，武艺不精，即使是公卿子弟，也终身不得做官。二是农桑是国家的根本，废除金钱，使用布帛交易，这样垦田自然会增加，并强化对垦荒者的奖励、对撂荒者的处罚。三是征税要以人头为准。四是减免劳役税赋，规定女子年满十五岁尚未出嫁的，家人连坐；宫中的女仆要选择不再嫁人的女子，一般人家的女仆，要下令放出自行婚配。五是今年长江以南大丰收，可以对能够供应五十人生活的人家赏赐一级爵位，这样不过一千家这样的人家就能养活十万口人；对于流民发放粮种，让他们到淮河以南耕作；凡是无业游民和公家的官吏，每年征发他们兴修水利，淮北之民全部让他们迁往淮南生活。六是身体中毒，一定要将肢节部分切掉，防止毒气蔓延，历城泗水之间，有什么值得留恋的？有人认为敌人已经衰弱，没什么好回避的，但岂不知我们比敌人更衰弱！有人说我们撤军以后，敌人一定会乘虚南下，如果他们南下正符合我们的心愿，胡人能南下的，都是山东的胡汉混血儿们，也是我们早就想让他们归顺的人，汉人占据了那里，胡人自然远去，他们来了，没什么不好。如今，守着孤城，白白浪费钱财，如果敌人派出三千骑兵，轮番南下，敌人并不劳累，而我们的边境早就疲惫了，不出两年，军民将散尽。汉人屈服于胡人的时候，是因为胡人马多；胡人屈服于汉人的时候，也是因为他们马少，如今应该命令天下饲养一匹马的，免除一个人的劳役，养三匹马的，提拔一个人当吏。武将们出生入死，他们对于封赏要求的自然会很多，如今应对他们重赏重罚。沿着淮河一线的城堡，都要进行修复，暂时不要兴兵，等到国内恢复以后，能够凑集四十万骑兵，且国内安定，粮食储备足够吃二十年，这样才能兴兵北伐，直抵漠北。七是如今世风日下，士大夫中十家有七家，儿子们都与父母分家，百姓们八家有五家就是这样，更有甚者，父母的饥寒、存亡一概不知，亲戚之间相互妒忌诽谤，不可胜数，应当明确下令，对于治家好的，要重赏，相反，要没收他们的财产。服丧三年，这是天下的通例，陛下以大孝治天下，要一反短丧的错误，恢复三年之丧的古礼。八是节俭要从自身做起。以全天下供奉一位君主，不必担心有匮乏，即使全身都戴满金子，也不过一百两，一年需要穿的好衣服，也不过几件，为何要装满一箱一箱的金银珠宝、一柜一柜的华丽衣服呢？眼睛又不能经常观看，身体又不能经常穿戴，这不过是给箱子和柜子穿戴珠宝衣服，白白浪费国家资财。宫廷早上制作一件新衣，世间晚上都学会了，奢侈浪费的根源其实在宫中，以后，请对公主们的赏赐也要节制，对于制造奇技淫巧之物的工匠，要进行重罚。九是国家设置官职，是为了治民。这就要求官员要称职，如今，要合并官职，唯才是举，没有才能的王侯，不应勉强让其做官，况且，帝王之子即使没有做官，谁敢说他下贱？十是那些侨置郡县，要全部废除。十一是内外要有别，以后对于公主替人求官的，该人终身不得做官，替人求情的，终身不得被赦免。十二是天下急需的是人才，人才却很难被发现。现在的风气是往往根据对人的赞扬或者诽谤，对人进行晋升或者处分，却往往不仔细探究赞扬或者诽谤的缘由。十三是佛教流传既广，但出现了不少问题，应当严格佛教律令，对于败坏教法的，要严格惩处，并应制止鬼巫之术。每个朝代都有直言之人，也都有征求直言的诏书，但是，太平盛世并不是随处可见，这是为什么呢？原因就是征求直言的君主并不是出自真心，只是做做样子罢了。”周朗与他的哥哥周峤性格不同，周峤懦弱，而周朗直爽，周峤一直对周朗不感冒，不过，历代劝谏都是一件非常困难的事，韩非子为此专门写了一篇《说难》的文字，而周朗的直言说得也是太直接了，孝武帝看了，非常恼火，周朗自行辞职回家。谢庄也上书说：“诏书中说：‘贵族子弟不得从商，与百姓争利。’这确实符合百姓意愿。如果有谁违反，一定要予以制裁，如果不制裁，而显示皇家的皇恩，这就是诏书虽下，而名不副实。臣私下认为，对于在朝中为官的，尤其不应当与民争利，不知道我的理解对不？”

四是整顿吏治。孝武帝继位的第二年，改元为孝建元年，数日后，他就下诏称：“吃饭是生活的第一要务，要解决吃饭问题，就必须重视农业；吏治是治理国家的第一要务，优秀人才当权国家才能安宁。国内大乱刚刚平定，但政治尚未修明，衣食不足，缺乏贤才。各地郡守要认真学习过去的规定，务必劝课农桑，辛勤耕作的要予以表彰。选拔的秀才孝义，要唯才是举，对于优秀人才要提拔重用，对于滥竽充数的，要遣返回乡，并永远禁锢，不得使用。尚书令是百官的根本，管理军国所有的日常事务，过去各个部门事无巨细都交由尚书令定夺，这不妥当，要明确各部门的职责，建立奖勤罚懒的制度，严格赏罚。”

五是巩固国本。孝武帝继位的第二年一月，即册立皇长子刘子业为皇太子，赏赐天下为人父母的爵位一级；孝子、顺孙、义夫、节妇粟帛多少不一。

六是平定叛乱。南海太守萧简是萧斌的弟弟，孝武帝登基以后，他占领广州谋反。孝武帝下诏命令新任南海太守邓琬、始兴太守沈法系领兵前去讨伐。邓琬，字元琬，江西南昌人；沈法系，如前所述，是沈庆之的堂弟。听说朝廷大军前来，萧简欺骗部下说：“派来的部队是贼人刘劭所遣。”前征北参军顾迈，原与刘瑀同在始兴王刘浚的幕府，他轻信刘瑀，把刘浚给他说的一些秘密都透露给了刘瑀，而刘瑀却又密告给了刘浚，刘浚大怒，请求宋文帝将顾迈流放到广州，顾迈素来懂得天文，当时也在城内，对大家说：“荆州和江州将有大的兵灾。”因此，城内部众听信了他的话，固守广州。邓琬所部先到，只从一个方向发起进攻，沈法系到后，说：“应当西面一齐发起进攻，如果只进攻一个方向，什么时候能攻下啊？”邓琬担心自己没有功劳，不听。沈法系说：“那我们就再进攻五十天吧。”又进攻了五十天，广州城依然无法拿下。邓琬只得听从了沈法系的意见，元嘉三十年九月二十八日，宋军兵分八路，一起对广州城发起了猛攻，一天即攻陷了城池，斩杀了萧简，顾迈为军乱所杀。广州平定后，沈法系命令将仓库封好，交给邓琬后凯旋。

孝武帝继位之初的刘宋朝廷面目一新，正如刘宏上书所称：“陛下以至德神临，垂精思治，进儒礼而崇宽教，哀狱法而黜严刑，表忠行而举贞节，辟处士而求贤异，修废官而出滞赏，撤天膳而重农食，禁贵游而弛榷酤，通山泽而易关梁，固已海内仰道，天下知德。”

一一四 义宣之乱（一）

公元454年正月初一，继位七个多月的孝武帝刘骏宣布改元为孝建，大赦，以尚书令何尚之为左光禄大夫、护军将军，又提拔自己的亲信、左卫将军颜竣为吏部尚书、领骁骑将军。

继位这些天来，孝武帝做了许多事情，虽说刘骏作为刘义隆的第三子，兴师讨伐叛逆，父死子继，理应继位，但是，当举义之初，各地方镇均根据平素亲昵程度而推奉诸王，也在情理之中。臧质是刘义隆兄弟的表兄弟，臧质之女又嫁给了刘义宣的长子，当初举义之时，刘义恭尚在京师辅佐刘劭，因此，臧质心中产生册立刘义宣为帝的想法，也是自然而然的事情，但刘义宣才能平庸，臧质的计划没有得逞。平定刘劭以后，虽然刘义宣和臧质作为功臣，应该得到封赏，但孝武帝采取的一系列措施显得那么咄咄逼人，先是将刘义宣调离荆州，遭到刘义宣的拒绝，而后又将臧质调离雍州，而任命柳元景接任。孝武帝知道臧质在起义之初命令柳元景率军脱离刘骏西上荆州的事，因此，将臧质调离巢穴，安置于江州自然是经过缜密思考的。臧质当然不愿自己冤家对头坐镇雍州，牵制荆州、江州的后方，因此，他提出反对意见，孝武帝无奈作出了妥协，改任朱修之为雍州刺史。在这一系列博弈中，已经能够闻到双方浓浓的火药味了。

孝武帝继位后，荆州俨然一个独立王国，刘义宣自恃地广兵强，且立有大功，对朝廷的命令置若罔闻，孝武帝新登基颁发了很多制度，刘义宣不认可的，就不遵从；他曾经向孝武帝供奉美酒，自己先喝，喝剩下的才封好送上。江州的臧质也是如此，孝建元年，臧质已经五十五岁了，根本没把二十四岁的孝武帝放在眼里。遇事独断专行，向朝廷要这要那，等到浔阳上任以后，江州的赏罚也不再向朝廷禀报，国有粮库中的粮食，臧质擅自开仓放粮。不及朝廷派员前来督查，臧质才逐渐感到了恐惧。他给刘义宣写密信称：“立下大功，又有大才，带着震主之威的大臣，自古以来，很少能够善终的。应该先发制人，早作打算，况且百姓无不心向大人，您率军入朝的话，谁不衷心拥戴？如果命令徐遗宝率领西北精兵驻扎在长江之上，我率领江州战舰为大人前锋，就已经得到了一半天下了。大人率领八州兵马，浩浩荡荡东来，即使是韩信、白起再世，建康方面也无能为力了。且少主失德，恶名在外，沈庆之和柳元景等人也是我的旧部，谁肯替少主卖命？不能挽留的是人的年龄，不可失去的是机会。臧质我一直以来常常担心离开人世，不能再替大人效命了，到时候，一旦大祸临头，后悔都来不及了。”刘义宣的部将蔡超、竺超民（原青州刺史竺夔之子）等人也都想富贵，希望刘义宣能够当上皇帝，想依靠臧质的威名，建立功业，也都劝说刘义宣反叛。当时，刘义宣尚未接受丞相一职，臧质的儿子臧敦是黄门侍郎，奉诏前往荆州劝说，路过浔阳，臧质命令他到荆州后敦劝刘义宣，并说出孝武帝刘骏的种种无耻行径，刘义宣听了，不禁大怒，遂下定了谋反的决心。

刘骏究竟有哪些无耻行径，让刘义宣勃然大怒呢？臧敦到荆州后，给刘义宣带来了一条惊人的消息，那就是，自从孝武帝继位以后，他竟然不顾伦理，与刘义宣的女儿们淫乱！刘义宣的女儿们是刘骏的堂姐妹，这种乱伦行为，自然让刘义宣恼羞成怒。刘宋王室成员历来缺乏教养，公主们都非常强悍，皇子们也都无法无天，刘骏的两个哥哥刘劭、刘浚也都不咋样：刘劭与王鹦鹉不清不楚，刘浚和自己的同父异母姐妹私通，这两个被其父刘义隆看好的儿子尚且如此，一直被老父不看好的刘骏更是有过之而无不及，上台以后，孝武帝刘骏只顾四处渔色，甚至与其母路太后也传出绯闻，闹得是满城风雨，乌烟瘴气。史称，他素来“闺庭无礼”。

决心已下，刘义宣密令建造战舰，并派出密使前往豫州和兖州，通报鲁爽、徐遗宝二人，约定孝建元年秋冬季节同时起兵。然而，事情发生了戏剧性的变化。刘义宣的使者在孝建元年一月抵达寿阳后，当时，鲁爽喝得酩酊大醉，没有看清刘义宣信中说的是秋天再举兵，误认为现在就兴兵。他当日即传令起事，向建康派出快马报告弟弟鲁瑜，把家属赶紧带离建康西归。鲁爽命令部队戴上黄色袖标，对外公布年号为建平元年，缝制朝服，登上高台，自行封赏。他怀疑长史韦处穆、中兵参军杨元驹、治中庾腾之怀有二心，下令将三人诛杀，然后，派人将做好的皇帝服装送往江陵，并通知刘义宣、臧质一齐起兵，还送上临时命令，上称：“丞相刘，递补天子，名义宣；车骑臧，今递补丞相，名质；平西将军朱，今递补车骑将军，名修之，皆版到奉行。”接到鲁爽的书信，刘义宣惊得是目瞪口呆，无奈，只好仓促起兵。徐遗宝也率军南下，向彭城集结。

鲁爽的另外一个弟弟鲁弘是臧质幕府中的佐史，得知鲁爽起兵后，孝武帝派人前往江州，命令臧质将鲁弘逮捕，臧质却扣留了朝廷使节，也起兵了。他上书称，丞相刘义宣遭到恶人陷害，自己将率军清君侧，加鲁弘为辅国将军，驻守在大雷（安徽省望江县），并飞报刘义宣前来增援，刘义宣派遣咨议参军刘谌之、尹周之等人率军一万人与鲁弘会师。刘义宣也上书称要清除君侧之恶，又召司州刺史鲁秀，将让其率部东下，作为刘谌之的后继部队。鲁秀从未见过刘义宣，当他到江陵拜见刘义宣出门后，捶胸叹息道：“我的哥哥害了我啊！竟然与这种白痴一起谋反，今年算是完蛋了啊！”

得知荆州、湘州、江州、兖州、豫州、司州一齐发动叛乱，京师人心震恐，孝武帝方寸大乱，打算不战而降，而送去御用器物迎接刘义宣为帝。六弟竟陵王、扬州刺史刘诞坚决不同意，他说：“为何要将这个宝座让给他人！”看到刘诞态度坚决，孝武帝刘骏这才作罢，开始认真部署讨伐行动。二月十二日，他任命领军将军柳元景为抚军将军，二十四日，又任命王玄谟为豫州刺史，取代鲁爽，并命令柳元景率领众将讨伐刘义宣，二十六日，柳元景率领王师进据梁山洲（安徽省和县南长江中），并在两岸构筑“月牙形堡垒”，严阵以待。同一天，刘义宣自称都督中外诸军事，设置左右长史、司马，部属只称名字，不称官职。

二月二十九日，朝廷方面任命夏侯祖欢（《宋书·刘义宣传》记作“夏侯祖权”）为兖州刺史，取代徐遗宝，三月二日，京师戒严，四日，又任命徐州刺史萧思话为江州刺史，取代臧质，以柳元景为雍州刺史，取代朱修之，六日，起用太子左卫率庞秀之为徐州刺史，接替萧思话。

刘义宣也向全国各地的方镇发出檄文，加官晋爵，号召大家加入自己一方。雍州刺史毛修之假装同意，却暗自派出使者前往建康向孝武帝表示忠诚。益州刺史刘秀之斩杀了刘义宣的使者参军王曜，派遣中兵参军韦崧率领一万人东下，偷袭江陵。

三月十一日（《宋书·刘义宣传》称二月十一日），刘义宣率领十万大军从江津（湖北省荆州市沙市区东南）出发，战舰连绵数百里，浩浩荡荡东下。他留下第八子刘慆为辅国将军，与左司马竺超民一起镇守江陵，出师当天，天上刮起了大风，荆州战舰在惊涛骇浪中几乎要沉没，勉强行至数十里之遥的中夏口就靠岸避风。《水经注·夏水》称："江津豫章口东有中夏口，是夏水之首，江之汜也。屈原所谓过夏首而西浮，顾龙门而不见也。龙门，即郢城之东门也。"中夏口当在江陵东南数十里处。

出师不利，而意外之事又发生了。原本朱修之同意参加，刘义宣就命令朱修之率领一万兵马随后跟进，但到临出发的时候，朱修之予以拒绝。刘义宣只得任命鲁秀为雍州刺史，分出一万兵马交给鲁秀、朱昙韶，让其北上进攻襄阳。鲁秀与鲁爽不同，他不仅勇猛，而且有谋略，王玄谟听说鲁秀没有东下，高兴地说："臧质好对付！"

刘义宣任命兖州（治所湖陆，今山东省鱼台县）刺史徐遗宝为征虏将军、徐州刺史，命令他发兵南下，袭占彭城（江苏省徐州市）。徐遗宝派遣长史刘雍之率领主力部队南下，偷袭驻守彭城的徐州长史明胤，明胤击败了刘雍之；徐遗宝又派遣高平太守王玄楷与刘雍之再次向彭城杀来。当时，新任徐州刺史萧思话尚未到达彭城，朝廷命令安北司马夏侯祖欢率五百人驰援明胤，夏侯祖欢进入彭城后，击斩了王玄楷，刘雍之退还湖陆。徐遗宝又派遣檀休祖增援王玄楷，途中，听说王玄楷已经战败，部众顿时溃散。冀州刺史垣护之是徐遗宝的姐夫，徐遗宝邀请垣护之与自己一起谋反，但垣护之不从，并火速向朝廷报告。垣护之留下儿子垣恭祖驻守历城（山东省济南市），自己亲率步骑偷袭徐遗宝后方。垣护之的冀州部队行至邹山（山东省邹城市境内），攻破了徐遗宝的防御堡垒，距离湖陆尚有六十里的时候，徐遗宝看到大势已去，焚烧了城池，仓皇弃城南下，投靠鲁爽。

大战之前，兖州已被平定，垣护之被朝廷征召为游击将军，率军加入沈庆之讨伐鲁爽的部队。

一一五 义宣之乱（二）

刘义宣的这次叛乱，原本能够稳操胜券，但因鲁爽近似儿戏的举动，将全盘打乱。

刘义宣和臧质原定的在秋冬发动，自有其合理性：一是孝武帝登基以后，基础并不牢固，因此，他采取了很多削弱臣下权力、巩固皇权的措施，这势必触及既得利益集团的利益，引发不满；加之孝武帝本人个性猜忌，随着时间的推移，京师内部权力争斗将愈演愈烈，更何况孝武帝本人荒淫无耻，作风很成问题，等到他众叛亲离之时，再起兵将其废杀，会容易很多。二是谋反一事，是关乎身家性命的大事，必须经过精心的部署，考虑到方方面面可能出现的情况，方能做到万无一失，一举成功。就眼前的情况而言，刘义宣一方虽用兵十余万，拥有四州之力，但荆州的两个后方益州和雍州态度并不明朗，扬州的后方三吴地区也不听自己指挥，鲁爽、臧质、徐遗宝包括鲁秀均上任不久，基础并不牢固，一旦打起来，将形成对攻状态，胜负难料。三是缺乏协同。一方面鲁爽是一月宣布发动叛乱的，一直到三月初刘义宣的荆州部队才东下，丧失了行动的突然性；另一方面，我们看到，在长达一个多月的时间里，朝廷方面并没有将鲁爽等人消灭，也说明了当时的朝廷力量是十分薄弱的，假设叛军能够统一步调，同时行动，并很快兵临建康城下，将会出现不同的结果。

不过，既然鲁爽已经把事情办砸了，刘义宣又该如何因应才算适当呢？首先，要解决朱修之。朱修之表面上愿意入伙，但双方并无太深的渊源，在这种情况下，有两种处理办法：一是以优势兵力先行将其消灭，可以采用将计就计，假装相信了他，然后，采取突然袭击的办法，将其解决；也可以严令他限期率军进入江陵，不然即发兵讨伐。二是留下足够的兵力，置之不理。刘义宣起兵的主要目标是去建康夺取政权，朱修之在雍州当然会威胁到自己的后方，但朱修之的雍州之军自守有余，进攻则不足，因此，刘义宣完全可以暂时弃之不顾，率领大军火速东下，一旦全力拿下建康，朱修之问题也就迎刃而解。其次，在荆州大军尚未到达的时候，严令鲁爽、徐遗宝等人采取守势，以免被朝廷方面各个击破。三是问题的关键是兵贵神速，一旦荆州大军突进到建康近郊，变数就会发生。然而，刘义宣并没有这样做，当他得知朱修之怀有二心之后，派遣鲁秀等人北上进攻襄阳，鲁秀所率的一万多人防守江陵当然足够，但让这一万多人去发起进攻，无论如何都是捉襟见肘的，这种毫无意义的分兵，犯了兵家大忌。

虽然刘义宣错误连连，但朝廷方面行动迟缓，这当然源于孝武帝在开始的时候自己就乱了阵脚。鲁爽正月发动叛乱后，孝武帝命令左卫将军王玄谟率军沿着淮河逆流而上，进攻寿阳，但很快，就传来了荆州和江州一并叛乱的消息，孝武帝又将南兖州刺史沈庆之征召入朝，率领所部驻守在武帐岗（建康北门广莫门外），允许他进入六门跟随五十名甲士护卫，与此同时，又将王玄谟征讨大军从寿阳前线调回。同时，孝武帝对三吴地区的局势也十分担忧。虽说荆湘拥有上游之利，但自东晋以来，京师一直依靠三吴地区抵御来自上游的压力，而荆湘集团要想控制中央，也必须瓦解三吴力量，过去的王敦、桓温甚至桓玄都是这样，所以，当听说刘义宣等人也一同起兵之后，孝武帝对三吴地区的稳定一直非常挂心，一旦三吴地区倒戈，建康立即成为一座孤城，陷落是早晚的事情。于是，在部署王玄谟等人全力屏护京师的同时，他还任命亲信颜师伯为宁远将军、东阳（浙江省金华市）太守，“领兵置佐，以备东道”；又任命丹阳尹刘延孙为冠军将军、吴兴太守，置佐吏，以控制三吴地区。虽说没有迅速扑灭鲁爽，由于叛军没有协同，荆州大军行动迟缓，经过起初的惊恐后，孝武帝逐渐控制了局面：主力部队调回建康以西，构筑防御阵地，以逸待劳；三吴地区派出得力心腹稳定局势。

这场叛乱其实是在五个战线上展开的：一是兖徐地区；二是寿阳地区；三是主战场建康周边地区；四是雍州地区；五是荆州地区。战事首先在兖州徐州地区打响，以兖州刺史徐遗宝偷袭彭城失败，放弃兖州而告终；紧接着，就发生了王玄谟率领朝廷部队进攻寿阳鲁爽的战役，但这场战役似乎并没有打响，朝廷部队即从原路折返，回到建康以对付即将到来的刘义宣和臧质的军队。王玄谟退却以后，鲁爽趁机离开寿阳，发兵南下，积极配合刘义宣、臧质之军，与此同时，刘义宣率领十万荆州大军也抵达了浔阳，他命令臧质率部为先锋，先行东下。殿中将军沈灵赐率领一百多艘小船西上，主动寻敌，他们在南陵（安徽省繁昌县西北）与臧质的先头部队遭遇，生擒叛军军主徐庆安、军副王僧，赢得了初战胜利。不久，臧质大军即来到了梁山，也驻扎在长江两岸，与官军相距，战事随即蔓延到了建康以西的主战场。

一场生死对决即将展开。

官军参战部队主要包括：王玄谟所部占据梁山洲，为前锋；张幼绪战败后，孝武帝另派骁骑将军垣护之渡江代替张幼绪，与薛安都、龙骧将军宗越所部一起固守历阳，阻挡鲁爽；柳元景率领垣护之及其弟弟垣询之、柳叔仁、郑琨等部出屯新亭（江苏省南京市江宁区西南），作为王玄谟部的后援，这三股力量如同铁三角，将叛军刘义宣、臧质所部与长江北岸的鲁爽所部分割开来。另有沈庆之所部驻扎在后方，作为总预备队，随时策应两面。

此时，刘义宣主力尚未完全抵达战场，而战事首先在江北历阳方向展开。鲁爽派遣部将郑德玄戍守大岘（安徽省含山县东北大岘山），郑德玄又派前锋杨胡兴等人强攻历阳，左军将军薛安都派遣龙骧将军宗越、历阳太守程天祚等军力战，将其击破，阵斩杨胡兴及其副将，郑德玄再派司马梁严驻守岘东，薛安都的幢主周文恭清晨率军侦察，就势发起袭击，将敌人全部俘虏。鲁爽之军无法突破历阳防线，只好屯军大岘，让弟弟鲁瑜率军驻扎在小岘（安徽省含山县北），等待刘义宣、臧质之军突破梁山防线。战后，朝廷命令薛安都留下三百人驻守历阳，其余大部渡江回到采石。四月，鲁爽命令弟弟鲁瑜率领三千部队从小岘出击，前突至蒙茏（今地不详），他自己则率领主力驻守大岘，历阳太守张幼绪请求进攻鲁瑜。如果鲁爽之军已经突破历阳，即将驻守在梁山洲和采石的王玄谟、柳元景所部抛在脑后，既可以乘虚攻逼建康，又能切断王玄谟、柳元景的后路，情况十分危急。不过，此时的鲁爽所部已经成为一支孤军，根据战况变化，孝武帝决心趁着刘义宣主力尚未突破梁山之时，先期将鲁爽之军消灭，他又命令薛安都率领八千步骑渡过长江，与历阳太守张幼绪等人主动进攻鲁爽，并派水军协同作战。薛安都等人进抵大岘时，鲁爽已经构筑好营垒，孝武帝认为敌人营垒坚固，难以攻拔，命令张幼绪根据实际情况，自行决定进退。薛安都的副将、建武将军谭金率领数十骑挑战，斩杀了鲁爽的一员偏将，而张幼绪却心中胆怯，擅自率军撤退，所部一哄而散，薛安都复还历阳，张幼绪也因战败被下狱，鲁爽趁势直抵历阳近郊。臧质之军一直在南面没有发起进攻，这给了孝武帝各个击破的良机，他再次派遣镇军将军沈庆之率领总预备队渡过长江，都督众将对鲁爽所部发起进攻。众寡不敌，且军粮不足，鲁爽率军稍稍后撤，他率领心腹精锐亲兵亲自断后。沈庆之命令猛将薛安都率领轻装骑兵前往追赶，四月二十日，薛安都在小岘追上了鲁爽所部。谭金率领所部直冲敌阵，但未能得手。鲁爽将要出战，但喝了大量的酒，以至于东倒西歪，无法作战。薛安都看到鲁爽后，跃马挺枪，狂呼着冲了上来，一枪即将鲁爽刺于马下，左右亲随范双抢步上前，手起刀落，将其人头砍下。鲁爽素称“万人敌”，却被薛安都一枪刺死，时人称当年关羽杀颜良、文丑，也不过如此。鲁爽部众见状，一哄而散，鲁瑜也被部下斩杀。官军乘胜进攻寿阳，徐遗宝逃奔东海（山东省郯城县），被当地人斩杀。

鲁爽战败被杀后，刘义宣所部主力才刚刚抵达鹊头（安徽省铜陵市西南鹊头山）。孝武帝命令沈庆之派人将鲁爽的人头送给他看，并送上一封书信，称：“在下受任一方，而在我的管辖范围，部将出现了叛乱。前不久，我从容率领部队，前去讨伐，军锋所至，贼鲁爽的人头已经拿下。大人与之情谊很深，可能想见上一面，趁着人头尚未腐坏，特此送上。”鲁爽的祖父鲁宗之、父亲鲁轨都是战将，鲁爽本人骁勇异常，号称“万人敌”，刘义宣和臧质得到鲁爽被杀的确信，不禁惊恐万分。

一一六　义宣之乱（三）

鲁爽、徐遗宝一死，朝廷方面就可以专心对付刘义宣、臧质之军了。柳元景驻军在采石，王玄谟担心叛军势大，派遣司马管法济请求增兵，孝武帝即命令王玄谟率军前突至姑熟（安徽省当涂县），柳元景命令部将郑琨、武念驻守在南浦（安徽省当涂县西南大信河口）。

在大战打响之前，双方相互之间还进行了激烈的宣传战和心理战。孝武帝将鲁爽的人头送给刘义宣，就是一次成功的心理战，而刘义宣也不示弱，他来到前线以后，即给梁山洲守将王玄谟写信劝降，王玄谟回信拒绝了。与此同时，孝武帝、刘义恭、柳元景或者下诏，或写信，或发出檄文，指斥刘义宣、臧质等人罪恶，瓦解叛军军心。其中，刘义恭给刘义宣写信说："前不久，听说鲁爽鲁秀谋反是有原因的，心里还认为不会，突然看到弟弟的奏表，惊骇不已，无与伦比。如果主弱臣强，大权旁落，或者被上威逼，然后藩镇兴起义兵；未曾听说过圣王临国，政治清明，而称兵犯阙，私下替弟弟担心。过去二凶叛逆，弟弟拥戴明主，立下大功，朝廷欣慰，授予弟弟丞相高位，你和你的儿子都晋封为王爷，这是世间少有的事。我们同受先帝恩养，思报厚恩，尽心竭力，也还担心不足，为何要听信谗言，轻率制造祸乱。过去，殷仲堪将部队借给桓玄，不久，就为桓玄所杀；王恭将兵权交给刘牢之，很快就被刘牢之反噬。这都是前代发生的事情，也是今天的殷鉴。臧质年少就没有美好的品行，这是弟弟你知道的，他凭借着是皇亲的关系，并立有小小的功劳，加之国家无人，遂被破格晋升到高位，依靠你荆州部队，以售其奸。一旦他的阴谋得逞，恐怕不再是你池中之物。鲁宗之父子一直是我们的死敌，先帝因为要实施北伐，所以才给鲁爽加封，如果他们兄弟占据五州之地，那就是又生出一个刘渊叛贼来了。徐遗宝是垣护之的妻弟，刘雍之是徐冲的舅舅，已经有密信要倒戈。弟弟应当远思高祖创业的艰辛，近想连年灾祸不断，要停止内讧，共安社稷……”刘义恭的信写于稍早时间，大约在此时才传到刘义宣的手中。刘义宣对王玄谟的策反没有成功，而刘义恭对臧质的离间却起到了立竿见影的效果，刘义宣对臧质的居心开始怀疑了。除此之外，朝廷方面还将叛军所属州郡都提前封给了参战将领，这当然是为了鼓舞将领们的斗志：如前所述，已经任命王玄谟为豫州刺史，萧思话为江州刺史，柳元景为雍州刺史，庞秀之为徐州刺史了，但随着时间的推移，朝廷方面认识到雍州刺史朱修之并非刘义宣一党，又于四月任命朱修之为荆州刺史，刘义綦为湘州刺史，由二人分割了刘义宣的权力。

五月八日，刘义宣抵达芜湖（安徽省芜湖市）。臧质献计说：“现在，我们以一万人攻取南州（姑熟，安徽省当涂县），那么，即切断了梁山洲与后方的联系；以一万人监视梁山洲的王玄谟，在我军行动中，王玄谟必不敢行动；下官再率领大部队沿着长江顺流直下，直指石头城，这是上策。”当时柳元景所部驻扎在南州，作为王玄谟的后援，打下柳元景，王玄谟就成了一支孤军，将毫无作为；臧质计策的第二个要点是：自己亲率主力置王玄谟孤军于不顾，避实击虚，直扑建康，也许能有出路。刘义宣将要听从，但他的心腹刘谌之秘密对刘义宣说：“臧质请求作为先锋，他的居心难测。不如集中精锐兵力全力拿下梁山洲，攻克以后，再长驱直入，这是万全之策。”刘义宣听了，就拒绝了臧质的建议。此时，臧质径直前突至梁山，距离王玄谟大营一里多安营扎寨，刘义宣则驻屯在芜湖。

五月十九日，天上刮起了西南大风，臧质派遣尹周之进攻王玄谟所部长江西岸的堡垒，当时，驻守西垒的是冗从仆射胡子反、柳叔政等人，正巧胡子反渡江前去王玄谟处议事，听说叛军发起了进攻，胡子反火速赶回。尹周之所部叛军对西垒发起了猛烈的进攻，偏将刘季之率领水军做殊死抵抗，并向王玄谟求救。王玄谟拒不派遣援军，大司马参军崔勋之与王玄谟发生了激烈的争吵，王玄谟这才派遣崔勋之和积弩将军垣询之（垣护之弟弟）率军救援，等到二人抵达西岸之时，西垒已经被叛军攻陷，胡子反等人逃归东岸，王玄谟斩杀了胡子反军副李文仲。当时，叛军在芜湖设有军营，薛安都命令部将吕兴寿率领数十骑长途奔袭，猝不及防的敌人一片大乱，死伤很多。

五月二十一日，刘义宣率部进抵梁山洲。

王玄谟派垣护之向柳元景告急说：“西岸营垒失守，如今，我东岸营垒仅有一万多人，而敌人则是我军数倍，强弱不敌，我打算推到姑熟，与你一起抵御敌人，商议对策。”柳元景对垣护之说：“军法如山，不可先退。敌人人数虽多，但相互猜忌，并不统一，如今，我将率领全军火速赶往你处增援。”垣护之说：“敌人都说南洲这里有三万多人，可事实上，将军的兵力才三千人，不足十分之一，如果将军倾巢而出，将军的虚实就完全暴露了，敌人的士气就大振了。王玄谟当然不能退到这里，但将军不如分兵前去救援。”柳元景回答：“好！”于是，将老弱残兵留在营垒，挑选出精兵全部派去增援王玄谟，垣护之的水军先行出发。

西垒得手后，臧质又派遣部将庞法起率领数千人马进攻南浦，打算切断王玄谟的归路。正巧，垣护之、郑琨等军到达，与原来驻守此地的武念所部拼死苦战，庞法起大败，所部数千人马死伤殆尽，庞法起单船而逃。其他各路援军虚张声势，到处插满了军旗，远远望去，好像梁山有数万人马，叛军都吃惊地说：“京师的部队全都到了！”

臧质请求亲自率军进攻王玄谟的东垒（东梁山）。刘义宣的咨议参军颜乐之对刘义宣说：“臧质如果再攻克东城，那么，大功全都是他的了。应当派遣您自己的部将前去。”于是，刘义宣派遣刘谌之与臧质一同进发，在东垒以南列下阵势，对东垒发起进攻。王玄谟留下老弱守城，都督各军出城，与叛军大战，薛安都率领骑兵率先出城，垣护之领着众将随后前进。双方激战很久，薛安都的骑兵猛攻叛军军阵右侧，谭金三次从叛军阵中杀进杀出，敌人阵势稍稍松动，谭金瞅准时机，纵兵猛击，诸将随后跟进，叛军军阵东南面仍然死斗，薛安都又率领骑兵横向杀去，敌人阵脚开始崩溃，官军骑兵杀入阵中，薛安都的队主刘元儒在战舰上斩杀了刘谌之。当天，叛军的骑兵部队也从芜湖出发，赶来参加会战，但他们发现薛安都的骑兵非常骁勇，吓得藏在山背后不敢出来。刘季之和宗越又攻破了叛军西北阵脚，各军一齐冲击，臧质大败。当时，风势甚猛，垣护之见到长江之上塞满了敌人的战舰，他对王玄谟说：“今天当以大火讨平敌人！”命令队主张谈等人纵火焚烧江中的敌舰，霎时间，满江烟焰冲天，一片火海，风猛水急，大火蔓延烧到被叛军占领的西岸营垒，众将又趁着风火之势，一鼓作气，纵兵进攻，西岸的刘义宣也大败。此战，垣护之弟弟垣询之中箭而死。

惊心动魄的梁山之战，让刘义宣心惊胆战，他乘坐一条小船，仓皇西逃，一路上，紧闭船舱，不停地哭泣，追随他的荆州将士仍有一百多条船。臧质到处寻找刘义宣商量后事，找了半天都找不到，臧质顿时六神无主，也匆忙西逃，部下一哄而散。

五月二十三日，朝廷下令解除了戒严。

臧质逃到浔阳，焚烧了浔阳腹地，带着姬妾向西逃跑，途中，他让心腹何文敬率领剩余的部队打前站，一行人行至西阳（湖北省黄冈市东），西阳太守鲁方平也是臧质一党，这时，已怀有二心，他欺骗何文敬说："朝廷的诏书上说只搜捕主犯，从犯一律赦免。你还不如赶紧逃吧。"于是，何文敬抛弃率领的部队而逃。臧质先以妹夫羊冲担任武昌（湖北省鄂州市）太守，臧质前去投奔，到城外才得知，羊冲此时已经为其丞胡庇之所杀，臧质无处可逃，只好逃到南湖（湖北省鄂州市南五丈湖）。他藏身在南湖内，采摘莲子充饥，不久，追兵来了，臧质就跳入湖中，以莲叶挡住头部，仅将鼻孔露出水面。六月三日，追兵军主郑俱儿在搜索中发现了他，一箭射中臧质的心脏，士兵们一拥而上，乱刀砍下，臧质的肠胃淌出体外，缠绕在水草上，队主裘应将其斩首，送往建康，时年五十五岁。刘义恭建议按照王莽故事，将臧质的人头油漆后藏入武库，以作为后代人的反面教材，孝武帝表示同意；臧质的子孙们全部被拉到街市上斩首示众，其党羽豫章太守任荟之、临川内史刘怀之、鄱阳太守杜仲儒一并被杀。杜仲儒是杜骥的侄儿。豫章望蔡子相孙冲之起义抗拒臧质，臧质派遣部将郭会肤、史山夫前去讨伐，反被孙冲之击破。孝武帝任命孙冲之为尚书都官曹郎中。孙冲之是东晋秘书监孙盛的曾孙，后他官至右军将军、巴东太守。沈灵赐以在南陵破臧质前军被封为南平县男，食邑三百户。追赠崔勋之为通直郎。大司马参军刘天赐在梁山战亡，被追赠给事中。

在梁山大战前后，雍州战场和荆州战场也在鏖战：鲁秀受刘义宣之命率军北上进攻朱修之，朱修之切断马鞍山（湖北省襄阳市南）通道，依托山险固守。《水经注》：稷溪水出襄阳西柳子山下，东为鸭湖，湖在马鞍山东北。鲁秀一直难以攻拔，屡屡为朱修之所败，只好退回荆州。部下劝说朱修之追击，朱修之说："鲁秀是一员骁将，困兽犹斗，不可穷追。"鲁秀回到江陵后，益州刺史刘秀之派遣的韦崧率领的一万多偷袭荆州的部队就到了。留守江陵的左司马竺超民命令部将席天生迎战，韦崧一战即临阵斩杀了席天生，益州军队乘胜兵临江陵城下。鲁秀率军出战，又将韦崧击破，将其斩杀，解除了江陵之危。

一一七 义宣之乱（四）

刘义宣的女儿嫁给了臧质的儿子，刘义宣在西逃途中，路过浔阳，入城将女儿接走。

行至江夏（湖北省武汉市），听说巴陵（湖南省岳阳市）有朝廷方面的军队，水上归路已被切断，只得返回入径口（今地不详），从陆路走向江陵。途中，部众几乎全部逃散，身边只剩下十几个随从，走得脚痛难忍，实在走不动了，只得向百姓租赁敞篷车子继续西行，沿途没有吃的，只好一路乞讨。终于到达江陵城下，派人入城向竺超民报告，竺超民安排仪仗出城迎接。当时，从外表看来，刘义宣一行与往常没有什么两样，江陵城内尚有甲士上万名，刘义宣入城后，仍然出听事堂接见来客，身边亲信翟灵宝劝说他抚慰众人，让他对大家鼓劲说："臧质不听将令，致使这次失利，如今，当整顿军队，训练士卒，再图后举。过去，汉高祖百战百败，却终成大业！"可是，临到演讲的时候，刘义宣忘记了翟灵宝的原话，说到"汉高百败"一句，竟然滑稽地说成了"项羽千败"！宾客们都禁不住掩口而笑。

鲁秀和竺超民等人还打算纠合余众，再次与朝廷决一死战，可是，回到江陵的刘义宣再也打不起精神了，终日失魂落魄，躲在后宅中当一天和尚撞一天钟。见此情形，身边的心腹们再也看不到一点希望，接二连三地离开江陵叛逃，终于，鲁秀也心灰意冷，离开江陵，打算北逃到北魏，听说鲁秀出城了，刘义宣自忖无法自存，也想随着鲁秀北去，于是，他在衣服里面穿着戎装，用布袋装满粮食，带上佩刀，领着儿子刘慆和五个最喜爱的姬妾，让爱妾们都身着男子衣服跟随。一行人走出府邸，只见江陵城内一片混乱，刀剑横飞，把个刘义宣吓得又从马上掉了下来，一路步行挪出城外，出城后，竺超民将马匹交给他，让其逃亡，竺超民则又回城驻守。刘义宣原希望能追上鲁秀，一起将自已送到北魏，可等他出城以后，却不知道鲁秀跑哪去了，还未离城郊，身边的将士就已经逃亡殆尽，只剩下刘慆、五个爱妾和两个宦官而已。九人无路可去，在郊外彷徨半天，夜里只好又折返回江陵，进入江陵城外的南郡衙门内。衙门里空无一人，又没有床铺，九人席地而卧，一直待到天明。第二天，刘义宣派宦官入城向竺超民报告，竺超民派人用刘义宣过去乘坐的车子将一行人送到监狱。刘义宣进入监狱后，坐在地上叹息着说："是臧质这个老奴才害了我啊！"刘义宣刚被投入牢房时，与五个爱妾关在一起，不一会儿，五个女人就被从刘义宣身边拖走了。刘义宣号啕大哭，对狱吏哭着说："这些日子还不算苦，今天和她们分别，这才是苦啊！"鲁秀在逃亡途中也遇到了刘义宣同样的情形，部众完全逃散，鲁秀无法继续北去，也只好折返江陵，城上守军朝他射箭，鲁秀中箭，投江自杀，守军宗敬叔、康僧念将其斩首。

刘义宣战败后，新任荆州刺史朱修之即率军南下江陵。在朱修之尚未到达江陵之前，宗越率军先期进入江陵，大肆杀戮，抢掠刘义宣的妻妾子女，被免官。大司马江夏王刘义恭给他写信，让其独断专行，可以将刘义宣诛杀，但考虑到刘义宣特殊地位，提醒他不要斩杀，只用让其自裁即可。这封书信还未送到朱修之手上，刚到江陵的朱修之已经在狱中将刘义宣诛杀，刘义宣时年四十岁，同时被杀的还有在江陵的刘义宣的十二个儿子，另有四个儿子在建康被赐死。同时被杀的有刘义宣的亲信蔡超及咨议参军颜乐之、徐寿之等人，并灭族。左司马竺超民在逮捕刘义宣后，封好仓库，端坐在厅堂之上，等待逮捕，《资治通鉴》称，他也被杀，只是在讨论是否灭族的时候，何尚之劝谏道："刘义宣单人遁逃，一位匹夫就可将其擒获。如果竺超民是一个不忠不义之人的话，他完全可以将其抓获，以邀取不义之功，但是，他并没有这样做，由此看来，此人还是有些仁义之心的。况且，为官保全了府库，严密防守着仓库中的财物，坐着等待被逮捕。如今，也将其兄弟们斩杀，这就与其他贼人没有了区别，从量刑上显得过重了。"孝武帝就赦免了他的兄弟们。但是，《宋书》中竺超民并没有在被杀者之列，且在《宋书》其他人的传记中，在以后还隐约地提及此人。此处暂时存疑。

大乱平定，孝武帝开始了论功行赏：进沈庆之号为镇北大将军，进督青、冀、幽三州，给鼓吹一部，又与柳元景一并加封开府仪同三司，沈庆之坚决推辞，改封始兴郡公，但不久，沈庆之就以自己已经年满七十岁了，坚决推辞再担任官职，孝武帝任命他为侍中、左光禄大夫、开府仪同三司，沈庆之这也不干，坚决推辞，以至于叩头流泪，孝武帝无奈，只好同意了他的请求，每月给钱十万，米一百斛，佐吏五十人；加柳元景开府仪同三司，改封晋安郡公，柳元景也坚决推辞开府，又为领军将军、太子詹事，加侍中；封王玄谟为前将军，曲江县侯；封垣护之，都督徐州兖州豫州之梁郡诸军事、宁朔将军、徐州刺史，封益阳县侯，食邑一千户；封朱修之为南昌县侯；进益州刺史刘秀之军号威征虏将军，改督为监，持节、刺史如故，封康乐县侯，食邑六百户；征刘延孙为尚书右仆射，领徐州大中正，派遣他前往江陵，具体负责对荆州、江州参与叛乱的人员进行甄别，就地赏罚；其他有功人员也都进行了封赏。

除此之外，孝武帝还着手进一步加强皇权、削弱一切可能对皇权产生威胁的因素。早在梁山之战结束以后，孝武帝即将分割扬州、荆州提上了议事日程。自东晋以来，扬州一直作为京畿之地，中央所需的粮食布帛几乎全部由扬州负担，而荆州和江州是两个重镇，实力雄厚，三州的人口数量占全国的一半，多少年来，门阀士族经常凭借拥有这三州的力量而相互倾轧，威胁到皇权，孝武帝决心将这三州进一步分割，成立新的州。六月十八日，孝武帝正式下诏，将扬州的浙江以东的会稽（治所，浙江省绍兴市）、东阳（治所，浙江省金华市）、永嘉（治所，浙江省温州市）、临海（治所，浙江省临海市）、新安（治所，浙江省淳安县）五个郡从扬州分割出来，新成立了东扬州，治所设置在会稽；在已经把湘州从荆州分割出来的基础上，又从荆州分出江夏郡（治所，湖北省安陆县）、竟陵郡（治所，湖北省钟祥市）、随郡（治所，湖北省随州市）、武陵郡（治所，湖南省常德市）、天门郡（治所，湖北省天门市），从湘州分出巴陵郡（治所，湖南省岳阳市），从豫州分出西阳郡（治所，湖北省黄冈市东），从江州分出武昌郡（治所，湖北省鄂州市），以这八个郡新组成了郢州，州政府设置在了江夏（湖北省武汉市）。另外，孝武帝还下令撤销了设置在荆州的南蛮校尉一职，将南蛮校尉所部全部调回京师。在讨论郢州州治所在地的时候，太傅刘义恭建议把郢州的治所放在巴陵（湖南省岳阳市），尚书令何尚之反对说："夏口（湖北省武汉市）地处荆州和江州的中间位置，正对着汉水汇入长江口，北连雍州和梁州，实在是最为紧要的关口，从来就是军事重镇，根基牢固，既有现成的坚城，港湾又大，能够容纳很多船只，安置在此十分方便。"孝武帝同意了。但是，孝武帝新设立了两个州，也产生了很大的弊端，那就是官员数量的增加，造成财力不足，不久以后，何尚之提出再恢复原来的建制，但两害相权取其轻，孝武帝没有答应。

在中央，孝武帝也忌惮宗室的权力过大，不想让臣下拥有太多的权力，刘义恭揣摩到了孝武帝的心思，他主动上书请求撤销录尚书事一职，六月二十三日，孝武帝下诏表示同意。刘义恭表示撤销录尚书事，其实是向孝武帝表态自己只去好好地担任南徐州刺史，不再过问中枢事务，是他鉴于刘义宣事件而作出的自我贬谪，也是一个避祸全身之计，到了十一月，刘义恭真的就离开了盘踞多年的中枢，回到了南徐州治所京口（江苏省镇江市），以实际行动让孝武帝刘骏放心。截至孝建元年（公元454年）年底，刘宋朝廷上的重臣分别是：太傅刘义恭（离京，可以不提）、卫将军刘诞、尚书令何尚之、尚书左仆射刘宏、尚书右仆射刘延孙、吏部尚书谢庄、领军将军柳元景、中护军湘东王刘彧、扬州刺史刘诞、丹阳尹颜竣。地方大员分别是：荆州朱修之、南徐州刘义恭、南兖州沈庆之（第二年二月即自请退休，刘延孙接任，八月刘延孙改任雍州刺史，檀和之接任）、江州东海王刘祎（三月是萧思话，九月郢州成立，萧思话调任郢州刺史）、湘州刘义綦、郢州萧思话、徐兖二州刺史垣护之（二月原徐州刺史王玄谟改任豫州刺史，庞秀之接任后去世，垣护之继任）、兖州刺史夏侯祖欢、青州刺史申恬、冀州刺史明胤、豫州刺史王玄谟、雍州刺史武昌王刘浑（加督雍州、梁州、南北秦四州）、梁州南秦州刺史梁坦、益州刺史刘秀之、宁州刺史尹怀慎、广州刺史宗悫、东扬州刺史刘昶。

一一八 孝建年间

平定刘义宣叛乱之后，孝武帝刘骏不仅稳定了帝位，而且，让他大喜过望的是，他还得到了一位绝世美人——刘义宣的一个女儿，他的堂妹。刘义宣的叛乱本就因刘骏遍淫他的女儿而起，战后，刘骏又得到了刘义宣另外一个美貌的女儿，为了掩人耳目，刘骏将她改姓为殷，被封为淑仪。据《南史》记载，这位殷淑仪最大的特点就是笑起来非常好看，史称“丽色巧笑”，“宠冠后宫”。孝武帝身边的侍从泄露殷淑仪身世的，均为孝武帝所杀，因此，她的真实身份已经成了一个谜。也有人称，殷淑仪其实是殷琰家的人，被纳入刘义宣家中，刘义宣败后，又被孝武帝纳入了宫中。

孝武帝的孝建年号一共使用了三年，这三年也是他持续加强皇权的三年。一是大兴儒学。孝建元年十月，孝武帝下诏修筑仲尼庙，制度等同诸侯之礼；第二年，他还根据前殿中曹郎荀万秋的建议，完善祭祀上天的一整套礼仪和音乐。二是强化对州郡地方官的控制。南朝时期，根据惯例，地方官员开会讨论事务，都要用纸写下自己的意见，交给典签（收发官）负责保管。刘宋时期，镇守方镇的皇子大多年幼，皇帝就以自己的亲信担任典签，辅佐皇子，于是，典签的权力逐渐增加。到孝武帝时期，即便是年长的皇子或者是平民出身的人出外担任州刺史，典签官也是总揽一州事务，负责听取下属的报告，发布政令，如果典签不同意，刺史不得单独执行政令。这当然是孝武帝不相信大臣的表现，他任用亲信担任典签，以分割地方官员的权力，起到分权制衡的效果。当然，对此一些大臣也非常不满，广州刺史宗悫调任豫州刺史后，典签吴喜总是不同意宗悫的意见，两人矛盾很深，一次，宗悫大怒，他说：“老夫年将六十，为国效命了一辈子，才混上个巴掌大小的州的刺史，我不能与一个小小的典签共同治理！”吴喜吓得叩头流血，宗悫这才作罢。三是进一步削弱宗室力量。孝建二年（公元455年）十月，江夏王刘义恭、竟陵王刘诞上书请求裁减王侯的车马、衣服、器物、乐舞等，一共涉及九项，孝武帝暗示有关部门扩充至二十四项内容，诸如：听取汇报的时候，不得面南背北而坐；佩剑的剑柄不得做成辘轳形状；王侯国内的内史、相以及地方长官对王侯不得称臣，只称下官；离职以后，与原来的王侯之间即解除上下级关系，不再继续追敬；等等。宋文帝十九个儿子，长子刘劭、次子刘浚被杀，四子刘铄在投降后被孝武帝毒死，五子刘绍已病死，十六子刘休倩在孝建元年病死，十七子刘夷父在元嘉二十九年病死，因此，到孝建二年，孝武帝的弟弟们，只剩下了十二个：六弟刘诞（二十三岁）、七弟刘宏（二十二岁）、八弟刘祎（二十一岁）、九弟刘昶（二十岁）、十弟刘浑（十七岁）、十一弟刘彧（十七岁）、十二弟刘休仁（十七岁）、十三弟刘休祐（十一岁）、十四弟刘休茂（十一岁）、十五弟刘休业（十一岁）、十八弟刘休范（八岁）、十九弟刘休若（八岁）。这一年的上半年，被孝武帝任命为雍州刺史的武昌王刘浑，与身边的亲随擅自制作檄文，自称楚王，改元永光，设置百官，以此为玩笑。长史王翼之（王羲之曾孙）将其亲笔书写的文件秘密上呈孝武帝，孝武帝大怒，八月，将其废为百姓，从宗室名录中清除出去，流放到始安郡（广西壮族自治区桂林市）。孝武帝还不放心，他还派遣员外散骑常侍戴明宝前去斥责刘浑，逼令其自杀，刘浑死时十七岁。刘浑死后，孝武帝任命王玄谟为雍州刺史。同年，孝武帝加封十三弟刘休祐为山阳王、十四弟刘休茂为海陵王、十五弟刘休业为鄱阳王，第二年又加封九岁的两个最小的弟弟刘休范和刘休若为顺阳王和巴陵王，并册立自己的次子刘子尚（六岁）为西阳王。

目前，最令孝武帝刘骏顾忌的是立下大功的竟陵王刘诞。在讨伐太子刘劭的时候，刘诞与孝武帝同时举兵，其所属东军取得了奔牛塘大捷，紧接着，在平定刘义宣叛乱中，刘诞坚决制止了孝武帝不战而降的想法，率领官军取得了胜利，孝武帝本性猜忌，对这个弟弟既怀疑，又忌惮。孝武帝风流成性，完全不顾及亲疏、尊卑，只要他想到，就没有不敢做的，《宋书·后妃列传》说："上于闺房之内，礼敬甚寡，有所御幸，或留止太后房内，故民间喧然，咸有丑声。宫掖事秘，莫能辨也。"暗示他与自己的生母路惠男有染，《魏书》更是明确说："骏淫乱无度，蒸其母路氏，秽污之声，布于瓯越。""（大明）四年，猎于乌江之傍口，又游湖县之满山，并与母同行，宣淫肆意。"可见，孝武帝的丑闻在当时的民间广为流传，名声很不堪，而刘诞呢，不仅立下了大功，而且性格宽和，还对人有礼，在普通百姓中很有声望。平定刘义宣后，刘诞由卫将军被加封为司空，他修造华丽的府邸，府中的亭台楼榭都是当时最好的，府中聚集了不少文武精英，所属部队也都配备了最精良的武器，孝武帝闻讯后，更不高兴，孝武帝继位之初，重用自己的弟弟们，对自己的两个叔叔刘义恭和刘义宣颇为猜忌，把一直把持朝政的刘义恭赶到了京口，刘义恭时刻提心吊胆，处事非常小心，“卑辞曲意，尽礼祗奉，且便辩善附会，俯仰承接，皆有容仪。每有符瑞，辄献上赋颂，陈咏美德”，把个孝武帝马屁拍得山响，令孝武帝非常舒服。但随着时间的推移，孝武帝开始发现，在刘宋朝堂上沉浮多年的刘义恭更善于见风使舵，对自己的威胁并不大，于是，孝建二年十月，遂任命太傅、南徐州刺史刘义恭兼任扬州刺史，而改任原扬州刺史、司空刘诞为南徐州刺史，将刘义恭征召回了京师，而将咄咄逼人的六弟刘诞从京师赶到了京口。孝武帝将刘义恭征召入朝后，给予他“入朝不趋，赞拜不名，剑履上殿”的特权，刘义恭坚决推辞，并请求解除持节、都督和侍中的头衔。不仅如此，在他担任扬州刺史八个月后，他又请求将这一职务让给年仅六岁的孝武帝的次子、南兖州刺史刘子尚，孝建三年，刘义恭被孝武帝晋封为太宰、领司徒，以刘子尚为扬州刺史。

在这一时期，孝武帝身边的红人是他的亲信颜竣。颜竣与他父亲颜延之的性格截然相反：颜延之长期以来被排斥在权力中枢之外，他性格偏激，喝醉酒了，总爱放肆直言，但“居身清约，不营财利，布衣蔬食，独酌郊野，当其为适，傍若无人”。颜竣富贵后，孝敬老父的礼物，颜延之一个都不接受，衣服照旧，老宅也照旧。一次，颜延之驾着笨牛车出行，途中遇到颜竣的仪仗队，颜延之就安详地退到路边。颜延之还酷爱骑马，四处游荡，遇到熟人就在马上问人家要酒喝，一喝必大醉而归。他经常对儿子颜竣说：“我平生最讨厌见到贵人，不幸今日见到了一个你。”颜竣修筑新宅，颜延之说：“你好好干，不要让后人到时候笑话你。”还有一次，颜延之去见儿子，到颜竣的家里，老人发现这里宾客盈门，可是，颜竣尚未起床，颜延之大怒说道：“你出身粪土之中，好不容易升到云霞之上，竟然傲慢到如此地步，这岂能长久！”孝建三年，颜延之去世，终年七十三岁，颜竣依礼服丧，但刚满月，孝武帝就提拔他为右将军，丹阳尹如故。颜竣坚决推辞，上了十几次书，但孝武帝就是不同意，还派中书舍人戴明宝来到颜竣家中，把他抱到车上，送到了市政府衙门，孝武帝还特意赏赐给他一件彩色棉衣，派御衣局的官员送去，给他穿上。

一一九 文成初年（一）

正如元嘉二十八、二十九年北魏发生接二连三的变故一样，元嘉三十年、孝建元年，刘宋也发生了一连串的大乱，好在是经历了孝建元年刘义宣叛乱之后，孝武帝刘骏逐渐控制了局势，同样，继位后的北魏文成帝也让北魏政局走向了正规。

南北两朝都进入了一个新的时代，也形成了有趣的对比：南朝的孝武帝刘骏则在公元453年继位，公元464年去世，在位十二年，共使用两个年号：孝建（公元454—456年）、大明（公元457—464年）；北魏文成帝拓跋濬在公元452年继位，公元465年去世，在位十四年，共使用年号：兴安（公元452—453年）、兴光（公元454年）、太安（公元455—459年）、和平（公元460—465年）。当南朝的刘骏紧锣密鼓地巩固皇权的时候，北魏文成帝也在培植自己的势力，我们知道，文成帝继位后，北魏朝廷最有权势的人物当是：侍中、司徒、抚军大将军、平原王陆丽，司空杜元宝，辅国大将军拓拔崇（原任、拓跋焘六弟，是仅存未被拓跋焘诛杀的弟弟，为拓跋濬叔祖），尚书令韩茂、尚书左仆射拓跋目辰，侍中、东安王、尚书右仆射刘尼。然而，这仅仅是暂时的，文成帝清洗异己势力的行动还在继续。

元嘉三十年（公元453年），刚继位四个多月的文成帝拓跋濬就将矛头指向了京兆王杜元宝。杜元宝的堂伯父杜超是太武帝拓跋焘的舅舅，在太武帝一朝地位尊崇，杜元宝的父亲杜遗也被封为内都大官，广平王。在太武帝后期复杂的政局中，杜元宝父子未受到任何冲击，由此可知，他们是与当政者是一致的，而拓跋濬是依靠下层禁卫军官的推举才得以登上帝位，杜元宝等人就成了他打击的对象。杜元宝回到京师平城后，按规矩应当面见文成帝致谢，但碰巧其父亲杜遗去世了，杜元宝在家安排丧事，就没有按时入宫。文成帝派人召见，家人劝说道：

“应该对皇上说家有丧事，以此推辞。”他自恃尊贵，还是奉诏入宫了，但不久，文成帝即以其谋反将其诛杀，同时被杀的还有辅国大将军拓拔崇及其儿子、济南王拓跋丽。这来自于《魏书》的记载，但该记载漏洞百出，难以让人相信：杜遗去世，即便是文成帝当时不知，但当他派人去杜元宝家后，即应知道了，岂能仅仅因此就杀了杜元宝呢？建宁王拓拔崇，是太武帝硕果仅存的弟弟，此时也被杀了。杜元宝和拓拔崇父子谋反案，极有可能是一桩拓跋浚诛杀异己势力的冤案。四个月后，当南方的孝武帝刘骏刚刚登上皇位，北魏的太皇太后赫连氏又死了。赫连氏家族在拓跋焘时代就已经被清除干净，赫连氏却一直是拓跋焘的皇后，她在册立拓跋余的过程中起到了重要的作用，这当然不为新君拓跋浚所容忍，这大约是她死亡的真实原因。一个月以后，到了这一年七月二十五日，濮阳王闾若文，征西大将军、永昌王拓跋仁谋反，被杀。永昌王拓跋仁是拓跋焘四弟拓跋健的儿子，镇守长安，闾若文生平不详，当在朝中。拓跋浚称两人谋反，此事仍然非常可疑，由于史书没有提供任何细节，已无法考证。不过，可以肯定的是，诛杀闾若文和拓跋仁是文成帝清除异己势力的一个组成部分。

公元454年七月，时年十五岁的拓跋浚生下了一个儿子，他因此改元为兴光，大赦，第二年六月，他下诏给自己的儿子取名为拓跋弘，再次改元为太安，赦免京师囚犯，这两年分别是孝武帝的孝建元年和二年。在这两年里，北魏宗室又有数位王爷去世，死因不详：在拓跋弘生下的第二月，赵王拓跋深去世；同月，拓跋浚的两位皇叔拓跋虎头、拓跋龙头去世。拓跋深是拓跋晃的儿子，是拓跋浚的弟弟；拓跋虎头和拓跋龙头都是拓跋焘的儿子，是拓跋浚的皇叔。第二年一月，车骑大将军、乐平王拓跋拔有罪被赐死，二月，武昌王拓跋提又死去。拓跋拔的父亲是拓跋焘弟弟拓跋丕的儿子，拓跋拔是拓跋浚的堂叔，其父拓跋丕在太武帝时期因参与刘洁之乱而被处死；拓跋提，是拓跋焘叔父、河南王拓跋曜的儿子，论辈分是拓跋浚的堂叔祖，过去，十六岁的拓跋提曾去漠北给堂兄拓跋焘亲迎柔然公主，后为使持节、车骑大将军、统万镇将，深受拓跋焘的信任，拓跋提死时四十七岁，可能是正常死亡。对威胁到自己皇位的宗室，拓跋浚毫不留情，对自己有用的宗室，他却大加任用，这主要是指与他血缘关系最近的也就是自己的弟弟们。拓跋浚的父亲景穆太子拓跋晃，虽然死的时候年仅二十四岁，但留下了十四个儿子，分别是：拓跋浚、拓跋新成、拓跋子推、拓跋小新成、拓跋天赐、拓跋万寿、拓跋洛侯、拓跋云、拓跋桢、拓跋长寿、拓跋太洛、拓跋胡儿、拓跋休及拓跋深。由于其他弟弟年纪尚小，拓跋浚于太安三年先将拓跋新成封为阳平王，后任命其为内都大官；又于太安五年封三弟拓跋子推为京兆王，位侍中、征南大将军、长安镇大将，其他弟弟在随后的日子里，也都一一被加官晋爵。

除此之外，在文成帝一朝，最为引人注目的是他的保姆——常氏家族的崛起。拓跋浚继位的次月，即尊常氏为保太后，在拓跋浚最初的几年里所采取的一系列行动，都有常氏的影子，后又尊为皇太后。常氏是辽西人，据《晋书·慕容宝载记》称，在后燕慕容盛时代，曾有中书令常忠之名，不排除常氏与常忠为一族的可能。兴安二年（公元453年），拓跋浚刚继位数月之久，即将常氏的哥哥常英从肥如县令破格提拔为散骑常侍、镇军大将军，赐爵辽西公；提拔常氏弟弟常喜为镇东大将军、祠曹尚书、带方公；常氏的三个妹妹全部封为县君；任命常氏的妹夫王睹为平州刺史、辽西公。追赠常氏的祖父常亥为镇西将军、辽西简公；父亲常澄为侍中、征东大将军、太宰、辽西献王；常英母亲许氏为博陵郡君。并派遣兼任太常卢度世持节，将常澄的坟墓改葬到辽西，树碑立庙，安排一百户人家守墓。两年后，拓跋浚又晋封常英为侍中、征东大将军、太宰，进爵位为辽西王；任命常喜为左光禄大夫，改封为燕郡公；封常氏的堂兄常泰为安东将军、朝鲜侯；封常氏的侄儿常伯夫为散骑常侍、选部尚书；常员为金部尚书；常振为太子庶子。又过两年，到太安三年（457年），又将常英晋封为太师、平尚书事、内都大官，常英成为北魏第一重臣，而常泰等人也均被任命为州刺史。后又封常氏的母亲宋氏为辽西王太妃，北魏只有宗室诸王之母方能封为王太妃，常氏之母为其父的侧室，却被封为王太妃，这是整个北魏时期独一无二的特例。常太后作为拓跋浚的乳母，与拓跋浚关系甚深，史称她"慈和履顺，有劬劳保护之功"，因此，拓跋浚继位后依靠常氏家族巩固统治，也在情理之中，同时，常太后为人慈爱，并没有过度干预外廷事务。她还识大体，懂规矩，过去，她的同父异母哥哥常英对她的生母宋氏并不好，而她的妹夫王睹对宋氏却非常关照，全家曾一起去和龙逃荒，家贫没有牛车，宋氏累得走不动了，王睹背着宋氏前行。后来，宋氏曾对常太后说："为何不提拔王睹，废黜常英？"而常太后却回答："常英是长兄，是一家之主，家中过去遇到一些小小的不和睦，何必念念不忘呢？王睹虽然对您老人家尽心尽力，但毕竟是外姓之人，为何要将他加在常英之上？给他一个刺史、郡公，也足以报答他了。"

到太安二年（456年，即孝武帝的孝建三年），北魏朝廷重臣分别为：太宰常英，司徒领太子太傅陆丽，司空领太子太保伊馛，车骑大将军乙浑，中军大将军拓跋道符，征西大将军司马楚之和陆俟，镇东大将军常喜，尚书令于洛拔，尚书左仆射拓跋目辰，尚书右仆射和其奴，侍中闾毗、闾纥。伊馛，在拓跋焘时代一直掌管着禁卫军，他为人忠诚谨慎；拓跋道符是为宗爱所杀的拓跋焘第三子东平王拓跋翰之子，是拓跋浚堂兄弟；陆俟如前所述是拥立拓跋浚上台的功臣陆丽的父亲；于洛拔，是魏初名将于栗磾的儿子；拓跋目辰为宗室疏属，个性严正，以长期劳苦而累迁为尚书左仆射；和其奴，代人，恭敬勤勉，拓跋焘时代为羽林中郎；闾毗和闾纥都是拓跋浚生母郁久闾氏的兄弟，柔然人，拓跋浚为了尊崇舅舅，封闾毗为平北将军，赐爵河东公；闾纥为宁北将军，赐爵零陵公，很快又都加侍中，晋爵为王，后又加闾毗为征东将军、平尚书事；闾纥为征西将军、中都大官。乙浑，生平不详，但据《魏书·乙瑰传》，乙瑰是代人，是拓跋焘的女婿，其子乙乾归又是拓跋浚的妹夫，同时，文成帝的后妃中有一位乙氏，而乙浑当与之同族，也属于外戚。有学者称大约出自吐谷浑乙弗部，也有称出于高句丽乙弗氏。

一二〇 文成初年（二）

兴光元年（公元454年，也就是孝武帝孝建元年）七月，继位一年多的拓跋浚喜得贵子，这对十五岁的他来说应该是一件大事。

说到此事，还与一年前被他诛杀的永昌王拓跋仁有关。四年前，当拓跋焘南下汝南的时候，永昌王拓跋仁驻军汝阳，也就是在这次征战中，他遇到了貌美如花的梁国李氏，将其纳为夫人。四年后，拓跋仁在残酷的政治斗争中被新皇拓跋浚赐死，李氏也与拓跋仁的其他家人被送往平城宫。十四岁的拓跋浚登上白楼望见了李氏，顿时被李氏的美貌倾倒，他问身边的随从说："这个女人不错吧？"大家均点头称是。拓跋浚就从白楼上下来，在储藏财物的仓库中与李氏云雨了一番，李氏就此怀孕。常太后对此有些怀疑，他询问李氏，李氏如实回答，此事发生以后，仓库管理员也曾私下在仓库的墙壁上做了记载，两相对照，证实情况属实，等到李氏生下孩子后，被立为贵人。

刚刚继位一年多的拓跋浚喜得贵子，当然让他喜出望外。皇子出生以后，他即下诏大赦天下，并改元，一直到第二年皇子快周岁的时候，在经过与群臣慎重的讨论以后，才将皇子的名字取为拓跋弘，这都能证明他对这位皇子是十分看重的，然而，李氏生下皇长子，无形中给北魏宫廷带来了不大不小的震动，并非所有人都是欢天喜地的，这就牵扯到一个在不久的将来产生重大影响的人物——冯氏。

在介绍冯氏之前，我们不妨先说一说此时主导北魏后宫的人物究竟是谁。文成帝时代的后族颇为复杂，具体如下：已死的赫连太皇太后（拓跋浚名义上的祖母）、文成帝拓跋浚的生母郁久闾氏（文成帝继位后即死去）、拓跋浚的乳母常氏以及献文帝拓跋弘的生母李氏，还有后来被晋封为皇后的冯氏。赫连太皇太后后族无人，并已死去，郁久闾氏在文成帝继位后即被赐死，因此，只有常氏才是此时北魏后宫一言九鼎的人物。

据《魏书·后妃传》记载，冯氏是长乐信都（河北省冀州市）人，她的伯祖父冯跋、祖父冯弘是北燕的皇帝，其父为冯朗，公元432年，冯朗与弟弟冯邈说服哥哥冯崇投降北魏，冯朗后官至北魏秦雍二州刺史，入魏以后，冯邈又逃亡到了柔然，冯氏家族因此受到牵连，冯朗被杀，冯朗之女冯氏被纳入皇宫。在北燕行将灭亡的434年北燕冯弘答应将自己最小的女儿送给拓跋焘，此女纳入北魏宫中以后，被封为左昭仪，因此，冯氏入宫以后，一直受到姑姑的照料。那么，如今如日中天的暴发户常太后又与冯家有什么渊源呢？常氏是辽西人，曾是北燕冯氏的臣子，其间当有着千丝万缕的联系，冯氏在文成帝继位之初，就被选为贵人，起点非常之高，当年冯氏年仅十岁（冯氏本传记载为十四岁错误），那么，是谁主导了此事呢？不言自明，肯定是常太后，而常太后在外廷广树自己势力的同时，将年仅十岁的冯氏配给文成帝为贵人，其用心昭然：那就是想让冯氏生下一男半女，长久地维持辽西集团的利益。然而，事与愿违，这位年仅十岁的冯氏容貌大约是无法与成熟女人相媲美的，肚子也不争气，一直没有什么动静，倒是文成帝与李氏的一场偶遇结下了果子！

当李氏生下皇子的消息传来，常太后的反应显得有些奇怪，她“别加验问”，即：在通过有关部门或者文成帝的正式验问以后，常太后另行组织了一次询问。而文成帝的反应更是非常奇怪，兴安二年（公元453年）七月处死拓跋仁以后，到十一月拓跋浚都在平城，也就是在此期间，他与李氏暗结了珠胎，但到第二年六月他带着李氏离开了平城，前往阴山“却霜”了。却霜，是鲜卑的一种习俗，据《宋书·索虏传》记载：“其俗以四月祠天，六月末率大众至阴山，谓之却霜。阴山去平城六百里，深远饶树木，霜雪未尝释，盖欲以暖气却寒也。”下一月，李氏就在阴山产下了拓跋弘。因此，有学者认为，文成帝此举是为了避开宫中常太后的威胁，此说并非没有道理。

李氏产下皇子以后，拓跋浚即封其为贵人，但是，李氏的这场丑小鸭变白天鹅的奇迹并没有继续上演。仅仅过去一年半，到太安二年（公元456年）一月，常太后下令要按照“子贵母死”的旧例，处死拓跋弘的生母李氏，史书在此特意指出，此意是出自常太后，令人回味无穷。拓跋仁得到李氏姐妹二人之后，狄道护军李文通攀附李氏，暗中帮助姐妹俩，举目无亲的李氏姐妹与之结为干兄妹，李文通因此了解到李氏在南朝兄弟们的名字，就改名为李洪之，李氏被赐死之前，常太后询问李氏尚有什么兄弟，李氏就说李洪之是自己的哥哥。李氏与李洪之道别了一整天，将自己在南朝的兄弟李峻（李珍之）、李诞、李嶷、李雅、李白、李永等人名字详细写了下来，交给李洪之，临死前，呼天天不应、呼地地不灵的她每呼一声兄弟，都捶胸顿足，号啕大哭……李氏被凄惨地赐死的同月二十九日，北魏朝廷就下诏册立冯氏为皇后，第二月初一，册立一岁半的（虚岁三岁）拓跋弘为皇太子。李氏兄弟们相继从南方来到北魏，李氏哥哥后被封王，其他兄弟也都被封为公，因此，有学者逆推认为，李氏被赐死，完全是常太后按照旧例行事，并非有意打压李氏。按：常氏死于文成帝和平元年，即公元460年，而李峻是在和平五年被封王的，本与常氏无关，即便李峻兄弟是在常氏活着时即被重用，也只是臣子，根本无法与一个太子之母相提并论，也无法反证当初常太后赐死李氏不是出于私心。

时年十四岁的冯氏被册立为皇后了，从她十岁被送给拓跋浚当贵人之时，她以及她周边的很多人都在盼望着这一天的到来，如今，她终于如愿以偿了，从此，这位死后被孝武帝追谥为文明太皇太后的女人登上了北魏的政治舞台，并影响了北魏政局达数十年之久。

我们无法知道时年十七岁的文成帝拓跋浚，在冯氏被立为皇后、李氏被赐死这件事上拥有多大的发言权，即便拓跋浚对李氏有些许的同情之心，但他也不能无视祖制，更重要的是他必须依靠庞大的常氏集团，在皇权的诱惑面前，一位可怜女子的死活又能算得了什么呢？况且，他还有更重要的事情去做。

他的爷爷太武帝拓跋焘雄才大略，一生南征北战，统一了北中国，他在位期间，北魏帝国几乎每年都在进行大大小小的战争，国土虽然急剧膨胀，但穷兵黩武的政策所带来的负面影响也是显而易见，尤其是在拓跋焘末年与刘宋之间的大战，损兵折将，国力大损，继之而来的是政局持续不断的动荡和杀戮，正如《魏书·高宗本纪》史臣说的那样："世祖（太武帝拓跋焘）经略四方，内颇虚耗，继而国衅时艰，朝野楚楚。"因此，拓跋浚在清除了异己势力之后，亟须解决的问题就是：与民休息，稳定国内。

文成帝刚刚即位一个多月，就颁布法令，宣布废止其祖父拓跋焘的灭佛政策，这是缓和国内矛盾的一项重要举措，到兴光元年（公元454年）秋天，他又下诏命令有关部门在五级大寺内，为太祖拓跋珪、明元帝拓跋嗣、太武帝拓跋焘、恭帝拓跋晃和自己铸造五尊大佛，各长一丈六尺，用赤金二十五万斤。在复兴佛教的同时，文成帝并没有歧视道教，同年二月，他按照惯例，亲自前往平城外的道教道坛，接受道教符箓，接受了自己是中华本土道教天子的封号。除此之外，他还关心民生，多次宣布减免赋税，实行轻徭薄赋的政策，他刚即位就于兴安二年（公元453年）一月宣布废除常规赋税之外的十五种杂税，当时，尚书毛法仁说："这是军国之用，现在一并废除，恐怕不行吧？"有关部门也都表示了不同意见，拓跋浚却说："让土地产生无尽的利益，民力再也不枯竭，百姓富足，我还能担心不足吗？"常山王拓跋素也说："臣听说：'百姓不足，君主还能富足到哪里去？'"太安元年六月，在给皇子取名为拓跋弘之后，他下诏称："治理国家，要根据实际设置官职，任用贤才担任，这样才能上下和睦，百姓不再怨恨诽谤。如果官员不称职，奸邪之人盘踞高位，那么，政治教化就会衰败，现在，我派遣尚书穆伏真等三十人巡视州郡，视察风俗。进入州境，发现百姓撂荒，就说明官府的徭役不合时宜，百姓无力进行农耕；发现老人只能吃到蔬菜，年轻人没有衣服穿，就说明官员聚敛无度，百姓没有钱；发现城市空无人烟，百姓大多逃亡，说明官员教导无方，对下无恩；发现盗贼纵横，刑事案件频发，说明官威不振，刑罚不严；发现百姓口吐怨言，善人消失，恶人当道，就说明官员是非颠倒，为政昏庸。如此等等，即应当将其废黜、诛杀。善于为政的官员，要予以褒奖。假如出现被人诬告陷害的，可以让其亲自到使者那里辩白，如果真的清白贤能，诬告的人借诬告他人以显示自己的正直的，要以其诬告之罪处罚；使者假如接受他人财物，处理不公平，允许当事人前往朝廷上诉。使者回来以后，要将不孝顺父母、不顺从长辈，当官奸猾残暴，以及各地的盗贼等情况，一一上报；假如隐瞒的，要以所隐瞒的罪行对使者予以惩处。"四年（公元458年）五月，拓跋浚下诏称："朕即位以来，屡屡颁布宽大的诏书，废除严苛的政令，目的就是让百姓安居乐业，各得其所。可是，我发现地方官们未能理解朕的意思，贪得无厌，私自侵吞国家正常的赋税收入，造成国家财政收入流失，反过来，又巧立名目，将罪过强加到百姓身上。根据国家制度，我国的赋税本来就很轻，近年来，正常赋税以外的杂税又予以免除，可是，不少地方还是拖欠税赋，这难道不是地方官治理不当、贪污过度造成的吗？从今往后，出现正常赋税不足额缴纳，百姓流离失所的，地方官要被处死！"他爱惜民力，在他在位的十三年间，史书仅仅记载有四次小规模的使用民力，如开凿天渊池、修筑马射台、修建太华殿等，他还多次下诏赈济灾民，并多次实施大赦和曲赦，这些都是缓和社会矛盾的措施。

一二一 两面刘骏（一）

公元457年的正月初一，刘宋孝武帝刘骏改元为大明，至此，他已在位三年零七个月，而对应的北魏文成帝拓跋濬则已在位四年零两个月，是北魏的太安三年，该年孝武帝刘骏二十八岁，而北魏文成帝拓跋濬十八岁。

令人感到惊奇的是，在过去的这三四年里，南北两朝分别经历了一场十分相似的剧烈的政治动荡。孝武帝与文成帝他们二人不仅继位时间相差不远，而且，他们两个又都是通过诛杀嗣君的方式继位的。他们二人继位后所面临的严峻形势也没有两样：一是百姓因战争、税赋而处于饥寒交迫的境地；二是政局动荡不安。对此，二人也都在不同程度上采取了与民休息的政策，并进行了一系列的清除异己势力的行动，两国政局在经历了一段时间的动荡后，至此，逐渐稳定了下来。不过，对于刘宋孝武帝来说，他关注更多的则是如何牢牢控制皇权，分割臣下的权力，而对于北魏文成帝而言，似乎处理更多的则是民生问题，而正是两位嗣君的个性以及着眼点的不同，导致了两国在不远的将来走上了迥异的道路：北魏逐渐走向它的鼎盛时期，而刘宋则开始走向衰落……

《宋书·良吏传》称，（刘宋元嘉时代）“凡百户之乡，有市之邑，歌谣舞蹈，触处成群，盖宋世之极盛也”。此言应该不虚，因为记载在此传中的良吏大部分都是出自宋文帝元嘉时代。该传认为，到元嘉二十七年，宋魏大战以后，由于军国之用，增加了百姓的负担，致使“天下骚动”，一直到孝武帝孝建年间，接二连三地发动内战，“以区区之江东，地方不至数千里，户不盈百万，荐之以师旅，因之以凶荒，宋氏之盛，自此衰矣。”该传的这一说法，将孝武帝继位之初即确定为宋朝衰败的开始，并将其归咎于宋文帝末年北伐失败、孝武帝讨伐刘劭及刘义宣的战争影响，其实是不全面的。相对比，北魏的文成帝拓跋濬，虽然统治者之间的内讧并未演变成内战，但在他继位之初所面临的情况并不比孝武帝好多少，而假如孝武帝也与文成帝那样坚持与民休息，刘宋王朝不一定就不会恢复元气，重新踏上中兴的路子，然而，遗憾的是，几乎所有昏君具备的特点在孝武帝的身上都能够看到：荒淫、奢侈、无耻、猜忌、贪财、嫉妒、好谀、酗酒、严酷、暴虐、刻薄、无礼等等，不过，孝武帝同时又是精明的，在大明年间，又采取了诸多巩固皇权的措施，整个大明年间共计持续了七年半，在这不足八年的时间里，大致又可以细分为三个阶段：一是从大明元年到大明三年竟陵王刘诞叛乱；二是从大明三年刘诞叛乱被平定以后到大明六年殷淑仪病死；三是从大明六年到大明八年孝武帝驾崩。随着地位的逐渐巩固，孝武帝在这三个不同的阶段，其个性也发生了一些细微的变化，不过，一以贯之的是他的荒淫无度、拒谏饰非。

随着改元以后，服完三年丧的他有了一种如释重负的感觉，开始变本加厉地荒淫无度，随心所欲地大兴土木，正如《宋书》说的那样：“及世祖承统，制度奢广，犬马余菽粟，土木衣绨绣，追陋前规，更造正光、玉烛、紫极诸殿。雕栾绮节，珠窗网户，嬖女幸臣，赐倾府藏，竭四海不供其欲，殚民命未快其心。”孝武帝刘骏的荒淫无耻是出了名的。在服丧期间，遍淫叔父刘义宣的女儿们，在内乱方面，不论亲疏、不论尊卑、不论年龄，与禽兽无异，他还是中国历史上唯一被正史记载与自己的生母乱伦的皇帝，恶名在当时都广为流传，并传到了敌国——当然，孝武帝刘骏对人刻薄无恩，后来，他的弟弟宋明帝刘彧是诛杀了他的儿子前废帝刘子业才登基的，刘彧登基以后，将刘骏的所有儿子们都斩杀殆尽，因此，也不排除刘彧基于树立自己以明废昏的形象而有意给孝武帝及其子嗣泼脏水的可能性（其实，刘彧的荒淫无耻比他三哥刘骏，有过之而无不及）。刘骏的奢侈自不待言，他继位以后，一改他的父祖勤俭之风，大兴土木，奢侈浪费，孝建元年正月，修建正光殿，等等。他还自视甚高，嫉贤妒能，看不得别人超过自己。东晋以来，琅邪王氏的书法独步天下，出现了很多著名的书法家，王昙首的儿子王僧虔秉承家学，书法也非常了得，但是，他觉察到孝武帝对自己的书法非常自负，因此，不敢显摆，所写的字故意十分拙劣，也因之未引起孝武帝的猜忌。据《南齐书·张融传》的记载，张融是张畅的儿子，孝武帝信佛，曾下令修筑新安寺，号召大家都自愿捐款，而张融只捐了一百钱，孝武帝说：“这位张融是个赤贫，我将给他一个肥差。”于是，任命他为封溪县令。封溪，在今天的越南北部，张融上任途中，遇到了很多风险，险些丧命。《南齐书·虞玩之传》记载，路太后的亲戚朱仁弥犯罪，虞玩之依法惩治，路太后得知后，向孝武帝哀诉，孝武帝不分青红皂白就将虞玩之免官。

右将军、丹阳尹颜竣与其父颜延之恬退的生活态度不同，他以天下为己任，想干出一番事业。孝建元年，颜竣被任命为吏部尚书，他十分关注选拔人才，自强不息，后来，谢庄接替他当了吏部尚书。谢庄出身名门，容貌俊美，求官的人纷至沓来，谢庄总是谈笑应对，而颜竣却表情严肃、刚毅，因此，当时的人们就说："颜竣经常怪罪别人，却给人官职；而谢庄却微笑着不给人官。"颜竣自认为立下了大功，且是王府旧臣，多次恳切劝谏，无所回避，弄得孝武帝非常不高兴。开始的时候，孝武帝对他还是非常信任的，刘义恭的儿子们在刘劭之乱中全部为刘劭所杀，孝武帝登基后，刘义恭又生下了一个儿子，而颜竣一直也没有儿子，至此也得了一子，孝武帝亲自给刘义恭的儿子取名为刘伯禽，比之为春秋鲁国的第一任国君姬伯禽（周公姬旦的长子），给颜竣的儿子取名为严辟强，比之于西汉重臣张辟强（张良之子）。颜竣原认为才能足以治理天下，况且，与孝武帝之间关系最为亲密，理当位居中枢，执掌朝权，可是，实际情况是自己的建议大多被孝武帝否决，颜竣开始怀疑孝武帝是想疏远自己，他假装上书请求外派，以试探孝武帝的内心。接到颜竣的奏表以后，孝武帝二话没说，即任命其为东扬州刺史、右将军如故。任命下来，颜竣不禁脊背发凉，既担忧又恐惧，无计可施。

说实话，孝武帝在讨伐刘劭时身染重病，假如没有颜竣，他能否顺利打败刘劭、登上帝位还是个未知数，但是，此一时彼一时，沈庆之的功劳并不比颜竣小，但沈庆之早就看出了孝武帝的为人，他功成身退，谢绝了一切官职，让孝武帝深感放心：沈庆之家住清明门外，一连四座宅邸，都修造得非常华丽，在娄湖又有一座别墅，将一家老小都迁到那里居住，把清明门外的住宅交还给公家。辞职后的沈庆之远离官场，没有朝会，就不去觐见，他广开田园，经常指着土地对儿孙们说："钱都出自这里。"在家他优游卒岁，身边妻妾数十人，家产丰厚，奴仆上千，为了避免招致孝武帝的猜忌，沈庆之还两次给贪财的孝武帝贡献出一千万钱、一万斛粮食，这样一个既有能力，又懂得全身避祸，还能讨好主子的大臣，别说是孝武帝，哪个皇帝不喜欢呢？而颜竣则不然，虽说你立过大功，但此时的孝武帝最担心的就是权臣当道，岂能让你居功自资？况且，孝武帝本人又是一个拒谏饰非、自作聪明之人，岂容你在人家面前指手画脚？颜竣到会稽上任以后不久，母亲就去世了，他请求辞职在家服丧，但孝武帝不许，只让其送丧回京。回京后，孝武帝表面上对他仍然恩遇不改，但颜竣心中更加不安，在亲朋故友面前，时时流露出不满之词，又议论朝廷的种种错误和孝武帝个人的得失。与逐渐疏远颜竣相反，孝武帝对善于巴结奉迎的颜竣的同族哥哥颜师伯逐渐亲近起来。刘义宣之乱中，孝武帝任命他为东阳太守，与刘延孙一起防备浙江地区，事平之后，他与刘延孙一起被征召到朝廷，他被任命为右卫将军、刘延孙被任命为尚书右仆射。

一二二 两面刘骏（二）

大明初年，孝武帝关注最多的问题仍然是：如何牢牢地控制皇权。

这又分为下述几个小问题：一是如何从制度上分割臣下的大权；二是如何削弱高门士族对政权的影响力；三是如何防止宗室势力对皇权的觊觎。如前所述，孝武帝亲政以后，大权独揽，他不依靠大臣，而信任心腹寒门士人，这些人主要有戴法兴、巢尚之、戴明宝、徐爰等人。戴法兴和巢尚之二人涉猎文史，有较高的文化素养，因此，孝武帝很多政治举措，都听取二人的意见和建议，戴明宝则处理宫中内外的杂务。三人虽然名位不高，实际上行使的却是宰相之权，戴法兴和戴明宝大量收受贿赂，凡是他们推荐的人士，大多被孝武帝接纳，因此，二人家产很快就达千金。其实，孝武帝为政精察，亲自过问“庶务”，戴法兴等人也仅仅是孝武帝手中的一个工具而已，孝武帝在用人等大事上与他们“参怀”，可能也会听取他们的意见，但决定权牢牢控制在孝武帝的手中。后来，发生的一件事就能说明这一点。颜师伯的儿子举荐一位寒人张奇担任公车令（负责接收吏民上书，正八品），一个小小的八品官员的任命，孝武帝都过问，他认为张奇不适合这一职务，让他兼了一个市买丞，主要负责宫廷采购，而把公车令的职务交给蔡道惠。具体的办事人员潘道栖、褚道惠、颜祎之、元从夫、任澹之、石道儿、黄难、周公选等人故意将蔡道惠的任命压下，而让张奇先去上任，也没有传达让他负责宫廷采购的旨意。孝武帝很快就发现了这件事，下令把两位吏部尚书谢庄、王昙生免去官职，将具体办事人员潘道栖、褚道惠诛杀，颜祎之等六人各鞭打一百。虽然此时发生在大明中期，但从这一件小事上即可看出，孝武帝明察秋毫，把权力抓得非常紧。

用人权一直是皇权的一个重要组成部分，吏部尚书一职非常重要，孝武帝担心吏部尚书在用人问题上欺瞒自己，一直考虑如何削弱吏部尚书的权力，大明二年六月，他下诏专门阐述了吏部尚书的重要性，以一个人充当选举天下贤才的重任，很难做到公平公正，命令同时设置两个吏部尚书，以相互制衡。诏书下发以后，引起了巨大反响，为了争取朝廷主流意见的支持，他另外又给太宰刘义恭写信说明了设置两名吏部尚书的原因：我也知道因循守旧很容易，改革旧制往往会让人生疑，但是，在选拔官吏时，吏部尚书过去一直是与录尚书事一同商量确定的，这都是因为以一个人的能力，往往难以做到周全，且会有争夺威权的嫌疑，不应当专门交给一个人。前不久，我们撤销了录尚书事一职，这样一来，这项工作就成了吏部尚书一人的事情，如果出现问题，就会造成求告无门的现象，如果设置了两位，就不会出现这种弊端。他还说，分割扬州和荆州的时候，自己就有了此意，只是当时考虑到一时间改革的措施太多了，众人都感到惊讶，所以才暂时没有将此事提上议事日程。刘义恭当然不敢有异议，于是，不仅设置了两个吏部尚书，以谢庄和顾觊之为吏部尚书，而且还撤销了五兵尚书。五兵尚书在隋唐以后改名为兵部尚书，自曹魏开始设置；据《宋书·百官志上》记载，五兵是指中兵（京师部队及宫廷禁卫军）、外兵（地方部队）、骑兵、别兵（少数民族部队）、都兵（负责仪仗鼓吹的部队）。

孝武帝在削弱大臣的权力的同时，还千方百计地提高身边近臣们的地位。晋代的时候，散骑常侍的地位与侍中差不多，都非常尊崇，由于这一职务不负责具体事务，只是皇帝身边的顾问，慢慢地选用的人名望都轻了，这一职位也随着显得可有可无，一些寒人比如徐爰、乐询、戴明宝等人也都是散骑常侍。孝武帝继位以后，为了提高身边亲随的地位，在孝建三年专门下诏称："散骑常侍为皇帝亲随，设置该官就是为了给皇帝出主意、提建议，位置实在很重要，以后，在选拔散骑常侍的时候，要提高规格。"时任吏部尚书颜竣就推荐了临海太守孔觊之和王彧二人。孔觊之是曾经弹劾过徐羡之的孔琳之的孙子，而王彧，前已说过，字景文，是琅邪王氏，其父亲王僧朗，在宋文帝时期做过湘州刺史，王彧过继给伯父王智，王球是王彧的堂叔父。王彧长相俊美，喜欢清谈，与谢庄齐名，宋文帝对他很看重，给自己的第十一子也取了一个彧字，还为刘彧娶了王彧的妹妹王贞风为妻。宋文帝的五妹新安公主离婚后，宋文帝打算将他嫁给王彧，却遭到了王彧的坚决拒绝。对于孝武帝的这个举措，蔡廓之子、侍中蔡兴宗对人评价说："吏部非常重要，而散骑常侍却清闲，仅仅改变人选，而不赋予实权，即使是皇帝想提高他的地位，人心也难以改变。"不久以后，散骑常侍的地位再度降低，而吏部尚书的地位依然尊贵。《资治通鉴》引用裴子野的话说："从古至今，选人用人历来都非常困难，上古时期的圣王也都说过。周王朝对人才的选拔是从学校就开始了，通过学校培养，然后，由当地进行评议，再由地方官上报到中央的六个部门里，最后呈报给周王任命；汉朝时期，在发现和选拔人才方面，先由地方政府搜集贤能之士们的事迹，呈报给中央的太傅（皇帝师父）府、太尉（总司令）府、司徒（总理）府、司空（最高检察院）府、大将军（总司令）府这五个府里担任办事员，由三公来考察他们的人品及工作能力，由尚书们向天子呈报，这样一来，一个人要脱颖而出，就必须经过很多人的考察，所以，为官之人大多比较称职，很少会败事的。但从曹魏到晋代以来，就不是这样，教训很多。那些表面忠厚、内心险恶的人，即使察言观行，还担心难以了解全面，更何况是成千上万的官员，仅仅凭一面印象，由一个部门主管，这当然会让跑官要官之风盛行，根本没有办法遏止。跑官要官的人志在必得，胁肩谄笑，贪污狼藉，官场上再无廉耻，也没有了谨慎宽厚的操守，官员贪污邪恶，国事由此而败，社会由此动乱。这种官场氛围，即使是舜帝当皇帝，舜帝的名臣龙逄当大臣，要想治理好国家也是不可能的，何况是后世的平庸之辈呢？孝武帝虽然将吏部尚书一分为二，却不能采用周王朝和汉代的制度，又有什么用呢？"

孝武帝巩固皇权的第二个措施，是让高门大族对皇权产生敬畏。他把矛头对准了中书令王僧达。王僧达祖父是王珣，父亲王弘，孝武帝继位后，为了拉拢琅邪王氏，即任命他为尚书右仆射，比颜竣和刘延孙的职务都高。王僧达自视甚高，一两年以内就想当上宰相，他曾给孝武帝的回信上称："亡父亡祖，司徒司空。"傲慢无礼的王僧达很快就引起了孝武帝的不满，改任其为护军将军。王僧达不得志，就请求去当徐州刺史，但精明的孝武帝绝不会让他掌握实权，就没有答应。王僧达反复陈情，孝武帝最终让他离京当了个吴郡太守，这让王僧达更为郁闷，开始胡作非为起来。吴郡当地寺庙中很多有钱的和尚，王僧达在任期间派遣主簿顾旷率领门生故旧抢劫和尚竺法瑶，劫得数百万钱；刘义宣叛乱时，朝廷允许地方郡守招募一千人规模的卫队，王僧达却擅自招募了二千四百人；他还使用公家的劳动力在吴郡建私宅，被弹劾免官；免官后，孝武帝一次单独召见他，他见到孝武帝后，一副傲慢的样子，根本不向孝武帝谢罪，只是圆瞪双眼，死死盯着孝武帝，一言不发。王僧达出去后，孝武帝自我解嘲，叹息说："这个王僧达可不是疯了吗？竟拿脸正对着天子。"后来，颜师伯去见王僧达，王僧达感慨说道："大丈夫宁可玉碎，岂能窝窝囊囊地求活！"显示了不与孝武帝妥协的态度。王僧达有恋童癖，当初，他在东宫当太子洗马的时候，喜欢一个军户家的小孩，这小孩叫朱灵宝，等王僧达当宣城太守时，朱灵宝已经长大了，王僧达假报朱灵宝死亡，将他脱离军籍，登记到宣城左永之的户口下，改名左元序，请求宋文帝任命他当武陵国典卫令，又补竞陵国典书令、建平国中军将军。孝武帝孝建元年的时候，事情败露，王僧达上表称自己不能听从身边人的劝说，投靠权贵，所以才惹下大祸。孝武帝看到他毫无悔改之意，非常恼火。王僧达的族侄王确年少时相貌俊美，王僧达又勾搭上了他，王确的叔父王休被任命为永嘉太守，打算将王确带到永嘉，王僧达却想把王确强留下来，王确知道了此情，不敢与他见面。王僧达恼羞成怒，在房屋后挖了一个大坑，想把王确引诱来杀掉埋了，他的堂弟王僧虔知道后，把他呵斥了一通，这才作罢。黄门郎路琼之是路太后哥哥路庆之的孙子，是王僧达的邻居，路琼之曾经衣着华丽，前去拜见王僧达，不巧，王僧达将出门打猎，已经换上了猎装。路琼之就座后，王僧达也不怎么搭理他，只是问道："过去我们家马夫路庆之，是你的什么亲戚？"还下令将路琼之坐过的床焚烧。受了奇耻大辱的路琼之回去就给自己的姑奶路太后说了，路太后大怒，她哭着对儿子孝武帝说："我还活着，就有人欺负我们家，我死后，我们家的人还不得当乞丐！"孝武帝说："琼之年少，无事去王僧达家做什么？受到侮辱，这很正常。王僧达是贵公子，岂能因这件小事就加罪他呢？"路太后不答应，她说："我不会与王僧达活在同一个世上！"在这件事发生之前，南彭城（侨郡，治所在今江苏省常州市）居民高阇、和尚释昙标、道方等人妖言惑众，与建康蓝宏期等人密谋作乱，他们又联络殿中将军苗允等人，起兵进攻宫门，事情败露后，被杀的有几十人。在路太后的坚持下，孝武帝也考虑到王僧达屡屡对自己不敬，终归不会改悔，就诬陷王僧达与高阇之事有关，将其送交廷尉，在狱中赐死，王僧达死时三十六岁。

王僧达死前，还拉了一个垫背的——颜竣。王僧达与颜竣二人功利心都很强，一个凭借着高门地位，一个凭借着佐命功劳，都渴望着在新朝爬上高位。据《宋书·何偃传》称，在孝建初年，颜竣与何偃都在门下省，两人都是文学爱好者，关系很好，但不久，颜竣就认为自己与孝武帝关系很近，应该居于更重要的位置，可现在却与何偃的地位差不多，不久，何偃又被任命为吏部尚书，孝武帝还把自己最心爱的长女山阴公主刘楚玉嫁给了何偃的儿子何戢，颜竣更是不满，开始与何偃不和，何偃吓得突然心脏病而死。在权势面前，对自己的好朋友何偃，颜竣尚且如此，像一向傲慢无礼且同样利欲熏心的王僧达这样的人，两人之间在孝建初年即出现隔阂，也在情理之中。其后，王僧达狂妄自恣，颜竣苦口婆心，都让孝武帝感到浑身不自在，二人分别被赶出了京师。此时，王僧达认为自己是被颜竣诬告的，就揭发颜竣被贬以后曾说出的种种怨言，并说颜竣经常埋怨孝武帝不听劝谏，王僧达的揭发与颜竣所为很符合，于是，孝武帝就让御史中丞庾徽之弹劾颜竣，将其免官、削去爵位，待事情查清以后，再交付廷尉问罪。

一二三 青州之战（一）

孝武帝第三个措施就是防止宗室藩王对皇权构成威胁。

如今，孝武帝最年长的弟弟是六弟刘诞了，他也是孝武帝最不放心的一个人。孝建二年（公元455年）十月，孝武帝将刘诞从京师赶到了京口，让其兼任南徐州刺史，刘诞在南徐州任上一年十个月，到大明元年（公元457年）八月，孝武帝一纸调令，又任命他为南兖州刺史，而以太子詹事刘延孙担任南徐州刺史。南徐州和南兖州均为刘宋王室的发迹之地，南徐州治所京口（江苏省镇江市），是刘裕的出生地，而南兖州治所广陵（江苏省扬州市），与京口一江之隔，位于长江北岸。相对于京师建康来说，因其与建康一样都在长江南岸，所以，南徐州的地位更为重要。刘诞立有大功，且一向名声很好，孝武帝对其非常猜忌，遂将他调到江北，并任命亲信刘延孙驻节京口监视。刘延孙，我们在前面曾多次提到，在此，对其及吕县刘氏进行一个小结：刘延孙的祖父刘简之就与刘裕有交往，刘简之两个弟弟：刘虔之、刘谦之，刘简之的儿子刘道产，就是那位爱民如子的雍州刺史；刘虔之的儿子则是赫赫有名的战将刘康祖，以八千壮士对拓跋仁的八万鲜卑，最终战死；刘延孙就是刘道产的儿子。正如前述《宋书·刘延孙传》："延孙与帝室虽同是彭城人，别属吕县。刘氏居彭城县者，又分为三里，帝室居绥舆里，左将军刘怀肃居安上里，豫州刺史刘怀武居丛亭里，及吕县凡四刘。虽同出楚元王，由来不序昭穆。"也就是说，虽然都姓刘，但并没有合族，根据刘裕遗命，不是宗室重臣不得镇抚京口老家，孝武帝既然任命了刘延孙担任南徐州刺史，就下令两家合族。

大明二年三月，孝武帝的七弟建平王、尚书令刘宏因病去世。刘宏一向谦虚谨慎，孝武帝深为信任，但刘宏长期体弱多病，死时年仅二十五岁，孝武帝非常哀伤，他每当月初、十五都要去哭灵，还亲自写下祭文、墓志铭。当时，东扬州刺史颜竣尚未下狱，孝武帝给他写信诉说衷肠："宏夙情业尚，素心令绩，虽年未及壮，愿言兼申。谓天道可倚，辅仁无妄，虽寝患淹时，虑不至祸。岂图祐善虚设，一旦永谢，惊惋摧恸，五内交殒。平生未远，举目如昨，而赏对游娱，缅同千载，哀酷缠绵，实增痛切。卿情均休戚，重以周旋，乖拆少时，奄成今古，闻问伤惋，当何可言。"孝武帝给颜竣的这封书信堪称杰作，信中大致分为三个部分，第一部分是第一句话，简要叙述刘宏品德高尚；第二部分是说自己的内心感受，在这一部分又分为两个层次，为了增加感染力，孝武帝采取了欲扬先抑的写法，第一层次是书信的第二句话，写出自己的内心期盼，即自己总以为上天会保佑仁爱之人，这不会有假，因此，即使刘宏长期患病，自己也不担心他会突遭不测。第二层次是接下来的两句话，他说，谁料想上天会护佑善人的说法竟然是"虚设"的，一旦刘宏去世，自己五内俱焚，回想过去在一起的时光，就像是昨天发生的一样，但已经遥若千年了。最后一部分，是孝武帝对颜竣说的，这一句话又写得非常高超，短短一句，包含了很多层次的内容：他说，爱卿你与朕一样与刘宏休戚与共，加上你与他也来往很久，你我他分别不久，突然就像是古人和今人一般隔开，听到刘宏的死讯，你一定会非常伤心，应该也是无话可说吧。信中不仅对死去的刘宏情真意切，而且对颜竣也仿佛是关心备至，然而，数月之后，孝武帝刘骏就指使庾徽之弹劾了他，给他弄了个免职在家，等待处理——而颜竣本人还仅仅以为这都是有关部门的主意，对孝武帝才是幕后的黑手却并不知情。

在颜竣一案悬而未决之时，孝武帝刘骏已经感到必须尽快将刘诞处理了，而处理刘诞又与孝武帝继位后和北魏之间的关系密切相关，不得不说：据《宋书·索虏传》的记载："世祖即位，索虏求互市，江夏王义恭、竟陵王诞、建平王宏、何尚之、何偃以为宜许；柳元景、王玄谟、颜竣、谢庄、檀和之、褚湛之以为不宜许。时遂通之。"孝武帝继位后，北魏文成帝就派出使者请求双方在边境地区建立"互市"，经过刘宋朝廷的讨论，最终同意了北魏的要求，但两国之间的这种交往，仅仅限于边境民间的贸易层面，政府之间并无任何来往。两国相安无事两年后，到了孝建三年（北魏文成帝太安二年，即公元456年）十二月，就发生了刘宋濮阳太守姜龙驹、新平太守杨自伦率领百姓叛逃北魏的事件。濮阳和新平，均为刘宋侨置郡，在刘宋的治所不详，两人叛逃的具体原因也不详，但大致有三：一是北魏通过互市，对刘宋边民进行渗透、招诱。二是刘宋孝武帝继位后的种种变革措施，触及了侨置郡县百姓们的利益，据《宋书·孝武帝本纪》记载，自孝建元年开始，征发南徐州境内侨民的赋税。另据《南齐书·刘怀珍传》记载：孝建初年，刘怀珍被任命为刘义恭的大司马参军、直阁将军，因刘怀珍是北方旧姓，家族势力很大，请求孝武帝让依附自己家族的一千多人充当禁卫军。孝武帝闻讯大惊失色，下诏有关部门清查青州、冀州豪强大户隐瞒的私户，清查出了数千人，造成上下一片怨恨。稍后不久，到大明元年，雍州刺史王玄谟曾上书说："雍州辖区侨郡很多，新旧错乱，难以及时征收税赋，请求土断。"七月，孝武帝同意在雍州实施土断，将雍州侨置的三个郡十六县合并为一个郡，作为侨置郡县的百姓享有比如不纳税等诸多优厚条件，这下都对王玄谟恨之入骨，纷纷声言王玄谟要谋反，柳元景家族在雍州势力很大，也趁机想把王玄谟排挤出去。消息传来，孝武帝明知其中有诈，他派主书（助理）吴喜前去抚慰王玄谟："你一个七十岁的老人家，谋反还想咋样？你我君臣之间，完全可以相互担保，姑且和你说个玩笑，伸展伸展你永远紧锁着的眉头吧！"虽然这件事发生在数月之后，且发生在雍州，但其实刘宋进行土断的政策是一贯的，在东晋初年为了招徕北方而给予侨民种种的优惠政策，到孝武帝时期已经荡然无存了，以上这三则史料反映出一个问题，那就是孝武帝的一系列打击地方豪强、巩固皇权的措施，已经损坏了一些侨民的利益，引起了他们的不满。三是自然灾害。孝武帝与北魏文成帝继位时间相距不远，但文成帝继位后"百姓晏安，风雨顺序"（《魏书·高宗本纪》兴安二年诏书），而南方却灾害频发，《宋书·五行志》称："孝武帝孝建元年八月，会稽大水，平地八尺。"同书《孝武帝本纪》称：孝建二年八月"三吴民饥"等等。

姜龙驹事件的发生导致了北魏与刘宋关系的倒退，双方边境陡然紧张了起来。当时青州的治所在东阳城（山东省青州市），冀州的治所在历城（山东省济南市），为了集中兵力，孝武帝下令将两个治所合二为一，均安置在历城。《读史方舆纪要》称："齐州当四达之冲。南不得齐州，则无以问河济；北不得齐州，则不敢窥淮泗；西不得齐州，则无从得志于临淄；东不得齐州，则无争衡于阿鄄。是故山东有难，齐州常为战守之冲。"山东之地，北靠黄河，西南是泗水，中间是鲁中南的丘陵山地，周围都是平原，攻有余而守不足，历城与东阳同样重要，但在对付北魏进攻方面，魏军如果要进攻山东，必须从碻磝渡河东进，历城将首当其冲，魏军也不可能舍历城于不顾，长驱围困东阳，因此，孝武帝这一决策是非常有眼光的，但是，刘宋朝廷群臣大多提出反对。时任青州冀州二州刺史的垣护之上书称："青州的北面有黄河、济水，还有不少湖泊、沼泽，魏军不会从那里而来，因此，每次敌人发起进攻，都会先进攻历城，然后，从历城东进或者南下。两州合在一起，这是长久之计。北面接近黄河，便于接纳魏国归附的人，对内可以让百姓休养生息，对外又能宣扬国威，这是安定边境的上策。"于是，朝廷采纳了这个意见。

第二年即大明元年二月，又发生了魏军侵扰兖州（孝建初治所在湖陆，在今江苏省沛县北）、兵向无盐（山东省东平县东二十里）的事件。东平太守刘胡率军出战，被魏军击败。刘胡，南阳涅阳（河南省镇平县）人，因他的脸非常黑，本名取为坳胡，后因刘坳胡读起来拗口，但称刘胡。在雍州讨蛮战斗中，他战无不胜，逐渐从最底层的士兵升了上来，山蛮一直对刘胡非常害怕，小孩哭闹，大人说："刘胡来了！"小孩吓得立即不敢再哭。在刘义宣之乱中，他隶属雍州刺史朱修之，击败了鲁秀的进攻，被任命为建武将军、东平阳平二郡太守。

孝武帝下诏命令太子左卫率薛安都率领骑兵，东阳太守沈法系率领水军，向彭城集结以抵御魏军的进攻，二人均受徐州刺史申坦的指挥。孝武帝刘骏告诫薛安都等人说："如果能追上敌人，就尽力破敌，如果料定敌人已经退回，可以渡过黄河，向敌人示威以后撤离。"等薛安都等人率领的宋军北上以后，魏军已经退去。当时，在任城（山东省济南市南）的丛林之中聚集了一群强盗，他们世代为患，被当地人称为"任榛"，即任城强盗，申坦请求孝武帝允许这支部队回师将任榛消灭，孝武帝答应了。薛安都所部当向左城（今地不详）进击，但左城距离魏军滑台二百余里，薛安都以距离敌人较近，部队人数较少，不宜再分军，就朝东坊城（今地不详）而来。到东坊城后，宋军遇到了三个"任榛"的骑兵，生擒一名，余下两个夺路而逃，"任榛"因此提前得到了风声，远远逃散。当时，天旱，泉水干涸，大河断流，宋军人困马乏，不能持续追赶，无功而返。薛安都、沈法系因此罚为"白衣领职"，主帅申坦被打入大狱问斩。群臣向孝武帝求情，但孝武帝不听，大约他还对于有人说申坦在讨伐刘义宣时与刘义宣有同谋耿耿于怀吧。

临行刑，一直退休在家的沈庆之突然出现到了街市之上，他抱着申坦大哭说：“你没有罪过，却要被处死。老夫我今日在街市上哭你，马上我也要随你到地下去了啊！”官员向孝武帝报告，孝武帝下令将申坦免死，关在大牢里，不久释放，任命为骁骑将军，但经此一劫，申坦很快就病死了。

一二四 青州之战（二）

自大明元年宋魏交战以来，宋魏边境持续紧张，《魏书·傅竖眼传》记载的一个家族恩仇史可以给我们透露出一点当时真实的情况。

据该传记载，傅竖眼祖上是清河人，他的祖父傅融渡河南下，把家迁到了磐阳（疑为山东省临淄市境内），傅融有三个儿子：傅灵庆、傅灵根和傅灵越。北魏中期名将傅竖眼就是傅灵越的儿子。元嘉二十九年，王玄谟、萧斌率领宋军进攻碻磝时，傅融刚死，傅灵庆被王玄谟强迫充当军主，率领部曲进攻碻磝。在碻磝城下，宋军被魏军偷袭，傅灵庆带着数十骑和两个弟弟逃跑，藏匿在山泽之间。当时，傅灵庆的堂叔傅乾爱是萧斌的法曹参军，萧斌让傅乾爱去将兄弟三人劝返回来，而密令壮士随着傅乾爱一起前去，将傅灵庆诛杀。傅乾爱对此并不知情，见到傅灵庆后，二人还没说上几句话，傅乾爱身后的壮士突然跃出，将傅灵庆诛杀。傅灵庆临死前对母亲崔氏说："法曹杀人，不能忘啊。"

傅灵根和傅灵越那时逃奔了北魏，傅灵越来到平城后，文成帝见了对他很欣赏。傅灵越就此对文成帝说，青州百姓向慕魏国，青州可得，文成帝听了大喜，拜傅灵越为镇远将军、青州刺史、贝丘子，镇羊兰城（《魏书·地形志》称厌次，今山东省阳信县东十里，其东南有羊兰城）；灵根为临齐副将，镇明潜垒。据《水经注》："始东齐未宾，大魏筑城以临之，故城得其名也。"清代杰出的历史地理学家杨守敬注称，临齐，即今山东省陵县。孝武帝继位后，担心傅灵越兄弟侵扰青州、冀州，就任命傅灵越的叔父傅琰为冀州治中，堂叔傅乾爱为乐陵（刘宋乐陵在山东省博兴县、北魏乐陵在山东省乐陵县）太守。刘宋乐陵与羊兰城隔黄河相对，孝武帝命令傅琰派他的门生与傅灵越的婢女假扮夫妻，渡河诈降，劝说傅灵越归降。傅灵越思念母亲，就与二哥傅灵根秘密约定叛逃，傅灵越与魏军羊兰城守军搏斗，傅乾爱派来接应的船只及时赶到，将其救回，而傅灵根却耽误了时间，被临齐魏军发觉，用钝刀残忍杀死。

傅乾爱出城迎接傅灵越，询问傅灵根为何没有一同前来，视堂叔傅乾爱为杀兄仇人的傅灵越，见到堂叔以后，毫无欢喜之色，只说不知道而已，再无他言。傅乾爱并没有不高兴，他命令身边的人从箱子里拿出黑色刘宋服装，让傅灵越穿上，傅灵越只说两字："不用。"傅乾爱说："你怎么能穿着你魏国衣服去见刺史垣大人呢？"一句话把傅灵越说急了，他大声说道："什么垣大人？垣大人！我穿着这身衣服还敢去见你们南方的国主，别说一个垣大人了！"始终不肯换装。故国将自己的长兄杀死，而"仇人"竟是自己的堂叔，心中充满了家国情仇的傅灵越对刘宋并无太多的好感，他只是因为思念母亲才回到故国，而在这场行动中，自己的二哥又被魏军残忍加害，他还能怎样！

傅灵越被带到建康后，受到孝武帝的接见，拜为员外郎、兖州司马，兼任鲁郡太守，他的堂叔傅乾爱也晋升为青州冀州司马，兼任魏郡太守。后来，二人都回到了建康，傅灵越一直要为兄报仇，而傅乾爱却一直不知，根本不曾提防，傅灵越知道堂叔喜欢吃鸡肉拌葵菜，他亲自做了这道菜，终于将其毒死。

这则故事虽然是傅氏的家族恩仇史，但也让我们清楚地了解到了当时宋魏两国黄河下游边境上的紧张局势，果然，大明二年，双方又发生了一场中等规模的战斗。大明二年，孝武帝对黄淮防线进行了一系列的部署，具体体现在对该方向的镇守大员进行的调整上：该年七月，孝武帝调原青冀二州刺史垣护之为右卫将军，任命亲信颜竣族兄颜师伯为持节，督青冀二州、徐州之东安、东莞、兖州之济北三郡诸军事，辅国将军，青冀二州刺史；将素有长者之称的原徐州、兖州二州刺史沈昙庆调回，担任左卫将军，任命表叔刘道隆担任徐州刺史；恢复设立兖州建制，任命沈僧荣（沈庆之侄儿）为刺史；恢复司州建制，任命刘季之担任刺史。考虑到刘诞去年八月调任南兖州刺史时所带的军号是：都督南徐、南兖、兖州、青州、冀州、幽州六州诸军事，孝武帝此举既有抵御外侮，又兼有挟制刘诞的意思。这是因为，在刘诞都督的六州中，南徐州刺史刘延孙是孝武帝的亲信，孝武帝以刘延孙担任南徐刺史，并加镇军将军封号（位次仅次于骠骑将军、车骑将军和卫将军），其目的就是对付刘诞，刘诞不可能调动南徐军队，这是显而易见的事；其都督的兖州，在当时并没有设立，兖徐二州刺史是沈昙庆，但刘诞又没有兼督沈昙庆的徐州，所以，一旦发生事变，沈昙庆当也不会听命于他，但即便是这样，孝武帝仍然不放心，而是将沈昙庆调回，将兖州和徐州分别交给了沈僧荣和刘道隆二人。沈僧荣身为沈庆之侄儿，忠心不用多说，刘诞虽然加督兖州，但沈僧荣绝不会听命于他的，而刘道隆是刘骏爷爷刘裕姨家表弟刘怀默的儿子，刘裕的姨家表哥刘怀肃有刘怀敬、刘怀慎、刘怀默三个弟弟。刘怀敬的儿子是刘真道，曾任雍州刺史，指挥裴方明击退了氐王杨难当的进攻，后与裴方明一起被宋文帝以贪污杀害；刘怀慎的儿子刘德愿，性格粗鲁率直，经常逗得孝武帝哈哈大笑；刘德愿的庶兄刘荣祖，就是那位在刘裕北伐时，与朱超石一起以却月阵大破魏军的猛将。刘怀默的长子刘孙登、次子就是这位刘道隆。司州刺史刘季之曾任刘诞的参军，将其安排为刺史，当然有安抚刘诞的意思，因为，眼前孝武帝还需要对付北魏，不过，孝武帝也有钳制刘季之的办法：豫州刺史宗悫都督五州诸军事，司州也在宗悫的管理之下。垣护之长期为边将，并非孝武帝的嫡系，因此，孝武帝将青州冀州交给亲信颜师伯，等于让刘诞的都督六州成了一纸空文。

不过，还没等孝武帝对刘诞动手，就发生了魏军再次入侵的事件。当时，刘宋鉴于魏军去年渡河侵犯的教训，命令积射将军殷孝祖率军在清水以东地区整修了两城。对于两城的具体位置，大致有三种说法：一是两城即是两当城，在甘肃省两当县东。这种说法显然是错误的，这种说法的根据是魏军后来的主将是皮豹子，而皮豹子长期镇守仇池地区，因此，就想当然地认为战斗发生在那里，其实，《魏书·皮豹子传》明确说皮豹子在元嘉三十年击败萧道成以后，就被征召为尚书，又出为内都大官，早已不在西北了。况且，该战役中涉及的大量人物，比如颜师伯、傅乾爱等人都是青州的，怎么能突然出现在遥远的梁州？这一错误早在唐李延寿编写《北史》的时候，延续了《魏书》的错误，也没有弄明白这次战役的具体地点，仅仅依靠北方史书片言只语的叙述，就武断认为两当即两当城，这一错误一直延续了下来。二是两城就是今天山东省微山县两城镇，隶属高平郡（山东省邹城市西南）。三是两城就是两座城之意。

要说清楚第二和第三种说法何者正确，就必须搞清楚这里所说的清水到底又是指哪里。清水就是清河，不过，在当时清河有北清河和南清河之分，北清河就是济水，北清河又有大清河和小清河之分，大清河在山东省东平县分汶河之水向北流，至济南时被称为大清河，大清河又汇合了小清河的水，向东北在利津县流入大海。泗水经泗水县历曲阜、济宁、邹县、鱼台、滕县、沛县、徐州、邳州、宿迁、桃源至清河县入淮，泗水的入淮故道也被称为南清河。根据《宋书·颜师伯传》的记载，双方发生交战的地区均在黄河与大清河一带，因此，殷孝祖构筑“两城于清水之东”，肯定不会远在甘肃，要么是泗水流域的两城，为的是确保徐州地区对青州冀州前线水路交通线的安全；要么是两座城池的简称，宋军在前线的大清河东岸构筑两座堡垒，就是鉴于去年魏军渡过黄河以后，能很快攻入宋军青州腹地而采取的应对措施，这也让魏军起了趁宋军尚未建好城池，将其摧毁的企图。清口，就是汶水与大清河的交汇处，在山东省东平县西，《水经注》称“济水东北过安民亭地，汶水从东北来注之，济水又北，汶水注之，戴延之所谓清口也”。

发现宋军在前线构筑城堡，北魏散骑常侍、镇西将军、天水公拾贲敕文（封敕文）即率众进攻清口。显然，宋军对此早有准备，清口（山东省东平县西）戍主、振威将军傅乾爱率领前员外将军周盘龙等人奋击，大破魏军，孝武帝又派遣虎贲军主庞孟虬、积射将军殷孝祖等人率领禁卫精兵赶赴前线，接受颜师伯的调遣。颜师伯派遣中兵参军苟思达率领青州冀州军队与庞孟虬的禁卫军会师，一起推进到沙沟，魏军窟环公、五军公等率领数万步骑拒战。据《水经注》称：“中川水出山庄县，一源两分，泉源半解，北入济，俗谓之沙沟水。”沙沟，即在今山东省长清县南。双方激战多时，庞孟虬亲手斩杀了五军公，魏军大败，在追击中殷孝祖又斩杀了窟环公，魏军投河而死的有上千人。魏主又派遣河南公、黑水公、济州公、青州刺史张怀之等部屯兵济水岸边，颜师伯又派遣中兵参军江方兴增援傅乾爱，将魏军第三次击破，斩杀了河南公树兰等人。魏军别帅它门率领一万余人进攻清口戍城，傅乾爱和江方兴出城拒战，当即阵斩它门，将魏军击退；魏军天水公封敕文又率领二万人再度进抵清口城下，傅乾爱等人再度出战，大败魏军，宋军一直追杀到赤龙门（今地不详），杀死了很多敌人。孝武帝非常高兴，下诏褒奖道：“敌人驱赶着犬羊一般的部队，图谋骚扰边境，辅国将军、青冀二州刺史师伯率领部队，灵活机动，一个月内四战四胜，其他部队也都齐心协力，连连斩杀敌人主将，杀伤大量敌人，朕因此而高兴赞叹，同意派出使者前往前线劳军，并命令辅国将军府将参战人员的军功及时上报。”

这是大明二年十月发生的事。

一二五 青州之战（三）

孝武帝下诏的同时，前线仍然在激战。

宋将苟思达、庞孟虬等又率军追击魏军，进抵杜梁（今地不详）。魏军迅速包围了宋军前锋，从四面八方朝宋军扑来，平南参军童太一及苟思达等宋军主将，均单人匹马杀入敌众之中，魏军无不应手落马。正在危急关头，庞孟虬等人也赶到战场，魏军再度大败，投河而死的不计其数。不久，魏军增援部队也赶到了，但宋军气势如虹，又将魏军援军击破。随着战事扩大，孝武帝再派遣司空参军卜天生率军增援颜师伯。卜天生，是在刘劭之乱中奋力一搏的禁卫军队主卜天与的弟弟，卜天生与他的哥哥一样胆略过人，是一个管理十个人的小队长，他们十一个人住在一起，同吃同住。房屋后有一个宽两丈多、深一丈多的大坑，其他十个人一跳都跳过去了，只有卜天生跳不过，掉入坑中。卜天生取来竹子，将一头削尖，制成一个个锋利的竹签子，密布在坑中，然后，他招呼大家一起再跳，大家都不敢了，这时，他对大家说："刚才我都没跳过，这次也肯定会堕入坑中，大丈夫连这个坑都跳不过，活着还有什么意思！"只见他纵身一跃，顺利跳到大坑的对面，反复十余次，众人不禁叹服。从《资治通鉴》所记载的卜天生的军号来看，孝武帝当抽调南兖州的部队参战了，因此时的司空正是刘诞。另据《南齐书·刘怀珍传》的记载，太宰参军刘怀珍也奉调率领数千步骑北上增援颜师伯。

魏将张怀之驻军麋沟城。《水经注·济水条》称："济水右迤，遏为湄湖，方四十余里……济水东北，与湄沟合，水上承湄湖，北流注济。"杨守敬按：水当在今长清县西。《魏书·显祖纪》《慕容白曜传》，并作麋沟。《地形志》太原县下，作靡沟。《通鉴》宋泰始三年作糜沟。麋与湄通，靡、麋与糜，形声并近。《元和郡县志》称，"湄湖泊在长清县西南五里，东西三十里，南北二十五里，水族生焉，数州取给”。据此，糜沟城在今山东省济南市长清区西南。此时，已经到了该年的十一月，魏主命令内都大官、征西将军皮豹子等人率领三万骑兵前来帮助封敕文。

颜师伯命令卜天生等将进攻驻守糜沟城的魏军，魏将张怀之出城迎战，卜天生率领刘怀珍、白衣客朱士义、殿中将军孟继祖等人奋力杀敌，张怀义败逃入城，差一点连命都丢了，宋将孟继祖在阵中被杀，被朝廷追赠为颍川太守。据《宋书·孟怀玉传》记载，孟继祖（该传记作孟系祖）是晋宋之交的猛将孟怀玉、孟龙符兄弟二人的侄孙，孟怀玉、孟龙符长期追随刘裕作战，均胆气过人，非常骁勇，孟龙符在刘裕灭南燕的广固之战中，单人匹马与数千敌人苦战，壮烈战死，死后无子，以弟弟孟仙客的儿子孟微生为子，宋文帝时期因罪被流放广州，孝武帝大明初年，才被赦免放回，此时，孟微生已死，儿子孟继祖回到了京师。孟继祖力大无穷，能背起好几个人，被拜为殿中将军，回到建康还不足一年，他就自愿报名参加了这次战斗，在战斗中，他像他的前辈一样勇猛杀敌，挺身冲入敌阵，杀死无数敌人后，血染沙场。《南齐书·刘怀珍传》也称，刘怀珍在此战中，连破敌人七座城池，被拜为建武将军、乐陵河间二郡太守，赐爵广晋县侯。

魏军陇西王等屯据在申城（今地不详），背靠济河，面向黄河，三面均有险要，易守难攻。卜天生再次率众进攻，白衣客朱士义等人身披铠甲，率先冲上了城墙，敌人大败，投河被淹死了无数，宋军当天即攻陷了该城。魏军天水公（封敕文）又东进进攻乐安城（山东省章丘市北），建威将军、平原乐安二郡太守分武都与卜天生等人阻击，又一次大破魏军，魏军狼狈溃逃，宋军跟踪追击，连连得手，一直追杀到清口。与此同时，魏军趁着宋军主力东进，又进攻清口的傅乾爱，傅乾爱顽强抵抗，不久，殷孝祖等将又随后赶到，魏军这次彻底撤离了青州。在与魏军的战斗中，辅国参军焦度一枪将魏军主帅皮豹子刺于马下，缴获了皮豹子的全身铠甲，并亲手斩杀了数十人。由于此战的胜利，颜师伯被进号为征虏将军。

虽然魏军撤出了青州冀州地面，但并没有从刘宋国土中撤离，相反，魏军避实击虚，转而南下朝兖州扑来。

大明三年一月一日，魏征西将军皮豹子改变了攻城策略，长驱直入，打算掳掠些财物，以弥补战败的损失。他率领魏军朝兖州治所瑕丘（山东省兖州市）扑来。兖州刺史沈僧荣原命殷孝祖率领五千步兵前往协防两城，这支部队刚刚离城八里，就与魏军侦察骑兵遭遇，双方当即发生战斗，很快，皮豹子的主力大军也随后赶到。在野战中占据优势的魏军骑兵大败宋军，宋军被斩杀五千人，魏军纵兵砍杀，一直追杀到瑕丘城下，宋军仅仅有十余人侥幸逃归城内。瑕丘城内守军不足，固守不战，魏军大肆劫掠一番后，这才撤离宋境，宋魏这场持续了三个多月的战斗就此结束了。

大明二年年底到三年年初的这场战役，在南北两朝的史书中均没有引起足够的重视，且宋魏两国的史书均对各自战胜大加渲染，而对战败的细节语焉不详。比如，《宋书·殷孝祖传》就对瑕丘战败只字不提，《宋书·颜师伯传》则对前期宋军战斗细节予以了详细的叙述，而《魏书》则对前期战败也是仅仅在封敕文的传记中说了一句话："高宗时，与新平公周盆等击刘骏将殷孝祖于清东，不克。"相反，在《魏书·岛夷刘裕传》中还说"（太安）四年，骏遣其将殷孝祖寇济州，高宗遣清水公封敕文等击走之，又诏征西将军皮豹子击孝祖于清东。五年，豹子还，遂掠地至高平，大获而还"。总体上来看，这次刘宋战争，宋军获得了胜利，《魏书》讳言这场战争本身，也恰恰说明了这一点，那么，为什么《宋书》在孝武帝本纪里也仅仅提及一句话"是冬，索虏寇青州，师伯频大破之"呢？这大约是因为，孝武帝一系在其死后，就被明帝斩杀殆尽了，孝武帝刘骏一直是作为一个反面人物被后世诟骂，而恰恰是在明帝刘彧手中，青州、兖州等淮北之地又被北魏夺得，如果大肆宣扬孝武帝的战功，刘彧的脸面将置于何地？

比较而言，《宋书·颜师伯传》的记载还是比较全面的，是了解这次战斗的很好史料。但由于南北史料对人物的称谓不同，造成了理解上的难度，比如，在《宋书》中，明确记载在前期大战中，宋军斩杀了魏军河南公树兰，那么，这个树兰究竟是谁？又称斩杀了五军公、窟环公等人，他们分别都是何人？《魏书·高宗本纪》记载，在大明二年"十有二月，征东将军、中山王托真薨"。第二年的"二月己酉，侍中、司空、河南公伊馛薨。三月庚寅，曲赦京师死罪已下"。透过这段记载，并结合其他史料，我们似乎可以判断：一是，宋魏这次冲突远非想象的那么简单，更像是孝武帝策划很久的一次有组织的诱歼魏军的计划。1.早在孝建三年五月，孝武帝即下诏荆州、徐州、兖州、豫州、雍州、青州、冀州七州辖区内，百姓家中养一匹马的，就可以免除一人的赋税，鼓励百姓养马，结合宋魏两国已经建立了互市这一具体情况，这一措施产生的效果显而易见，孝武帝之所以重视骑兵建设，就是亲眼看到拓跋焘魏军铁骑南下的威力，吸取了其父宋文帝的北伐教训。2.据《魏书》记载，当宋魏两国在青州打得如火如荼之时，北魏文成帝却并没有率领大军出现在青州前线，而是北巡阴山，《资治通鉴》更是明确记载，当时，文成帝率领十万骑兵、十五万辆大车北击柔然，魏军渡过沙漠，旌旗绵延千里，柔然处罗可汗远远遁逃，文成帝拓跋浚停留在车轮山（今地不详），魏军并没有取得太大的战绩，只有柔然别部朱驾颓等率领数千帐篷投降了北魏。魏主为何要大举北伐？其原因很可能是受到了孝武帝的欺骗，或者风闻柔然将与刘宋夹击北魏吧？3.《宋书·天文志》记载："后二年，虏寇青、冀州，遣羽林军卒讨伐。"从青州战场上宋军的表现看，这的确如此，宋军投入战斗的大多是禁卫精兵，士兵的战斗力很强；在宋军的作战方式上，也一改不敢与敌人野战的传统，当魏军进攻城池时，宋军在大多数情况下，是在魏军刚刚抵达城下时突然从城内杀出，这让魏军大惊失色，顿时被打得落花流水，宋军之所以敢于与魏军野战、对攻，当与孝武帝重视和发展骑兵有关；孝武帝在部署战役上，也一改其父宋文帝作战之前先与魏主通信的做法，从魏军的前期表现看，魏军对宋军的战斗力估计不足，这也从反面说明，孝武帝派出的禁卫精兵魏军并未觉察。4.在战略上，孝武帝也改变了过去多路出击的策略，而是将战役局限于青州及其周边地区，这是基于集中兵力于一点和刘宋国力尚未完全恢复的现实考虑，而作出的正确决策；在战术层面上，则采取诱敌深入之法；在战斗层面上，则采取出敌不意、主动出击的办法，与敌人展开面对面的对攻，可以说，这些都是经过了精心策划的。二是这场战争的规模远非我们想象的那么小。从《宋书》记载的宋军斩杀的魏军诸多名王上来看，这场战斗规模并不小。正如我们前面的疑问说的那样，假如《宋书》记载无误的话，河南公树兰应该是《魏书》记载的死于二月己酉日的北魏侍中、司空、河南公伊馛，因为在一般情况下，同一时期河南公只有一人，假如真是伊馛，以伊馛之尊被当场斩杀，其战役规模当不会小了。另外，《魏书》还记载了征东将军、中山王托真在此期间也死去了，托真不知何人，从他的军号和爵位来看，他极有可能是在与宋军交战中被杀的。三是魏军损失惨重。《魏书·天象志三》称，此战宋军大败，但其前提只是说的皮豹子与殷孝祖之间的那场战斗，而对前期魏军频频失利只字未提。《魏书·高宗本纪》还记载，战后不足一个月，文成帝即下令"曲赦京师死罪已下"。既然魏军在北伐柔然中取得了胜利，为何要曲赦京师呢？这也许说明了在宋魏之战中魏军惨败，已经造成社会的动荡了。

总之，这次青州之战，是自刘裕死后近三十年来刘宋帝国在对北魏战争中取得的唯一单方面的胜利，一扫宋少帝、宋文帝以来宋军在与魏军作战中一直长期处于劣势的历史，也为一年以后北魏主动结好刘宋奠定了基础。

一二六 清除刘诞（一）

在刚刚结束的青州之战中，宋军似乎又恢复了立国之初的霸气，但此时的宋国国力尚无力开展大规模的北伐行动，而让孝武帝忧心忡忡的还是肘腋之间。

孝武帝刘骏与竟陵王刘诞之间矛盾逐渐加深，刘诞也明知孝武帝对自己心存猜忌，也开始暗中提防，他趁着魏军入侵青州兖州之机，下令修缮城池，屯聚粮食，打造武器。刘诞的从事中郎江智渊已敏锐地觉察到刘诞将要谋反，他提前请假回到了建康，孝武帝任命其为中书侍郎。江智渊是江夷的侄儿，与江湛是堂兄弟关系，江夷江湛父子都显贵，而江智渊的父亲江僧安没有什么名气，江湛对他这个叔叔很不礼貌，江智渊以此为耻，一直不进江湛的家门。后来，江智渊去襄阳当了刘诞的下属，与同僚谢庄、沈怀文关系很好，沈怀文常说："人所应有尽有，人所应无尽无者，其江智渊乎！"元嘉末年，宋文帝曾任命其为库部郎，当时，郎官只有吏部郎被名流看重，其他郎官都被视为浊官，清流是不愿意当的，江智渊家境不好，所以才让他当，他非常不高兴，坚决推辞。竟陵王刘诞又任命他为骠骑将军参军，不久，又升为司空主簿、记室参军，领南濮阳太守，迁从事中郎。

当青州之战尘埃落定之后，孝武帝就着手对付刘诞了。大明三年（公元459年）年初，建康百姓陈文绍上书说："家门有幸，我死去的姑奶在元嘉中被选入后宫，可薄命早亡，先朝赐赠名号为美人，还让姑奶的两个女儿入宫走动。我的父亲陈饶，被司空刘诞任命为司空府的官吏，经常被派出进山标示道路、地形，非常辛苦，与家中消息断绝。姑奶的两个女儿去年向皇上说了此事，蒙陛下圣恩，下诏免除了陈饶的吏名。刘诞见到诏书，不禁大怒，呼唤陈饶说：'你是想死吗？胆敢直接向皇帝陈诉。'陈饶当时就回答：'大人一直不让在下与家中通信，家中之事我也不知，如果是我的大姐去宫中陈诉的话，这事我实在是不知。’刘诞接着就问：‘你哪能进宫？’陈饶被问，就说了实情。出来后，刘诞的主衣庄庆、画师王强对陈饶说：‘你今年要完蛋了，是你的姐姐耽误了你。’大人对小人们说：‘他陈饶胆敢用皇帝来压我！’听了这话，陈饶就从广陵逃了回来，刘诞当即派遣王强等人追赶，将陈饶抓去，行至京口客栈，将他投入井中杀害，对外说是陈饶畏罪自杀。请求皇帝为我父申冤。”吴郡百姓刘成又到宫门前上书，告发刘诞谋反，称：“我的儿子刘道龙过去服侍刘诞，目睹刘诞谋反的内情。又看见刘诞过去在石头城内，整修皇帝专用的乘舆法物，演练仪仗队的操作。刘道龙内心害怕，给同伴说了，这话传到了刘诞耳中，刘诞命令官吏逮捕刘道龙，刘道龙逃脱，刘诞用鞭子杀害了负责逮捕的官吏，又抓住了刘道龙，将他杀死。”豫章百姓陈谈之也上书鸣冤，说：“我的弟弟陈咏之过去被刘诞收为下属，陈咏之经常见刘诞与身边的亲随庄庆、傅元祀暗中策划谋反，言语大逆不道，常说：‘我家将有天下，你们不愁不会富贵。’还经常写下陛下的生日、名讳，送到巫师郑师怜家诅咒。陈咏之担心受祸，秘密向建康右尉黄宣达告发。傅元祀的弟弟知道了陈咏之与黄宣达来往，就报告了刘诞，刘诞大怒，命令身边的人与陈咏之一起喝酒，将他灌醉，反诬陷陈咏之酒后狂言，将他杀害，请求陛下为我弟申冤。”

这一年四月，孝武帝暗示有关部门上书弹劾刘诞，称：“一、刘劭之乱中，刘诞接受刘劭爵位，将自己的妻子江氏（江湛之女）送到京师，残忍无亲；二、接受刘劭的命令，诛杀了山阴令傅僧祐；三、陛下起义后，刘诞仍然手持两端，在陛下的反复敦促下，才追随了义军；四、平定叛乱后，刘诞私吞了陈叔儿的家财，在石头城暗中制造皇帝专用的车辆器皿；五、秘密采购各种宝刀，私藏刘义宣的贼党；六、大兴土木修筑府邸，将会稽长公主、徐湛之等人的神主迁走，切断溪水两边的一条道路，致使民怨沸腾，刘诞还以刘道规、刘义庆的庙在自己府邸门前，上书请求迁走，皇上没有同意，他非常怨恨；七、王僧达和高阇的供词也都牵扯到刘诞，近日又有吴郡民刘成、豫章民陈谈之、建康民陈文绍等的诉状，都证实了刘诞的罪行。请求陛下将刘诞从皇家户口中剔除，削去爵位，打入大狱治罪。”

孝武帝假装不同意，有关单位又坚决请求，孝武帝同意将刘诞的爵位贬为侯，命令其回到自己的封地。这是孝武帝最终的决定，但这一决定根本就没有公布，这只是在抓住刘诞以后，让群臣们看的。他任命义兴太守垣阆为兖州刺史，以羽林军交给他指挥，并派遣给事中戴明宝与垣阆一起，对外宣称垣阆是去兖州上任，路过广陵，到广陵以后，由二人偷袭刘诞，将其拿下。

戴明宝和垣阆到广陵近郊的时候，刘诞还蒙在鼓里。戴明宝深夜向刘诞的典签蒋成通报的情况，让他明天一大早打开城门。蒋成又告诉了府舍人许宗之，谁知，许宗之是刘诞的死党，闻讯后，他立马向刘诞做了报告。刘诞大惊失色，从睡梦中一跃而起，召录事参军王玙之说："我又有什么罪过，皇上竟然要如此这般！"立即传令左右召来了数百名亲信，逮捕了蒋成，实施戒严。城外的戴明宝和垣阆对城内发生的一切根本不知，第二天天将破晓，二人率领数百精兵按时来到广陵城下，等到天明，广陵城门并未打开，相反，城上早已密布兵丁，刘诞亲自登上城门楼，在城上斩杀了蒋成，焚烧了兵籍，宣布赦免大狱中的囚徒。然后，他命令心腹部将率领广陵军队，大开城门，进攻戴明宝、垣阆等人，垣阆被杀，戴明宝狼狈而逃，辗转到海陵（江苏省泰州市境）才逃回了京师。

刘骏的偷袭计划破灭，只能发兵讨伐刘诞。孝武帝立即采取以下应对措施：一是下诏宣布内外戒严；二是任命沈庆之为使持节，都督南兖、徐、兖三州诸军事，车骑大将军，开府仪同三司，南兖州刺史，率领京师禁卫军前去广陵讨伐；三是调回青州前线右卫将军垣护之、虎贲中郎将殷孝祖等人率领的禁卫军，隶属沈庆之，一起讨伐刘诞；四是调发南兖州周边豫州宗悫、徐州刘道隆、南徐州刘延孙、青州冀州颜师伯等各州的部队，均隶属沈庆之，对广陵形成合围之势；五是四月二十七日，孝武帝本人亲自统率禁军，出屯宣武堂，统一指挥整个讨伐行动。

司州刺史刘季之是刘诞的旧部，在司州既贪婪又残暴，司马翟弘业多次苦苦劝谏，刘季之积怨很久，终于将其毒死；刘季之与豫州刺史宗悫素来就有恩怨，年少时，两人曾因赌博，刘季之还打了宗悫，宗悫一直怀恨在心。宗悫都督司州，刘季之听说刘诞谋反的消息，担心为宗悫所杀，为了向朝廷表明心迹，弃官从小路奔回建康，走到盱眙（江苏省盱眙县），盱眙太守郑瑗也知道刘季之与刘诞关系素来很好，也怀疑他与刘诞同谋，是去投靠刘诞，就将其诛杀，把人头送给了刘道隆。

听说刘诞谋反的消息，南徐州刺史刘延孙即刻派遣中兵参军杜幼文率兵进讨。杜幼文率部行至广陵，刘诞已经闭城固守，杜幼文只得返回。刘诞派遣刘公泰携带书信游说刘延孙，刘延孙诛杀了刘公泰，将其人头送往建康，而后，又派遣杜幼文率领南徐州的部队加入了沈庆之的讨伐大军。沈庆之率部行至欧阳（江苏省仪征市东古运河上，距离广陵六十里左右），刘诞派遣沈庆之的同族沈道愍带着书信前去说服沈庆之，并赠送给沈庆之一把玉环刀。沈庆之将沈道愍打发回去，列举了刘诞的种种罪恶。刘诞焚烧广陵城周边的村落，将百姓们都驱赶到城内，派人向远近四方投信，号召大家一起响应。当时，山阳（江苏省淮安市）内史梁旷家在广陵，刘诞逮捕了梁旷的妻子，派使者邀请梁旷，梁旷斩杀了刘诞的来使，予以拒绝。刘诞大怒，将梁旷全家悉数斩杀。顾琛和前西阳太守张牧也都是刘诞的旧部，三人关系非常密切，刘诞派使者陆延稔带去书信，任命顾琛为征南将军，张牧为安东将军，顾琛的儿子顾宝素为咨议参军，顾宝先为从事中郎，张牧哥哥张济为冠军将军，堂弟张晏为咨议参军。孝武帝料到顾琛与刘诞关系很深，可能会有异心，也命令吴郡太守王昙生去诛杀顾琛父子。正巧陆延稔先到，顾琛等人当即将其抓了起来，杀掉，并派两个儿子火速进京向孝武帝表示忠心，这一天，孝武帝派来的使者随后也到了吴郡，顾琛等人差一点就被杀了。开始的时候，刘诞欺骗城内的人说："宗悫会帮助我的。"可是，实际上，老将宗悫听说刘诞叛乱以后，立即就前往建康面见孝武帝，他在孝武帝面前连续跳了几十下，左右顾盼，表示自己宝刀不老，孝武帝非常满意，宗悫到广陵城下后，他飞马绕城一周，对城上大喊："我就是宗悫！"

刘诞将给孝武帝的奏表扔到城外，在奏表上，刘诞称："过去刘劭之乱，陛下进讨，臣弃暗投明，并无不当；等到丞相刘义宣背叛之时，臧质和鲁爽同时响应，当时朝野上下一片恐慌，陛下还打算率领群臣不战而降，是臣再三劝阻。社稷危而复安，这都是谁的功劳？陛下对我非常优厚，旬月之间授予我骠骑将军和扬州刺史的高位，又给予我南徐州、南兖州刺史的职务，我临别之际，您还命令皇太子亲自与我饯别。臣对陛下的恩遇非常感激，原以为我们君臣之间将和睦到老，谁能料到陛下竟然信用谗言，派遣无名小辈前来掩杀我，我受不了冤枉，即将他们诛杀，鸟雀和老鼠尚且偷生，我为了活命，不得不违背您的诏书。如今，我亲自率领部队，镇守徐州和兖州。过去，我有什么福气，你我同生在皇家；今天你我又有什么仇怨，竟然成了胡（北）越（南）？冲锋陷阵，万死不辞，平定之日，已经不远。陛下宫闱之内的丑事，我岂能三缄其口，提笔之时，悲痛哽咽，不知所言。"

刘诞最后一句话说中了孝武帝刘骏的痛处，他不禁恼羞成怒，大开杀戒，下令将留在建康的刘诞下属的同支、近亲，全部诛杀，被杀的有上千人，甚至有不少人在建康的家属已经被杀光，还不知情，因不参与叛乱还从广陵城内逃出。

沈庆之率部推进到广陵城下，刘诞登上城楼对他说："沈大人年逾花甲，为何而来？"沈庆之反唇相讥道："朝廷因为你既狂妄又愚蠢，不足以劳累年少的，所以才派我前来。"沈庆之所部进抵广陵城下后，豫州刺史宗悫、徐州刺史刘道隆所部也来回师。刘诞的队主韩道元出城投降，中兵参军柳光宗（柳元景堂弟）、参军何康之、刘元迈、队主索智朗密谋打开北城城门投降，还未到约定日期，何康之所部的一个小队长石贝子先期出城逃跑，何康之担心事情败露，趁夜与索智朗强行逃出城外。刘诞杀死了柳光宗，抓住了何康之的母亲，把何康之的母亲衣服剥光，放置在高楼之上，不给食物，就这样，何康之的母亲在上面哀号了数日之后，被活活饿死。

一二七 清除刘诞（二）

柏杨在论及孝武帝对刘诞奏表的过激反应时说，正如拓跋焘诛杀崔浩可以反证他的祖父拓跋珪的确是俘父请降的逆子，孝武帝刘骏的这一过激反应也恰恰说明他是一个与生母乱伦的禽兽，这一论断虽然不是确论，但不是没有一点道理，而刘骏的过激反应还在后面。

此时，颜竣已经因为王僧达揭发他口吐怨言而被免官，免官后的颜竣苦苦哀求孝武帝能够饶自己一命，孝武帝转念一想，认定自己的宫闱丑事大约就是他透露出去的，更为恼火，他在诏书中说："你怨恨诽谤，已辜负了朕的期望，却还自寻烦恼，思虑过度，担心被杀，这岂是臣下侍奉主子的忠诚之道！"于是，他就指示有关部门诬陷颜竣与刘诞勾结，五月，将其送交廷尉，先打断了双脚，然后赐死；将其妻子、儿女流放交州，行至宫亭湖（江西省鄱阳湖）时，又将其家男子全部推入湖中淹死。

孝武帝担心刘诞弃城北逃，命令沈庆之将大营迁往白土（今地不详），离城十八里，晚上刚至新亭（江苏省扬州市江都区西北五里蜀冈），城内的刘诞果然率众离城北逃了。刘诞留下中兵参军申灵赐驻守，自己率领数百步骑对外宣称出战，欲从海陵（江苏省泰州市）北逃。刘诞的部将周丰生叛逃，向沈庆之报告了这一消息，沈庆之得报后，立即命令龙骧将军武念率军追击。刘诞行了十几里地，部众均不愿再走，请求掉头回城。刘诞说："我回去后，你们能否为我尽力？"大家都说："愿意。"亲随杨承伯还牵着刘诞的坐骑说："是死是活，我们暂且回去固守城池，现在还能跑到哪里？速速回去，还来得及入城，再晚，就完蛋了！"沈庆之所派的将领戴宝之单骑而至，他跃马挺枪，直刺刘诞，差一点刺中，刘诞顿时害怕起来，飞马又折返回来。到广陵城下，他说："城头上的那个白头发的长者，莫非是沈庆之？"身边的人说："不是，那是申灵赐。"入城后，刘诞任命申灵赐为骠骑府录事参军，王玙之为中军长史，世子刘景粹为中军将军，州别驾范义为中军长史，其余府州文武，都一一加官晋爵。他任命尚书右仆射刘遵考之子刘琨之为中兵参军，刘琨之推辞说："忠孝不能两全，我的老父尚在京师，不敢从命。"刘诞将他关押了十余天，刘琨之始终不接受，刘诞将其杀掉。

这时，右卫将军垣护之、左军将军崔道固、屯骑校尉庞番虬、太子旅贲中郎将殷孝祖率军从青州得胜而还，也行至广陵，孝武帝命令他们都受沈庆之的指挥，青州冀州刺史颜师伯也派遣长史嵇玄敬率五千人前来赴难。刘诞也曾派人邀请刘季之加入，刘季之的人头送到沈庆之军中后，沈庆之命人送入城内交给刘诞，刘季之牙齿稀少，垣护之也牙齿少，刘诞就对大家说："这是垣护之的人头，不是刘季之。"刘诞的队主孙安期率队出降；刘诞的记室参军贺弼曾劝谏不要闭城与政府军对抗，刘诞大怒，拔出佩刀，要杀了他，被人劝开。此时，也有人劝说贺弼投降，但他说："大人举兵与朝廷对抗，此事肯定是不能参与的，但是，我又深受大人的厚恩，从大义上又不能违背，我只有以死来表明心迹而已。"于是，服药自杀。王玙之招募了数百人从广陵东门杀出，直攻龙骧将军程天祚的军营，割断了程天祚所部安置的大弩的弓弦，程天祚将其击退。刘诞城内军主马元子也出城投降，刘诞命人追上将其诛杀，为了稳定人心，刘诞在城内设立坛场，与众人歃血为盟，他任命的辅国将军孟玉秀说："陛下亲自歃血。"大家也都高呼万岁。可是，刘诞也深知广陵城迟早会被攻破，他秘密让亲信宦官吕昙济等人带着自己的世子刘景粹隐匿在民间，这些人出城以后，都各自逃散，只有吕昙济背负着刘景粹，过了十几天才被沈庆之抓获，杀掉。

刘诞任命的平南将军虞季充又出城投降，孝武帝命令沈庆之在桑里（江苏省扬州市江都区西南二十里）设置三所烽火台，规定攻破广陵外城，点燃一座；攻破内城，点燃两座；抓获刘诞，点燃三座。

沈庆之将大营转移到洛桥西，纵火焚烧广陵东门，可是，突然天降大雨，行动失败。沈庆之的侄儿、兖州刺史沈僧荣，镇瑕丘，也派遣儿子沈怀明率领数百骑兵前来助战。刘诞派出一千多人从北门出城，进攻强弩将军荀思达的大营，龙骧将军宗越率军将其击破，不久，又开东门掩袭刘道隆的军营，又被殷孝祖、员外散骑侍郎沈攸之击破。刘诞又加申灵赐为左长史，王玙之为右长史，范义为左司马、左将军，孟玉秀为右司马、右将军。范义的母亲、妻子都在城内，有人劝范义出降，他回答道：“我是人家的下属，岂能效仿何康之那样求活！”

五月十九日夜，一条流星拖着长十余丈的尾巴，从西北方向落到了城内，按照占卜书上说，这就是所谓的天狗，占词是：天狗坠落的地方，要积满尸体，血流成河。

刘诞又派二百人出东门进攻刘道产的军营，派二百疑兵出北门。沈攸之率部在东门与敌短兵相接，大破叛军，守城门的叛军也为苟思达所破。刘诞又派数百人出东门进攻宁朔司马刘勔的军营，沈攸之又将其击败。

过去，有种说法是，广陵城一旦打开南门，将对城主不利，因此，从来都是不开南门的。此时，有人说，开南门，其主将称王，于是，刘诞下令打开了南门。城内邵领宗暗中联络一些人，阴谋偷袭刘诞，行动之前，他要先联络好城外的沈庆之，就欺骗刘诞说自己出城到沈庆之那里充当间谍，刘诞答应了。邵领宗出城与沈庆之联络之后，又回到城内，但事情败露了，刘诞命人将其鞭打了二百下，但邵领宗始终不肯承认，刘诞命人将其五马分尸。

此时，孝武帝给前线送来了两枚印章，一枚是竟陵县开国侯，食邑一千户，赏赐给活捉刘诞的人；另外一枚是建兴县开国男，三百户，是赏赐给最先登上城墙的人，他还派遣屯骑校尉谭金、前虎贲中郎将郑景玄率领羽林军增援沈庆之。王玙之的五个孩子都在建康，沈庆之将这五个孩子抓来，招诱王玙之。这五个孩子在城下哭着呼唤自己的父亲，但王玙之还是这样回答沈庆之：“我受我主厚恩，绝不会有二心。我三十多岁了，只差没有一个死地了，岂能以我的亲人来招诱我！”等到广陵城破之后，沈庆之将这五个孩子全部摔死。刘诞又派三百人从南门进攻刘勔，被刘勔击破。

孝武帝心急如焚，可是，前线一直没有进展。这是因为，沈庆之到达广陵城不久，就下起了连绵不绝的大雨，政府军无法填埋壕沟，更不用说攻城了。孝武帝的督促诏书，接二连三送到军中，他还让御史中丞庾徽之上书弹劾沈庆之，以刺激他全力攻城。刘诞派出近百人从北门上给沈庆之送去食物，沈庆之将其全部烧掉；刘诞又请求他替自己给孝武帝送去奏表，沈庆之回答：“我是奉命前来讨贼的，不是来给你送奏表的，你如果想归顺朝廷，就该打开城门，我负责护送你。”

天终于放晴了。

孝武帝按捺不住一腔怒火，下令太史令选择出发吉日，将亲自渡江前去讨伐。太宰刘义恭上书恳切劝谏，这才作罢。在孝武帝的督促下，沈庆之不敢怠慢，每次攻城，白发苍苍的他总是身先士卒，这当然也是在做给孝武帝看。孝武帝得知后，对沈庆之放下心来，写信劝诫他道："爱卿身为元帅，只用筹划得当，何必要亲自冒着枪林弹雨？万一有个三长两短，那就划不来了。"

七月二日，政府军终于发起了总攻，一举攻克广陵城的外城，又乘胜攻克了内城。刘诞听说城破，与申灵赐一起逃到后花园，政府军沈胤之、周满、胡思祖最先冲了进来，刘诞手持玉环刀与左右数人四散逃走，刘诞跑到桥上，被沈胤之等人追上，刘诞举刀自卫，沈胤之一刀下来，砍中了刘诞的脸，刘诞当时跌落到水里，众人跃入水中，将他拉上岸杀掉，把人头送到建康报功。刘诞死时年仅二十七岁，尸体埋在广陵，孝武帝将其姓贬为留氏。当天，广陵城上空一片浓云惨雾，白虹挂在北门之上，横贯城内，这似乎都在预示着这里将变成人间地狱！

果然，接下来，便是惨无人道的大屠杀。

孝武帝刘骏听说广陵被平定，亲自走出宣阳门，命令群臣都要山呼万岁。侍中蔡兴宗在御车上陪侍，孝武帝回过头问他："为何只有你不喊？"蔡兴宗严肃地回答："陛下今天正应该流下眼泪，签发执行死刑的命令，怎么可以让臣下们都山呼万岁呢！"刘骏听了一脸不悦之色，接着，他命令将广陵城内所有的人全部屠杀，这当然是担心自己的宫闱丑事传到外面吧？在沈庆之的劝谏下，孝武帝最终同意留下五尺（约合1.2米）以下的孩子，其余城内数千（《资治通鉴》称三千）男子全部诛杀，在石头城构筑成"京观"，女人赏赐给参战军人们，刘诞的母亲殷修华、妻子徐氏也被逼自杀，追赠殷氏为长宁国淑妃。在大屠杀中，虐待狂宗越亲自负责行刑，此人在讨伐刘义宣时，攻入江陵后，就以滥杀无辜而臭名昭著，这次，他又变本加厉，对这些被杀的人（其中不少应当是不久前才被刘诞强行从城外迁入城中的无辜百姓），他下令将这些人剥去衣服，先打得半死，或者用鞭子猛抽脸庞、小腹，或者挖去眼睛、破开肠子，用苦酒再浇到伤口上面，宗越还得意扬扬，心里充满了嗜血的快感。这些罪恶虽是宗越所为，但都是出自孝武帝刘骏的指示，包括将人头从广陵运到建康近郊的石头城南岸构筑成京观，也是出自孝武帝的主意，侍中沈怀文劝谏，但孝武帝不从。蔡兴宗奉旨前往广陵劳军，被杀的南兖州别驾范义与蔡兴宗是老友，蔡兴宗来后，亲自将范义收殓，送回豫章埋葬，孝武帝得知后，对他说："你为何故意违反禁令？"蔡兴宗抗言回答："陛下你杀你的贼人，臣下我自去埋葬我的老友，既然违反了你的禁令，我心甘情愿受极刑！”刘骏一脸羞愧。庐陵内史周朗也因直言得罪，被流放到宁州，亲戚故旧无人敢送，蔡兴宗当时在值班，听说后，立即请假与周朗饯别，刘骏得知后，更是恼火，蔡兴宗也不愿待在昏君身边，总是请假，孝武帝以此为借口，贬其为“白衣领职”。

论功行赏：进沈庆之司空，沈庆之坚决推辞，于是，孝武帝命沈庆之在朝会时次序仅次司空，特别又给予他五十名服务人员，门前允许设置“拒马”，即“门施行马”。行马，就是拒马，据宋代《营造法式》卷二称：行马，又叫拒马叉子。两木交叉而成四角，两组或多组这样的交叉，再加一横木，立在门前就是行马。进山阳内史梁旷为后将军；追赠刘琨之为给事黄门侍郎；封周满山阳县侯，食邑四百五十户；沈胤之莱阳子，食邑三百五十户；胡思祖高平县男，食邑二百户。

一二八 昏明之间

大明三年（公元459年）四月到七月之间的清除竟陵王刘诞事件，标志着孝武帝刘骏地位进一步巩固，自此以后，他的多重人格表现得更为明显，也更加骄奢自恣起来。

孝武帝时期，刘宋自然灾害不断，据《宋书·天文志》和《孝武帝本纪》记载，孝武帝孝建元年八月，“会稽大水，平地八尺”；孝建二年八月，三吴发生大饥荒；大明元年正月，京师下了暴雨，引发水涝；四月，京师发生瘟疫；五月，吴兴、义兴又发生严重的水灾，八月，雍州又发生大水灾，十二月雪灾，平地积雪两尺多；大明二年四月地震；大明三年年初，荆州饥荒；大明四年四月，京师瘟疫，南徐、南兖州发生大水灾，大水；孝武帝大明元年庚寅，大雪，平地二尺余……自从继位以后，孝武帝还是比较勤政的，针对上述自然灾害，刘宋政府均做出了一系列应对措施：一是赈济灾民、劝课农桑。孝建二年八月，孝武帝下诏赈济三吴饥民，又下诏要求将皇家圈占的土地、山泽，借给贫民；大明元年元旦改元后，即赏赐老年人和鳏寡孤独米帛等物，同月，派人巡视京师遭水灾的百姓，赏赐木柴和米面；四月，京师流行传染病，派使者巡视，赏赐给病人医药，因病而死无人收殓的，派人负责掩埋；五月，三吴大水，派人开仓赈济；大明二年年初，他又下诏称，去年东部地区遭受水灾，要注意抓好今年的春耕生产，百姓所需要的粮种，官府要及时借贷发放到百姓手中；二月，又下诏称：社会贫富不均，穷苦百姓活着没有衣服穿，死去没有棺材埋葬，朕非常伤心，命令有关部门马上制定抚恤条例；三月，下令以农田生产需要，停止祭祀杀牛，九月，赈济襄阳遭受水灾的灾民；闰十二月，他又下诏要求废止过去因战时需要而临时增加的税种。大明三年年初，因荆州饥荒，免除当地的田租不等；十月，他下诏要求来年六宫嫔妃要行亲桑礼，表示重农的思想；大明四年一月，孝武帝亲自耕种籍田，并大赦天下，对大明元年以前的旧债一律免除，三月皇后王宪嫄亲自在西郊采桑，皇太后路惠男观礼；四月下诏将宫廷供应减少一半，厉行节约。二是缓和社会矛盾。孝武帝在位期间，多次实施大赦，如，孝建二年六月，以国丧期满大赦天下；八月，他下诏称，在自己登基之前被流放的人员，均可以从流放地释放回来，不仅如此，子弟们也可以根据才能被任命为官；大明二年六月，他下诏称："过去因为战争的需要，百姓惧怕征兵而纷纷逃亡，或者入山成为强盗，害怕被处罚，或者是惧怕劳役，侥幸躲避刑罚。虽然法令简约、从宽，大赦令屡屡颁布，可是逃亡躲避的百姓仍然很多，这难道是因为这些人本性顽劣，还是地方官吏训导无方？要进一步重申宽恕的法令，让误入歧途的百姓能重新做人。"大明三年四月，大赦天下，释放关押在皇宫作坊内的老弱病残，并对孝子、顺孙、义夫、节妇赏赐布帛、钱物，王畿之内以及出行巡幸之地，免除一年的税赋；同年八月，又下诏对讨伐刘诞之战中的死难将士家属进行抚恤，同月，还下诏对拘押在皇家作坊中的罪犯家属进行有选择的释放。三是指定处理政事的制度，多次亲自处理案件。孝建三年二月，孝武帝制定了每月初一、十五在西堂面见群臣，处理朝政的制度；大明元年十月，孝武帝下诏，从今往后，上自群臣，下到黎民百姓，只要有冤屈的，均可以上奏，朕将利用听政日，亲自处理；他还分别在孝建三年六月，大明元年五月、八月、十二月，大明二年三月、九月、闰十二月，大明三年四月、十二月，大明四年五月庚辰日和甲申日、十二月在华林园处理诉讼案件，并于大明四年十二月亲自到廷尉，将监狱内的囚犯全部释放，隔一天，他又驾临建康县，将县衙内关押的囚犯也都予以释放；大明三年九月，他还专门下诏要求只要有诉讼案件，就要立即上报，不得拖延，他本人将亲自处理，以免百姓讼累，并要求对于复杂案件，必须亲自查问。我们仅仅说到大明四年，在以后的数年中，孝武帝还是一如既往地重视处理案件，也做了不少好事。

不过，史料还给了我们展示了他的另一面。宫闱丑事就不多说了，大明三年清除刘诞之后第二个月，孝武帝就下令在玄武湖以北设立上林苑，史书还称，孝武帝为人机警勇决，学问渊博，文采飞扬，读起书来能够一目十行，还善骑马射箭。但是，就是奢欲无度，自东晋以来，皇宫一直比较简陋，只有东西二堂而已，直到晋孝武帝司马曜末年，才又盖了一个清暑殿，刘宋建立后，一直没有增加、修缮。到孝武帝时，开始大修宫室，将刘裕过去居住的小房子毁掉，修建玉烛殿，孝武帝与群臣一起去看，发现刘裕的床头是土坯屏障，墙壁上还悬挂着葛灯笼、麻绳拂，侍中袁颛（袁淑侄儿）盛赞刘裕简朴的美德，孝武帝默然不答，自言自语说道："一个庄稼汉能当上皇帝，已经够可以的了。"

孝武帝还非常严酷暴虐。他下令对广陵屠城，并将人头运往石头城南岸，修建了一座骷髅台，这当然是为了震慑异己势力，也确实起到了一定的效果，群臣都是提心吊胆的，生怕哪天被孝武帝杀了，《宋书·柳元景传》云："世祖严暴异常，元景虽荷宠遇，恒虑及祸。太宰江夏王义恭及诸大臣，莫不重足屏气，未尝敢私往来。"在这种极其不正常的君臣关系下，大家人人自危，尤其是太宰刘义恭时刻害怕受到猜忌。他见到孝武帝总是低声下气的，专拣好听话说，刘义恭口齿伶俐，还善于附会，每每遇到祥瑞之事，总要献上赋颂，歌咏孝武帝的美德，说得孝武帝心花怒放。大明元年，石头城的西岸生出三脊茅，刘义恭五次三番地上书请求孝武帝到泰山封禅，弄得孝武帝龙心大悦。大明五年元旦，朝贺时，雪落在刘义恭的衣服上，有一片六瓣的雪花，刘义恭又上奏称这是祥瑞，再次让孝武帝喜上眉梢；只要主子喜欢的，肯定会有人去溜须拍马。大明四年，颜师伯被征召为侍中，颜师伯虽然也算是一位文武全才，但因其人善于奉迎、献媚，深得孝武帝的喜爱，后世对其评价并不高。颜师伯大肆招权纳贿，家中骤然大富，一次，他在宫中与孝武帝两人赌博，孝武帝先掷得了五个五（雉），自以为必胜，谁知颜师伯竟然掷了五个六（卢），孝武帝顿时脸色大变，颜师伯见状，赶紧把骰子一扫，假装失望地顿足叹气道："哎呀，差一点是个卢！"当天，颜师伯一下就输给孝武帝一百万钱。在这样的主子周围，只有像颜师伯这样善于溜须拍马的人能大行其道，而稍微有点节操的人的处境就非常不妙了。周朗、颜竣、蔡兴宗，流放的流放，被杀的被杀，疏远的疏远，沈怀文与颜竣、周朗关系都很好，颜竣被杀，周朗得罪，孝武帝曾对沈怀文说："颜竣如果知道是我指使杀了他的，也就不敢那样了。"沈怀文听了，一句话也不敢再说，一次，谢庄、沈怀文、王彧、颜师伯四人值班，路上，王彧盛赞颜竣、周朗人品很好，沈怀文也随声附和，后来，颜师伯给孝武帝打小报告，孝武帝听了非常不高兴。孝武帝还不承认各地原来的士族，让他们充当低级官吏，这些人都不服从，纷纷逃亡，朝廷屡次打击，效果也不明显，于是，孝武帝下令只要是抓住的，即可以军法斩杀，这样一来，这些人无不逃窜山林，落草为寇；朝廷赋税沉重，百姓为了缴税，贫苦人家卖妻、卖子，甚至有自缢而死的，沈怀文劝谏，孝武帝一时采纳了，但过后不久，一切又照旧；孝武帝本人贪财，他的儿子们也同样如此，刘子尚等诸位王子也都雇人经商牟利，成为天下一害，沈怀文劝谏，但孝武帝不听，由于沈怀文屡屡以直言劝谏，慢慢惹得孝武帝的不满。

孝武帝还喜欢戏弄群臣，包括太宰刘义恭在内，随时都会受到孝武帝言语的侮辱，这当然是他打击臣下自尊心，以期取得心理优势的手段。他根据群臣身材的高矮胖瘦，给大家都起了一个外号，胡子多的就被称为羊，还有王玄谟是北方人，被称为老伧（北方佬），尚书仆射刘秀之比较吝啬，被称为老悭（吝啬鬼），颜师伯为大板牙等，尝为王玄谟写了一首调侃的四季诗："堇荼供春膳，粟浆充夏飧。瓟酱调秋菜，白醝解冬寒。"黄门侍郎宗灵秀肥胖，叩头起立都很不便，每到宴会，孝武帝玩恶作剧，故意不断赏赐给宗灵秀很多东西，就是想看到他跌跌撞撞、东倒西歪的样子，以此为乐，这还不过瘾，孝武帝还让人用木头刻了一座宗灵秀父亲宗叔献的像，放到他家的堂上，让宗灵秀每次见到，都得下拜——想象着宗灵秀的样子，孝武帝刘骏准能从被窝里乐不可支。他身边还有一位宠幸的马来奴仆，名字叫白主，经常让他拿着木棒，杖击百官，包括尚书令柳元景也都经常挨打，只有蔡兴宗为人严正，连孝武帝也不敢随意对他戏弄，颜师伯曾对仪曹郎王耽之说："蔡尚书一直未被戏弄，的确不同凡响。"王耽之回答："蔡尚书的父亲蔡廓从前在刘裕的相府，也一向以方正著称，武帝私宴也从不请他参加，蔡尚书可谓是社稷之臣。"

孝武帝戏弄群臣大多是在宫内淫宴上进行的，除了在宫内花天酒地，他还巡游无度，每次出游，路太后和六宫嫔妃也一同随行。沈怀文和王彧二人经常劝谏孝武帝不宜屡屡出游，一次，在巡游途中，遇到了瓢泼大雨，二人坐在松树下面避雨，王彧说："你得去劝劝了。"沈怀文说："我自己说不起作用，还是我们一起劝吧。"江智渊也在一旁，也表示赞成，不一会儿，三人被召入射雉鸡的围场内，沈怀文说："圣上不宜淋在如此大雨中。"王彧也随声附和，当时，孝武帝正弯弓搭箭在瞄准，还没等江智渊说话，只听孝武帝的脸沉了下来，说道："你是想学颜竣吗？为啥就你懂得多！"又说："颜竣这小子，我恨不得拿鞭子抽他脸！"孝武帝每次聚会，总要群臣都喝得烂醉，沈怀文素不饮酒，又不喜欢开玩笑，孝武帝就认为他是故意标新立异，与自己作对，谢庄曾劝诫沈怀文："你这样总与别人不同，岂能长久？"沈怀文回答："从小我都是这样，岂能马上改变？不是我故意这样，只是本性如此。"江智渊也是这样，孝武帝每次在宴会上辱骂群臣，还让群臣之间相互谩骂、戏弄，江智渊素来严正、谦让，逐渐引起孝武帝的反感，一次，孝武帝让王僧朗戏弄自己的儿子王彧，江智渊严肃地说："恐怕不应该这样开玩笑。"孝武帝听了不禁恼火，说道："江僧安（江智渊的父亲）就是个傻瓜，与同是傻瓜的儿子之间自然是惺惺相惜。"江智渊听了亡父的名讳，伏在席子上流泪，从此，恩宠大大减退，稍后即被赶出朝廷，任命为新安王刘子鸾北中郎长史、南东海太守，加拜宁朔将军，行南徐州事。

一二九 名臣高允

平定刘诞之后的第二年，即大明四年元旦，北魏文成帝拓跋濬改元和平，并主动向刘宋派出散骑侍郎冯阐表达了两国恢复和平的意愿。投桃报李，刚刚安定下来的刘宋帝国也经不起折腾，孝武帝接受了文成帝的请求。七月，刘宋使者抵达北魏首都平城，双方正式恢复了外交关系，同年十一月，文成帝下诏命令散骑侍郎卢度世、员外郎朱安兴再度出使刘宋。

孝武帝自登基的元嘉三十年（公元453年）到大明四年（公元460年），在这七年间，刘宋帝国经历了讨伐刘劭、平定刘义宣、青州之战、广陵之役等大事，孝武帝牢牢地控制了皇权，他的地位也逐渐得到巩固。无独有偶，北魏文成帝也经历了相似的过程，他从元嘉二十九年（公元452年）即位到大明四年，他改元为和平，其依靠昭太后常氏等力量，也巩固了自己的统治地位。与刘宋孝武帝刘骏一样，北魏文成帝拓跋濬继位后，对拓跋宗室的异己势力进行了打击：在他刚刚继位不久，即处死了长乐王拓跋寿乐，后又有数位亲王死去，文成帝的弟弟赵王拓跋深、文成帝的两个叔叔拓跋虎头、拓跋龙头，等等，到刘宋孝建二年正月，文成帝又赐死了车骑大将军乐平王拓跋拔。拓跋拔是拓跋焘二弟拓跋丕的儿子，是拓跋濬的堂伯叔辈，拓跋丕因刘洁一案为哥哥拓跋焘所杀，拓跋拔继承爵位。同年二月，武昌王拓跋提也死去了。拓跋提是明元帝拓跋嗣四弟拓跋曜的长子，是拓跋濬的叔祖，拓跋提在堂兄拓跋焘时代受到重用，十六岁那年曾出使柔然将柔然公主迎回，后他被任命为平原镇都大将、统万镇都大将。随着旧宗室势力的瓦解，文成帝逐渐重用自己的兄弟们，这一特点尤其是在进入和平年间以后表现得更为明显。据《魏书·景穆十二王列传》记载，他的二弟拓跋新成在太安三年被封为阳平王、三弟拓跋子推在太安五年被封为京兆王、四弟拓跋小新成在和平二年被封为济阴王、五弟拓跋天赐在和平三年被封为汝阴王、同年六弟拓跋万寿被封为乐浪王、七弟拓跋洛侯和平二年被封为广平王、八弟拓跋云和平五年被封为任城王。其中，拓跋新成被任命为征西大将军，拓跋子推被任命为征南大将军、长安镇都大将，拓跋天赐被任命为镇南将军、虎牢镇都大将，拓跋万寿和拓跋云先后被任命为征东大将军、和龙镇都大将。

为了巩固统治，文成帝除了采取轻徭薄赋的政策、多次实施大赦和曲赦，多次对遭受蝗灾、霜灾的民众进行赈济，以缓和国内矛盾，太安四年（公元458年），他还下诏公布了禁酒令，据《魏书·刑罚志》记载，当时，北魏国内连年丰收，百姓多因酗酒斗殴或者趁醉妄议朝政，文成帝决定彻底实施禁酒令。凡是酿酒的、卖酒的、喝酒的，一律斩首，遇到吉凶之事可以开禁，但有严格的时间限制，与此同时，文成帝还加大了对于吏治的整顿力度。太安五年九月，他下诏对于离任的官员进行离任审计，其任职期间综合政绩处于末位的，要问罪下狱；同年十二月，他又要求对六镇等地灾民进行赈济，并对那些怠于行政的官员进行处罚。文成帝还加强了对地方官吏的巡查，多次派出使者巡视各地，还增设了密探，窥探中央各部及各地官吏的工作情况，他还制定了严酷的法律，新增法令七十九章，以遏制官场腐败现象，其中规定凡是受贿二丈布帛的官员，一律处斩。定州刺史许宗之贪赃枉法，深泽百姓马超指责他，许宗之大怒，将马超诛杀，又担心马超家人告状，就诬陷马超诋毁朝廷，文成帝听说后，说道："这肯定是假的，朕为天下之主，对马超又有什么不好，他要诽谤我？这肯定是许宗之担心被追究而诬陷人家的。"派人详查，果然如此，将许宗之斩杀于平城城南。为了强化对帝国的控制，据学者统计，文成帝在位十三年多的时间里还进行了二十八次巡游活动，主要目的地是阴山、河西、信都、中山、辽西等地，对阴山和河西的巡幸，主要出于游猎，而对信都等地的巡幸则是对常太后、冯皇后家乡的访问。文成帝对辽西的巡视非常重视，在公元457年十月即命令太宰常英在辽西黄山建立行宫，第二年一月，他开始东巡，过广宁（河北省涿鹿县）温泉宫，抵达辽西（河北省迁安市）黄山宫；二月二日，他登临碣石山（河北省昌黎县西北仙台山），观看沧海；二月四日，他南下信都（河北省冀州市），在广川（河北省枣强县）围猎；三月十二日，他回到了平城。

在此期间，文成帝下令修建太华殿。给事中郭善明为人巧言令色，劝说文成帝大兴土木，修筑宫殿，中书侍郎高允劝谏说："臣听说太祖道武帝平定天下以后，才开始定都，修筑城池，所有工程都是利用农闲时间。如今立国已久，宫室完备，永安前殿足够朝会之用，西堂、温室也足够宴会之用，登临紫楼还可以观望远近。如果想增修宫室，欲以恢宏壮丽，也应该逐渐增修，不能仓促。粗略计算下来，伐木运土及其他杂役所需要的人力为二万人，壮丁劳作，老幼运饭，合起来不下四万人，半年才能完工。古人有言：'一夫不耕，或受其饥；一妇不织，或受其寒。'何况是数万之众，损失的田功会很多，这可想而知，请陛下三思。"文成帝听了，采纳了高允的意见。

能够从善如流，这是一位明君必须具备的优良素养，而文成帝拓跋浚就做到了这一点。高允经常恳切劝谏，文成帝总能从容听取他的意见，朝廷的措施有不当之处，高允总是求见，而文成帝也料定他要劝谏，就提前屏去左右，让高允单独与自己畅谈；有时候，高允从早上入宫直到傍晚才出来；有时候甚至连日都在宫中，群臣没人知道他劝谏了些什么；还有的时候，高允的话语触犯了文成帝的忌讳，说到了痛处，令文成帝耳不忍闻，也只是让左右将高允扶出，从未因此而怪罪于他。当时也有人上书指出朝廷的过失，文成帝借此教育群臣说："君主和父亲是一回事。你的父亲有了过错，当儿子的为什么不写出来在大庭广众下劝谏，让所有的人都知道你父亲的短处，却在家中偷偷劝谏呢？这难道不是因为那是父亲，他不愿意让你的过错暴露于外吗？如今，朕有过错了，你为什么不可以当面告诉我，反而却要写在奏表上当着大家的面来劝谏呢？这难道不是在故意彰显君主的过错、表现你的美德吗？像高允这样的人那才是真正的忠臣。朕有什么过错，他总是当面告诉我，甚至是一些朕不忍听到的，他也总是能够侃侃而谈，毫不避讳，这样一来，朕听到了过错，而天下人却不知道他在劝谏，这难道不是在尽忠吗！你们在朕的身边，我听不到你们说过一句正直的话，总是在朕高兴的时候向朕求个一官半职，你们拿着弓箭佩刀侍立在朕的身边，这不过是站立之劳罢了，可是你们都登上了王公的高位。这个人数十年来以笔杆子来匡扶朕的国家，如今不过是一个小小的郎，想想他，你们难道内心不惭愧吗？"当即下令晋升高允为中书令。公元431年，高允与游雅等人一同被征召为郎，其他的人都当上了大官、封侯，甚至曾是高允部下的，也都官至刺史、两千石的，有数十乃至数百人，而高允二十七年没有升过一次官，当时北魏的官员不发工资，高允非常贫寒，常让儿子们亲自上山砍柴贩卖，以维持生计。

司徒陆丽说："高允虽然蒙受陛下的恩宠，但是家境非常贫寒，妻子、儿女都难以自立。"

听了陆丽的话，文成帝火了，他说："你怎么不早说！现在，你看到朕重用了他，才告诉我他贫寒。"当即命令摆驾前去高允家中。来到高允家里，文成帝看到的是几间破败的茅草房子，床上放着粗布被子和旧棉絮做成的袍子，厨房里只有一点盐和青菜而已。见此情景，文成帝非常感动，他不禁叹息一声，说道："古代清贫的贤士能清贫到如此地步吗！"当即下令赏赐给高允五百匹布帛、一千斛粟米，拜高允的长子高忱为绥远将军、长乐（河北省冀州市）太守。高允坚决推辞，但文成帝不同意。

文成帝对高允非常敬重，经常称呼他为"令公"，不称其名。高允的朋友游雅曾这样评价高允："喜怒之情，人生下来不能没有，但过去的史书上记载，卓茂、刘宽二人心胸宽广（二人均因被别人指称所骑的马和牛是别人的，不加辩白，即将马牛交给，失主后来又找回了自己的马和牛，都非常惭愧），后世的一些心胸狭隘之人或许并不相信。我与高允相处四十年了，从来没有看到他脸上有欢喜或者恼怒的神色，从他的身上，我才相信古人做过的事是真的。高允内心明白而外表柔弱，还不善言辞，我经常称呼他为'文子'，崔浩曾说过：'高允博学多才，是一代优秀的人才，缺乏一点的就是那种刚毅的气节。'我一直也是这样认为的。等到司徒崔浩因小事受到谴责，他两股战战，声音嘶哑，口不能言，宗钦以下的官员都吓得趴在地上，浑身汗流，面无人色，而高允却详细地陈述事情的原委，解释是非，言语清晰，声音洪亮，皇上为之动容，听到的人没有不叫好的。他的仁爱之心不仅保护了自己，还保护着同僚们，这种刚毅的气节难道不在这里吗？宗爱当权之时，威震四海，他曾经召见百官，王公大人们都是望尘而拜，只有高允上了台阶后才作了一揖。由此可见，古书上说的汲长孺敢于躺在床上与卫青相见，也不是没有可能，这岂不是士大夫的高风亮节！知人固然非常不容易，而人也的确不容易为人所知，对高允，我看走了眼，崔浩也是这样。知音难觅，钟子期在俞伯牙去世后不再弹琴，管仲因鲍叔牙而能表明心迹，真是这样啊！"游雅当时已经是东雍州刺史了，他自视甚高，好议论他人是非，一直看不起高允，而高允却不以为意，在他写的《征士颂》中对游雅非常看重，和平二年，游雅就去世了。

一三〇 和平年间

进入北魏和平年间（刘宋大明四年）以后，宋魏两国恢复了和平，但宋魏两国各自又发生了很多值得一提的事。

和平元年二月，文成帝命令卫将军、乐安王拓跋良都督东雍州、吐京、六壁各路兵马向河西进发，征西将军皮豹子等都督河西各路人马向石楼方向进发，围攻河西叛乱的胡人（山西省石楼县）。河西胡人在北魏建立之后一直叛乱不断，文成帝继位后，河西胡人只有这一次叛乱，到这一年的六月，河西叛乱胡人到长安谢罪，文成帝派遣使者前去安抚，最终平息了这场规模不大的叛乱。拓跋良是文成帝的爷爷、太武帝拓跋焘四弟拓跋范的长子，是文成帝拓跋浚的堂叔，拓跋范因刘洁一案，知情不报在太武帝时期被杀，文成帝继位后，让拓跋良继承王位。发生在这一年的另外一件大事，是文成帝拓跋浚的保姆、昭太后常氏的去世，这一年四月，常氏在寿安宫去世，死后埋葬在广宁的鸡鸣山（河北省涿鹿县境）。昭太后常氏虽然去世了，但常氏家族在文成帝一朝的地位没有丝毫的改变：她的同父异母哥哥、太宰常英仍然是北魏帝国的第一臣子。在这一年，发生在北魏的第三件大事是对吐谷浑的讨伐。十五年前的公元445年即太武帝太平真君六年，太武帝命令魏军给予吐谷浑一次灭国性的打击，但第二年北魏关中就发生了盖吴起义，魏军应接不暇，吐谷浑趁机又从新疆地区返回到了旧地，七年后，到了宋文帝元嘉二十九年（公元452年），吐谷浑的第十一任王慕利延去世，他的同父异母哥哥树洛干之子拾寅继位，他是吐谷浑的第十二任王。拾寅继位后，采取了同时向北魏和刘宋称臣的策略，被北魏封为镇西大将军、沙州刺史、西平王，被刘宋封为安西将军，西秦、河、沙三州刺史，河南王，同时，他还将王城从莫何川（青海省乌兰县境）迁到了伏罗川（青海省都兰县境）。按：关于伏罗川的确切地望，尚无定论：一“都兰说”。该说又分三种：一是说在青海省都兰县巴隆一带；二是说在诺木洪；三是说在香日德古城。二“共和说”，在青海省共和市境。三“贵德说”，在青海省贵德县境。个人倾向于都兰说。

吐谷浑白兰之地出产黄金、铜铁，且处于丝绸之路的中转站上，因此，吐谷浑王非常富有，并且，拾寅自恃险要，对北魏并不恭顺，曾向东进攻北魏边境，被刘宋加号开府仪同三司。北魏定阳侯曹安上书称，如今拾寅占据白兰，有大量金银、牛马，魏军出击，可以缴获很多战利品。文成帝将曹安的建议提交群臣商议，大家都认为：“过去，先帝拓跋焘因吐谷浑王室之间不和睦，而命令晋王拓跋伏罗、高凉王拓跋那两次出征讨伐，但都未能全胜，虽然吐谷浑王远远遁逃，但我军也非常疲劳，现在拾寅远在白兰，并未侵犯我国边境，讨伐吐谷浑并不是军国急务，如果派去一介使节，吐谷浑肯定会臣服，可不战而定。王者对于四方蛮荒之地，只用羁縻而已，何必一定要屠灭其国而占有那里的土地呢？”曹安说：“臣过去是浇河（青海省贵德县境）守将，与吐谷浑相近，了解他们的情况。如果分出两支军队左右夹击，拾寅肯定会退保南山（青海省黄河源头布尔汗布达山），不出十日，牛马粮草都会吃光，到时候，部众肯定会溃散，我们可以一举将其平定。”文成帝采纳了曹安的建议，六月，命令阳平王拓跋新成、建安王穆六头等将率领统万、高平各地魏军出南路，南郡公李惠、给事中公孙拔及曹安率领凉州部队出北路，讨伐吐谷浑。魏军进抵西平（青海省西宁市），果然，拾寅得到消息后，即率众逃往南山，九月，魏军渡过黄河追击。渡河后，魏军遇到瘴气，军中发生了流行病，诸将商议敌人已经远远逃去，军威已振，现在驱赶着疲惫疾病之军，难以取胜，于是，魏军撤退，缴获驼马二十余万。魏军这次讨伐吐谷浑，并没有取得预期的效果，相反，却将吐谷浑推到了刘宋的怀抱。第二年，吐谷浑王拾寅即向刘宋献上会跳舞的马和四只角的羊，孝武帝大喜，皇太子刘子业、王公大臣向孝武帝献上了二十七首《舞马歌》，以示庆贺。

和平二年一月，北魏文成帝下诏称：“刺史郡守治理百姓，要成为榜样。我却发现近期每当到征收赋税之时，一些地方官与富商们勾结逼着百姓去借贷，致使富商数日之内盈利十倍，然后双方分肥。平头百姓因此而更加贫困，富商大贾日进斗金，这是为政最大的弊端，从今往后，要彻底禁止，胆敢违反，十匹以上的一律处死。”

和平二年的北魏非常平静，而南方的刘宋却又出现了一件不大不小的事情。截至大明五年，孝武帝刘骏的十八个兄弟中已经死去了十个：刘劭（被杀）、刘浚（被杀）、刘铄（毒死）、刘绍（病死）、刘诞（被杀）、刘宏（病死）、刘浑（逼迫自杀）、刘休业（夭折）、刘休倩（夭折），刘夷父（夭折），只剩下了东海王刘祎（南豫州刺史、开府，二十六岁）、晋熙王刘昶（护军将军，二十六岁）、湘东王刘彧（都官尚书、卫尉，二十二岁）、建安王刘休仁（湘州刺史，十九岁）、山阳王刘休祐（秘书监、领右军将军，十七岁）、海陵王刘休茂（雍州刺史，十七岁）、桂阳王刘休范（江州刺史，十四岁）、巴陵王刘休若（徐州刺史，本年十二月被王玄谟取代，入朝为散骑常侍，十四岁）八个。

现在要说的就是孝武帝的十四弟海陵王刘休茂。大明二年，时年十四岁的刘休茂被孝武帝任命为使持节，都督雍、梁、南北秦四州、郢州之竟陵、随二郡诸军事，北中郎将，宁蛮校尉，雍州刺史，后来，又给其进号为左将军，食邑由原来的两千户增加到三千户。雍州刺史一职在孝建二年武昌王刘浑被逼迫自杀后，就由王玄谟担任，到大明元年，王玄谟在雍州实施土断，引发了将要谋反的传言，虽然孝武帝表面上对王玄谟说自己并不相信，但第二年四月，即将他召回朝廷，给他一个太常的闲职，而以刘休茂接替，这大约与次年收拾刘诞做准备有关。刘休茂担任雍州刺史后，司马庾深之全权负责全州事务，刘休茂是个急脾气，随着年龄的增长，也想独断专行，可是每每总被庾深之和典签官压制，心中非常不满。刘休茂的左右亲随张伯超深受刘休茂的宠爱，而此人却时常犯错，经常受到典签官斥责，张伯超非常害怕，就跑到刘休茂跟前报告：“典签官已经秘密上书，汇报我的罪过，这样一来，恐怕是大事不好了。”刘休茂问：“那该怎么办？”张伯超说：“只有杀了司马和典签，举兵自卫，这里距离首都数千里之遥，纵然大事不成，我们北逃到北魏，也不失在魏国当上王爷。”刘休茂同意了。

四月二十日夜晚，刘休茂与张伯超率领亲随黄灵期、蔡捷世、滕穆之、王宝龙、来承道、彭叔儿、魏公子、陈伯儿、张驷奴、杨兴、刘保、余双等人，带着亲王卫队在城内诛杀了典签官杨庆，而后，又杀出襄阳内城，杀死司马庾深之、另一典签官戴双。刘休茂命令紧急调集部队，设置司令部，向全国发出檄文，让手下推举自己为车骑大将军、开府仪同三司，加黄钺。侍读博士荀铣劝谏被杀，刘休茂的亲随曹万期想突袭刘休茂，也被杀害。雍州军务全部由张伯超负责。刘休茂出城巡视军营，咨议参军沈畅之等人率众关闭城门，刘休茂闻讯，火速折返，却无法入城。义成太守薛继考为刘休茂尽力攻城，死伤很多，最终城破，斩沈畅之及同谋数十人。一波未平一波又起，就在当天，参军尹玄庆再次起义，率众进攻刘休茂，将其生擒，杀掉，其母亲、妻子都自杀身亡，同党全部被杀。当天，襄阳城内一片大乱，没有统领。当时尚书右仆射刘秀之弟刘恭之为刘休茂的中兵参军，大家一起推举他负责全州事务，薛继考威胁刘恭之，让他在奏章中注明是自己首先起义，然后，他亲自乘坐驿马车回京向孝武帝报告，孝武帝任命其为永嘉王刘子仁北中郎将咨议参军、河南太守，封冠军县侯，食邑四百户，但纸里包不住火，不久事发，即被杀掉，刘恭之也因从逆而下狱，孝武帝任命尹玄庆为射声校尉。有关部门请求比照刘诞将刘休茂的户口从皇室中清除出去，并贬为留姓，但孝武帝没有同意。刘休茂这次不成功的叛乱迅速被当地官员扑灭，从一个侧面说明了孝武帝起用寒人掌握机要、以典签官控制外镇诸王这一措施的成功，外镇诸王虽然地位尊崇，但并不掌握实权，就无法形成自己的力量，而典签、司马等低级官吏又由寒士充任，亦没有巨大的号召力，无法也不敢犯上作乱，只能共同对朝廷负责。

自从诛杀刘诞之后，孝武帝就打算进一步加强对宗室子弟的各种限制，侍中沈怀文建议说："汉明帝不让自己的儿子超过父亲光武帝的儿子们，被前代的历史学家传为美谈，陛下既然已经诛杀了忤逆之人，也应该提高宗室子弟的地位，以巩固皇家的基础。"海陵王刘休茂事件发生后，见风使舵的太宰刘义恭为了迎合孝武帝，再次上书请求进一步限制宗室，他提出了诸如不得让宗室诸王出任边境州刺史、禁止诸王结交朋友宾客、解除诸王卫队的武装，等等，沈怀文坚决劝谏，孝武帝也深知此时不可以矫枉过正，想想也就罢了。

一三一 大明末年（一）

海陵王刘休茂被杀以后，孝武帝存世的弟弟们就剩下了七个了，而孝武帝众多年幼的儿子们开始走上政治舞台。

孝武帝一生共有二十八个儿子，除去夭折的，存世的有十八个，他们分别是：长子刘子业、次子刘子尚（均为王宪嫄皇后嫡出）、第三子刘子勋［陈淑媛（第四等小老婆）生］、第四子刘子绥［阮容华（第十一等小老婆）生］、第五子刘子房［何淑仪（第六等小老婆）生］、第六子刘子顼［史昭华（第八等小老婆）生］、第七子刘子鸾［殷淑仪（第六等小老婆）生］、第八子刘子仁［徐昭容（第九等小老婆）生］、第九子刘子真［谢昭容（第九等小老婆）生］、第十子刘子元［史昭仪（第七等小老婆）生］、第十一子刘子孟［杨婕妤（第十等小老婆）生］、第十二子刘子产（徐昭容生）、第十三子刘子舆（杨婕妤生）、第十四子刘子师（殷淑仪生）、第十五子刘子趋［何婕妤（第十等小老婆）生］、第十六子刘子期［江美人（第十三等小老婆）生］、第十七子刘子嗣（谢昭容生）、第十八子刘子悦［杜容华（第十一等小老婆）生］。按：夭折的未排入。其中同父同母的兄弟有：长子刘子业和次子刘子尚，均为王皇后所生；第七子刘子鸾、第十四子刘子师均为殷淑仪所生；第八子刘子仁、第十二子刘子产均为徐昭容所生；第十一子刘子孟、第十三子刘子舆均为杨婕妤所生；第九子刘子真、第十七子刘子嗣均为谢昭容所生。截至大明六年（公元462年），孝武帝的长子、皇太子刘子业已经十四岁了，次子刘子尚十二岁，第三子刘子勋以下至第七子刘子鸾均七岁，第八子刘子仁、第九子刘子真均六岁，刘子元五岁，第十一子刘子孟四岁，第十四子刘子师三岁，刘子趋、刘子期、刘子悦不详，刘子嗣尚未出生。除去皇太子刘子业、次子刘子尚之外，孝武帝的其他儿子们都还在幼年，但即便如此，他也都将他们封王的封王，外派担任刺史的担任刺史，到这一年，孝武帝的儿子们在地方上担任刺史的有六个：扬州（指浙江以东地区）刺史刘子尚（十二岁）、荆州刺史刘子顼（六子、七岁）、南徐州刺史刘子鸾（七子、七岁）、南兖州刺史刘子勋（三子、七岁）、南豫州刺史刘子房（五子、七岁）、郢州刺史刘子绥（四子、七岁）。南兖州，是孝武帝从沈庆之手中拿过来的，沈庆之在大明三年平定刘诞之乱时被任命为刘诞的南兖州刺史，不足一年，沈庆之就提出辞职，孝武帝就势任命儿子刘子勋为刺史；南徐州是孝武帝从刘延孙手里抢过来的，孝武帝以刘延孙担任南兖州刺史，就是为了将刘诞从南兖州逼到南徐州，当时还让刘延孙与皇室合族，但是，等到平定刘诞之后，刘延孙继续在京口就没有意义了，可是，刘延孙没有沈庆之那么识相，孝武帝只好下诏说："京口要皇亲担任刺史，这是建国以来的规矩，爱卿以前被任命在此，那另有用意，如今已经达到目的了，这里还给我的小儿吧。"征召刘延孙为尚书仆射，而将自己最心爱的妃子殷淑仪所生之子刘子鸾任命为南徐州刺史。从孝建元年平定刘义宣叛乱以来，朱修之一直担任荆州刺史，已将近十年，他在荆州政绩很好，但这并不妨碍孝武帝安排自己的儿子，他任命朱修之为左民尚书（财政部长），转领军将军，而以自己的儿子刘子顼为荆州刺史。可以说刘宋帝国的主要方镇都已经控制在了孝武帝的手中，只有江州刘休范（十五岁）、湘州刘休仁（二十岁），还在自己的两个弟弟手中。由于担任刺史的孝武帝的儿子们都非常年幼，这就更加重了刺史属官的权力，尤其是典签官在孝武帝时代已经被称为主帅了，地位大大提升。在中央，刘宋重臣分别是：太宰兼司徒刘义恭（本年所兼任的司徒一职被解除）、车骑将军沈庆之、尚书令柳元景、尚书左仆射刘遵考（刘延孙去世、依次晋升）、尚书右仆射王僧朗、吏部尚书谢庄、中书监刘义恭、中书令刘昶、侍中颜师伯、袁粲、王彧、领军将军朱修之、中护军宗悫。

对于孝武帝刘骏而言，一切都在按部就班地进行着，然而，天有不测风云，也就是在这一年的四月，一个足以击倒他的事件突然发生了——他最心爱的妃子、他的堂妹殷淑仪突然病故了！殷淑仪在其父刘义宣兵败后被孝武帝霸占，两人共同生活了六年多，在这短短的六年多时间里，殷淑仪一共给孝武帝生下了五个儿子：刘子鸾、刘子羽、刘子云、刘子文、刘子师，其中只有刘子鸾和刘子师成人。孝武帝刘骏与堂妹殷淑仪这段不伦之恋，对孝武帝来说可谓是刻骨铭心，殷淑仪死后，孝武帝常常思念不已，他命人制造了一个像抽屉一样可以随意开合的棺材，想见的时候，就让人打开棺材看看尸体，就这样过去了数日之久，尸体依然没有腐烂。孝武帝下诏追赠殷淑仪为贵妃，谥号为宣。十月二十五日，将殷贵妃埋葬在龙山（江苏省江宁县南），开挖通道数十里，民众不堪劳役，很多人因劳累而死，自从东晋以来，葬礼从未如此隆重。等到下葬之时，孝武帝破格给辒辌车、虎贲、班剑、銮辂九旒、黄屋左纛、前后部羽葆、鼓吹，他亲自到南掖门目送灵车，悲不自胜，痛哭不已，左右无不掩面而泣。孝武帝大约是用了真情的，殷贵妃被安葬后，孝武帝长期处于悲痛之中，精神为之恍惚，根本不理朝政，每次临睡之前，总要到灵牌前祭奠一番，把祭奠的酒喝掉，继而烂醉如泥，号啕大哭，又下令破格在建康为殷贵妃立庙。

殷贵妃的死，对孝武帝刘骏的打击非常大，这也是我们将大明时期的第二个阶段以大明六年为限的原因，在随后的两年一个多月里，孝武帝更加嗜酒，似乎已经失去了生活下去的乐趣和勇气。当时，有一个巫师自称能够看到鬼神，对孝武帝称自己能招来殷贵妃的魂魄，闻听此言，孝武帝不禁喜出望外，即命其作法。不一会儿，殷贵妃果然出现在了床帐之内，与生前毫无二致，孝武帝和她说话，但她默然不语，孝武帝上前将要拉一拉她的手，还未拉到，蓦然之间就消失了。孝武帝哽咽悲痛，仿效汉武帝李夫人写了一篇赋，表达自己的悲痛之情，谢庄也奉命写了一篇哀策文，孝武帝躺在床上阅读，读完坐了起来，哭着说道："真没想到当今还会有如此的文采。"建康传抄，为之纸贵。谢灵运的孙子谢超宗，是新安王刘子鸾的常侍，谢超宗也写了一篇祭文，孝武帝看到后，大为叹赏说："超宗真有凤毛，恐怕会是谢灵运再世。"将他升为新安王抚军行参军。

谢庄、谢超宗二人因给殷贵妃写哀悼文章而受到孝武帝的高度评价，同样地，因死去的殷贵妃而飞黄腾达的人还有一个刘德愿。刘德愿，是刘裕表弟刘怀慎的儿子，是孝武帝的表叔辈，大明初年曾任石头城守将，后为秦郡太守。此人性格粗鲁直率，经常被孝武帝狎侮。殷贵妃下葬以后，孝武帝多次与群臣前去陵墓祭奠，一次，他对刘德愿说："你哭贵妃，如果哭得悲伤，我将重重有赏。"刘德愿当即大放悲声，捶胸顿足，眼泪鼻涕，横流脸面，孝武帝看了非常满意，作为犒赏，不久即任命他为豫州刺史。刘德愿还有一个绝活，那就是赶牛车的技术一流，曾在百步之外赶着牛车从仅容车身的两柱之间飞驰而过。孝武帝听说后，让他赶着牛车拉着自己去刘义恭家，身为豫州刺史的刘德愿身着马车夫的衣服，赶着车子有模有样，日暮，刘德愿夹着牛鞭，像个真正的车夫一样对孝武帝说："天黑了，该回家了！"还问孝武帝要求增加雇车的费用，逗得孝武帝哈哈大笑。另一次，孝武帝又让医生羊志哭殷贵妃，羊志平常也很滑稽，孝武帝也经常戏弄他取乐，当时，羊志刚刚死去爱妾，听到孝武帝的命令，他也是哭得死去活来，非常哀伤，过了些天，有人问他："你怎么能有那么多临时的眼泪？"羊志回答："我那天只是在哭我死去的爱妾罢了。"

但是几家欢乐几家愁。孝武帝身边尽是一些佞臣，江智渊已经被疏远了，在商议给殷贵妃加谥号的时候，江智渊又上了一个怀字，孝武帝认为这个怀字并非尽善尽美，一直怀恨在心。一次，江智渊跟随孝武帝骑马前去殷贵妃的陵墓，孝武帝以马鞭指着墓前的石柱，对他说："这上面不允许出现一个怀字！"江智渊听了，更为恐惧，竟然郁郁而终。

一三二 大明末年（二）

大明末年江智渊死了，而另外一个直臣沈怀文也死了。

沈怀文与江智渊一样，不喜欢调侃，被孝武帝疏远，外放为刘子勋的长史，后来，沈怀文回京述职，正巧遇上女儿生病，他请求在京师逗留三天。可是，超过了假期，他仍然没有去广陵，此事被有关部门弹劾，孝武帝下令将其免官，十年之内不得再入仕。沈怀文即变卖建康城内的房屋，准备回到吴兴老家，孝武帝得知后，突然大怒，将其押入大牢，赐死。沈怀文的三个儿子沈澹、沈渊、沈冲四处奔走，为父亲乞命，柳元景对孝武帝说："沈怀文的三个儿子悲哀痛苦，请陛下速速适当地给其定罪。"但孝武帝不听，仍然将他杀了。

大明六年，刘宋朝廷还发生了两件颇具影响的事：一件是命令和尚见到皇帝的时候要与世俗其他人一样，向皇帝叩头；另一件是徐州从事史祖冲之请求实施《大明历》。关于和尚见到皇帝时是否要礼拜的问题，从东晋时期开始一直都存在激烈的争论：根据儒家理论，帝王是代表上天进行统治的，因此，臣民应当对帝王施行跪拜礼，而佛教徒则认为自己已经脱离世俗，就不应再施行跪拜礼。东晋成帝咸康六年，中书监庾冰从维护封建纲常的角度以为僧尼也应当向帝王礼拜，但遭到佛教徒、尚书令何充等人的反对，未能施行。晋安帝时，太尉桓玄旧话重提，认为既然僧尼也生活在世俗之中，理应礼敬君王，为此，慧远和尚写了《答桓太尉书》，系统阐述了僧尼不应礼拜君主的观点，他认为，修行的人分为两种，一种是在家修行的，这一部分人与世俗之人都应当遵守世俗的礼仪；另一部分是出家人，他们所持的道理与世俗社会不同，虽然他们不礼敬君主，但他们通过教化民众积善行德，实际上是在帮助君主施行统治，在慧远和尚的坚持下，桓玄的计划没有实现。至此，孝武帝指示有关部门指责称："中国传统学派儒家、法家、名家、墨家虽然出自不同流派，但崇拜祖先、尊崇尊长都一样，只有佛教却违反经典，蒙蔽正道，近期流传很广。佛，本身非常谦虚勤俭，忠实而又虔诚，哪能只向佛祖、菩萨、圆觉、声闻四圣屈膝而不跪拜父母双亲？只向老僧跪拜而不向君主礼敬呢？因此，臣等建议：僧尼觐见也要行大礼，至于礼拜的形式则可以根据本国的风俗。”九月一日，刘宋朝廷制定了僧尼向君主礼拜的实施办法，但等到前废帝继位后，又恢复了原样。

另一件事就是祖冲之上书要求实施《大明历》。祖冲之，字文远，他与东晋名将祖逖是同族，是中国古代杰出的数学家、文学家和科学家。祖冲之喜爱考察古代的事迹，有巧思，孝武帝让他在华林学省值班，后为南徐州从事、公府参军。元嘉中，使用的是何承天的《元嘉历》，祖冲之经过计算认为，《元嘉历》仍有很多错误，孝武帝命深通天文的人与他辩论，却无法驳倒祖冲之的论点，他编制的《大明历》，第一次将“岁差”引进历法，提出在391年中设置144个闰月，推算出一回归年的长度为365.24281481日，误差只有50秒左右，他的《大明历》是当时世界上最先进的历法。但是，不久，孝武帝去世了，这件事也就耽搁了下来。祖冲之的主要事迹发生在孝武帝死后，在此不妨提前提及：刘裕平定关中后，得到了后秦的指南车，但这座车只有外形，并无内部的机械，只是个样子，刘宋末年，祖冲之按照古代的制作方法，又制作了一个能使用的指南车；南齐时期，竟陵王萧子良好古，祖冲之制造了古代传说中的欹器。欹器是古代用于灌溉的器具，它具有如下功能：在装水之前，它略向前倾，装一半水以后，就会自动竖直，等到装满水后，它会自动倾斜，将水倒掉，恢复原状，从而循环无穷。欹器的制作方法早已失传了，西晋杜预曾试图重新制造一个实物，但失败了，南北朝以后，历史上也曾有人复制出欹器，但具体的制作方法至今仍然是个谜。祖冲之博学多能，不仅懂音乐，还深通赌博、下棋之术，当世无人能及。人们都认为诸葛亮的木牛流马只是一个传说，祖冲之也制造了一个类似木牛流马的器械，不用人力，不借助风力和水力，能够自动运送物品；他还制造了一条千里船，能够日行百余里。他最出名的贡献就是在世界上第一次将圆周率计算到小数点后六位数，即3.1415926到3.1415927。他提出约率22/7和密率355/113，这一密率值是世界上最早提出的，比欧洲早1100年。

在大明末年，孝武帝还做了以下几件事情：一是讨伐沿江山蛮。平定刘诞第二年即大明四年十月，他就下诏命令沈庆之率军讨伐沿江的山蛮，第二年二月，他又举行盛大的阅兵仪式，并下诏称，对于在此之前逃亡的民众，实施大赦；已经被捕下狱的，予以释放；去年以前的旧债一律废除；从今以后，老弱病残之家和参与讨伐山蛮的战士家属，赋税减半。《宋书·沈庆之传》也称：“四年，西阳五水蛮复为寇，庆之以郡公统诸军讨之，攻战经年，皆悉平定，获生口数万人。”二是缓和社会矛盾。大明五年四月，他下诏称：南徐州和兖州去年发生水灾，百姓困顿，拖欠的税赋，可以推到秋收再交；五月又下诏对于皇室宗亲担任没有俸禄官职的，每月给十万钱；七月，下诏赈济遭受水灾的百姓，赦免雍州百姓；八月，鼓励各地建立学校，实施教化；同月规定州自行任命的县令俸禄按照正规县令的三分之一发放，离任时，不给送故钱。大明六年二月，下诏恢复了百官的工资，四月，免除了南兖州百姓大明三年以前拖欠的税赋，八月，免除雍州大明四年以前拖欠的税赋，十月规定上林苑中原有百姓的坟墓，百姓要求合葬的，不再禁止。大明七年一月，即下诏检阅水师，并为巡游做准备，二月开始巡游乌江，途中下诏大赦天下，所经过的地方百姓免除一年税赋，其余欠债也不用再交，赏赐百姓爵位一级，等等，继而又免除历阳郡三年的税赋。三是审理诉讼案件。大明五年五月，他到阅武堂听讼，九月又到琅邪郡，赦免全部囚犯，十一月下诏要求地方官员在审理案件时，要从宽从简。大明七年八月，下诏称将亲自深入京师附近的郡县审理案件，对于今年以前的犯罪一律不再追究；同月，他真的到建康秣陵县审理囚犯。九月，又到廷尉审理案件，同月巡幸南豫州、江宁县，审理案件，并赦免南豫州死罪以下的囚犯，所过之处减免一年税赋，在姑熟校猎，并在当地审讯溧阳、永世、丹阳县的囚犯，并予以释放，途中，他还下令开仓赈济百姓，对于历阳郡的老年人赏赐布帛十匹，免除郡租十年。四是巩固皇权。大明七年四月，他下诏要求：“从今往后，除了在战场上作战，任何官员均不得擅自杀人，有罪之人罪当处死的，必须上报中央，经过批准后方可施行，如有违反，以杀人论处。”五月，他又下诏规定：“从今往后，刺史、郡守、县令，如果需要征发百姓、调动军队，都必须有皇帝的亲笔手诏，方可施行；只有发生边境和宫廷突然事变除外。”

据《宋书·刘秀之传》记载，在大明四年以前，刘宋宫廷经常赊买百姓的财物，却欠账不还钱，弄得民怨沸腾，当时，刘秀之劝谏再三，孝武帝虽然采纳了他的建议，但并没有实施，对比孝武帝在大明末年的所为，尤其是大明七年，他虽然是在巡游，却一直在忙着：审讯案件、狩猎、训练水师、赈济灾民，完全换了一副模样。可是，《魏书》称他“猎于乌江之傍口，又游湖县之满山，并与母同行，宣淫肆意”。《资治通鉴》也说：孝武帝在末年特别贪财，刺史、郡守回京后，必须向皇帝进贡，这还不过瘾，孝武帝还和这些官员赌博，务必把他们赢得精光才罢手。《南齐书·垣闳传》也称：“孝武末年贪欲，刺史二千石罢任还都，必限使献奉，又以蒱戏取之，要令罄尽乃止。”他终日喝得大醉，很少有清醒的时候，经常靠着小几昏睡，可是，一旦外面有人进来汇报工作，他立即就换了一副模样，没有一点醉态，因此，群臣都很害怕，也不敢偷懒。史官的记载往往出自不同的角度，而人性又非常复杂，这一点，在孝武帝的身上表现得特别突出，假如单看《本纪》，孝武帝不仅称不上是昏君，而且还勉强能说得上明君吧？

大明八年（公元464年）闰五月二十三日，备受争议的孝武帝刘骏在玉烛殿死去，终年三十五岁。

一三三 子业登基（一）

自宋魏恢复和平以后，两国之间友好交往不断。

和平元年，北魏共出使刘宋两次：分别为二月冯阐首次出使刘宋，十一月卢度世、朱安兴二次，刘宋出使北魏一次，七月散骑常侍明僧皓到达平城；和平二年双方各自向对方派出使者一次：三月刘宋使者散骑常侍尹显到平城，十月，北魏游明根、员外郎和天德出使刘宋；和平三年双方各一次：三月刘宋使者散骑常侍严灵护到平城，十月北魏游明根和和天德再次出使刘宋；和平四年刘宋未向北魏派遣使者，十月，员外散骑常侍游明根、骁骑将军昌邑子娄内近、宁朔将军襄平子李五鳞出使刘宋。综上所述，在孝武帝大明时期，宋魏两国交往中，北魏共派遣使者五次，刘宋派遣三次。至于在和平四年，刘宋为何没有按照惯例在三月份派出使者出使北魏，原因不详，结合上年度三月刘宋使者抵达平城时，尚有高句丽、渴盘陀等诸小国使者抵达，也许刘宋因外交礼仪方面的问题而单方面中止了与北魏的外交关系。

在这段时间里，北魏文成帝关心的依然是吏治和民生两个问题。和平三年十月，他下诏称："如今选举上来的官员，大多不按次序，令满头白发的老人却位居后生之后，今后在选拔任命官员的时候，首先要考虑年长老旧的。"和平四年三月，他又下诏称："如今不少官吏擅自调发百姓进行劳作，从今往后，有擅自调发劳役的，按照枉法论处。"在民生方面，和平四年七月，他下诏说，自己每到农闲期间，就率领百官巡幸，所到之处总要建立新的行宫，这非常浪费，以后，使用过去的即可。八月，他在河西田猎时，又下诏要求在打猎时随从官员不得滥杀野兽。数日后，他又下诏称，前不久，百姓因饥寒甚至有卖儿卖女的，朝廷已经勒令买主将这些孩子释放回家，但效果不好，致使这些良家儿女依然身为奴婢，从现在开始，各地要认真查验，如果还不退还，以贩卖人口论处。十月，定州、相州发生霜灾，文成帝下诏免除两地的税赋。除此之外，在同年十二月，他还针对当时富贵人家举行婚礼时奢侈浪费现象，下诏要求有关部门制定婚礼规范，使贫富人家举行婚礼都有章可循；第二天，又下诏称："婚姻关系是人伦的开始，所以，才把夫妇之义作为三纲之首，是最重要的礼仪。尊贵与卑下，要予以区分。但是，近年来，出身贵族的人家大多不遵守旧法，或者是因为贪图商人的财物，或者是因为两家关系要好，致使双方结亲时不考虑贵贱尊卑。现在命令：皇族、师父、王公贵族以及士民之家，不得与手工业者、技术工人和低贱姓氏的人家结婚。"文成帝的这一诏书，是北魏统治者首次对婚姻关系作出规范，体现了儒家尊卑有序和南北朝时期门阀士族的思想，但是，社会发展不是以人的意志为转移的，"君子之泽，三世而斩"，在现实生活中，一些过去曾经显赫的高门随着时间的流逝会变得寒微，而一些过去卑微的人家会通过辛勤的劳动积攒大量的财富，两者各取所需，进行联姻是再正常不过的事情了。但这在当时的统治者看来，无疑会扰乱整个既定的社会阶层，从而造成一系列的混乱，是不能被允许的。无独有偶，在两年前，刘宋的孝武帝也严令对于那些与低贱而富有的人家通婚的士族，一律归入应当服劳役一类，从而引发了大量士族逃亡。

正如拓跋焘与刘义隆是一对冤家一样，南北两朝的孝武帝刘骏与文成帝拓跋浚同样是差不多时间继位、差不多时间死去，就在南朝的刘骏死后整整一年，北朝的文成帝拓跋浚也病死了，享年二十六岁，谥号为文成皇帝，庙号为高宗。随着二人的去世，南北两朝再次几乎同时进入一个权力交替的动荡时期，而这一敏感时期，在专制王朝时代，往往会因为措施不当而失控，造成巨大的动乱，还是让我们先将目光转向南方的刘宋，看看等待我们的究竟会是一位什么样的嗣君吧。

如果说孝武帝刘骏是一半海水一半火焰或者说是半人半兽的话，那么，时年十六岁继位的皇太子刘子业则彻头彻尾是个畜生，他是南北朝时期屈指可数的几个出名的暴君之一。

大明八年（464年）闰五月二十三日，就在孝武帝刘骏去世的当天，皇太子刘子业即皇帝位。孝武帝遗诏命令："太宰刘义恭解除尚书令一职，加中书监；以骠骑将军、南兖州刺史柳元景兼任尚书令，入居皇城；军国事务不论大小，都由这两位大人研究定夺，遇到重大事务，还要征求始兴公沈庆之的意见：如果是军事方面的事务，由沈庆之定夺；如果属于尚书省的政务，交给尚书仆射颜师伯处理；禁卫军交给领军将军王玄谟统领。”当天，实施大赦。吏部尚书蔡兴宗亲自捧着皇帝玉玺交给了刘子业，刘子业接受玉玺的时候，一脸傲慢懒散的神情，毫无悲戚之色。蔡兴宗出来后对人说：“过去鲁昭公在父亲去世时没有悲伤之情，叔孙穆就说：‘此人在父母去世时没有悲哀之情，这就是不孝，不孝之人很少不会遭遇灾难的。’果然，鲁昭公没有好下场。国家将要出现大祸，可能就是因为这一点吧。”

从孝武帝刘骏的遗诏对顾命大臣的安排上看，在刘义恭、柳元景、沈庆之、颜师伯和王玄谟这五位顾命大臣中，毫无疑问，太宰刘义恭和骠骑将军柳元景是居于核心地位的，其次是沈庆之，沈庆之的地位非常特殊，起到承上启下的作用，再次是颜师伯和王玄谟。在孝武帝去世前，刘义恭的官职是：太宰、尚书令、领太尉；柳元景的职务是：侍中、骠骑将军、南兖州刺史，留卫京师；沈庆之无官，但朝会时地位仅次于司空刘祎，与骠骑将军柳元景相当；颜师伯：尚书右仆射；王玄谟：领军将军。在孝武帝的遗诏中，将刘义恭兼任的尚书令一职解除，而让其兼任中书监，让柳元景兼任了尚书令，这样，让这两位居于核心地位的人物一个掌控外廷（柳元景）、一个掌控内廷（刘义恭），相互制衡；特殊人物沈庆之，在遇到大事之时，加入刘柳二人决策集团；次一级的人物是颜师伯和王玄谟，在遇到军事事务时，特殊人物沈庆之则成为与颜师伯平级的具体办事人员；遇到政务时，颜师伯则具体处理；王玄谟则负责掌管禁卫军。除去这五位顾命大臣之外，当时刘宋朝廷之上还有其他几位重臣，却无缘进入顾命大臣之中：司徒刘子鸾，刘子鸾现年九岁，史书称其“母殷淑仪，宠倾后宫，子鸾爱冠诸子，凡为上所盼遇者，莫不入子鸾之府、国”。刘子鸾为南徐州刺史以后，孝武帝又将吴郡割给南徐州。原本太宰刘义恭兼任司徒，大明六年五月，在殷贵妃去世的第二个月，孝武帝又下令将刘义恭兼任的司徒一职解除，一年以后，到孝武帝临死前三个月，他又下令以刘子鸾兼任司徒，至此，刘子鸾成为帝国臣子中仅次于太宰刘义恭的第二号人物。大明时代，刘子鸾一直是孝武帝着意培养的对象，这让皇太子刘子业心里非常不满，假如孝武帝再活数年，刘子鸾取代刘子业为皇太子也不是没有可能。司空、庐江王刘祎，竟陵王刘诞和建平王刘宏死后，孝武帝的弟弟们就只有刘祎年龄最大了，虽然他在孝武帝的兄弟们中间最“凡劣”，但在柳元景固辞司空的情况下，论资排辈他当上了司空，成了帝国第三号人物，刘子鸾和刘祎虽然都是皇室成员，但显然二人不具备充当顾命大臣的条件。位次骠骑将军柳元景的，是车骑将军、西阳王刘子尚，他是皇太子刘子业的同母弟弟，年龄十四岁，担任东扬州刺史，领会稽内史，刘子尚作为皇太子刘子业的二弟，在孝建年间，孝武帝对他很是看重，但等到殷淑仪生下新安王刘子鸾以后，子以母贵，孝武帝对刘子鸾喜欢得不得了，对刘子尚逐渐冷落，史书称，刘子业“幼而狷急”，又说刘子尚长大以后，凶恶残忍，与他的哥哥没什么两样。再次的就是吏部尚书蔡兴宗和袁粲了，蔡兴宗名望甚高，但并非孝武帝的心腹，自然也不可能被任命为顾命大臣，袁粲，出身寒素，且与孝武帝的宠臣颜师伯有过节，也无望成为顾命大臣。

除去五位顾命大臣之外，尚有一个影子内阁，那就是由寒人组成的前孝武帝亲信集团，他们以戴法兴、巢尚之、戴明宝和徐爰为代表人物。戴法兴、戴明宝均是孝武帝继位前的典签，巢尚之曾为孝武帝二哥刘浚的下属，孝武帝继位前对此人的能力有所了解，徐爰自刘宋建立后就是宫廷内臣，长于奉迎，谙熟宫廷事务。孝武帝时期，戴法兴、巢尚之均为中书通事舍人，具体负责传达诏命，戴明宝为员外散骑侍郎，给事中，徐爰尚书左丞，兼著作郎。

一三四 子业登基（二）

对于前废帝刘子业而言，其父孝武帝的临终安排至少有两点让他并不满意：一是在顾命大臣中，宗室力量薄弱。五位大臣只有太宰刘义恭一人是宗室，其余四人均为非王室成员，不仅如此，刘义恭的权力被分割，与柳元景几乎是平起平坐。二是禁卫军权掌握在一向严正的领军将军王玄谟之手。关于地方的人事安排，前废帝也有不满之处。截至他登基之前，他担任刺史的兄弟们分别是：扬州（指浙江以东地区）刺史刘子尚（十二岁）、荆州刺史刘子顼（六弟、九岁）、南徐州刺史刘子鸾（七弟、九岁）、南豫州刺史刘子房（五弟、九岁）、江州刺史刘子勋（三弟、九岁）、郢州刺史刘子绥（四弟、九岁），尤其是对刘子鸾，这让他如鲠在喉。

对此，前废帝刘子业至少采取了以下措施。

一是加强太宰刘义恭的权力。继位五天之后，即下诏恢复了录尚书事一职，由太宰刘义恭担任录尚书事，这等于是在尚书令柳元景之上，又加了一个上司，因此，为了安抚柳元景，给其加开府仪同三司，领丹阳尹，解除其南兖州刺史一职，同时，调自己的九弟、丹阳尹、永嘉王刘子仁（八岁）为南兖州刺史。这都是巩固王室的措施。

二是打压南徐州刺史刘子鸾。刘子业和刘子鸾兄弟之间的关系，与他们的大伯父刘劭和二伯父刘浚之间差不多，十几年前的元嘉时代，刘子业的祖父、宋文帝刘义隆因为宠爱潘淑妃，进而非常喜欢始兴王刘浚，这让身为太子的刘劭对刘浚母子恨入骨髓。现在的情况和过去如出一辙。假如殷贵妃不死，她的下场几乎可以断定与潘淑妃一样，如今的刘子鸾地位尊崇，不仅是中书令还领司徒，刘子业继位后不久，就解除了刘子鸾的中书令、司徒一职，将其打发回了京口。

三是安抚影子内阁成员。戴法兴等人名位不高，但长期盘踞于权力中心，无形的势力非常之大，在前废帝刘子业继位之初，对他们都采取了安抚的策略，比如晋封戴法兴为越骑校尉，等等。当时，虽然太宰刘义恭是录尚书事，位同总理，但戴法兴和巢尚之秉权日久，威服内外，长期以来，刘义恭就为戴、巢二人积威所服，如今更是不敢专断。当时，前废帝尚在服丧时期，没有亲理朝政，朝廷中所有的诏书都出自戴法兴之手，朝廷事无巨细，都由其一人决断，刘义恭和颜师伯就是挂个空名而已。前废帝利用名位不高的寒人戴法兴等人操纵朝政，既是孝武一朝政治运作模式的延续，又是他确保继位之初平稳过渡的一种策略。

在随后的数月中，在前废帝刘子业和寒人戴法兴等人的主导下，刘宋政府进行了一系列新的举措，以巩固新皇的统治基础。

一是废除孝武帝以来更改的全部制度，全部恢复到元嘉时期。刘子业对自己的老父刘骏并无多少好感，对自己老父的一切政治改革全盘否定，比如，官吏的任职期间变为三年、和尚要礼拜君主，等等，刘子业是一概不认同。吏部尚书蔡兴宗对颜师伯发感慨说：“先帝虽说不是一位圣主，但他自始至终尚未偏离正道，三年不改变老父的规矩，这是古人称赞的事，如今，先帝的棺材刚刚下葬，而先帝所有兴建的工程和所制定的制度，不管好坏，一律废除，即使是改朝换代，也不致这样，天下有识之士将会窥探出一个人的心迹。”

二是赈济灾民。大明八年对于刘宋帝国而言，是一个大灾之年，《魏书》称，孝武帝死的这一年“三吴大饥，人食草木皮叶，亲属互相贩鬻，劫掠蜂起，死者不可胜数”。《资治通鉴》也称：“东方诸郡连岁旱、饥，米一升钱数百，建康亦至百余钱，饿死者十六七。”因此，刘子业继位后，即同年十月下诏免除了扬州和南徐州去年拖欠的赋税，并赈济灾民。

三是加强宗室在中央的力量。刘子鸾被免除司徒一职后，到本年的十二月，刘子业即任命自己的次弟、车骑将军刘子尚为司徒，使之从帝国的第五位臣子成为第二位，与此同时，将王畿重新恢复为扬州，将扬州恢复为原来的称呼东扬州，也就是说，将刘子尚从会稽调回了中央；朝中原来掌管禁卫军的分别是领军将军王玄谟和护军将军宗悫，均非刘宋宗室，这让前废帝很不放心，于是，他将王玄谟任命为镇北将军、南徐州刺史，以宗悫为雍州刺史（代替死去的刘秀之），由于这项任命涉及新安王、南徐州刺史刘子鸾，所以，他再次将刘子鸾贬为青、冀二州刺史，将其赶到边地，而以青、冀二州刺史萧惠开为益州刺史。按：对此，《宋书·前废帝本纪》与《王玄谟传》的记载不同，后者是说王玄谟被任命为青冀二州刺史。正如该传记载的那样："时朝政多门，玄谟以严直不容"，当时的真实情况可能是：戴法兴等人忌惮王玄谟，最终的结果可能是将王玄谟赶到了青州冀州，而刘子鸾则留在了原地；另据《宋书·萧惠开传》的记载，大明八年的时候，萧惠开是侍中，被任命为御史中丞，因母亲去世而没有上任，后被任命为青州冀州二州刺史，也没有上任，因此，这种改任也只是纸上作业，萧惠开是从中央直接去了益州的。空下来的领军将军和护军将军两个职位，刘子业分别将它交给了自己的十一叔湘东王刘彧和第十二叔建安王刘休仁，原青冀二州刺史刘道隆被征召为右卫将军。

四是加强地方宗室势力。除去刘子业的兄弟们占据的扬州、荆州、南豫州、江州、郢州、南兖州之外，刘子业将自己的九叔义阳王（后改为晋熙王）刘昶安排到了徐州，担任使持节，都督徐、兖、南兖、青、冀、幽六州、豫州之梁郡诸军事，征北将军，徐州刺史，加散骑常侍，开府如故。刘昶在现存的刘子业的皇叔中，年龄仅次于东海王刘祎，但刘昶素来不服气刘子业的父亲孝武帝刘骏，因此，在大明时期，经常受到孝武帝的斥责，仅仅给他个太常的闲职。在孝武帝大明七年南巡途中，他还因为呵斥皇太后的龙舟而被免去开府，刘子业将其任命为徐州刺史，一方面体现了提拔他的意思；另一方面也是把他赶出了京师。在刘子业存世的七个皇叔中，只有最小的两个：桂阳王刘休范（十六岁）原为左卫将军，加给事中，没有变动；巴陵王刘休若（十六岁）在孝武帝末年从吴兴太守征召为太常，没有接受，至今尚未安排。

在前废帝继位后的数月之间，刘宋朝廷"政出多门"，在人事安排上除了体现前废帝刘子业的意志外，还体现了掌握中枢大权的寒人戴法兴等人的意志。当时的吏部尚书是蔡兴宗，他多次上朝向太宰刘义恭陈述要进贤任能的意愿，还指出朝政的得失，而刘义恭性格懦弱，时刻担心会违背了新皇帝的意思，得罪了戴法兴。因此，听到蔡兴宗的话，总是浑身发抖，不敢说一句话，生怕被人抓住把柄，招来杀身之祸。蔡兴宗每每呈上选任的官员名单，戴法兴、巢尚之等人总是圈点替换，原来拟任的人选几乎全部被换完。蔡兴宗很不高兴，他在朝廷上愤愤不平地对刘义恭和颜师伯说："主上尚在服丧期间，没有亲临政务，而选拔官员又是一件机密之事，多被删改，又不是大人们的笔迹，也不知道是哪个天子的主意！"

真正让双方矛盾升级的是对谢庄和王彧等人的人事安排。关于谢庄，这件事我们曾在前面提到过，那还是在大明七年的时候，颜师伯是尚书右仆射，谢庄和王昙生是两位吏部尚书，因颜师伯的儿子举荐寒人张奇为公车令之事，孝武帝认为张奇不合适而改用蔡道惠，但是，吏部的下属人员不顾孝武帝的旨意，让张奇先行到任，此事被孝武帝发觉以后，不禁大怒，将谢庄和王昙首两个吏部尚书免官，将具体办事人员也处死了两个。关于王彧，在大明后期，他被任命为侍中、右卫将军，又加给事中，太子中庶子，他是因为与奉朝请毛法因赌博大赢，得了一百二十万钱，但孝武帝不仅非常贪财，而且还嫉妒别人发大财，知道以后，就将王彧罚为白衣领职。这两个人，一个是陈郡谢氏，一个是琅邪王氏，蔡兴宗认为新君登基以后，应当给这两位一个合适的位置，而刘义恭等人则不以为然。除此之外，还有薛安都和殷常的安排问题。当时薛安都是散骑常侍、征虏将军、太子左卫率，殷常是太子中庶子，蔡兴宗拟任薛安都为左卫将军、散骑常侍如故，殷常为黄门侍郎、领校尉，而刘义恭却认为薛安都的兼职太多，只用一个左卫将军即可，蔡兴宗反对道："太子左卫率与左卫将军相比差不多，且薛安都任用此职务，已经丢掉一个征虏将军了，已不是晋升，现在再把散骑常侍拿掉，顿时成了贬职。如果说薛安都是晚进的卑微之人的话，本该压制一下，让制度不被人看轻，就应当有一个规矩，我是按照规矩办事，并非对薛安都有什么偏爱。"刘义恭说："如果太子宫的官员都应当越级提拔的话，殷常就应该晋升为侍中了，哪能只是一个黄门侍郎呢？"蔡兴宗回答："中庶子和侍中相差很远，况且，薛安都已经当太子左卫率十年了，殷常当太子中庶子才一百多天，如今又领校尉，已经够了。"又让选令史颜祎之、薛庆先等往复争执，最后，刘义恭这才签字。上报以后，前废帝的旨意是任命薛安都为右卫将军，加给事中，蔡兴宗因此得罪了刘义恭和戴法兴等人。不久，刘义恭等人就将他贬为吴郡太守，但蔡兴宗坚决推辞，坚决想去当益州刺史，刘义恭大怒，上书对谢庄、蔡兴宗等人挑三拣四提出斥责，要求改变这种风气。前废帝就把刘义恭的奏疏交付朝廷评议，接着，刘义恭又指使柳元景上书要求免去蔡兴宗的官职，打入大狱，免去新任吏部尚书袁粲之官。前废帝表示，可以将蔡兴宗贬到远地思过，以袁粲为白衣领职，遂将蔡兴宗贬为新昌太守（属于交州，确址不详）。蔡兴宗名望很高，命令下来以后，举朝无不惊骇，认为不公平。过去，蔡兴宗听说何后寺的尼姑智妃非常漂亮，名动京师，说好了要迎娶她为妾，可是，颜师伯却派人偷偷引诱她，提前将她娶到自己家里，蔡兴宗是白忙活一场，等到蔡兴宗被贬以后，舆论认为这都是颜师伯从中捣鬼，颜师伯是百口莫辩。戴法兴等人也不想落下个贬谪大臣的恶名，颜师伯更想平息舆论，因此，蔡兴宗最终没有成行。

一三五 山雨欲来

在孝武帝去世两个月后，刘子业的生母王宪嫄皇太后也一病不起。

在临终之际，王太后让人招呼儿子刘子业，想和儿子见上最后一面。谁知刘子业听后，却说了句："病人的房间里多鬼，可怕，哪能去那里！"使者回报王太后，王宪嫄大怒，对身边的人说："拿把刀来，刨开我的腹部，看看我哪里竟生下了这么好的孩子！"不久，王太后就驾崩了。数日之后，刘子业梦见自己的母亲对自己说："你不孝不仁，本来就没有人君之相，你的弟弟刘子尚也如此愚蠢狂悖，帝运也不会给他。你们的父亲孝武帝险恶暴虐，毁灭大道，已经让人神共怒，儿子虽然多，但均无天命，国运将从你们家这一支还给文帝的儿子们。"刘子业不去探望重病中的母亲，这也许是真实的，至于说刘子业的梦，谁能知道？这无非是后来的宋明帝刘彧及其子孙为了证明自己皇统的合法性而杜撰出来的故事而已，从后来发生的情况看，刘子业对他仅存的几个皇叔们一直是心存戒备的，但那似乎都是基于情势使然，假如真有王宪嫄托梦，迷信的刘子业哪能不会毅然决然地杀掉他这几个叔父，而仅仅出于暴虐的本性，只是去戏弄他们呢？

公元465年元旦，继位七个多月的刘子业改年号为永光，并大赦天下，并废除了尚书省在各地设立的办事处（"台传"）。刚过新年，刘子业就继续开始了他巩固统治地位的举措。南豫州在孝武帝大明五年的时候，将治所从长江以北的历阳（安徽省和县）迁到了长江以南的姑孰（安徽省当涂县），这一举措的背景大约因为南北和平之后，南豫州的职能从北抗北魏到屏护京师、防御内乱转变，不管怎样，南豫州作为一个距离京师最近的州，其地理位置非常重要；豫州同样如此，豫州与南豫州分分合合，但在此时，它的治所在谯（安徽省滁州市境），位置也很重要。东扬州刺史刘子尚调往京师以后，刘子业任命南豫州刺史五弟刘子房接任，空出的南豫州刺史，就交给了他的十一叔、领军将军、湘东王刘彧；豫州刺史刘德愿毕竟不是宗室近亲，于是，将其调回担任廷尉，而任命自己的十三叔、山阳王刘休祐担任豫州刺史。[①] 这样一来，外调的刘彧就空下来一个领军将军的位置，就由他的十二叔、建平王、护军将军刘休仁接任；护军将军的职务依次由十八叔、左卫将军、桂阳王刘休范接替；桂阳王刘休范的左卫将军，则由他最小的十九叔、巴陵王刘休若接任。至此，刘子业在世的七个皇叔，分别担任的官职是：八叔、东海王刘祎，司空、散骑常侍、祭酒、加中书监（刘子业与他父亲刘骏一样，好嘲弄别人，他认为他这个最低能的叔叔长得像头驴，后来，刘祎的是十一弟刘彧继位后，感觉刘子业说的有道理，就将他改封为庐江王）；九叔、义阳王刘昶，徐州刺史；十一叔、湘东王刘彧，南豫州刺史；十二叔、建安王刘休仁，领军将军；十三叔、山阳王刘休祐，领军将军；十八叔、桂阳王刘休范，护军将军；十九叔、巴陵王刘休若，左卫将军——假如王太后真的曾托梦给刘子业的话，他还能这么信任他的这些皇叔们吗？到了这一年的六月，由于雍州刺史宗悫去世，前废帝刘子业又将南豫州刺史刘彧调往雍州担任刺史，而以尚书令、骠骑大将军柳元景加任南豫州刺史。可以说，截至此时，前废帝刘子业对宗室及大臣们还是比较信任和依靠的。

孝武帝刘骏生前严暴异常，群臣终日无不战战兢兢，度日如年，即便是柳元景这样深为孝武帝宠信的重臣，也时常担心哪天性命不保，太宰刘义恭以及各位大臣们都是担惊受怕，不敢私下往来，唯恐引起孝武帝的猜忌，招来杀身之祸。孝武帝死后，长期处于心理重压下的人们突然之间放松了下来，刘义恭、柳元景等人私下庆幸地说道："今天算是免死了啊！"庆幸之余，在孝武帝安葬以后，刘义恭与义阳王刘昶等人、柳元景与颜师伯等人是经常聚会，招摇过市，四处游荡，声色犬马，夜以继昼。

刘子业长着一双像胡蜂一样的眼睛，像鸟一样的长嘴，尖锐的下巴，长长的脖颈，他当太子的时候经常受到孝武帝责备。孝武帝生前巡游，刘子业写信问安，字迹不整，孝武帝责备他说："书法没有长进，这只是一条，我还听说你的其他功课都懈怠了，非常乖戾，为何如此顽劣！"虽说刘子业对自己的父亲也并

① 据《宋书·刘休祐传》称："出为使持节、都督豫、司二州、南豫州之梁郡诸军事、右将军、豫州刺史。"及《刘德愿传》称"永光中，为廷尉"。

无好感，但是，这些臣子竟然不顾礼仪如此放肆，这其实是没有把自己的权威放在眼里，这让刘子业怀恨在心，尤其让他不满的是，影子内阁、越骑校尉戴法兴是作威作福惯了，整日在自己面前指手画脚，让人无法接受。继位之初，刘子业尚顾及王太后、诸位大臣和戴法兴等人，只能低头做人，等到母亲王太后病死后，刘子业觉得自己应当乾刚独断了，可是，他的一些决定总是被戴法兴限制，还经常刺激小小的刘子业："陛下这么做，不是想当营阳王吧（刘子业的伯祖、被废杀的宋少帝刘义符）？"这话让刘子业感到咄咄逼人，难以接受。不过，如果仅仅是这些，还不会给戴法兴招来杀身之祸，而真正给其招致杀身之祸的却来自一个无名小卒——华愿儿。华愿儿是刘子业最宠爱的一个小宦官，刘子业常常乘兴赏赐给华愿儿很多财物，可是，总被戴法兴裁减，这让华愿儿非常愤恨。刘子业自己也很有危机感，他经常让华愿儿出宫深入市井探查民间的真实情况，而当时的百姓都说戴法兴是真天子，而当今皇帝是一个傀儡天子。闻听这个说法，华愿儿添油加醋入宫给刘子业汇报说："外面称宫中有两个天子，陛下是一个，戴法兴是一个。陛下居住深宫，不与大臣们接近，而戴法兴却与太宰、颜师伯、柳元景为一体，经常往来，门客常有数百人，内外群臣百姓无不威服。戴法兴是孝武帝的亲随，又长期在宫中做事，如今，他却与他人（指刘义恭）沆瀣一气，我生怕皇帝宝座不会在陛下屁股下面了。"如果单单是戴法兴劝谏自己不要胡作非为，冷静下来，刘子业也是会原谅他的，毕竟那是出于对自己的忠心，而华愿儿的这番话却触及了刘子业内心最敏感的部位，让他回想起戴法兴说的那句"营阳王"的话，并不是出于对自己的爱护，可能已经是戴法兴等人策划好的阴谋了。

想到这里，谁不会脊背发凉?

这下，刘子业真的火了，他下诏免去了戴法兴的官职，遣返回原籍，命令下发后，刘子业想想还不对，又命令将其远远流放到边地，还没成行，八月一日，刘子业又下诏将其在家中赐死。戴法兴死去隔一夜，刘子业又下诏将其两个儿子杀死，并锯开戴法兴的棺材，将其焚烧，把戴家的家产全部没收。戴法兴与巢尚之两人几乎可以说是休戚与共的，刘子业也很聪明，在杀死戴法兴以后，他给巢尚之写信安慰、勉励，当时巢尚之是刘子鸾的抚军将军中兵参军，淮陵太守，但是，刘子业免去了他的中书通事舍人，将其升为抚军将军咨议参军，太守如故。戴法兴等人长期作威作福，早已引起了很多人的嫉恨，刘子业诛杀戴法兴，不少人是赞同的。与戴法兴一样在大明时期深得孝武帝宠信的，还有一个员外散骑侍郎奚显度，当时，孝武帝经常让他督促修建，而此人暴虐无道，酷热、暴雨、严寒、霜雪，在他手下当差的人，都不得休息，动不动就是一阵毒打，谁被分配到他的手下，就如同被绑上刑场，当时建康县拷打犯人，有时用木材碾压额头和双脚，民间有句话说："宁愿在建康压额，也不愿被奚显度打。"还有一句戏言叫作："别回顾，交给奚度。"民间的传闻，刘子业也有耳闻，一次，他开玩笑说："奚显度刻薄暴虐，为百姓所恨，应当把他杀了。"身边的人当即点头答应，出门就宣布说皇帝旨意要杀掉奚显度，真个把他给杀了。

除了奚显度，刘子业也掌握了尚书右仆射、领卫尉卿、丹阳尹颜师伯的一些情况。颜师伯长期处于高位，巴结他的人，得到的爵位往往会超出期望，他也借此收受了大量贿赂，家产很多，妻妾都是全国一流（暗中偷娶蔡兴宗的意中人尼姑智妃就是一例），别墅田庄也是独一无二，让士大夫们都很嫉妒。刘子业为了掌握权力，八月十日，晋升颜师伯为尚书左仆射，提拔吏部尚书王彧为尚书右仆射，又解除了颜师伯兼任的卫尉卿（皇城警卫司令）、丹阳尹（建康市长）的职务，这一招，让颜师伯非常害怕：不仅夺了自己的实权，还分割了自己在中央的权力，下一步，是否就要拿自己开刀了？

此时，刘子业尚没有动柳元景，更不要说刘义恭了，但是，山雨欲来风满楼，自从戴法兴被杀以后，昔日的重臣们突然发现，如今的世道并非他们想象的那么轻松……

一三六 大开杀戒

是刘义恭、柳元景等人阴谋废立在前、刘子业兴师动众在后，还是刘子业杀戴法兴在前、柳元景等人密谋发动政变在后呢？按照史书的记载，似乎是后者，然而，即便是后者，刘义恭和柳元景等人也的确没有把这个在数月之内失去双亲的孩子放在眼里，而对于精明的刘子业来说，要想保住皇位，甚至有所作为，就必须控制住军队——尤其是禁卫军。

虽然史书并没有明确记载，但从相关传记中，我们可以发现，刘子业在继位之后，就已经开始拉拢一些中下级禁卫军军官了。猛将薛安都，一直是太子左卫率，任职十年都没有晋升，刘子业继位后，升为右卫将军，加给事中，不久，又晋升为兖州刺史；杀人狂宗越，原为司州刺史，刘子业将其召为游击将军、直阁（在殿阁中值班）；谭金，与薛安都是老朋友，一起从北魏叛逃到刘宋，也是一员猛将，从孝建三年其一直是屯骑校尉、直阁将军，领南清河太守；强弩将军童太一，生平不详；车骑将军（刘子尚）中兵参军、直阁将军沈攸之，是沈庆之堂兄的儿子，年少时父亲就去世了，家境非常贫寒，元嘉二十七年，北魏拓跋焘大举南下时，刘宋也大举征兵，沈攸之到建康找到领军将军刘遵考，想当一个白丁队主（最下级的军官），但刘遵考见他面目丑陋，身材矮小，予以了拒绝，沈攸之叹息说："过去孟尝君身高六尺却担任齐国宰相，如今用人专用肥胖长大的呀！"只好跟随沈庆之当了一名普通士兵。后在新亭之战、广陵之战中均立下战功，引起了孝武帝的注意，专门给他的手下配备了步兵专用的仇池长矛，在广陵之战中立下战功本应受到重赏，却被主帅沈庆之压抑，只升为太子旅贲中郎，沈攸之对他这个堂叔是恨之入骨。据《南史·沈攸之传》称：他"与宗越、谭金等并为废帝所宠"。一句话也道出了刘子业拉拢禁卫军中下级军官、进而利用他们巩固自己地位的用心。

此时，两个禁卫军的最高将领领军将军是刘子业的十二叔，建平王刘休仁，护军将军是他的十八叔，桂阳王刘休范；中级将领左卫将军是他的十九叔，巴陵王刘休若，右卫将军是曾任太子左卫率的薛安都；中下级军官则是宗越等人，禁卫军的中坚力量其实全部在中下级军官的手中，而刘子业也利用薛安都为媒介将这些人控制到自己的手里，经常对之进行封赏，有了这些人的支持，刘子业就牢牢地控制住了整个禁卫军，也开始了他清除异己势力的步伐。

当戴法兴被杀、削弱自己权力之后，颜师伯开始与刘义恭、柳元景密谋要发动政变，废黜刘子业，立太宰刘义恭为皇帝，但三人密谋了数日，一直无法决定下来，这大约也与刘子业已经控制了禁卫军、发动政变难度加大有关吧？为了提高胜算，颜师伯找到了沈庆之，希望能够得到沈庆之的支持，显然，目的就是利用沈庆之在军中的威名，左右禁卫军军官的立场。然而，沈庆之与刘义恭的关系一直一般，多年来，刘宋高层恐怖压抑的政治气氛，多多少少影响到了这位太宰刘义恭的个性。史书记载，他没有长性，一生之中多次变换府邸，与他人交好，也总是先好后坏，他奢侈无度，从不看重财宝，有时候，赏赐身边的亲信财物能达一二百万，但稍有不满，总又要回来。另外，沈庆之与颜师伯的关系更不咋样，过去，颜师伯对政事独断专行，不与沈庆之商量，他对令史说："沈庆之不过是爪牙之人，岂能让他干预政事？"沈庆之听了，恨得是咬牙切齿。沈庆之出身下层，既不识字，更不会写字，但他工于心计，孝武帝在世时，在一次宫廷宴会上，孝武帝逼着让沈庆之作诗，不过是想让其出丑，沈庆之说："臣不识字，请让颜师伯执笔。"于是，孝武帝让颜师伯写，沈庆之口授道："微命值多幸，得逢时运昌。朽老筋力尽，徒步还南岗。辞荣此圣世，何愧张子房。"孝武帝听了非常高兴。对于沈庆之而言，参与政变阴谋得利多还是不参与得利多呢？如今刘子业已经掌握了禁卫军，因此，参与政变风险很大，并且，即使政变成功，刘义恭登上皇位，但对于沈庆之而言，自己并非首谋，功劳也不会比柳元景和颜师伯大。况且，二人之间素无交情，相反，假如向刘子业告密，会将刘义恭、柳元景和颜师伯一网打尽，自己将因功成为帝国第一权臣！

八月十三日，也就是在刘子业分割颜师伯权力后第三天，得到沈庆之密报的刘子业亲自率领禁卫军杀出皇宫，朝太宰府杀来，即在刘义恭的府邸将其父子五人全部斩杀，刘义恭死时五十三岁。杀掉刘义恭后，砍开他的尸体，挖出肠胃，挑出眼睛，将眼睛放入蜜中浸泡，制作成粽子，称之为鬼目粽。与此同时，刘子业派遣使者召见柳元景，当时，柳元景被任命为南豫州刺史后尚未上任，接到刘子业诏书后，身边的亲随也来报告说禁卫军从宫中出来，大事不妙，柳元景也知道无力回天，他从容整理朝服，坐上车子前去，临出家门，遇见自己的弟弟车骑司马柳叔仁率领数十位壮士，打算抗命，柳元景苦苦禁止。车子走出街巷，刘子业派来的禁卫军蜂拥而至，柳元景从容下车，平静被杀，死时六十岁。在京师和襄阳的柳氏子弟被杀的数十人，柳元景最小的儿子柳承宗、孙子柳嗣宗尚未出世，得以保全。在路上遇见颜师伯，士兵们当即将其斩杀，死时四十七岁，他的六个儿子都很年幼，也同时被杀，又杀掉了与柳元景关系密切的廷尉刘德愿。又派出使者前往湘州，去诛杀湘州刺史、刘义恭世子刘伯禽。刘义恭死后，刘裕的七个儿子全部死掉了：长子少帝刘义符、次子刘义真四十三年前为徐羡之、傅亮等人所杀，死时少帝十九岁，刘义真十八岁；三子宋文帝刘义隆在十三年前为自己的儿子刘劭所杀，死时四十七岁；四子刘义康十五年前为其三哥宋文帝刘义隆所杀，死时四十三岁；六子刘义宣在十二年前为其侄儿孝武帝刘骏所杀，死时四十岁；七子刘义季因担心受到哥哥刘义隆的猜忌而酗酒无度，于十八年前病死，死时三十三岁。

杀连四位大臣以后，当天，刘子业下令改元为景和，文武官员均晋升两级，第二天，他任命司徒、扬州刺史刘子尚兼任司徒，第三天，刘子业脱去丧服，又晋封沈庆之为侍中、太尉，封他的次子中书郎沈文季为建安县侯，食邑一千户；加封屯骑校尉谭金为平都县男，强弩将军童太一为宜阳县男，沈攸之为东兴县男，食邑各三百户，又晋升谭金为骁骑将军，童太一为左军将军，增加一百户食邑。从此以后，刘子业感到大局已定，他也开始学他的父亲孝武帝刘骏的做法，对公卿是说打就打，想骂就骂，像对待奴隶一样对待他们。

长长地松了一口气的刘子业开始有恩报恩，有仇报仇。如今，他让自己同母弟弟西阳王刘子尚担任司徒兼尚书令，以王彧为尚书右仆射，以袁顗为吏部尚书，征召王玄谟为领军将军。袁顗，是蔡兴宗的外甥，孝武帝还活着的时候，曾打算废黜刘子业而立刘子鸾为皇太子，袁顗当时是侍中，盛赞刘子业有日新之美，孝武帝这才作罢，此时，刘子业对袁顗非常感激，升其为吏部尚书，与尚书左丞徐爰均以诛刘义恭等人之功，赐爵县子。徐爰历仕五朝，善于奉迎，诛杀刘义恭之后，刘子业任命其为黄门侍郎，兼射声校尉，著作如故，封吴平县子，食邑五百户，刘子业对他非常宠信，过于群臣。刘子业常出行，他与沈庆之、山阴公主刘楚玉坐在一辆车上。山阴公主刘楚玉是刘子业的同母姐姐，嫁给了何偃之子、何尚之的孙子何戢。刘楚玉非常淫荡，她曾对刘子业说："你我虽然男女不同，但都是先帝的骨肉，可是陛下后宫无数，而妾却只有一个驸马，事理不公平，竟然到了如此地步！"于是，刘子业就给刘楚玉找了三十个面首（男宠），进爵位为会稽长公主，俸禄等同于郡王，给汤沐邑二千户，给鼓吹一部，加班剑二十人。公主看到右卫将军袁粲、吏部郎褚渊长相俊美，就对刘子业请求让褚渊侍奉自己十天，刘子业答应了。褚渊，字彦回，祖父是褚秀之，父亲是褚湛之，褚渊的妻子是宋文帝的女儿南郡公主，论辈分，褚渊是刘子业和刘楚玉的姑父，他不仅长相俊美，还善弹琵琶。刘子业敦促袁粲快点去，但袁粲依旧从容缓步，说道："风雨如晦，鸡鸣不已。"袁粲见到刘楚玉后，也一直不从。刘楚玉见到褚渊，对他说："我看你是一个大丈夫，为何没有一点男子汉的血气？"褚渊回答："不敢以此成为祸根。"就这样，褚渊被刘楚玉关押的十天里，誓死不从，刘楚玉也毫无办法，相反，在此期间，闲着无聊，褚渊与刘楚玉的丈夫何戢这两个帅哥竟然成了莫逆之交。另：褚渊还有一个弟弟褚澄，原来其父褚湛之娶了宋武帝刘裕第七女始安公主，始安公主死后，又娶妾郭氏，生下了褚渊；后又娶了宋武帝刘裕的第五女吴郡公主，生下了褚澄。褚渊虽然不是嫡子，却非常会巴结人，对吴郡公主表现得非常孝顺，吴郡公主对他很喜欢。褚湛之死后，公主舍弃自己的亲生儿子褚澄而以褚渊为嫡子，继承了褚湛之的爵位。褚澄又娶了自己的表妹、宋文帝刘义隆的女儿庐江公主，拜为驸马都尉。

刘子业让人在太庙给自己的祖先画像，他进入太庙看到曾祖刘裕的画像，说道："这位可是个大英雄，生擒过数个天子。"又指着祖父宋文帝刘义隆的画像说："这位也差不多，但不幸的是晚年竟被自己的儿子砍了头。"又指着自己父亲孝武帝的画像说："这家伙太好色了，不论贵贱都搞。"又说："这家伙是个酒糟鼻子，为什么不画上他的酒糟鼻子呢？"当即召来画师将孝武帝的酒糟鼻子给加上。刘子业长相不好，还经常犯错，因此在他当皇太子的时候，孝武帝并不喜爱，等到他继位后，想起过去，竟打算将父亲孝武帝的景宁陵挖掉，太史令称这样将对其自己不利，刘子业这才作罢。不过，他还是命人在景宁陵上泼洒粪便，并肆意辱骂自己的父亲为酒糟鼻子奴才，又派人挖掘殷贵妃的陵墓，过去，孝武帝在殷贵妃死后曾为其建造新安寺，此时刘子业也派人将寺庙毁坏，还打算诛杀附近的僧人尼姑。想到刘子鸾，他不禁恶从心生，下令将刘子鸾免为庶人，赐死，死时十岁，刘子鸾临死前，对身边的人说："但愿生生世世不再生在帝王家。"他的同母生弟弟妹妹刘子师等人均被杀掉了。当初，金紫光禄大夫谢庄在殷贵妃死后，曾奉命写了一篇哀悼文章，其中有一句话称"赞轨尧门"，刘子业认为，这是谢庄将殷贵妃比作汉昭帝的母亲钩弋夫人，一直怀恨在心。此时，他派人责备谢庄说："昔日，你给殷贵妃写哀悼词，当时你的眼里还有皇太子吗？"打算将其诛杀。有人劝谏道："死无所谓，每个人都会有一死。谢庄从小生于富贵人家，现在暂且将其关押在大狱里，让他尝尝入狱后的滋味，然后再杀了他也不迟。"刘子业同意了，将谢庄关押在左尚方。

一三七 暗藏杀机（一）

景和元年（公元465年）九月三日，前废帝刘子业前往湖熟，五天之后，又回到了建康。

义阳王、徐州刺史刘昶是刘子业的九叔，刘昶性格偏执急躁，在孝武帝时期就对他的哥哥不怎么服气，民间多次传言刘昶将要谋反，刘子业继位后，这种谣言更是甚嚣尘上。太宰刘义恭被杀以后，刘昶非常害怕，就派遣典签蘧法生上书请求还朝，以观察皇帝的意思。刘子业自从诛杀了刘义恭以后，开始毫无顾忌，他经常对身边的人说："我登基以来，还没有实施一次戒严，每当想到这一点，就感到美中不足，让人很郁闷。"见到蘧法生后，刘子业对他说："义阳王与太宰谋反，我正要发兵征讨，如今还知道还朝，这很好。"又屡屡责问蘧法生道："义阳王的阴谋，你为何不上报？"蘧法生担心继续待在京师，将遭杀身之祸，遂仓皇逃归彭城。

九月十九日，前废帝刘子业遂下诏征讨刘昶，宣布内外戒严。他亲自率军渡过了长江，并命令沈庆之为先锋，都督各军朝徐州进发。蘧法生回到彭城以后，刘昶即决定发动叛乱，可是，他派到各郡的使者均被斩杀，下属各郡均不从命，徐州城内的文武佐吏也都心怀二心。刘昶明知不会成功，再耽搁下去，只能是死，于是，他抛弃母亲和妻子，只带爱妾吴氏一人，令其女扮男装，与身边六十名亲随深夜打开徐州北门，仓皇向北魏境内逃去。一路上随从大多叛逃，随刘昶来到北魏的仅有二十多人，路上，他慷慨作诗："白云满鄣来，黄尘半天起。关山四面绝，故乡几千里。"拉着爱姬的手，南望恸哭，遥拜留在南方的母亲，左右莫不哽咽落泪，后来，刘昶在北魏一直受到礼遇，三娶公主，身居高位，被拜为侍中、征南将军、驸马都尉，丹杨王。刘昶叛逃之后，刘子业即任命使持节、督兖州诸军事、前将军、兖州刺史薛安都为督徐州豫州之梁郡诸军事、平北将军、徐州刺史；以虎贲中郎将、宁朔将军、济南、南郡两郡太守殷孝祖为督兖州诸军事、兖州刺史。

吏部尚书袁顗原本为刘子业所宠信，但不久就失宠了，原本刘子业让他与徐爰、沈庆之一起决定选人用人之事，现在反而以此为罪过，让有关部门弹劾了他，让他以白衣领职。袁顗跟随刘子业南下姑熟，前后数日，刘子业一直没有召见他，这让他非常担忧，开始盘算着如何离开京师这一是非之地。孝武帝时期，孝武帝刘骏曾嘲笑沈庆之没有多少才能，身为侍中的袁顗盛赞沈庆之忠诚、勤勉，还有干事之才，沈庆之听说后对他非常感激，如今，沈庆之也多次替他说好话，刘子业才答应了。本拟任他为建安王刘休仁的安西将军长史、襄阳太守，加冠军将军，但刘休仁最终没有成行，九月二十四日，即以袁顗为使持节、都督雍州梁州南北秦州四州郢州之竟陵郡随郡诸军事、领宁蛮校尉、雍州刺史，冠军将军如故。蔡兴宗是袁顗的舅舅，他对袁顗说："襄阳方向星象不利，岂能前去？"袁顗回答："大刀迎面砍来，哪里还能顾及流矢？这是因为事情有缓急的缘故啊。此行本欲脱离虎口，况且，天道幽远，哪能次次都会应验？即便应验，我也将修德以改变命运。"当时，临海王刘子顼为都督荆州、湘州、雍州、益州、梁州、宁州、南北秦州八州诸军事，荆州刺史，朝廷任命蔡兴宗为刘子顼的长史、辅国将军、南郡太守，行府、州事，刘子业之所以作出这一决定，是在他看来，蔡兴宗是被刘义恭、颜师伯等人排挤的人物，以其在荆州上游，与袁顗合势，有利于巩固自己的统治，因此，也有学者认为，史书对袁顗得罪刘子业一事的记载，当属错误的，而刘子业让蔡兴宗、袁顗舅甥二人分别掌控荆州和雍州，其目的是非常明确的。然而，蔡兴宗此人素来对刘子业没有好感，袁顗也劝说他接受任命："朝廷的形势，是人所共见的，朝廷内的大臣，旦夕不保。舅舅你出居陕西，为八州的实际管理人，我在襄阳，地胜兵强，距离江陵也很近，水陆便利。如果朝廷有事，我们可以立下桓文之功，岂与受制于凶狠狂妄之辈、随时将大祸临头同日而语呢？现在不离开虎口，到时候想离开也不可能了！"蔡兴宗却说："我并非出自高贵的门第，一步一个脚印地走到今天，与主上的关系非常疏远，不会招致大祸。宫廷内外，气氛恐怖，人人自危，这种情况不会持续多久，一定会发生变化。如果内难平定，外乱不可估量。你想在外求全，我想在内免祸，我们各走各的道，这不是很好吗？"

于是，袁顗匆忙上路，一路上一直担心自己会被朝廷追回，等到浔阳后，他才高兴地说："终于脱难了！"邓琬是晋安王刘子勋的镇军将军长史、浔阳内史，行江州事。袁颛与邓琬二人原本出身不同，但在浔阳，两人整天混在一起，亲密异常，明眼人一望便知袁颛有野心。不久，朝廷又任命蔡兴宗为吏部尚书。

九月二十八日，京师解除戒严，刘子业从白下北渡长江，来到瓜步山。

前废帝当太子的时候，太子妃何令婉已在大明五年去世了，前废帝刘子业继位以后，追赠其为皇后。何令婉的兄弟、宁朔将军何迈，娶了前废帝的十姑新蔡公主刘英媚。刘子业早就对自己的这位姑姑垂涎三尺，他把刘英媚召入宫中，就不让出去了，对外则宣称刘英媚已在宫中病死，然后，杀死一名宫女送到何迈家里宣称这就是刘英媚，让何迈下葬，改刘英媚为谢贵嫔。何迈自小就是贵公子，喜欢声色犬马，家中聚集了很多材力之士，何迈在京师三十里外的江乘县有座别墅，每次前去游玩，都是仆从如云，武士成群。自己的老婆被皇上霸占，这对于何迈来说当然是无法容忍，密谋趁着刘子业出游，将其废黜，册立晋安王刘子勋为帝，而刘子业也担心何迈会有异图，十一月三日，刘子业亲自率领羽林军来到何迈家中，将其诛杀。刘子业杀掉何迈以后，让有关部门上奏三弟刘子勋与何迈同谋，还亲自给刘子勋写信道："何迈打算杀死我，册立你为皇帝，你自以为你与孝武帝相比如何？可以自行了断。"刘子业对这个三弟的猜忌还有一层原因，因为他的祖父宋文帝刘义隆排行老三，他的父亲孝武帝刘骏也是老三，且在继位之前也是江州刺史，这都让刘子业非常不安，于是，他派身边的亲信朱景云前往浔阳，将刘子勋赐死，刘景云来到溢口就停了下来，派出使者向刘子勋的长史邓琬汇报，邓琬即不接受命令，起兵要求废黜刘子业。

刘宋宫廷历来十分肮脏，刘子业纳刘英媚为妃这件事，也许会发生。但何迈是刘子业的二弟、豫章王刘子尚的抚军咨议参军，且刘子尚就在京师，假如何迈有了废立之心，岂能舍近求远，密谋册立年仅十岁的刘子勋呢？这十分令人不解，因此，也有学者认为这段记载可能压根就是伪史。

沈庆之告发柳元景、颜师伯的阴谋之后，深受刘子业的信任，他也多次劝谏刘子业，慢慢地，刘子业开始对他也讨厌起来。沈庆之也觉察到了这一点，于是，闭门谢客。他曾经派范羡去找吏部尚书蔡兴宗通融，蔡兴宗让范羡给沈庆之传话："大人闭门谢客，目的就是谢绝请托而已，我蔡兴宗对大人无所求，为何连我也不见呢？"沈庆之听了，就请范羡邀请蔡兴宗到府上一叙。

蔡兴宗此人非常奇怪，他似乎对孝武帝父子没有什么好感，按理说，刘子业继位以后，即废除了孝武帝时期的种种弊政，不可谓不是善政，但蔡兴宗还是对此说三道四；刘子业诛杀了与蔡兴宗有矛盾的戴法兴等人，原以为蔡兴宗会对自己感恩戴德，岂料蔡兴宗却并不买账。他见到沈庆之之后，竟然公开劝说沈庆之谋反，他说："先帝虽然对天下没有什么功劳，但平定了叛乱，在位十一年，寿终正寝，主上继位，四海平安，继位时稍有违礼之处，大家也都认为他年纪尚轻，还有改过自新的余地，可是，近期主上的所作所为，已经人伦丧尽，要指望他能改过自新，势比登天还难。主上如今最为忌惮的还是大人，百姓们仰望的也是大人你一人。大人的威名远播，天下百姓对您心服口服，如今，满朝文武个个心怀忧惧，朝不保夕，大人首举义旗，谁不响应？如果大人继续犹豫不决，坐观成败，不仅就会大祸临头，而且你还会受到助纣为虐的恶名。我受到您的厚爱，因为才敢于披肝沥胆，说出我心底的话，请大人三思。"蔡兴宗敢于鼓动沈庆之谋反，绝非他自己的一时冲动，背后肯定是受到了某人的指示，而这个人则极有可能是湘东王刘彧。如今，刘子业尚存的皇叔还有六人：八叔东海王刘祎、十一叔湘东王刘彧、十二叔建安王刘休仁、十三叔晋平王刘休祐、十八叔桂阳王刘休范、十九叔巴陵王刘休若。东海王刘祎最为无能，刘子业称之为驴，对他还比较放心；十八叔刘休范和十九叔刘休若年龄不大，刘子业也不担心，最让他忧心的是刘彧、刘休仁和刘休祐三人，为了防患于未然，刘子业将他这三个叔叔全部从地方上征召回京师，刘彧原被任命为雍州刺史，但被刘子业征召回京；刘休仁原本也是被任命为雍州刺史，还未上任，刘子业也将他留在了京师，任命为散骑常侍、护军将军，又加特进、左光禄大夫，给鼓吹一部；刘休祐原为豫州刺史，被刘子业征召入朝，任命为镇西大将军，又晋升为散骑常侍、镇军大将军、开府仪同三司。刘子业将他这三个叔父都软禁在皇宫之内，随意打骂、凌辱，刘彧、刘休仁和刘休祐这三人都是胖子，尤其是刘彧最胖，刘子业就称呼刘彧为猪王，刘休仁为杀王，刘休祐为贼王，用竹笼盛着这三人称他们的体重。刘子业曾用木槽盛饭，再拌上杂粮，然后在地上挖一个大坑，坑里注满泥浆，把刘彧脱个精光推到坑里，让他就着木槽吃食，刘子业等人站在岸上看着嬉笑。刘子业多次将要加害三王，但刘休仁非常机警，在刘子业面前卑躬屈膝，极尽献媚之能事，才得以拖延。刘子业曾命令身边的亲信当着刘休仁的面轮奸刘休仁的母亲杨太妃，身边的亲信不得已只好从命，等轮到右卫将军刘道隆时，刘道隆欣然从命，丑态百出。此时，刘彧等人与刘子业之间的矛盾已经是水火不容，他们利用蔡兴宗去争取沈庆之以发动政变，这种可能是最大的，而史书为了给刘彧避讳，有意掩饰了这一点，这才是让人感到莫名其妙的原因。

一三八 暗藏杀机（二）

一个八十岁的老翁还能有什么追求？他只想能平平安安地度过余生。

如今的沈庆之就是这样。当他听了蔡兴宗的一席话后，他说："近日来，我也感到不能自保，但尽忠奉国，始终如一，一切交付天命吧。况且，我已经衰老，退居私门，身边也无兵力，即使有这个意思，也难以成功。"蔡兴宗继续说："今日怀抱密谋、意欲发动政变的人，并非是想富贵、立功名，仅仅是想能够免死罢了。殿内将帅，也会遵从外面的消息，如果外面有一人振臂一呼，很快即可平定。何况大人威名素著，在三朝都统率军队，你的旧部布满宫廷内外，宗越、谭金等人都出自大人麾下，受大人厚恩；沈攸之、沈恩仁均是大人一家子弟，谁敢不从？况且，大人门徒、义从和三吴壮士，府中奴仆也有数百。殿中将军陆攸之即将率军向东讨贼，配备了大量武器铠甲，尚逗留在清溪没有出发。陆攸之与大人是同乡，骁勇有胆，取用他部队的武器，配备给你的麾下，并让陆攸之所部为先锋，天下之事可定。我则在尚书省中自当率领群臣，另外选择贤明之人为君，过去，帝太甲和昌邑王的罪过尚未连累到百姓们，伊尹和霍光尚且行废立大事，何况如今苍生危急呢？朝廷的各种措施，民间都说大人参与了，如今大人还犹豫不决的话，肯定会另外出现一个起事之人，到时候，大人就不免受到追随恶人的祸患。主上多次驾临大人的府邸，饮酒酣醉，流连忘返，又听说还经常让左右回避，与大人独自到内室，这都是千载难逢的机会，机不可失。"沈庆之回答："深感大人说出的肺腑之言，但这是大事，不是我所能做的，事情来临之际，我只有怀抱忠贞而死罢了。"

沈文秀是沈庆之的侄儿，被任命为督青州之东莞东安二郡诸军事、建威将军、青州刺史，临上任，他率领所部驻扎在白下（南京市北金川门外、幕府山南麓），也劝说沈庆之："主上狂暴如此，很快就会土崩瓦解，而我们全家却受到他的宠信，所有的人都认为我们家是他的死党。此人性情无常，非常猜忌，将来我家的灾祸，非常难以预料，如今，依靠众人的力量发动政变，将易如反掌，机不可失。”但沈庆之不从，沈文秀反复请求，以致说到此事，就泪流满面，但沈庆之始终不听，于是，沈文秀只得率众北行。

刘子业诛杀何迈时，料到沈庆之肯定会进宫劝谏，提前下令封锁了清溪上的各个桥梁，不让他通过。沈庆之听说此信后，果然打算入宫，但走到清溪即无法通过，只得折返回家。在处死何迈的第二天，前废帝刘子业即派遣直阁将军、沈庆之的堂侄沈攸之给沈庆之送去了毒药，沈攸之虽说是沈庆之的侄儿，但对沈庆之曾压制自己一直怀恨在心，这次，他报仇的机会终于来了，沈庆之不肯喝药，沈攸之上前用被子将他捂死，沈庆之死时八十岁。沈庆之的长子、侍中沈文叔，原打算逃亡，担心一旦自己逃亡，刘子业一怒之下兴许也会将自己父亲的尸体像对待刘义恭那样肢解，他对弟弟、中书郎沈文季说：“我去一死，你将复仇！”也将老父的药喝下而死。他的弟弟秘书郎沈昭明也上吊自杀。沈文季挥刀飞马夺路而逃，追兵不敢接近，遂得以逃脱。刘子业对外宣称沈庆之病死，追赠侍中、太尉，谥号忠武公，葬礼甚厚。前废帝刘子业肯定不会知道沈庆之与蔡兴宗之间的谈话，但是，沈攸之也许会中伤沈庆之的，对于刘子业而言，一个振臂一呼应者云集的人无论如何对自己都是一个威胁，因此，沈庆之的命运就此注定了。这一年年初，沈庆之曾经做过一个梦，梦见一人给了他两匹绢，并说：“这两匹绢就够了。”醒来后，沈庆之对别人说：“老头我今年肯定要死了。两匹是八十尺，今年，我八十岁。够了，就是完了。”沈庆之死后，刘子业又派遣直阁将军江方兴领兵北上前去诛杀沈文秀，江方兴所部还未抵达青州，刘彧就诛杀了刘子业，派出使者制止江方兴，江方兴到青州之后，被沈文秀逮捕，不久，又将其遣返回京。

王玄谟被排挤出京，当然是颜师伯、戴法兴、柳元景等人的原因，因此，在前废帝刘子业诛杀颜师伯和柳元景等人以后，就征召王玄谟为领军将军，当时，王玄谟的子侄们都劝说他称病不从，王玄谟说：“我受到先帝的厚恩，岂能担心受祸不从！”回京以后，他多次上表劝谏，又流泪请求刘子业不可刑杀过度，刘子业大怒。也就是在这时，京师四处传出谣言，说王玄谟已经被杀了，闹得人心惶惶。在任何时候，谣言的杀伤力都不可低估，在这种时候，散播这种谣言的目的就是让混乱的人心变得更加混乱，人为地在刘子业与王玄谟之间制造矛盾和猜疑。王玄谟的旧部尚有三千多人，前废帝刘子业基于巩固统治地位的要求，命令他将这三千人全部配给有关部门统一管理，这让王玄谟非常不满，请求留下五百人负责修筑岩山的陵墓，陵墓尚未竣工，刘子业又将他们召回了城内。王玄谟的典签包法荣老家在东阳，而蔡兴宗曾是东阳太守，两人也曾相识，蔡兴宗又吓唬包法荣说："领军将军可要小心了！"包法荣回答："这些天来，领军将军几乎吃不下一点东西，夜里也睡不安稳，经常说逮捕自己的人已经到家门口了，整日里惶恐不安。"蔡兴宗又鼓动说："既然领军将军忧惧不已，就应该想想办法，岂能坐以待毙？"接着，他又劝说王玄谟利用入城以后的那五百兵丁发动政变："当今以领军将军的威名率先举义，大事可以立刻成功，领军将军虽然患有足病，但尚可坐车指挥，大祸将要临头，不可失去机会，你回去以后，就这样对领军将军说。"王玄谟也不敢率先起事，他让包法荣回复蔡兴宗说："这种事做起来也非常难，不过我向你保证绝不会泄露你的话。"——等到宋明帝即位后，王玄谟又后悔没有参与这次政变，他埋怨自己的亲信郭季产、女婿韦希真等人说："那时，你们在我身边也没有一人提及此事的。"郭季产说："蔡尚书让包法荣来说过这事，并非没有机会，只是大事做起来非常难，我郭季产说又有什么用！"说得王玄谟是面红耳赤，无言以对。蔡兴宗先找到沈庆之，但前废帝很快就将沈庆之赐死了，他又找到了王玄谟企图铤而走险，但又遭到了拒绝，他还是不死心，当时，右卫将军刘道隆被前废帝宠信，掌握着禁卫军，一天夜里，刘子业曾驾临著作佐郎江敩（江湛孙，既是刘子业的妹夫、又是姑表兄弟）家里，蔡兴宗从刘道隆的车后经过，对他说："刘公，这些天来，想找个清闲的日子潇洒一下。"刘道隆立即领会了他的意思，用手掐掐他的手说："蔡公，别多说了！"

十一月十三日，也就是在刘子业杀死何迈十天后，他册立了太皇太后路惠男弟弟路道庆的女儿路氏为皇后，四厢奏乐，赦免扬、南徐二州。刘子业纳姑姑新蔡公主刘英媚之后，曾打算册立她为皇后，但刘英媚是羞愧难当，坚决不同意，刘子业这才立了路氏。有了皇后，还需要一个皇子，少府（一说廷尉）刘曚（一说叫刘胜）的妾怀孕后，被刘子业接入后宫，希望她能产下一个男孩，立为太子。到了十一月十八日，这个女人果然生下了一个男孩，刘子业大喜，称之为皇子，宣布大赦天下，全国所有有儿子的臣民都赏赐一级爵位——也有学者认为，刘子业登基时年纪轻轻，不会急于要一位皇子，而且，还将他人的儿子充作自己的儿子，这不符合常理，可能的情况是：刘子业的后宫的确生下了一位皇子，明帝刘彧继位后，之所以这样说不过是给刘子业脸上抹黑，以刘彧本身性无能这一点来看，也总是会拿这一点说事吧。在这之前，一次湘东王刘彧得罪了刘子业，刘子业大怒，将他剥了个精光，像绑猪一样把他四肢绑在一条木棍上，交给太官（御膳房），说："今天杀猪。"刘休仁赶紧赔着笑，说："猪今天可不能死。"刘子业问为什么，刘休仁忙回道："等皇太子出生后，再杀猪取他的心肺吃。"刘子业转念一想，倒也不错，点头说道："那先押入大牢。"刘彧在大牢里待了一夜，才被放出。

此时，朝廷内外均已进入非常危险的境地：朝廷之外，刘子业派往江州诛杀三弟刘子勋的朱景云停留在湓口，刘子勋的典签谢道迈、主帅潘欣之、侍书褚灵嗣听说以后，火速报告给长史邓琬，流泪请问应对之法。邓琬说："我只是一个江南的寒士，蒙受先帝大恩，将爱子托付给我，岂能顾及家中百口的性命而不以死报效？幼主昏庸残暴，社稷危险，虽是天子，其实就是独夫民贼。如今，我愿意率领府中文武，直至京师，与朝廷群臣废黜昏庸，册立贤明。"十一月十九日，称刘子勋的命令即日戒严，刘子勋身着戎装，大会文武，让潘欣之传达命令："少主昏庸猖狂，这是大家有目共睹的，顾命重臣全被杀死，驱赶逼迫王公大臣，软禁侮辱太后，不法之徒，为虎作伥，京师诸王，全部囚禁，无法举事，我身为宗室亲王，岂能坐视不顾？如今，将率领江州之众，传檄四方，以安王室，诸君的意见如何？"大家都未开口，录事参军陶亮应声而答："少主昏庸狂悖，丑声四达，古代有伊尹和霍光所行废立大事，今天有殿下行此壮举。我州的士民百姓，世代忠良，何况正处于千载难逢的机会，我愿意为先锋！"大家也都一致响应。刘子勋对所有文武晋升一级，升陶亮为咨议参军事，领中兵，加宁朔将军，全权负责军事；功曹张沈为咨议参军，负责制造战舰；参军事顾昭之、沈伯玉、荀道林等掌管文书。南阳太守沈怀宝、岷山太守薛常宝在上任途中，刚到浔阳，与新蔡太守韦希直一起被刘子勋任命为咨议参军，领中兵，与彭泽令陈绍宗均为将帅。前废帝刘子业前不久让荆州押送前军长史、荆州行事张悦（张畅之弟）回京，行至湓口（江西省九江市），邓琬称接到刘子勋的命令，打开了他的枷锁，以车迎回浔阳，任命其为司马，加征虏将军，又加邓琬为冠军将军，由二人共同掌管内外大政。派遣将军俞伯奇率领五百人切断大雷（大雷戍，安徽省望江县境），断绝了长江上下游之间的商旅及通信；征发各郡的军民，聚集武器，十日之内，即筹集了五千甲士，然后，驻军大雷，在长江两岸构筑营垒。巴东、建平二郡太守孙冲之上任，刚到孤石，邓琬即以孙冲之为刘子勋咨议参军，领中兵，加辅国将军与陶亮一起统领前军。让记室参军荀道林书写檄文，驰告远近。

一三九 诛杀子业

根据正史的记载，刘子勋起义当在刘彧诛杀前废帝刘子业之前，如果属实的话，那么，刘子业的三弟刘子勋起兵反的不是刘彧，而是刘子业，至于不久以后刘彧与刘子勋之间的争斗，也成了并无正义性的君位之争了。

即便史书将前废帝描写得异常不堪，但在当时的舆论下，数日之后刘彧对刘子业的弑杀，仍然是一种犯上作乱的行径，假如刘子勋等人以诛杀乱臣贼子刘彧为名，与刘彧争斗的话，多少是有一定“正义性”在的。因此，也有学者认为，史书关于这一点的记载，与袁顗“得罪”了刘子业而被任命为雍州刺史的记载，都不一定是真实的，极有可能是上台之后的刘彧为了显示自己弑君的正当性，而指使史官所做的伪史。将刘子勋举事定在刘子业被杀之前，不仅给人造成刘子业众叛亲离的印象，而且也让刘彧的弑杀行为披上了合法的外衣。仔细研读这一段历史，有不少令人费解之处，比如，蔡兴宗为何明目张胆地四处游说，要朝廷重臣发动政变？蔡兴宗曾经对沈庆之说过，之所以要这样，只是避祸（原话为：“当今怀谋思奋者，非要富贵，求功赏，各欲免死朝夕耳。”），那么，这个“非要富贵，求功赏，各欲免死朝夕”的“当今怀谋思奋者”又是何人呢？肯定不是蔡兴宗本人，这是因为，他就曾对袁顗说过，自己是“素门平进，与主上甚疏，未容有患”，也就是说，前废帝不会对他怎么样的，结合史料，此人只能是刘子业年龄较大的三个皇叔湘东王刘彧等三王。那么，史书又为什么将刘彧等人的阴谋隐去了呢？这大约还是为尊者讳的传统。再比如，沈庆之举报了柳元景、颜师伯和刘义恭三人的阴谋，但当蔡兴宗拉他入伙时，沈庆之拒绝之后，并没有向前废帝举报，这又是何故？不仅沈庆之如此，王玄谟也是如此，就连前废帝刘子业的亲信右卫将军刘道隆还是这样，这又是为什么呢？是他们惧怕蔡兴宗背后的那个人的势力吗？可是，如史书所载，刘彧等三王似乎已经被前废帝刘子业折腾得死去活来，毫无生理，哪里还有还手之力？或许刘子业在宫中对付三王的种种作为压根都是假的？再有，假定刘子勋在十一月十九日即戒严，从这一天起到刘子业被杀，相差十一天之久，风声不会传不到建康，而刘子业还打算去南巡，这更令人不解；且当时的前废帝刘子业忌惮的是三位皇叔，而并非年纪尚幼的弟弟们，就拿刘子勋来说吧，虽然他与他的父亲孝武帝刘骏继位前的职位一样，且都是老三，但他也才十岁，如今他根本不可能有什么作为，相反，如今的刘子业正是依靠这些年幼的兄弟们占据地方，实际上依靠他们的寒门僚属实施对整个帝国的控制，刘子业为何要在时局非常动荡的情况下自剪羽翼？事实上，在孝武帝死后，刘宋皇室真正拥有隐形力量的，既非一向懦弱的刘子业的叔祖太宰刘义恭，也不是刘子业年龄幼小的诸位弟弟们，正是年富力强的刘子业的三位皇叔，而前废帝刘子业将自己的诸位弟弟安插在地方，将三位皇叔调回京师，其目的正是防备篡位。还有，前面说过的何迈舍近求远，密谋册立刘子勋一事，也令人不解，史书说何迈的上级、刘子业的二弟刘子尚长大以后，“人才凡劣，凶慝有废帝风”，却没有举出一例加以说明，这显然也有污蔑刘子尚之嫌。再考虑到宋明帝刘彧继位以后在宫中裸露妇女观看等行径，前废帝刘子业的所为会不会是刘彧的污蔑之词？但是，这都是毫无根据的推测而已，我们只能凭借着遗留下来的史料继续往下说。

江州刺史刘子勋已经反叛，而建康城内的蔡兴宗还在四处煽风点火，民间也传出谣言说：“荆湘之地将出天子。”自从刘子业继位之后，这一系列不同寻常的事情当然有幕后推手，此时的荆州刺史是刘子业的七弟刘子顼（时年十岁），湘州刺史刘义恭的长子刘伯禽在数月前为刘子业所杀后，刘子业任命了自己的十三弟刘子元（时年八岁）为湘州刺史，刚刚在上任途中。这种谣言旨在将刘子业的注意力从京师转移到荆湘地区，如果可能的话，诱使刘子业离开建康，一旦他离开了京师，就起到了调虎离山之效，幕后推手就可以在建康起事。但是，刘子业并不是傻子，虽然他决定南巡荆州和湘州，以镇压天子之气，不过，在他打算离京之前，已经决定清除任何可能的异己势力了。

十一月二十九日，他将刘宋宗室的部分公主、王妃都召集到宫中，下令身边的亲随当场奸淫进行侮辱，这些人大约都是刘子业以为属于异己势力的范畴。南平王刘铄是刘子业的四叔，大家还记得，刘铄素来不推服刘子业的父亲孝武帝刘骏，因此，在刘骏继位后不久，即派人毒死了刘铄，大约刘子业认为刘铄一家对自己会有刻骨仇恨，因此，刘铄的遗孀、南平王王妃江氏（江湛之妹）也在被辱之列。江氏不从，刘子业大怒，说道："如果不从，我将杀了你三个儿子。"江氏依然不从，于是，刘子业派使者在南平王府诛杀了刘铄的三个儿子：刘敬猷、刘敬渊、刘敬先，将江氏抽打了一百鞭子。前不久，刘子业曾在华林园的竹林堂游玩，让宫女们脱光身子相互追逐打闹取乐，其中一名宫女不从，刘子业下令将其斩杀，不久，他做了一个梦，梦见自己在后堂散步，有一个女子见到他骂道："皇帝你暴虐无道，你赶不上吃明年的粮食了！"刘子业醒后大怒，在宫中找到一名长相酷似梦中那位女子的宫女，将其诛杀。就在当晚，他再次梦见被杀的那位宫女骂道："我无辜为你所杀，已经向上帝控告你了！"到了这一天，巫师说："这里有鬼。"当天中午过后，刘子业与建安王刘休仁、山阳王刘休祐、会稽公主刘楚玉以及六宫宫女数百人一起随着数名巫师前去抓鬼，而将湘东王刘彧独自留在了秘书省，没有让他一起随从，这让他深感不安——真的吗？

刘子业等人兴冲冲地出了华林园前去抓鬼，然而，让刘子业怎么也想不到的是，一场阴谋正悄悄地朝他笼罩而来。当初，刘子业依靠直阁将军宗越、谭金、童太一、沈攸之等人诛杀了颜师伯等人，有了他们的支持，刘子业才肆无忌惮，横行霸道，弄得朝廷人人自危。刘彧借助蔡兴宗鼓动王玄谟等人发动政变，却毫无结果，他只好另辟蹊径，铤而走险，处心积虑地寻找机会，在宫中将刘子业诛杀，于是，他想到了一个人——阮佃夫。阮佃夫，曾是刘彧的主衣，负责穿戴之事，在孝武帝时期被召入宫中，担任内监（内廷主管），此人对宫中情况非常了解，在宫中也有一定的影响力，因此，刘彧又请求刘子业让阮佃夫担任自己的世子刘昱的老师，对阮佃夫非常礼遇。这一不动声色的安排，无疑是刘彧处心积虑的一步棋。刘彧被软禁在皇宫之中，命在旦夕，惶恐不知所为（史书这么说，似乎故意将刘彧从这场阴谋中撇清，反而有此地无银三百两之嫌），阮佃夫即与湘东王内监王道隆、学官令李道儿结好刘子业的左右亲随淳于文祖等人一起密谋发动政变，弑杀刘子业。刘子业诛杀戴法兴之后，其实已经得罪了宫中一大批过去影子内阁集团，只是这些人慑于刘子业的淫威不敢发作而已，而此时，直阁将军柳光世也与刘子业的左右亲随缪方盛、周登之有心诛杀刘子业，但不知推举何人为主。周登之过去曾与刘彧有点交情，缪方盛就让他去联络阮佃夫，阮佃夫听说后不禁大喜。刘子业因册立皇后之故，宫内宦官人手不够，临时调来了诸王王府的宦官入宫帮忙，刘彧的心腹宦官钱兰生也在其中，事后，还未被遣返，刘彧就暗中安排钱兰生时刻刺探刘子业的行迹。钱兰生担心事情败露，他自己不出面，刘子业的一举一动他都让淳于文祖密报阮佃夫。

刘子业一向讨厌自己的主衣寿寂之，每次见到寿寂之，都是恨得咬牙切齿的，阮佃夫看到有机可乘，即将自己的阴谋告诉了寿寂之、外监典事（外廷主管）朱幼、细铠主（细铠军主）姜产之三人，姜产之又将计划告诉了自己的下属细铠将（细铠军将领）王敬则，朱幼告诉了中书舍人戴明宝。这些人大多都是戴法兴的死党，听到了阮佃夫的计划，均纷纷响应。

他们等啊等，今天，这个良机终于到来了！刘子业决定明天诛杀了湘东王刘彧之后，即离京南巡，因此听任心腹宗越等人出宫装束，整顿军队，宫中再无刘子业的心腹将领了，只有队主樊僧整率部守卫在华林阁。戴明宝、朱幼二人打算在破晓时分发动，而阮佃夫等人担心夜长梦多，决定在当晚第一通鼓声响过后即发动政变。朱幼提前部署内外，并让钱兰生秘密告知了刘休仁和刘休祐，柳光世与樊僧整是老乡，又秘密将行动告知了樊僧整，樊僧整当即答应。姜产之又联络了队副聂庆及所领壮士富灵符、俞道龙、宋逵之、田嗣四人，大家一齐聚集在聂庆的办公室待命。阮佃夫还担心人手不够，还想继续联络其他人加入，但寿寂之说：“知道的人多了，兴许会泄露，不用太多的人了。”

一四〇 明帝继位

当晚，前废帝刘子业屏去了所有侍卫，仅与一些巫师、数百宫女在竹林堂前射鬼。

射完了鬼，刘子业下令将要演奏靡靡之音，恰在这时，突然发现寿寂之抽刀闯入了竹林堂，姜产之紧随其后，在姜产之后面，又进来了淳于文祖、缪方盛、周登之、富灵符、聂庆、田嗣、王敬则、俞道龙、宋逵之九人。刘休仁早已听见噔噔的脚步声，他偷偷对刘休祐说："开始行动了！"两人趁乱逃奔华林园内的景阳山上躲避，不一会儿，数百宫女都看到杀气腾腾的这十一个人快步前来，吓得是花容失色，一时惊呼逃散。刘子业一看大事不好，弯弓搭箭，朝寿寂之射来，慌忙间却没有射中，返身就跑，寿寂之穷追不舍，一直追到华光殿，只听得刘子业高呼三声："寂！寂！寂！"大约是在向寿寂之哀求，他的手也抬不起来，可能是因为恐惧，可能是史书对他被砍断双手的委婉说法，寿寂之顾不了那么多，一刀结果了他的性命。刘子业死时十七岁，共在位一年半。

杀掉刘子业后，寿寂之对卫士们宣布："湘东王接受太皇太后的命令，诛杀狂妄之主，如今已经成功！"宫廷卫士不知就里，不知如何是好。

刘休仁前往秘书省拜见哥哥湘东王刘彧，见到刘彧之后，即向他称臣，引导他前去西堂，登上御座，然后传令召见群臣入宫。当时，事发仓促，黑暗中，刘彧匆忙之间竟然跑掉了鞋子，一直光着脚跑到西堂，入室之后，还戴着亲王戴的黑色帽子。等刘彧在御座上坐定，刘休仁呼喊主衣给刘彧取来一顶皇帝戴的白色帽子戴上。刘休仁又命令有关人员准备仪仗，由于当时刘彧尚未继位，凡事均称命令，当晚，宣布太皇太后路惠男的命令，历数前废帝刘子业的罪恶，命令湘东王刘彧登基继位。一夜无眠，等到第二天黎明，宗越等刘子业曾依仗的将领们才入宫，刘彧对他们亲切安抚。然后，废黜刘子业的同母弟、司徒、扬州刺史刘子尚，同日，又下令将刘子尚、会稽公主刘楚玉诛杀；释放了谢庄，这一天，建安王刘休仁等人才从宫中搬出。当时，刘子业的尸体还横躺在太医院的门口，蔡兴宗对尚书右仆射王彧说：“此人虽然凶狠狂悖，但毕竟是天下之主，应该举行一个简单的葬礼。如果一直不管不问，恐怕会被野心家找到借口。”于是，刘彧命令将刘子业草草埋葬在丹阳秣陵县南郊坛西边。当时，刘敬猷三兄弟被刘子业杀掉后，尚未入殡，兴高采烈的刘休仁和刘休祐兄弟二人一起前去吊唁，一路上他们两个得意忘形，在车上拉开车窗帘，谈笑风生，来回还奏着乐器，根本不像是去吊唁，倒仿佛是去赴宴，让人们都是连连摇头。宗越、谭金、童太一等人虽然受到明帝的安抚，但内心不安，刘彧也不愿他们在宫中任职，对他们说：“你们在前朝勤劳多日，应该找一个安身立命的地方好自奉养，兵马大都，随诸位挑选。”宗越等人原本就担心被杀，听了刘彧这么一说，更是心生疑窦，相顾失色，密谋作乱，他们将阴谋告知了沈攸之，沈攸之却向刘彧告密了，刘彧得知后，即将三人逮捕下狱处死，沈攸之重获刘彧的信任，继续担任直阁将军。

十二月七日，刘彧正式登基即位，史称宋明帝，大赦，改元泰始，并下诏赐民爵二级；鳏寡孤独不能自存者，每人赏赐五斛谷子；不再收取欠债；恢复受到乡论清议品评者的名誉，等等。在此前后的数日，刘彧可谓是忙得焦头烂额。

一是论功行赏。对参与政变的十一人均予以封赏：封寿寂之为应城县侯，食邑千户；姜产之为汝南县侯，阮佃夫为建城县侯，食邑各八百户；封王道隆为吴平县侯，淳于文祖为阳城县侯，食邑各五百户；封李道儿为新涂县侯，缪方盛为刘阳县侯，周登之为曲陵县侯，食邑各四百户；封富灵符为惠怀县子，聂庆为建阳县子，田嗣为将乐县子，王敬则为重安县子，俞道龙为茶陵县子，宋逵之为零陵县子，食邑各三百户。这些人在明帝时期大多是红人，其中，寿寂之后升为羽林监、太子屯骑校尉、宁朔将军、南泰山太守，在任期间招权纳贿，为他人请托，稍有不如意，就切齿痛骂道：“手持利刃，什么事情办不成！”后被宋明帝流放越州，途中被杀；阮佃夫升南台侍御史，与王道隆、杨运长三人手握大权，仿佛孝武帝时期戴法兴和巢尚之那样；王道隆，在明帝即位后也被任命为南台侍御史、员外散骑侍郎，南兰陵太守，后兼中书通事舍人，他谨慎小心，不肯伤害他人，明帝对他的信任超过了阮佃夫，《南齐书·陆澄传》记载，陆澄的弟弟陆鲜犯了死罪，陆澄在路上遇到王道隆，叩头流血，因此，陆鲜得以免罪，由此也可见，王道隆当时的能量。杨运长，擅长射箭，曾为刘彧的射箭老师，深受刘彧的信任，后为员外散骑侍郎，南平昌太守。朱幼后官为奉朝请、南高平太守，封安浦县侯，食邑二百户；姜产之，后为晋平王刘休祐骠骑中兵参军，龙骧将军、南济阴太守，后与北魏交战，军败被杀；李道儿，晋升为员外散骑侍郎，淮陵太守，后兼中书通事舍人，转给事中，不久病死；王敬则，原为杀狗的屠夫，曾到高丽贩狗，明帝时被升为直阁将军，后为龙骧将军、军主（军为刘宋部队的作战单位，步兵三千人为一军，骑兵一千人为一军），在宋齐交替时期，与萧道成关系密切，南齐建立后，官至大位。《太平广记》引《述异记》还记载了周登之家的一件奇异之事："宋明帝时，统诸灵庙，甚被恩宠。母谢氏，奉佛法。泰始三年，夏月暴雨，有物形隐烟雾，垂头，属厅事前地，头如大赤马，饮庭中水。登之惊骇，谓是善神降之。汲水益之，饮百余斗，水竭乃去。二年而谢氏亡，后半岁而明帝崩，登之自此事业衰败。"

二是安抚旧人。刘彧的生母、宋文帝的沈婕妤早已去世，刘彧从小是被孝武帝刘骏的母亲、如今的太皇太后路惠男带大，刘彧对路太后非常孝顺，路太后对刘彧也十分喜爱。如今，他杀害了路惠男的嫡长孙刘子业及次孙刘子尚、孙女刘楚玉，你说路太后心里能怎么想？并且，刘彧并非路太后亲生，刘彧继位后，有关单位上书要求将路太后迁往皇宫之外居住。为了表示自己依然对皇太后非常尊崇，刘彧拒绝了，下诏称让路太后继续留住宫中，便于自己早晚问安，与此同时，他还下令任命路太后的侄儿路休之为黄门侍郎、路茂之为中书侍郎，这当然也是为了安抚手握重权的孝武帝一系的诸王。

刘子业和刘子尚死后，孝武帝的儿子尚有十四位，他们分别是：三子江州刺史刘子勋（其年十岁）、四子郢州刺史刘子绥（出继刘义恭之子刘睿、其年十岁）、六子会稽内史刘子房（其年十岁）、七子荆州刺史刘子顼（其年十岁）、九子南徐州刺史刘子仁（其年九岁）、十一子南兖州刺史刘子真（其年九岁）、十三子湘州刺史刘子元（尚在赴任途中、其年八岁）、十六子南琅邪彭城二郡太守刘子孟（其年七岁）、十八子临贺王刘子产（其年七岁）、二十一子晋熙王刘子舆（其年六岁）、二十五子刘子趋、二十六子刘子期、二十七子东平王刘子嗣（其年三岁）、二十八子刘子悦。在继位之初，为了安抚他们，刘彧于十二月一日，加封镇军将军、江州刺史、晋安王刘子勋为车骑将军、开府仪同三司，后，又将刘子绥进号征南将军，改封江夏王，食邑五千户；刘子房原为右将军、督会稽、东阳、新安、临海、永嘉五郡诸军事、会稽太守，刘彧继位前后，改督为都督，进号安东将军，太守如故。改封刘子产为南平王，出继南平王刘铄之后；改封刘子舆为庐陵王，出继宋文帝第五子刘绍之后。其他如徐州刺史薛安都也进号为安北将军，加鼓吹一部，刘彧也都一一封赏。

三是重用心腹。十二月一日，刘彧加封刘子勋的同时，又任命哥哥、司空、东海王刘祎为中书监、太尉，三天后，又以新任骠骑大将军、建安王刘休仁为司徒、尚书令、扬州刺史，镇军将军、开府仪同三司，山阳王刘休祐晋升为骠骑大将军、荆州刺史，桂阳王刘休范为镇北将军、南徐州刺史。刘彧的这一安排，用意显而易见，那就是在控制中央的同时，试图由自己的弟弟刘休祐控制长江上游的荆州，刘休范控制长江下游的南徐州。为此，他下令调荆州刺史刘子顼为镇军将军、丹阳尹，调南徐州刺史刘子仁为中军将军，领太常，刘子仁未作抵抗，刘彧顺利地将南徐州拿到手里，但遥远的荆州遇到了麻烦，长史孔道存拒绝接受刘彧的命令，刘彧只好收回成命，进刘子顼的军号为平西将军，但是，即便如此，荆州长史孔道存依然不接受他的命令，而是响应了江州刺史刘子勋。

到这一年的年底，刘宋朝堂之上的重臣分别是：太尉刘祎、司徒兼尚书令、扬州刺史刘休仁、车骑将军刘子勋（拒绝接受）、尚书仆射王彧（由右仆射晋升、因避刘彧的讳，以字行，称王景文）、吏部尚书空缺、中书令谢庄、侍中袁粲、刘遵考、张绪、褚渊，领军将军王玄谟，中护军刘道隆。刘道隆在数月前还是右卫将军，如今，被宋明帝刘彧晋升为中护军，因刘道隆曾在前废帝刘子业的指示下强奸过刘休仁的母亲建安太妃，因此，司徒刘休仁请求辞职，得知内情后，刘彧将刘道隆赐死。

一四一 子勋起兵（一）

《宋书·邓琬传》称，当江州府佐接到了宋明帝刘彧晋升刘子勋为车骑将军、开府仪同三司的命令后，都满心欢喜，他们找到了长史邓琬说："残暴的君主已经被除去，殿下又成为开府，不论于公于私，这都是件大好事啊！"而邓琬却认为晋安王刘子勋排行第三，又与孝武帝刘骏一样是从浔阳起事的，预测事情肯定能够成功，于是，他将宋明帝的命令扔到地上，说："殿下刘子勋应当打开皇宫的端门，开府之类的是我等之事！"听了这话，大家都面面相觑，于是，邓琬与陶亮等人一起修缮武器，并向四方征兵。吕思勉先生认为，刘子勋起兵并非在刘子业生前，而恰恰在此时，也就是说，刘子勋起兵反的是刘彧，并不是自己的哥哥刘子业，史书的这段记载，不过是污蔑之词，宋明帝刘彧与晋安王刘子勋之间的争斗其实是文帝一系诸王与孝武帝一系诸王为争夺皇位而进行的内讧。

这个时候，才看出刘子业生前部署的效果来了。

雍州刺史袁顗来到襄阳以后，即与咨议参军刘胡修缮城池，选拔将士，谎称接受了太皇太后的命令，让他起兵勤王，即传檄各地，推举江州刺史刘子勋登基即位。当初，豫州刺史、山阳王刘休祐入朝以后，即以长史、南梁郡太守殷琰负责豫州事务，宋明帝即位后，任命刘休祐担任荆州刺史，即以殷琰为督豫州司州二州诸军事、豫州刺史，以后军将军垣闳为司州刺史；此时，建康方面得知江州刺史刘子勋已经起兵，而荆州刺史刘子顼也不愿入朝，为了拉拢刘子顼，宋明帝又命其留任荆州刺史，并进军号为平西将军，以山阳王刘休祐为江州刺史。给刘子顼进号的同日，宋明帝又给后将军、郢州刺史安陆王子绥进号为征南将军，右将军、会稽太守寻阳王子房进号为安东将军，但刘子绥、刘子房、刘子顼均不接受命令，一起举兵反抗。

邓琬在桑尾（江西省九江市桑落洲之尾）设立中军大帐，以刘子顼的名义向建康发出檄文，称，自己将遵循旧典，废黜昏暗，册立贤明，让帝国社稷危而复安，刘彧假传太皇太后诏命，杀害明君，窃取皇位，违背继承法则，戕害我同胞兄弟，倾覆皇祚，欺骗上天和百姓。我尚有十三个兄弟，岂容你藐视，先帝又有什么错，该让他的香火断绝！接着，檄文声称：如今，我派遣辅国将军咨议领中直兵孙冲之、龙骧将军陈绍宗，率领两万甲士，径取白下；龙骧将军领中直兵薛常宝、建威将军领中直兵沈怀宝，从南面直抵朱雀桥头；宁朔将军咨议领中直兵陶亮、龙骧将军焦度，率领雄兵三万，兵临石头；建威将军张洌、龙骧将军何休明，从小路迂回到金陵阊阖门外；龙骧将军张系伯、龙骧将军陈庆，率领精兵五千，强弩一万，将至西明门；冠军将军、浔阳内史邓琬，率领四万大军云集京师；征虏将军领府司马张悦，指挥上千战舰，水军五万，随后进发；冠军将军豫章内史刘衍、宁朔将军武昌太守刘弼、宁朔将军西阳太守谢稚、建威将军领中直兵晋熙太守阎湛之，均率领本部所有部队，情愿效命。后将军、郢州刺史安陆王刘子绥、冠军将军、湘州刺史邵陵王刘子元均率众前来会师；前将军、荆州刺史临海王刘子顼也送来一万精兵；辅国将军、冠军长史、长沙内史何惠文、冠军将军、雍州刺史袁顗、建武将军、顺阳太守刘道宪以及梁、益、青、徐、兖、豫、吴、会各地均纷纷助战。孤将亲自率领十余万大军水陆并进……悬赏得到刘彧人头的，赏万户侯，绢二万匹，金银五百斤，其余不等。

国不可一日无君。在向建康发出檄文的同时，浔阳方面为刘子勋登基的准备工作也在紧锣密鼓地进行着。邓琬等人称，松滋县有豹子自行出来，柴桑县送竹有“来奉天子”字样，又说青龙出现在东淮，白鹿出现在西冈。命令顾昭之撰写《瑞命记》。立宗庙，设坛场，矫路太皇太后诏，命令百官尊奉刘子勋为皇帝，泰始二年一月初七日，十一岁的刘子勋在浔阳即皇帝位，改元为义嘉元年。以安陆王刘子绥为司徒、骠骑将军、扬州刺史，浔阳王刘子房为车骑将军，临海王刘子顼为卫将军，三王均为开府仪同三司，以邵陵王刘子元为抚军将军。以邓琬为左将军、尚书右仆射，张悦为领军将军、吏部尚书，征虏将军如故；进袁顗号为安北将军，加尚书左仆射。以临川内史张淹为侍中，府主簿顾昭之、武昌太守刘弼为黄门侍郎，庐江太守王子仲弃郡跑到浔阳，也被任命为黄门侍郎。鄱阳内史丘景先、庐陵内史殷损、西阳太守谢稚、后军府记室参军孙诜、长沙内史孔灵产、参军事沈伯玉、荀道林均为中书侍郎。以荀卞之为尚书左丞，府主簿江乂为尚书右丞，府主簿萧宝欣为通直郎。邓琬长子邓粹、张悦儿子张洵为正员郎，邓粹兼卫尉，张洵弟张洌为司徒主簿；建武将军、领军主、晋熙太守阎湛之加宁朔将军；庐陵内史王僧胤为秘书丞；桂阳太守刘卷为尚书殿中郎。褚灵嗣、潘欣之、沈光祖为中书通事舍人。史书在写到此处时，不无恶意地说道：“琬性鄙暗，贪吝过甚，财货酒食，皆身自量校。至是父子并卖官鬻爵，使婢仆出市道贩卖，酣歌博奕，日夜不休。大自矜遇，宾客到门者，历旬不得前。内事悉委褚灵嗣等三人，群小横恣，竞为威福，士庶忿怨，内外离心矣。”

泰始二年一月四日，宋明帝刘彧（时年二十八岁）征召会稽太守、浔阳王刘子房为抚军将军，领太常，任命巴陵王刘休若（时年二十岁）为使持节，都督会稽、东阳、永嘉、临海、新安五郡诸军事，领安东将军，会稽太守，率军东征，并征召刘子房的长史孔觊为太子詹事，派遣心腹平西将军司马庾业为右军司马，代替孔觊负责会稽郡的事务。五日，建康戒严，宋明帝任命司徒、建安王刘休仁（时年二十五岁）为都督征讨诸军事，以车骑将军、江州刺史王玄谟担任副统帅。刘休仁驻军在南州（安徽省当涂县），以沈攸之为宁朔将军、浔阳太守，率领前锋驻扎在虎槛（安徽省繁昌县东北长江中的沙洲，又名虎槛洲），当时，王玄谟作为主帅尚未出发，先期抵达虎槛的有五支部队，后面又陆续上来五支部队，每天晚上，各营都有各自的口令，相互之间谁也不听谁的。沈攸之对大家说：“现在各军的口令不一，假如深夜有农夫、渔夫大声交谈，就会引起各营将士的惊骇混乱，这是取败之道，请大家用一个部队的口令作为全军的口令。”大家都表示同意。

一四二 子勋起兵（二）

宋明帝继位后，提拔徐州刺史薛安都的侄儿薛索儿为左将军，直阁将军如故。

薛安都打算响应刘子勋，他派人秘密进京，告知薛索儿，又派出数百人南下到瓜步迎接，当时，右卫将军柳光世也与薛安都通谋，泰始二年一月，薛索儿、柳光世携带家眷，逃离了建康，于是，徐州刺史薛安都公开支持浔阳方面。得知薛安都背叛的消息后，宋明帝即任命冀州刺史崔道固改任徐州刺史，但崔道固也拒绝接受命令，相反，与薛安都一同反叛。宋明帝向青州刺史沈文秀征兵，沈文秀派遣刘弥之、张灵庆、崔僧琁三支部队南下帮助朝廷，薛安都派人通报沈文秀，称全国都已经起义，劝说沈文秀也站到刘子勋一边。沈文秀又下令刘弥之、张灵庆、崔僧琁三人率部响应薛安都，刘弥之等人率部取道下邳（江苏省邳州市东）南下，冀州刺史崔道固也派遣儿子崔景征、傅灵越从泰山道向彭城进发。当时，申坦之子、济阴太守申阐占据睢陵城（江苏省睢宁县）不服从薛安都，薛索儿率领傅灵越等将南下进攻睢陵；薛安都的女婿裴祖隆驻守在下邳，刘弥之、张灵庆、崔僧琁等人行至此地后，刘弥之、张灵庆二人又临时改变主意，响应建康方面，对裴祖隆所部发起了突然袭击，裴祖隆战败，与征北参军垣崇祖（垣护之侄儿）一起逃回了彭城。崔僧琁与刘弥之、张灵庆意见不一致，率部单独归顺了薛安都。薛索儿得知刘弥之、张灵庆占领了下邳，即从睢陵撤离，转兵进攻刘弥之和张灵庆，二人所部未战先溃，均被薛索儿生擒，被杀。虽然如此，但由于刘弥之家族是青州的豪强，族人相率逃奔北海（山东省昌乐县），抗拒沈文秀。平原、乐安二郡太守王玄默据琅邪（山东省诸城市），清河、广川二郡太守王玄邈据盘阳城（山东省峄县），高阳、勃海二郡太守刘乘民据临济城（山东省邹平县境），一起起义。沈文秀的司马房文庆密谋响应，为沈文秀所杀。青州大乱，牵制了青州军队加入薛安都所部，间接起到了减轻建康压力的效果。沈文秀派遣军主解彦士率军攻陷了北海，刘乘民的从弟刘伯宗又聚合了乡民，再度收复了北海，并乘胜进攻青州治所东阳城。沈文秀率部抵抗，刘伯宗战败受伤，弟弟刘天爱搀扶他一起逃亡，刘伯宗却说："大丈夫当战死沙场，以身殉国，岂能死在儿女子的手中？弟弟，你赶快逃命去吧，不要都死了。"于是，被杀。

得知冀州刺史崔道固也一同背叛的消息后，宋明帝又任命申坦之子、征虏司马申令孙为徐州刺史。司州建制过去被孝武帝废除，此时，为了拉拢义阳内史庞孟虬，宋明帝还因人设官，恢复了司州建制，就地升格，任命庞孟虬为司州刺史（治所义阳，河南省信阳市）。但是，申令孙和庞孟虬两人均不领宋明帝的人情，两人均响应浔阳，刘子勋将庞孟虬征召到浔阳，以其子庞定光代替主持义阳郡的事务。申令孙行至淮阳（江苏省淮安市淮阴区西南），偷偷派人联络薛索儿，说："我打算归顺，但只是顾忌家人还在建康。你们来进攻我，我一旦战败被俘的话，在建康的家人就安全了。"薛索儿原本率军包围申阐的睢陵，接到申令孙的口信后，即派遣傅灵越率军朝淮阳扑来，申令孙出城假装迎战，所部很快败散，于是，他就投降了薛索儿。申令孙是申阐的哥哥，薛索儿命他前去睢陵城下，说服弟弟投降，申阐投降以后，薛索儿又将申令孙兄弟二人全部斩杀了。

这是北线战场，让我们再来看看东线战场。

三吴地区历来是京师建康的后院，宋明帝刘彧继位以后，对此非常重视，不仅将浔阳王刘子房调离，而且还打算将刘子房的长史孔觊召回京师。当时，浔阳刘子勋已经举兵，为了安抚东方，宋明帝还先礼后兵，派遣都水使者孔璪回乡说服孔觊。孔璪对孔觊说："废帝刘子业奢侈浪费，国库弄得空虚，京师粮仓匮乏，财力不足。如今，四方一起举兵，远近都发动叛乱，如果拥有会稽五郡之兵，再摇动三吴之地，大事可成。"孔觊深以为然，于是，发兵响应浔阳。孔觊的儿子孔长公，孔璪的两个儿子孔淹、孔玄都在京师，二人派人秘密返京敦促他们从京师潜逃。泰始二年一月，三人同时从京师逃归。孔觊给吴郡（江苏省苏州市）太守顾琛写信要求他入伙，但顾琛的母亲年事已高，又感到吴郡距离京师很近，因此，接到孔觊的来信后，顾琛一直犹豫不决，与长子顾宝素商量来商量去，迟迟未决定下来。恰巧，他的幼子顾宝时任山阴县令，给顾琛写信说，浔阳方面的部队已经逼近了京师，朝廷方面力量非常薄弱，如果不及时加入浔阳方面，家族肯定会被秋后算账，面临覆灭。当时，孔觊的会稽部队已经渡过了浙江，进入三吴地面，事不宜迟，于是，顾琛也举兵起事，吴兴（浙江省湖州市）太守王昙生、义兴（江苏省宜兴市）太守刘延熙、晋陵（江苏省常州市武进区）太守袁标也同时响应。宋明帝原本派出庾业接替孔觊，但东线形势瞬息万变，庾业出发后，即传来了孔觊举兵的消息，宋明帝又改任他接替刘延熙担任义兴太守，加建威将军，以刘延熙为巴陵王刘休若的镇东将军长史，目的是想让庾业组织义兴地方部队抵御孔觊所部，可是，庾业行至长塘湖（洮湖，在江苏省金坛市东南）以后，就投靠了刘延熙。三吴加入浔阳方面，使得东线叛军进展顺利，很快就推进至永世县（江苏省溧阳市南），此地与建康的直线距离仅有一百公里，建康城内人心浮动。

再看看其他方向。

益州刺史萧惠开是萧思话的儿子，他与谦和的父亲性格完全相反，比较强硬、执拗。因此，在宋文帝时期并未得到重用，孝武帝时期才逐渐被重用，听说宋明帝刘彧和晋安王刘子勋均称帝的消息，萧惠开召开会议，他对下属们说："湘东王刘彧是宋文帝的儿子，而晋安王则是孝武帝的儿子，他们两位谁当皇帝都合适。但是，废帝虽然是个昏君，可总算是孝武帝的嫡嗣，即便不配当皇帝，他的弟弟们尚很多。我深受孝武帝的眷顾，理当推奉晋安王刘子勋。"于是，他派遣巴郡太守费欣寿率领五千人马东下（《宋书·萧惠开传》称两千人马）。另外，梁州刺史柳元怙（柳元景堂兄）、湘州行事何慧文、广州刺史袁昙远、山阳太守程天祚也都响应刘子勋。豫州刺史殷琰也面临着投靠何方的抉择。刘宋建立以来，多次发生内讧，殷琰的父亲殷道鸾曾为竟陵太守，在宋文帝讨伐谢晦的时候，因站错了队而险些被杀，在乱世中，弄不好就要掉脑袋，这一点，殷琰是心知肚明，元嘉时期，宋文帝对他与王彧一样看重，孝武帝刚即位时，殷琰为庐陵内史，刘义宣和臧质叛乱的时候，殷琰看不清形势，为了保命，他虽然没有依附臧质，但也没有逃回建康投靠孝武帝，等到臧质叛乱平定以后，因首鼠两端而被打入大狱，释放后历任豫州别驾等职。宋明帝上台以后，将豫州刺史刘休祐调任为荆州刺史，本想让张裕的儿子张岱（张氏五龙之一）担任豫州刺史，由于刘子勋称帝，就将刘休祐改任为南豫州刺史，而正式任命殷琰为督豫司二州南豫州之梁郡诸军事、建武将军、豫州刺史，以西汝阴太守庞道隆为殷琰的长史，殿中将军刘顺为司马。刘顺劝说殷琰归顺刘子勋，而殷琰的家眷在建康，一直没有答应。右卫将军柳光世与薛索儿一起逃出建康后，他路过寿阳，对殷琰说建康肯定是守不住的，殷琰信以为真，并且，豫州当地的豪强前右军参军杜叔宝（杜坦之子）、前陈南顿二郡太守皇甫道烈、皇甫道烈的堂弟前马头太守皇甫景度、前汝南颍川二郡太守庞天生、前睢阳令夏侯季子等人都劝说殷琰投靠刘子勋。殷琰本人素来没有部曲，门客不过数人，受制于杜叔宝等人，只好以杜叔宝为长史，由其全权负责军政事务，于是，豫州也响应了刘子勋。宋明帝得知豫州也背叛了，赶紧派遣冗从仆射柳伦率军前来帮助殷琰，骠骑大将军山阳王休祐又派遣中兵参军郑瑗前来说服殷琰，但是，这两个人一脱离建康，就投靠了杜叔宝。宋明帝对蔡兴宗说："各处叛乱不断，这殷琰又背叛了，近日人心如何？我们能否渡过难关？"蔡兴宗回答："谁是正统，谁是叛逆，我无从分辨。如今，商旅断绝，可是粮食供应充裕，米价反而低贱；四处风起云涌，京师人心却很安定，以此推断，是肯定能够平定叛乱的。但臣的忧虑是平定叛乱之后我们该怎么办，正如羊祜所说的那样：'等到平定（羊祜当时对晋武帝司马炎说的话，指平定孙吴）之后，才开始让陛下操心了。'"宋明帝说："确实如此啊。"刘彧也知道殷琰依附刘子勋并非出自本意，因此，对殷琰的家眷并没有处罚，相反还特别优待，以招抚殷琰。弋阳（河南省潢川县）太守卜天生归顺刘子勋，将梁州贡献的一百多匹马截留了下来，边城（河南省商城县东）县令宿僧护却投靠建康，斩杀了卜天生，被宋明帝晋升为龙骧将军，封建兴县侯，食邑三百户。绥戎将军、汝南新蔡二郡太守周矜也在悬瓠（河南省汝南县）归顺建康，招募了一千多人马。雍州刺史袁颉给周矜的司马常珍奇写信劝说，常珍奇当天即斩杀了周矜，袁颉即以常珍奇为汝南、新蔡二郡太守。

在刘宋帝国十八个主要方镇中，响应刘子勋的就有荆州、江州、湘州、郢州、徐州、青州、冀州、豫州、司州、雍州、梁州、益州、广州十三个，剩下的五个南徐州、南兖州、南豫州、兖州、交州，其中交州距离遥远，无关大局，且态度不明，只有南徐州（治所京口，江苏省镇江市）被宋明帝交给弟弟刘休范（时年二十岁）、南豫州（治所姑熟，安徽省当涂县）交给刘休祐（时年二十三岁），他们与宋明帝一荣俱荣，一损俱损，是死心塌地追随他的；南兖州、兖州也没有明确表示响应刘子勋：南兖州刺史是宋明帝年初刚任命的刘祇，刘祇是刘道怜的孙子、刘义庆长兄刘义欣的次子，由于南兖州（治所江苏省扬州市）距离建康很近，刘祇又是刚刚上任，因此，态度暧昧；兖州刺史殷孝祖，是东晋殷浩的侄孙，态度也不明确。可以说，普天之下都响应刘子勋，宋明帝只保有建康及其周边地区，而在这些地区之内，还有一些县投靠刘子勋，当年年终的工作汇报和国税收入，也大都送往了浔阳，由此也可见当时的人心所向。

面对严峻的形势，尤其是东线叛军进展迅速，已经推进到了永世县（江苏省溧阳市南），距离建康百里之遥，宋明帝刘彧召集群臣商议对策，蔡兴宗说："如今，全天下都发起了叛乱，人人怀有二心，应当要冷静，对人要诚信。参与叛乱的人们的亲戚，不少都在宫廷任职，如果将他们都绳之以法，我们就立刻会面临土崩瓦解的后果，应该发布诏书强调父子兄弟之间犯罪相互不株连的道理。这样一来，人心就会安定下来，将士们就有了斗志，加上朝廷之军都是精兵，武器也都非常精良，以这样的部队去对付乌合之众，一定能够胜利。陛下尽管放心。"宋明帝听了，非常高兴。

一四三 子勋起兵（三）

蔡兴宗给出的对策是：宽大为怀，镇之以静，这在一定程度上稳定了建康的人心，不过，仅仅如此，还远远不够。

兵来将挡，水来土掩，宋明帝刘彧还采取了如下应对措施。

一是与浔阳方面继续打口水战。接到浔阳方面的檄文以后，建康方面迅速作出反应，也发布了檄文，在檄文中，宋明帝指责前废帝昏庸无道，把自己打扮成一位挽狂澜于既倒的英雄，接着，他又说，已经命令宁朔将军、寻阳内史沈攸之，率领精兵七千，先期出发；龙骧将军刘灵遗，随后进发；假节、督南讨前锋诸军事、冠军将军、兖州刺史殷孝祖，率领兖州精锐也出发了；使持节、车骑将军、江州刺史曲江县开国侯王玄谟，总统五万大军，为前敌总指挥；持节、侍中、司徒、扬州刺史建安王刘休仁，为总司令。龙骧将军刘勔、宁朔将军刘怀珍，步骑五千，直指大雷（安徽省望江县境）；宁朔将军柳伦、司州刺史庞孟虬，率领淮、颍突骑，朝西阳（湖北省黄冈市）扑来；使持节、骠骑大将军、豫州刺史山阳王刘休祐，率领陆军一齐进发；冠军将军武念，已经占领了襄阳、汉水流域；徐州刺史申令孙也率领徐州之众，齐心协力；皇上将亲自统率军队，平定叛乱云云。显然，宋明帝的檄文半真半假，一方面是给自己打气；另一方面是吓唬对手。姑且不说檄文中所提到的部队数量，但就提到的司州刺史庞孟虬、徐州刺史申令孙，已经背叛，站到了浔阳刘子勋的一边了；至于武念，宋明帝也的确将其派往雍州，任命其为南阳太守，其目的就是起到釜底抽薪之效，然而，武念到雍州以后，刘胡派了几个心腹骑兵到他那里诈降，在席间即将他活捉，送到了袁顗那里，袁顗将其诛杀后，把首级送到了浔阳。武念的手下袁处珍脱逃到寿阳，谁知寿阳的殷琰也已反叛，刘顺将其抓获，严刑拷打，但袁处珍始终没有投降。

二是继续与浔阳方面争夺人心。刘子勋称帝以后，双方即开始了激烈的争夺人心的行动，宋明帝向各地派出了大量的使者征兵，但事与愿违，派出建康的人大多石沉大海，有去无回。申令孙、庾业、孔璪等，是多不胜数，不过，也有例外。兖州刺史殷孝祖就是一例。殷孝祖的外甥司法参军葛僧韶请求宋明帝让自己离京前去说服舅舅，宋明帝同意了。当时，薛索儿等人率领的徐州、青州军队已经占据了淮河的主要渡口，葛僧韶绕道才得以到达兖州的治所瑕丘（山东省兖州市）。见到殷孝祖后，他说："刘子业凶暴残忍，自古未有，朝廷危急，人人朝不保夕。皇上雄武，片刻之间，即剪除凶顽。国家混乱，应当册立年长之君，群臣百口同声，没有异议，平安稳定的局面很快就会重现。可是，一些无知之徒为了各自的私利，贪图册立年幼之人，相互煽动，假使他们得逞，国家立即会面临君主幼弱，世事艰难，权柄不一，内讧迭起的情况，届时，哪里再有你我的容身之地？舅舅从小就立下了立功的大志，年长以后又因为有气节而闻名天下，如果您能够率领兖州壮士奉戴朝廷，不但可以帮助主上平定大乱，而且还能流传千古。"殷孝祖又询问朝廷方面的消息，葛僧韶随问随答，并盛称朝廷兵甲精强，主上还将以前锋总司令的职务留给殷孝祖。听了外甥的一番话，殷孝祖不禁动心，当天即留下妻子、儿女，亲率两千壮士随葛僧韶南下回京。殷孝祖所部进京之日，正值建康岌岌可危之时，当时，东线叛军已经进抵永世县，而永世县令孔景宣也已背叛，义兴方向的叛军也即将进抵丹阳县的延陵（江苏省丹阳市西南），建康上下一片恐慌，人人想离城逃跑。恰在此时，殷孝祖率领的这两千人马进入了建康城，这两千人马大都是北方久经沙场的壮士，于是，人心又安定了下来。一月十六日，宋明帝晋升殷孝祖为冠军将军、假节、督前锋诸军事，将所部派往虎槛（安徽省繁昌县境），抵御浔阳方向。武库之中原有"诸葛亮筒袖铠帽"，二十五石的弓弩无法穿透，宋明帝全部赏赐给殷孝祖所部。按：这种铠甲据说是诸葛亮发明，为鳞状甲片连缀而成，连着上臂，不仅能够保护胸部，而且能够保护上臂。殷孝祖之所以投靠了宋明帝，还有一个现实的原因，那就是，他素来与薛安都不和。宋明帝此前曾派毕众敬前往兖州招募将士，途经彭城时，薛安都拉拢毕众敬，并矫诏任命毕众敬为兖州刺史；殷孝祖离开瑕丘后，以司马刘文石为留后，此时，毕众敬率军将其击斩，并诛杀了殷孝祖的妻子、儿女，兖州全境均归附了毕众敬，只有东平太守申纂占据无盐（山东省东平县境），不降。

三是先易后难，各个击破。从表面上看，这次刘子勋与刘彧之间的皇位争夺战，与十三年前孝武帝刘骏与刘劭之间的争斗极其相似，但是，仔细分析起来，还是有一定差别的。那就是，当时的刘骏正率领大军平定西阳蛮，他掌握着大量精锐禁卫军，并且，当时的刘骏年龄已经二十三岁，担任过雍州、徐州等地的最高军政长官，拥有一大批诸如沈庆之、柳元景等心腹战将，这些都是年仅十岁的刘子勋所无法企及的。在泰始二年一月初，很多地方尚未明确表示投靠浔阳政权，因此，当时宋明帝的主要精力还在全力对付浔阳，命令宁朔将军浔阳内史沈攸之、宁朔将军江方兴、龙骧将军刘灵遗等人率领禁卫军南下，驻扎在虎槛（安徽省繁昌县东北长江中的沙洲），另派领军将军王玄谟率领水军南下，以吴兴太守张永所部作为后援，以刘休仁驻节南州。邓琬则命令孙冲之率陈绍宗、胡灵秀、薛常宝、张继伯、焦度等人率领一万前锋，前来占据在赭圻（安徽省繁昌县西）。孙冲之在途中给刘子勋写信道："战舰已经整顿完毕，武器也非常精良，三军将士士气高昂，人人踊跃，正应顺流直下，攻取建康北郊的白下城。请求迅速派遣陶亮等部，悉数东下，分别占领新亭（江苏省南京市江宁区西南）和南州（安徽省当涂县），那么，一举即可将其平定。"白下和新亭分别是建康的南北门户，于是，邓琬加孙冲之为左卫将军，以陶亮为右卫将军率领各州的部队一齐东下。郢州军主郑景玄、荆州军主刘亮、湘州军主何昌、梁州军主柳登、雍州军主宗庶等部合计有两万多人，陶亮本来就不是一个将才，当他听说建安王刘休仁亲自率军南下，驻扎在了南州，接着，又听说兖州刺史殷孝祖也率部前来，就吓得不敢继续前进，而是屯军在鹊洲。根据《当涂县志》称，"鹊江在县北五十里，绕出芜湖，盖自铜陵鹊头山为鹊头，至三山为鹊尾，故江曰鹊江，岸曰鹊岸，繁昌诸水皆注，西对无为州，乃江流险要处。"此地在安徽省铜陵市与繁昌县之间。在这种情况下，南线暂时陷于僵持，也就是在这段时间里，局势又发生着微妙的变化：北线徐州、青州、兖州军队正在淮河以北相互厮杀，倾向于浔阳政权的军队逐渐地占据了上风，但尚未渡过淮河；西线的豫州殷琰也相继投靠了浔阳政权，豫州治所寿春在淮河以南，所属郡县更是与建康一江之隔，但是，宋明帝也清楚殷琰是迫于无奈，因此，一开始，他并不想完全与殷琰翻脸，而是做出继续拉拢他的姿态，任命他的哥哥殷瑗为司徒右长史，儿子殷邈为山阳王刘休祐的骠骑参军；殷琰也是投桃报李，原豫州刺史刘休祐离开寿阳回京时，并没有带上家眷，殷琰对刘休祐的家眷依然照顾得非常周到。然而，随着时间的推移，宋明帝发现，殷琰已经接受了浔阳政权的豫州刺史官位，于是，他不再对其抱有幻想，而是命令辅国将军刘勔率领宁朔将军吕安国西讨，并由刘休祐出镇历阳，为诸军总指挥，同时，发出悬赏能够活捉薛安都和殷琰的，封千户县侯，赐布绢各两千匹。刘勔在前废帝时代为振威将军、屯骑校尉，入为直阁将军，宋明帝继位后，加封为宁朔将军，浔阳政权建立以后，他以本官兼任建平王刘景素（死去的刘彧的七哥刘宏之子）司马，率部南下，驻守在梁山（在安徽省当涂县及和县境内）。豫州反叛以后，宋明帝将其调回京师，改任山阳王刘休祐的司马，率军前去讨伐。而就在这时，局势进一步恶化，三吴地区也全部归顺了浔阳政权，而浙江之军已经推进到了延陵！不过，好在是，南线双方还在僵持，北线薛索儿尚未渡过淮河，摆在宋明帝面前亟须解决的问题是，要尽快解决三吴及浙江地区，稳定建康后援，于是，他暂时对西线豫州方向、南线江州方向采取守势，从这里抽调部队发起了东征……

一四四　子勋起兵（四）

泰始二年（公元466年）一月十八日，宋明帝刘彧亲自统率全军，二十三日，命令山阳王刘休祐率军负责讨伐豫州殷琰，命令巴陵王刘休若都督建威将军沈怀明（沈庆之侄孙）、尚书张永、辅国将军萧道成等各路军马东出讨伐孔觊。在东征的檄文中，宋明帝照例先吓唬对手一番：建威将军沈怀明、镇东中兵参军刘亮、武卫将军寿寂之，率领精兵五千；龙骧将军王穆之、龙骧将军顿生，铁骑成群；右军将军萧道成、射声校尉姚道和，楼舰千艘；左军将军垣恭祖、步兵校尉杜幼文、冗从仆射全景文、员外散骑侍郎孙超之，全都带着虎旅，陆续上路。殿中将军杜敬真、殿中将军陆攸之、建武将军吴喜率领一万甲士另外朝义兴扑来。接着，又照例发出悬赏：生擒孔觊者封一千五百户开国县侯；生擒顾琛者，封一千户开国县侯。斩送者赏赐一半。当时军中将士大多是东方各郡人士，他们的父兄子弟也大多依附了孔觊，为了安定军心，宋明帝亲自为他们壮行，并反复宣布："朕正要树立德行，减轻刑罚，明确父兄子弟相互不再株连，不论是顺从或是叛逆，一律以其本人的行为为标准。你们大家都要牢记我说的话，不要因为亲戚们的行为而担心。"于是，军心大悦，刘彧还顺势下令，凡是叛党的亲戚在京师做官的，均官复原职。

当然，宋明帝刘彧的这些个举措，都是被逼出来的，他本人其实是一个比他的父亲刘义隆、哥哥刘骏更猜忌的人。送走东征部队的第二天，他又开始着手进行下一个步骤了，在这一天，他的养母、原太皇太后路惠男被其毒杀。前废帝刘子业是路惠男的嫡长孙，因此，前废帝继位后，即尊路惠男为太皇太后，等到刘彧继位后，改路惠男为崇宪太后，而追封自己死去的生母沈容姬为宣太后。据《南史》记载，刘子勋起兵以后，路惠男内心窃喜，她请宋明帝饮酒，放入毒药想毒死他，侍从暗中拉了拉宋明帝刘彧的衣服，宋明帝立即明白了，于是，他站起身来，拿着那杯毒酒给路惠男祝寿，路惠男只好喝下，当日即被毒死，终年五十五岁。《南史》的记载不知出于何处，《宋书》《资治通鉴》均未采纳，对于这段记载，学者也提出了质疑，即，假如路惠男想毒死刘彧，肯定要有宫廷内外的同党，但史料完全没有这些记载，从实际情况上分析，路惠男也不可能有此类同党，因此，这一说法不过是为了给宋明帝刘彧毒死自己的养母找一个台阶罢了。

此时，浔阳政权孔觊所派遣的孙昙瓘等军，驻扎在晋陵九里（江苏省常州市西北九里村），军容盛大。建康政权沈怀明所部推进到奔牛（江苏省常州市武进区西北的奔牛镇），因兵力寡弱，不敢主动发起进攻，只好构筑堡垒固守。张永所部前进到曲阿（江苏省丹阳市），不知道沈怀明所部的情况，当地百姓惊慌失措，弄得将士们也打算逃散，于是，张永只好率部退回了延陵（江苏省丹阳市西南延陵镇），与主力大军刘休若部会师。当天，天气非常寒冷，天上刮着大风，下着鹅毛大雪，很多水塘的堤坝都决口了，朝廷军队军心大乱，将领们都劝说退守破冈（破冈渎西起江苏省句容市东南，东到江苏省丹阳市西南延陵镇）。破冈渎，是三国时期开凿的连接秦淮河流域与太湖流域的运河，两个流域的分水岭是破冈，在破冈两侧各修建了七座水坝，用来调节水位，让船只翻越山冈，这是中国历史上有记载的最早的人工控制的运河。听了众将的话，刘休若下令："有敢再说退的，斩首！"于是，大家开始构筑堡垒，安排休息。不久，即得到了沈怀明的书信，报告敌人并没有发起进攻，同时，军主刘亮的部队也陆续抵达，朝廷兵力逐渐增强，军心这才安定了下来。

这是东线战场的东路，东线战场西路敌人是永世（江苏省溧阳市南）县令孔景宣。孔景宣投靠浔阳政权以后，即在永世县西的岘山树立木栅，切断交通，义兴太守刘延熙给其加军号为宁朔将军。殿中将军杜敬真、殿中将军陆攸之、溧阳令刘休文进攻孔景宣的别寨，斩杀了其中兵参军史览之等十五人。永世当地人徐崇之率领百姓起义，攻进了县城，斩杀了孔景宣。殿中侍御史吴喜，请求率领三百精兵到东线效命，宋明帝大喜，当即选拔禁卫军中的勇士交给他，并给其加军号为建武将军。有人认为吴喜一直是个文吏，从未领兵打过仗，不能派他，中书舍人巢尚之却说："吴喜过去曾多次追随沈庆之出征，他性格勇敢果断，并熟悉阵法，如果能委任他，肯定会立下战功，大家议论纷纷，都是不辨人才呀。"吴喜就率领员外散骑侍郎竺超之等人参加到了东征的行列。到永世以后，庚业、刘延熙给他送来了劝降信，并送上了寻阳王刘子房的檄文，吴喜严词拒绝。吴喜性格宽厚，当地百姓听说他率军前来，纷纷投降。徐崇之杀了孔景宣后，吴喜即任命其为永世县令。宋明帝得知东军初战告捷，不禁大喜，加封溧阳令刘休文为宁朔将军，县令如故；徐崇之为殿中将军，暂时为县令，两人均赐为侯爵。接着，吴喜、杜敬真、竺超之等人率部推进到国山县（江苏省宜兴市西南）界，在虎槛村与叛军遭遇，吴喜等人率军进击，大破敌人，乘胜前进，一直推进到距离义兴（江苏省宜兴市）十五华里的吴城。义兴太守刘延熙派遣部将杨玄、孙矫之、沈灵秀、黄泰四军前去迎战，吴喜等人所部与对手力量悬殊，但禁卫精兵绝非地方部队所能抵挡，双方交战了一整天，吴喜所部临阵斩杀了杨玄、孙矫之、黄泰三将，叛军顿时逃散。吴喜等人又继续推进到义兴城南。刘延熙屯军在南射堂抵抗，吴喜率领部队进击，将其赶到了河水以北。退至河北一会，刘延熙命令用木栅切断了大桥（该桥为西晋名将周处年轻时入水斩蛟之地），固守城池，庾业在长塘湖口（江苏省溧阳市与金坛市之间的长荡湖）构筑城池，驻军七千余人，与刘延熙互为犄角，吴喜则率部与之相持。同时，东路的沈怀明、张永所部与晋陵敌军也在相持，很久不见胜负。

东线战事胶着，这令宋明帝刘彧心急如焚，他深知如果东线不迅速平定，被各个击破的将不是对手，而是自己。他又不时从其他战线上抽调部队，源源不断地增援东线，然而，此时的统兵将领们是大爷，皇帝每调动一支部队，将领们总是提出很多要求，如果得不到满足，就不按时上路，宋明帝心中窝火，可又不敢发作，弄得左右为难。外监朱幼举荐司徒参军都护任农夫，骁勇果敢，性格又很直率，没有那么多无理要求，宋明帝就配给了他一千兵力，协助吴喜打破僵局。虽说给任农夫的是一千兵力，但实际报到的才四百人，他就率领着这仅有的四百人从延陵方向朝长塘湖而来（吴喜军在西南，任农夫所部由东北而西南），好在是，任农夫率领的这四百人可不是普通人，前不久，龙骧将军阮佃夫招募了数百蜀人，全部身着犀皮铠甲，手持短刀，骁勇善战。这批人本来是要配给在晋陵的阮佃夫的，还未出发，碰到任农夫要人，就配给了他。距离长塘湖数十里，任农夫派人前去侦察敌情，回报说："敌人正在筑城，尚未完工。"得报后，任农夫即率领广武将军高志之、永兴令徐崇之率众火速前进，趁着敌人城墙尚未建好，发起了突然袭击。庾业之军万万没有想到任农夫的部队会突然从这个方向出现，而且，看到这群张牙舞爪、奇形怪状的蜀地獠人，听说这些人还吃人，都吓得是夺路而逃。任农夫得胜后，缴获了敌人的船只和武器，与高志之一起前往义兴，增援吴喜。

二月一日，吴喜率军渡过了河，开始对义兴城发起了总攻，分兵攻击各个营寨。任农夫虽然到来，但兵力仍然不多，无法取得优势。吴喜见状，即与数名骑兵登上高岗，东西挥舞手臂指挥，仿佛是在招呼着四面八方的援军一般。守军见状，不禁大惊，各营很快溃败，只剩下敌人龙骧将军孔睿的一座营寨尚未拿下。吴喜并没有强攻，而是撤去了包围圈，当夜，庾业、孔睿相继逃走，刘延熙投水自杀，被斩尸，传首建康。至此，东线战场的西路义兴被平定。

一四五　子勋起兵（五）

西路义兴战败的消息很快就传到了晋陵，令东路军一片恐慌。

东路是东线战场的主战场，双方都集结的大量部队。朝廷方面将领有：建威将军沈怀明、镇东中兵参军刘亮、武卫将军寿寂之、龙骧将军王穆之、龙骧将军顿生、右军将军萧道成、射声校尉姚道和、左军将军垣恭祖、步兵校尉杜幼文、冗从仆射全景文、员外散骑侍郎孙超之等；东军方面将领有：孙昙瓘、程捍宗、陈景远、袁标等，集结了会稽五郡及部分三吴部队，构筑了五座堡垒，相互支援。为了尽快打破僵局，督促东路将领作战，宋明帝又从西线调来了积射将军江方兴所部参战，与此同时，他还派遣南台御史王道隆前往晋陵前线督战，实地勘察前线的形势。

二月三日，王道隆与萧道成、张永三人商议说："程捍宗的堡垒尚未完工，有隙可乘，一旦得手，上可以让皇上满意，下可以鼓舞士气。"王道隆即率领所部对其发起了猛攻，很快，就攻陷了堡垒，斩杀了程捍宗。镇东中兵参军刘亮善于使用大刀和盾牌，水塘道路狭窄，将士们无法施展，刘亮即将盾牌置于背上，冲入敌人的栅栏之内，将士们随之而进，所向无前。晋陵太守袁标又派出一千多人赶到，萧道成与张永等人乘胜进击，又将东军打得大败，屠了两座堡垒。孙昙瓘率领数百人马呐喊着蜂拥而至，袁标再次派出一千多人杀来，激战多时的朝廷军队已经到了强弩之末，见状不禁大惊失色，行将溃散。在这千钧一发之际，积射将军江方兴率领勇士们迎面朝来敌射箭，一时之间乱箭齐发，敌人纷纷倒毙，孙昙瓘只好退去。第二天，萧道成率军对晋陵周边残余堡垒发起了总攻，当夜，孙昙瓘、陈景远败退。官军推进到晋陵（江苏省常州市），袁标弃城东逃。《南齐书·高帝本纪》也记载，萧道成也参与了这场大战，"至晋陵，与贼前锋将程捍宗、孙昙瓘等战，一日破贼十二垒。分军定诸县，晋陵太守袁标弃城走，东境诸城相继奔散。”晋陵平定以后，东军主力被消灭，整个三吴地区一片震动。

与此同时，西路吴喜军在占领义兴以后，即分军为二：吴喜率部继续南下，朝吴兴（浙江省湖州市）逼近。陆攸之、任农夫则率部从东迁（浙江省湖州市境内）向吴郡（江苏省苏州市）推进。当初，吴兴太守王昙生派遣宁朔将军沈灵宠率领八千人西进黄鹄峤，打算从候道（古代传递军情所用的道路）向芜湖进发，迎接浔阳方面的主力。广德县令王蕴发兵占据险要，沈灵宠所部无法继续前进，驻扎在故鄣（浙江省安吉县西北十五里），因此，此时吴兴守军人数并不是很多。吴喜军推进至义乡（浙江省长兴县西北义山下），浔阳政权的辅国将军、车骑司马孔璪在吴兴南亭屯兵，吴兴太守王昙生前往商议军情，正巧传来官军已经逼近的消息，孔璪顿时吓得魂不附体，从床上跌了下来，说道：“悬赏的人头，只有我而已，如今还不快逃，就会被人抓住了！”听了这话，他身边的随从也是一哄而散。孔璪与王昙生命令焚烧吴兴的仓库，但因下雨，仓库并未被焚烧，没有什么损失，二人遂仓皇南逃至钱塘（浙江省杭州市）。听说吴兴陷落后，沈灵宠与弟弟沈灵昭、副将姚天覆即率领偏将以下十七军全部投降，可以说，吴兴的军队根本没有派上用场，即被消灭，宋明帝晋升沈灵宠为镇东参军事，命其率部参与东征。吴喜派遣军主沈思仁、吴系公率部继续跟踪追击孔璪等人。

三天之内，朝廷军队进展迅速，相继占领了义兴、晋陵、吴兴三郡，这让吴郡太守顾琛大惊失色。如今，晋陵之军正从北面压来，而吴兴之军又迂回从南面夹击，孤木难支，顾琛与儿子顾宝素带着老母一起乘船弃城南逃，逃奔会稽（浙江省绍兴市），海盐县令王孚派人追赶，没有赶上。

三吴地区的四郡顺利被平定，解除了建康的燃眉之急，但西线、北线和南线同时吃紧，此时，北线徐州的薛索儿已经率部渡过了淮河，西线豫州的军队开始南下，南线浔阳大军也将发起进攻，宋明帝刘彧留下吴喜统领全景文、沈怀明、刘亮、孙超之、寿寂之等人继续进攻会稽，调回萧道成、张永、姚道和、杜幼文、垣恭祖、张灵符等将用于西线和北线，调回王穆之、顿生、江方兴所部抵御南线。同月九日，吴喜等人推进至钱塘，钱塘令顾昱及孔璪、王昙生等人渡过钱塘江，逃到江南，吴喜军又推进到柳浦（浙江省杭州市南凤凰山东麓），诸暨令傅琰投降。此时，在钱塘江以北的黄山浦，叛军尚集结了大量军队，吴喜派镇北参军沈思仁、强弩将军任农夫、龙骧将军高志之、南台御史阮佃夫、扬武将军卢僧泽等率军向黄山浦（浙江省杭州市余杭区境内）压来。叛军依托海岸扎下营寨，官军乘风扬帆，直至定山（浙江省杭州市余杭区东南四十里），阵斩叛军主帅孙会之，然后，又从定山折返，兵向渔浦（浙江省杭州市萧山区西南），敌将孔睿率领一千余人据垒拒战。阮佃夫命令队主阙法炬射杀了楼上弩手，孔睿所部惊骇，沈思仁纵兵发起进攻，斩杀叛军军主孔奴，于是，叛军溃败。十九日，吴喜命令刘亮从盐官（浙江省海宁市）渡海南下，直至同浦；寿寂之部从渔浦，斜趋永兴（浙江省杭州市萧山区西）；吴喜军从柳浦渡江，朝西陵（浙江省杭州市萧山区西北）杀来。西陵叛军全部溃散，官军斩杀了庾业、顾法直、吴恭，传首京师，叛军军主卜道济、督战许天赐投降。刘亮、全景文、孙超之军进至永兴，与孔觊派遣的陆孝伯、孔豫两军遭遇，双方交战，官军再次取得胜利，斩杀了陆孝伯和孔豫。

官军行将逼近会稽郡，叛军士气低落，将士纷纷逃亡，孔觊无法制止。二十日，上虞令王晏起兵从东进攻会稽，会稽陷于被东西夹击的窘境，孔觊忧愁恐惧，不知如何是好。当晚，他亲自率领一千多人，对外宣称将要东征王晏，实际上是想从石溯（浙江省绍兴市越城区斗门镇石泗村）乘船入海。可是，叫人抓狂的是：已经提前在海边安排好了大船，等大家赶到岸边的时候，却遇到了落潮，无法入海！孔觊身边的亲随一哄而散，只剩下门生用小船拉着他，逃窜藏匿在嵴山村。叛军车骑从事中郎张绥提前派人暗中与吴喜接洽，等到孔觊逃窜后，即封闭仓库，等待官军的到来。第二天，王晏率先进入会稽，却将张绥打入大牢，当夜将其诛杀，逮捕了寻阳王刘子房，然后，纵兵大掠，将仓库劫掠一空。若邪村民录活捉叛军龙骧将军、车骑中兵参军军主孔睿，孔睿被杀前说："我已经过了而立之年，尚未步入仕途，蒙受知己眷顾，以死相许，今日赴死，还有什么遗恨！"他含笑就死。孔璪投奔门生陆林夫，陆林夫却将其斩杀邀功。二十二日，嵴山民抓获孔觊送交王晏，王晏对他说："这事全赖孔璪，与你无关，你可以写下自首状，我将代为给你送上。"孔觊慷慨回答："江东的一切处分，无不是我做主，将罪过推给别人，于草间求活，便是像你这样的人的为人啊！"王晏即将其斩杀于东阁外。临死，孔觊要求喝酒，他说："这事我平生所好。"孔觊被杀时年龄五十一岁。顾琛、王昙生、袁标等人都到吴喜那里自首，吴喜全部将他们赦免。顾琛的儿子顾宝素与父亲走失，自缢而死。叛军军主一共有七十六人，除去在战场上被杀的十七人外，其余全部被吴喜赦免。

吴喜在离开建康之前，曾向宋明帝保证抓获浔阳王刘子房及其主要将领以后，即将他们就地斩杀，但是，吴喜本人性格宽厚，再加上宋明帝此时采纳了蔡兴宗的建议，对浔阳方面的人员采取了宽大为怀的政策，因此，吴喜到了东线以后，并没有大开杀戒。但是，这也引起了宋明帝刘彧的猜忌，在宋明帝看来，吴喜是听说了南线敌人势力很大，朝廷军队有可能失败，自己如今将事情做绝，将来有可能反受其祸。不论吴喜是出于什么样的考虑，才没有诛杀参与叛乱的首领，但客观上起到了安抚人心的作用，是当时唯一最佳的应对措施。但对此，表面宽厚而内心猜忌的宋明帝一直耿耿于怀，数年以后，这也成为他处死吴喜的罪状之一。

一四六 子勋起兵（六）

二月上旬三吴四郡被平定之后，宋明帝就调回了萧道成、张永、姚道和、杜幼文、垣恭祖、张灵符等将用于西线和北线，调回王穆之、顿生、江方兴所部抵御南线。

南线的前锋都督是兖州刺史殷孝祖，他是唯一没有投靠浔阳政权的方镇，宋明帝对他非常看重，晋封他为使持节、都督兖青冀幽四州诸军事、抚军将军，刺史如故。他也十分自负，以为天下之大只有他自己最忠诚，因此，经常侮辱欺凌众将。官军将士有不少父子兄弟为浔阳政权效力，殷孝祖还打算全部将他们逮捕审判，这让官军前锋部队军心涣散，也都不听他的。宁朔将军沈攸之对内安抚本部将士，对外又与各军军主搞好关系，前锋各军将士们对他都很信赖。当东线战场正如火如荼地开打时，南线方向也在进行着零星的战斗，邓琬派遣阎湛之骚扰庐江（安徽省霍山县东北三十里），朝廷方面派遣军主、龙骧将军段佛荣前去讨伐，不久，南线形势危急，又令其率领一千铁骑回军加入南讨部队。殷孝祖每次作战，总是携带显示自己尊贵身份的仪仗、鼓乐，军中将士们私下相互说："殷统帅可谓是个要死的将领啊。如今与敌人交锋，却以鲜艳的仪仗暴露自己，如果对手集中十名神射手一齐朝他射箭，即使不想死，又怎么可能？"殷孝祖将要对敌人发起进攻，他前去与上级王玄谟道别，却突然控制不住情绪，悲不自胜，让身边的人非常诧异。

泰始二年三月三日，朝廷军队水陆齐头并进，朝驻守赭圻的孙冲之、薛常保等部杀来，浔阳方面陶亮等人立即发兵援救。当天，殷孝祖即临阵被浔阳部队射杀，时年五十二岁。官军军主朱辅之、申谦之、张灵符所部均失利，朱辅之的副正员将军皇甫仲远、申谦之的副虎贲中郎将徐稚宾均战死；殷孝祖的支军主范潜率领五百人投降。战败后，朝廷军队军心震恐，前锋将士们都认为应该令沈攸之代替殷孝祖为前锋都督。

当时，建安王刘休仁驻节虎槛，东线凯旋后，宁朔将军江方兴率部又赶回了这里。听说前锋战败的消息，建安王刘休仁派遣江方兴、龙骧将军刘灵遗各率三千人赶赴赭圻前线，以江方兴统领殷孝祖的部队，以沈攸之代替殷孝祖为前锋都督。出战告捷后，孙冲之对陶亮说："官军殷孝祖乃一员骁将，可是，一战即被我射杀，天下之事已成定局了，不用再在此地作战，只需扬帆直取建康即可。"但陶亮不从。宋明帝派遣员外散骑侍郎王道隆来到赭圻督战。沈攸之料定，敌人初战获胜以后，有乘胜扩大战果之心，明天如果不主动发起进攻，就会向对手示弱。但是，要组织第二天的军事行动，就必须做好各军的协同，可是，沈攸之认为江方兴与自己都是宁朔将军，名望和地位相同，肯定不会服从自己的指挥，而如果各军无法做到协同配合，军事行动注定是要失败的，于是，沈攸之以大局为重，率领前锋各个军主主动前去拜访江方兴，对他说："如今全国各地一齐叛乱，朝廷管理的地域不出京师周边一百里地。只有殷孝祖为朝廷倚重，想不到刚一开战，就陈尸马下，文武官员非常沮丧，朝廷上下提心吊胆。事情能否成功，全靠明天一战，如果再次失败，就无法挽回了。明天的战事，大家都认为应当由我指挥，但我自忖能力不如你，因此，公推你为各军的统帅，只是要彼此齐心协力啊！"江方兴听了沈攸之的一席话，非常高兴，连连点头，满口答应。大家从江方兴那里出来后，各个军主都埋怨沈攸之，沈攸之说："你们忘记了廉颇、蔺相如与寇恂、贾复之间旧事了吗？我只希望保家卫国，怎会将官位的升降放在心上？况且，我能做他的下属，但他肯定不甘心做我的下属，大家共同度过艰难，怎么可以自己先内讧呢？"

三月四日，建安王刘休仁又派遣军主郭季之率领三千步骑，增援前线，于是，江方兴即率领沈攸之、郭季之、辅国将军步兵校尉杜幼文（杜骥之子）、宁朔将军屯骑校尉垣恭祖、龙骧将军朱辅之、员外散骑侍郎高遵世、马军主龙骧将军顿生、段佛荣等三万余人，凌晨即向敌人发起了进攻。会战在赭圻城外展开，一直从早晨持续到中午，官军奋勇杀敌，大破浔阳军队，斩杀俘虏了数千人，一直追杀到姥山（安徽省繁昌县东北三十里），才撤离。孙冲之原在巢湖口和白水口构筑了两座堡垒，军主张兴世将其攻下。陶亮听说这两座堡垒陷落的消息，非常害怕，赶紧召唤孙冲之退至鹊尾，仅留薛常宝代替孙冲之防守赭圻。浔阳部队原来在姥山及各个山冈上设立的营寨，也全部败退下来，重新整合后，一起固守鹊尾附近的浓湖（安徽省繁昌县西，如今已不复存在）。

三月初的赭圻之战，双方一胜一败，打成平手。邓琬再派其豫州刺史刘胡率领三万大军、两千铁骑增援，驻扎在鹊尾，加上过去的部队，浔阳方面集结在前线的部队人数达到了十万人。而朝廷方面的参战部队也达到了这个数字，并且，此时东线战场已经结束，吴喜率领所部五千多人也赶到了这里。当时，战乱四起，朝廷财源枯竭，于是，开始公开卖官鬻爵，鼓励百姓捐献粮食、钱财，授予偏远郡县的官长，或者是三品到五品的朝廷散官。在赭圻前线的官军粮草缺乏，建安王刘休仁亲自安慰将士，平均分配物资，吊死问伤，因此，十万大军没有离心，渐渐渡过了最初的难关。东线平定后，情况开始好转，吴喜不仅带来了部队，而且还从东线运来了南线急需的军用物资。

南线刚一好转，北线就出现了危机：薛索儿已经率领一万多人从睢陵渡过了淮河！徐州部队渡河后，即击杀了朝廷军主孙耿，纵兵威逼青冀二州刺史张永的大营，山阳（江苏省淮安市）太守程天祚也举城投降。

宋明帝得报后，三月九日，命令南徐州刺史、桂阳王刘休范担任北伐总司令，渡过长江，进据广陵（江苏省扬州市），又下诏命令从东线撤回、原本将使用于南线方向、先行至新亭的萧道成所部，紧急北上，解救张永，驻扎在破釜（洪泽湖）。

进入三月，南线还在酝酿着一场决定胜负的大战，而西线豫州方面也在鏖战。

朝廷方面负责讨伐豫州殷琰的主帅是刘勔。史称，他善于安抚将帅，对人宽厚，将军王广之曾向刘勔索要刘勔的坐骑，众将都对王广之的无礼非常恼怒，劝说刘勔制裁他，刘勔却满脸笑容，当即把马解下，送给了王广之。上月，刘勔就已经率部推进到了小岘（安徽省合肥市东七十里）。当初，合肥守将、南汝阴太守薛元宝弃郡投奔浔阳政权，前太守朱辅之据城归顺了朝廷，殷琰派军进攻朱辅之，朱辅之战败逃走。殷琰又以前右军参军裴季为南汝阴太守，但裴季又归顺了朝廷，宋明帝即以太守之职授予了他；殷琰所用的象县令许道莲也率领二百人归降，宋明帝任命其为马头（安徽省怀远县东南）太守。三月，宋明帝又派遣宁朔将军刘怀珍率领段僧爱、龙骧将军姜产之、王敬则等五千步骑，前来增援刘勔，斩杀了庐江太守刘道蔚。中书舍人戴明宝请求宋明帝让军主黄回招募了一千多名江西楚人，斩杀了浔阳政权任命的马头太守王广元，宋明帝以黄回为龙骧将军。

淮西人前奉朝请郑墨（《资治通鉴》记作郑黑）率领子弟部曲在陈郡城（河南省项城市东北）起义，有众一万，东南威胁寿县的殷琰，西南抵御汝南的常珍奇，三月十八日，宋明帝任命其为司州刺史。

同月，豫州殷琰命令部将刘顺、柳伦、皇甫道烈、庞天生等率领马步八千人，驻扎在宛唐（安徽省寿县东南），距离寿阳三百里。刘勔率领众军齐头并进，距离刘顺数里安营。行军途中遇到了大雨，部队一直等到凌晨才达到预定位置，军营还没有构筑好，刘顺打算趁官军立足未稳予以打击。当时，殷琰派出的豫州军队大部分都受刘顺的节度，只有皇甫道烈、豪强柳伦，是朝廷派来的，刘顺出身原本卑微，殷琰认为刘顺不宜指挥这两支军队，此时，皇甫道烈和柳伦不同意刘顺的计划，刘顺又不能单独实施突袭，于是，豫州军队没有行动，不久，官军的营垒构筑完毕，再也无隙可乘，双方就此相持。

一四七 子勋起兵（七）

刘胡的名气很大，山蛮小孩听说刘胡来了，都吓得不敢再哭。

过去，刘胡多次立下战功，素来狡诈，大家对他是心服口服，官军的沈攸之等将也对他很是忌惮。当时，刘胡的同乡蔡那、佼长生、张敬儿等人率军在赭圻，包围了薛常宝等人，他们均隶属于沈攸之。刘胡给众人写信劝降，都遭到拒绝，他又约请蔡那等人出来交谈，陈说旧情，蔡那等人对刘胡冷嘲热讽，反而劝说他归顺朝廷。刘胡大怒，将蔡那的子弟们从襄阳抓来，每次作战，都将他们悬在城墙外面，但蔡那熟视无睹，依然英勇作战。刘胡虽然名气很大，但他也只是一员猛将而已，并无驾驭全局的能力，除了劝降之外，别无他法。辅国将军吴喜从东线回来后，即在战鸟山构筑堡垒，另外又分出一千人马，乘坐二百只小船，与佼长生所部并为游军。

薛常宝所部粮尽，向刘胡求援。刘胡命令用布袋盛米，捆绑在木筏或者船板上，然后，故意将木筏或船只弄翻，顺流而下，想接济薛常宝所部。沈攸之看到满江漂流而下这么多的翻船，感到不可思议，就派人拦截这些倾覆的木筏和船只，这才发现了秘密，缴获了大量粮食。一计不成，刘胡又生一计。三月二十九日，他亲自率领一万步兵，趁夜劈山开路，用布袋运米，来接济赭圻，黎明时分，刘胡的运粮部队来到了赭圻城下，但尚隔着小壕沟，无法进城。沈攸之率领众军一齐发起进攻，军主郭季之、荀僧韶、幢主韩欣宗等人率众三千，为沈攸之声援。军主刘沙弥轻骑深入，一直前突到刘胡麾下，遂被杀。沈攸之策马冲阵，撤回时，被敌人的骑兵追赶，一枪刺中，幸亏马军主段佛荣、武保拼死相救，才得以脱身。官军殊死战斗，杀伤了很多敌人，刘胡所部大败，丢弃了粮食铠甲，沿着山路仓皇而逃，官军乘胜追击，又斩杀了很多敌人。刘胡身负重伤，勉强回到大营。薛常宝无计可施，派人给刘胡送信，打算突围。沈攸之的侄儿沈怀宝，是浔阳政权的将帅，也在赭圻城内，他派遣亲人杨公赞怀揣密信试图劝诱沈攸之，沈攸之当即斩杀了杨公赞，将沈怀宝的密信原封不动，送到建康交给宋明帝。

四月四日，刘胡亲自率领数千人前去接应，薛常宝等人开城突围，沈攸之率领辅国将军沈怀明、军主周普孙、江方兴、申谦之等诸军奋力追击。吴喜也闻讯率众而来，却被刘胡的别军包围，情况非常危急，一名敌人上前要拉吴喜的战马，部将蔡保一刀砍断了那人的手，吴喜这才脱身，正员将军幢主卜伯宗（卜天与之子）、江夏国侍郎幢主张涣均战死沙场。沈攸之、吴喜等将苦战一整天，敌将薛常宝、张继伯、胡灵秀、焦度等人都身受重伤，逃回到刘胡军中。官军占领了赭圻城，斩杀浔阳政权的宁朔将军南阳太守沈怀宝、奉朝请领中舍人督战谢道遇，俘虏了数千人。敌将陈绍宗乘坐一条小船逃奔西岸，与其部曲一起回到了鹊尾。战后，建安王刘休仁将大本营从虎槛转移到赭圻。刘胡派遣陈绍宗、陈庆率领快艇二百，大舰五十，出鹊外挑战，吴喜、张兴世、佼长生等人率领战舰迎击，吴喜支军主吴献之驾驶快艇猛冲，所向无敌，斩杀了很多敌人，一直追到鹊里才罢手。宋明帝刘彧担心刘胡等人或许会从陆路突袭京师，命令宁朔将军、广德令王蕴千人防守鲁显（今地不详）。

当时刘胡等人的部队仍然很强盛，宋明帝为了稳定军心，提高士气，派遣吏部尚书褚渊亲自到虎槛，选拔任用将帅，晋封沈攸之为使持节，督雍、梁、南北秦四州郢州之竟陵诸军事，冠军将军，领宁蛮校尉，雍州刺史。申谦之、杜幼文因此求黄门郎，沈怀明、刘亮求中书郎。建安王刘休仁就让褚渊拟任，可是，宋明帝不答应："忠臣以身殉国，不求回报，大敌当前却要破坏朝廷的制度，这岂是为臣应该做的吗？"虽然对高级军官们的要求没有答应，但对于下级军官却大肆封赏，当时，因为军功而被封官的人数太多，以致用于任命官员的小木板都用完了，只好用黄纸代替。

随着战事陷于胶着，一些郡县开始动摇。当初，邓琬向巴东征兵，巴东太守罗宝称以郡县境内山蛮很多，兵力不足为由予以拒绝。巴东人任叔儿聚众响应建康，写信邀请罗宝称入伙，罗宝称犹豫不决，很快暴病而死。任叔儿即自称辅国将军，占领白帝城，诛杀了罗宝称的两个儿子，阻断了三峡。益州刺史萧惠开响应浔阳政权以后，即派遣巴郡太守费欣寿率领两千人东下（一说五千人），但被任叔儿击败，费欣寿也被斩杀。萧惠开又派州治中程法度率领三千人从陆路经过梁州东下，又被氐王杨僧嗣切断了通道。当初，氐王杨元和（杨保宗之子）驻守在白水（甘肃省陇南市武都区境），无力自保，杨元和弃众北逃，投降了北魏，他的堂弟杨僧嗣不久自立为武都王，驻守在葭芦城（甘肃省文县白龙江东岸临江）。浔阳政权派遣中兵参军何康之领宜都太守，讨伐任叔儿，部队行至陕口，被夷帅向子通击破。始安（广西壮族自治区桂林市）内史王职之、建安（福建省建瓯市）内史赵道生、安成（江西省安福县）太守刘袭（刘道怜之孙），也都举郡归顺朝廷。邓琬派遣龙骧将军廖琰率领数千人，并征发庐陵百姓一起进攻安成郡，刘袭与郡丞檀玢拒战，被打得大败，檀玢临陈被杀，刘袭弃郡而逃，依托险要固守。廖琰大肆抢掠一番就退去了，廖琰退后，刘袭又重新占领了城池。当时，萧道成率众在北线，萧道成的世子萧赜（后来的南齐武帝）是南康赣（江西省赣州市）令，邓琬派人前去打萧赜；萧赜的心腹萧欣祖、桓康等数十人，保护着萧赜的妻子裴惠昭和两个儿子萧长懋（后来的文惠太子）、萧子良（后来的竟陵王）逃跑了，在民间招募了一百多人，攻破了郡县，解救了萧赜。南康相沈肃之率军追赶，反被萧赜生擒，萧赜遂自称为宁朔将军，与南康相沈肃之、前南海太守何昙直、晋康太守刘绍祖、北地傅浩、东莞童禽等，占领南康郡起义。邓琬征召始兴（广东省韶关市）相殷孚为御史中丞，并命令他率领本郡军民一起沿赣江而下，殷孚人多势众，萧赜在揭阳山中躲避，于是，邓琬再派武昌戴凯之为南康相。萧赜率众进攻，戴凯之战败逃走。萧赜派遣幢主檀文起千人戍守西昌（江西省泰和县），邓琬又派遣廖琰与其中兵参军胡昭等在西昌构筑堡垒相守。邓琬征召豫章太守刘衍为右将军、中护军，而以殷孚代为豫章太守，令其都督赣江上游五郡，以防备刘袭等。

湘州也内乱不止。

衡阳内史王应之率领本郡五百多人，归顺朝廷，进兵长沙城下。何慧文率领亲随出城迎战，王应之击杀数人，砍中何慧文八刀，何慧文砍断了王应之的脚，遂将其诛杀。当时，湘东国侍郎虞洽替刘彧在封国中督促国税，劝说湘东（湖南省衡阳市境）太守颜跃（颜延之之子）响应朝廷，但颜跃不从。虞洽就投奔桂阳（湖南省郴州市），招募了数百人，打算回来进攻颜跃，颜跃害怕了，向虞洽求和，两人一共招募了二千人马。当时，邓琬征召何慧文率众增援浔阳，部队从长沙出发已经走了数百里地了，突然听说虞洽起兵了，只好转兵南下，收拾虞洽，虞洽战败逃走。

广州也是如此。

殷孚离开始兴之后，以郡五官掾谭伯初负责郡内事务，当地人刘嗣祖等人斩杀了谭伯初，据郡起义。邓琬派遣始兴太守韦希真、鹰扬将军杨弘之领众一千讨伐刘嗣祖。刘嗣祖也派兵前往南康郡（江西省赣州市西南），与萧赜会合。韦希真等人停驻庐陵（江西省吉水县东北）不敢前进。广州刺史袁昙远听说始兴（广东省韶关市）起义，派遣部将李万周、陈伯绍率众北上讨伐刘嗣祖。刘嗣祖派兵驻守浈阳（广东省英德市南十五里），李万周也构筑堡垒相守。刘嗣祖派人欺骗李万周说："浔阳已经平定，朝廷派遣刘勔为广州刺史，就要到了！"李万周竟然信以为真，便率军返回番禺（广东省广州市），深夜以长梯翻入城内，袁昙远素来怯弱，听说李万周反了，不禁惊慌失措，光着脚丫逃出家门，李万周率军追上杀死。前交州刺史檀翼调任回京，路过广州，李万周对其随身巨额的财宝垂涎三尺，污蔑他参与了叛乱，将其袭杀，将袁昙远和檀翼的财宝悉数纳入自己的囊中。

青州方面同样如此。散骑侍郎明僧暠起兵响应建康，进攻青州刺史沈文秀，四月十五日，宋明帝任命其为青州刺史。明僧暠与先已起兵的平原乐安二郡太守王玄默、清河广川二郡太守王玄邈（王玄谟堂弟）、高阳渤海二郡太守刘乘民合兵一处，一起进攻东阳城，每次交锋，总被沈文秀击破，但是，他们屡败屡战，如此打了十几仗，沈文秀也无法将他们彻底消灭。

为了尽快打破僵局，邓琬以晋安王刘子勋的名义，命令雍州刺史袁顗统领雍州军队火速东进，邓琬以黄门侍郎刘道宪全权负责荆州事务，以侍中孔道存负责雍州事务。柳元景被杀后，柳元景的侄儿、上庸太守柳世隆躲藏了起来，袁顗起兵后，召柳世隆入伙，但柳世隆不从。看到袁顗率领雍州主力东进以后，柳世隆纠集了山蛮、宋民共计两千多人，从上庸出发，乘虚偷袭襄阳，孔道存派遣部将王式民、康元隆等在万山（湖北省襄阳市西北十里，即汉皋山）迎击，柳世隆大败，还郡自守。袁顗的到来并没有很快打破南线的僵局，到四月底，首先打破僵局的却是西线的豫州战场。

四月，刘勔的录事参军王起、前部贼曹参军甄澹等五人叛逃，归顺了刘顺，刘顺因此引兵出战。官军马军主骠骑中兵参军段僧爱勇冠三军，他与刘顺的幢主樊僧整单打独斗，却被樊僧整一矟刺中，被杀，官军士气受到打击。宋明帝闻讯，又派太尉司马垣闳率军增援，步兵校尉庞沈之帮助裴季彧守合肥。开始，淮南人周伯符请求刘休祐让自己招募义兵，刘休祐不同意，周伯符反复请求，刘休祐才同意了。他拄着拐杖，一路独行，行至安丰（河南省固始县东），收得八百余人，在淮河上游活动，为朝廷方面的游击队。常珍奇任命的弋阳太守郭确派遣将军郭慈孙在金丘（河南省新蔡县东）清剿周伯符，殷琰又派中兵参军杜叔宝协助，可是，郭慈孙被周伯符击败，落水而死，宋明帝以周伯符为骠骑参军。

当初，豫州长史杜叔宝判断，朝廷军队会停在历阳，不会立即前进。突然之间，朝廷军队刘勔等人到来，上下一片恐慌。刘顺等人出发的时候，仅仅携带一个月的口粮，等到与刘勔等人相持了一个月，刘顺等人军粮吃完，向杜叔宝写信要求送粮。杜叔宝就征发了一千五百辆大车，满载大米给刘顺所部送来，杜叔宝还亲自率领五千精兵防护着。刘勔听说后，副将吕安国说："刘顺有八千精锐，而我们的兵力还不足他的一半，相持了这么长时间，强弱差距逐渐扩大，假如继续相持下去，我们就无法自存了，如今，我们所依靠的只是他们的粮食吃完了，而我们还有余粮罢了。假如杜叔宝送来了粮食，我军不仅难以取胜，而且连自守都不能了。现在唯有从小路偷袭他们的粮车，出其不意，如果能够得手，敌人肯定会不战而逃。"刘勔表示同意，于是，他留下老弱守营，挑选了一千精锐，交给吕安国和军主黄回等人，从小路迂回绕到刘顺所部的背后，在横塘（安徽省寿县东）实施包抄。吕安国等人出发时，预计杜叔宝很快就会抵达了，因此，只携带了两天的食物，两天过后，食物吃尽了，杜叔宝还未到来，大家都想回营。吕安国说："大家早上已经吃过一顿了，今晚，粮车肯定会到，如果不到，晚上再回去也不迟。"果然，当天杜叔宝的运粮队进入了官军的埋伏圈。只见杜叔宝以米车为函箱阵，杜叔宝率领的部队在车队为游军，幢主杨仲怀率领五百人在车队前面开路。杨仲怀最先与官军遭遇，手下劝说撤退，与大部队会合，但杨仲怀说："敌人来了却不迎战，还等待什么？况且，统军就在我们背后二三里，等到我们交上手，还担心统军上不来？"黄回率领的全部是"淮南楚子"，为天下精兵，且又是敌人兵力的两倍，两下合战，阵斩杨仲怀及其率领的五百人。杜叔宝到达战场后，看到杨仲怀所部士兵的尸体布满了原野，吓得魂飞魄散。黄回等将还请求乘胜再战，吕安国却说："他将自退，不用再打了。"命令退军三十里安营，夜里派遣骑兵前去侦察，果然发现，杜叔宝已经丢掉了米车而逃。吕安国当夜命令部队前往，焚烧了米车，驱赶驾车的两千余头牛而回。

刘顺听说米车被烧，又见杜叔宝退去，五月一日夜，部众崩溃，逃回寿阳，刘顺西逃至淮西，投靠汝南的常珍奇。于是，刘勔整顿军队，擂响战鼓，朝寿阳压来。杜叔宝将城外居民和散兵游勇赶入城中，婴城固守。刘勔各军驻扎在寿阳城外，黄回在淝水之上架起了浮桥，渡过了淝水。杜叔宝派遣三千步骑，打算破坏浮桥，并用栅栏切断小岘埭，黄回领军回击，大破敌人，并焚烧了敌人的船栅。

一四八 子勋起兵（八）

寿阳城下的官军开始对城内的殷琰发起了新一轮攻心战。

西线总指挥、山阳王刘休祐给豫州刺史殷琰写信劝降，他在信中说："大人历来是个文弱书生，并无武略，这一点是大家都知道的，并且，您一直位列清显之官，不应再有觊觎之心，如今的事大概是为凶顽所劫，不能以死守节而已。现在，朝廷大军已经兵临城下，你困守孤城，大祸即将临头，我想起昔日我们之间的友情，禁不住悲从中来。圣上好生恶杀，远近皆知，顾琛、王昙生等人均兵败投降，尚且得到宽恕，安然无事，如今，兵锋所至，所向无敌，况且以残兵败将，岂能长久？如果开城投降，尚不失富贵，将领、士卒，仍然拥有过去的爵位，何必非得身受刀斧之刑，让妻子、儿子悉数被杀呢？老兄头发将白，还得被推到东市问斩吗？"宋明帝也派遣王道隆带去诏书，赦免了殷琰的罪过。

刘勔也给他写信道："过去，前废帝凶暴无道，我身为直阁将军，这是我亲眼所见。主上拨乱反正，天下顿时太平，可是，四方心怀猜疑，发动叛乱，朝廷兵锋所指，无不望风奔溃。大人身为高门士族，附随叛党，圣上予以宽恕，昨天，王御史还带来了皇上的诏书、骠骑将军的教令、您的哥哥、儿子给你的书信，如今全部送交给你。"殷琰本来就没有反心，只是受人逼迫，杜叔宝等人也有投降之意，前后多次与朝廷通信，但是人心不一，于是继续守城。弋阳（河南省潢川县）西山蛮田益之起义，进攻弋阳的郭确，宋明帝以田益之为辅国将军，督弋阳西山事。

在西线战事逐渐向好的同时，北线战事也向朝廷方面倾斜。

薛索儿渡过淮河以后，军粮不足，就抢掠百姓们的谷物粮食。宋明帝命令萧道成率领前将军张永、宁朔将军垣山宝、王宽、员外散骑侍郎张寘震、萧顺之、龙骧将军张季和、黄文玉等诸军北讨。五月，双方在平原大战，薛索儿率领五千步骑，官军迎击，大破薛索儿之军。薛索儿打算西逃钟离（安徽省凤阳县境），与豫州部队会师，或者渡过淮河，但张永命令宁朔将军王宽据盱眙，切断他的归路。薛索儿只得东进，击败朝廷军主高道庆，逃往石鳖城（江苏省宝应县西），将要北渡淮河撤离。王宽与军主任农夫已提前占领了白鹄涧（今地不详），张永派遣萧道成火速赶往白鹄涧，督促两将。薛索儿东进邀击萧道成，萧道成率军整顿部队，鼓行而前，薛索儿不敢发起进攻，眼睁睁地看着萧道成所部进入了王宽的营垒。数日之后，薛索儿看到无法从此地北去，只得又带着抢掠百姓来的粮食，向西固守石梁（安徽省天长市西北石梁）。萧道成又率领镇北参军赵昙之、吕湛之跟踪追击，追至葛冢（今地不详），侦察骑兵报告说敌人将要到来了。萧道成停下部队，将骑兵一分为二，埋伏在大营左右。不一会儿，敌人果然扑来，又将车辆点燃，向萧道成大营、军阵推来。双方激战很久，萧道成命令轻装部队进攻敌人阵脚的西侧，又命令骑兵绕到敌人阵后夹击，顿时，敌人大败而逃，于是，萧道成率部进驻石梁涧以北。当晚，薛索儿派遣一千多人前来偷营，官军一片大乱，萧道成镇静自若，躺在床上，一动不动，命令左右也不得慌乱、乱动。不一会儿，敌人就散去了。萧道成计划在石梁的西南高地上构筑堡垒，切断敌人的南逃之路，薛索儿果然率军前来争夺，萧道成又率军将其击破。薛索儿所部军粮吃尽，遂溃散。薛索儿逃亡乐平县界（安徽省凤阳县东），为申令孙的儿子申孝叔所杀。薛安都的儿子薛道智、大将范双逃到合肥，向南汝阴太守裴季投降。萧道成率部追到黯（今地不详），即回师，因此功，他被晋升为骁骑将军，封西阳县侯，食邑六百户。不久，阮佃夫率领诸军进攻山阳，山阳太守程天祚投降。傅灵越逃往淮西，武卫将军王广之将其生擒，傅灵越厉声说道："我乃傅灵越也！你们抓住了敌人，为何不立即杀掉！"王广之将其送到主将刘勔那里，刘勔亲自安抚他，询问其参与叛乱的缘由，傅灵越回答："全天下的人都纷纷起义，岂是我一个人？"刘勔说："四方叛乱，王师战无不胜，主上对于被俘之人都宽大处理，按照他的才能委以重任，你为何不早早投降，反而在草间求活呢？"傅灵越回答："薛安都大人举兵淮河以北，威震天下，只是他不能任用贤才，只相信自己的儿子、侄子，这是他之失败的原因。从起义之初，我都参与其间，人生谁人没有一死，实在是无颜再偷生人间。"刘勔被傅灵越的豪言壮语感动，将他送往建康。宋明帝也打算赦免他，但傅灵越始终没有悔改之意，宋明帝就将他杀了。

至此，虽然薛安都尚未被消灭，但北线淮河以南已经没有了敌人，可以说北线战事已基本结束，宋明帝可以将有限的兵力转用至西线和南线上来了。

此时，自四月赭圻之战后，南线双方已经又相持了一个多月，双方都需要一场决定生死的大决战。宋明帝刘彧相继又从北线等地派来强弩将军任农夫、振武将军武会仓、冗从仆射全景文、军主刘伯符等部，增援南线。沈攸之修缮战舰，可是缺乏板材，正无计可施。碰巧，邓琬从后方送给刘胡五千片板材，突然间，波涛汹涌，这五千板材全部顺流而下，漂到沈攸之的军营之外，官军用于修补战舰的材料就此解决。邓琬同样也需要一场决战，他任命袁顗为都督征讨诸军事，加鼓吹一部，六月十八日，他命令袁顗率领一千艘战舰，两万名战士，浩浩荡荡来到鹊尾。袁顗原本就是一介文士，没有什么将略，性格又胆小怕事，在军中从不穿戎装，言谈也从不涉及战事，只是与人清谈赋诗而已，又不接见诸将，刘胡每次进见讨论战事，袁顗对他态度非常傲慢，总是三言两语就把刘胡给打发了，因此，军心涣散，斗志全无，刘胡对他是切齿痛恨。刘胡以后方的粮食尚未运到，部队缺粮，想向袁顗暂借襄阳的粮食，袁顗回答："京师的两处住宅尚未完工，全靠这点财源。"予以拒绝。他还听说建康粮食匮乏，一斗米高达数百钱，认为，对官军可以不战自破，因此，按兵不动，坐等胜利。

朝廷各路大军与袁顗、刘胡所部一直在浓湖（安徽省繁昌县西）相持，迟迟没有结果。龙骧将军张兴世建议说："敌人占据上游，兵力强大，地势险要，我军与敌人相持则有余，取胜则不足。如果派出数千奇兵偷偷迂回到敌人的上游，占据险要地带，构筑堡垒固守，见机而动，使敌人首尾不能兼顾，进退两难。敌人与后方之间被我们切断，粮运自然艰难，这将是克制敌人的妙计。钱溪（梅根河，在安徽省池州市贵池区东）江岸很窄，又距离大军不远，此地长江水道湍急曲折，船只经过，必须紧靠长江两岸，这里又有天然港湾可以停泊船只，这正是千人守险、万人难过的险要之地。"沈攸之和吴喜都赞同他的计策。当时，正巧浔阳政权的司州刺史庞孟虬率军增援寿阳，刘勔派人前来求救，情况非常紧急，建安王刘休仁打算派张兴世引兵北上。沈攸之说："庞孟虬的部队不过像一群蚂蚁，毫无作为，只能另外派遣数千人马前去，就足够了。即使出了意外，暂时将江西之地扔给他作为诱饵，如果我们在上游取得了胜利，就不用担心不会消灭他们。张兴世建议的这次行动，可是生死存亡的关键，绝不能半途而废。"刘休仁就另派段佛荣率军前去救援刘勔。

张兴世原来的计划更大胆：他打算直接深入敌人后方的大雷（安徽省望江县），只是这一招太冒险，并且，部队人数不多，不能分给他太多的部队。不久，薛索儿被平定了，宋明帝命令张永留下了五千步骑驻守在盱眙，剩余两万北线部队全部调往南线，稍后，阮佃夫又平定了山阳，他率领的各军也全部来到了南线，南线兵力顿时大增，刘休仁就挑选了七千名战士、两百艘小船交给了张兴世。张兴世每天带着这两百艘小船逆流而上，再顺流而下，几天之内总是如此，慢慢地，敌人不再戒备了。

一四九 子勋起兵（九）

刘胡听到张兴世将率军深入自己的后方以后，他笑了："我尚且不敢越过他们，直接进攻建康，他张兴世是个什么东西，还敢轻率地率军跑到老子的身后？"遂不以为意。当夜，张兴世率军渡过湖口，一直行进到鹊头，然后，又顺流而下，以迷惑敌人。到了这一夜的四更，正值顺风，于是，开始扬帆直上，再度越过湖口、白水口，再经过鹊尾。这时，刘胡才发觉，立即命令部将胡灵秀率军从东岸尾随追赶。

七月十三日晚上，张兴世所部驻扎在景江浦（今地不详），对方也停了下来。当晚，张兴世偷偷派遣黄道标率领七十艘小船，径直朝钱溪而来，构筑营寨。第二天，张兴世率领大军进入营寨，胡灵秀无法制止。七月十五日，刘胡亲自率领水陆二十六军前来进攻。将士们打算迎击敌人，但张兴世说："敌人距离尚远，士气甚盛，弓箭尚多；士气太盛，就容易衰弱，弓箭射出太多，也容易用尽，不如暂且忍耐一下。"命令将士们不得妄动，照旧修缮城池。不一会儿，敌人就逼近了营寨，敌船进入激流险滩之处，张兴世这才命令寿寂之、任农夫率领数百壮士前去迎击，大军随后进发，刘胡被打得大败而逃，被斩杀了数百人，投水而死的很多。刘胡收兵退去。

张兴世插入叛军后方，让叛军陷于进退两难的境地：打击下游的话，担心张兴世会抄自己的后路；吃掉张兴世的话，又担心大本营会遭到官军主力的进攻。更重要的是，这里地形复杂，河道纵横，而叛军主帅袁顗又不懂军事，主将刘胡则不习水战。摆在叛军方面有两种选择：去消灭张兴世还是直接与下游官军主力决战？当然，最佳的结果是，以少部兵力固守大本营，而以大部兵力迅速将张兴世所部全歼。这样的话，张兴世此举就成了无谓的分兵了。要达到此目的，在双方兵力相差不大、且张兴世所部已经占据有利地形的情况下，强攻，即使能够消灭张兴世，但张兴世所部也起到了牵制作用，假如下游官军主力乘虚全力进攻的话，后果难以逆料。只有设计，引诱张兴世所部出来，才较为省力：要么佯装置张兴世部于不顾，顺流直下，进攻下游的官军主力，诱使张兴世出来，设伏将其消灭；要么以主力对碰主力，让张兴世来进攻大本营。但不论如何，在具体操作中，想要拔掉张兴世这颗钉子，都需要高超的军事谋略和战术技巧。

朝廷大本营中的建安王刘休仁担心张兴世尚未修好营垒，袁颛会下令全力进攻钱溪的张兴世部，为了牵制敌人，减轻张兴世部的压力，七月十六日，刘休仁即派遣沈攸之、吴喜、佼长生、刘灵遗等将率领二十艘牛皮包裹的战舰进攻浓湖，苦战一整天，斩杀了上千敌人，也就是在当天，刘胡率领两万步兵、一千骑兵打算再次进攻张兴世，这次，不习水战的刘胡是想扬长避短，从陆路发起进攻。但是，他们行至距离钱溪尚有数十里的地方，就接到了袁颛浓湖危急、速速折返的命令，只好又返身回救，钱溪张兴世的营垒才得以最终建立。刘胡派人传播消息："钱溪已经被平定。"官军一片恐惧，沈攸之说："肯定不对。如果钱溪真的失败了，张兴世所部近万人肯定会有一人能逃脱回来报信的，这肯定是敌人失利了，故意散布假消息，目的是扰乱我军军心罢了。"下令军中不得妄动。不久，钱溪的捷报很快就传来了，沈攸之将钱溪送来的刘胡军人的鼻子耳朵送给浓湖的守军看，袁颛看后大惊失色。沈攸之等人达到了牵制目的以后，到黄昏时分即安全撤离了战场。

张兴世在敌后站稳脚跟后，效果很快就显现了出来。

半月之后，叛军粮草开始短缺。邓琬从后方送来了大批粮草，但是畏惧张兴世所部而不敢前进。刘胡率领四百艘快艇，从鹊头（安徽省铜陵市北鹊头山）出发打算从长江南岸进攻钱溪，途中，他对长史王念叔说："我从小熟悉在陆地上作战，不熟悉水战。如果是在陆地上作战的话，你永远深处数万人之中；而水战你却坐在一只小船上，各条船各走各的，相互之间再无紧密的联系，你一个人只是身处一条船的三十个人当中，这不是万全之计，我才不冒这个险呢！"他假装患了疟疾，停泊在鹊头，派遣龙骧将军陈庆率领三百艘小船出发，告诫陈庆说："不用作战。张兴世这人我非常熟悉，他自会逃走。"于是，陈庆进抵钱溪以后，不敢战，驻军在梅根（安徽省池州市贵池区东北梅埂镇）。

刘胡又派遣别将王起率领一百艘小船前去进攻张兴世，张兴世进攻王起，将其击败。刘胡率领残余部队逃回，对袁颛说："张兴世的营寨已经建立，难以迅速攻下，昨日一场小规模的战斗，损失并不大。与此同时，张兴世所部也出现了断粮情况，武卫将军李安民率领水军越过敌人五座城池，将军粮送到了钱溪，叛军军主沈仲、王张率军打算切断长江江面，李安民进军与敌人合战，将其击破。此时，陈庆已经与南陵（安徽省繁昌县西北，唐代移治今南陵）、大雷（安徽省望江县）各军遏制住了张兴世的上游，大军在此，诸将又切断了他的下游，他已经陷于我方的包围，不足为虑。”袁颛对刘胡不亲自出战非常恼火，他质问：“粮道被切断了，你说怎么办？”刘胡说：“他们能越过我们逆流而上，我们为什么不能越过他们顺江而下呢？”派遣安北将军司马沈仲玉率领一千人马从陆路前往南陵迎接军粮。沈仲玉到南陵以后，装载了三十万斛米，军饷、布匹装了数十条船，在船边用木板钉成围墙，打算强行从钱溪穿越。行至贵口（安徽省池州市贵池区西北贵口镇），却不敢前进，派人从小路绕道向刘胡报信，请求派遣大队人马前来接应。还没等刘胡接应人马到来，张兴世就派遣寿寂之、任农夫等人率领三千人向贵口扑来，沈仲玉交战了一整天，终因众寡不敌，被迫放弃辎重，逃归袁颛大营。张兴世将沈仲玉带来的辎重全部虏获，刘胡部众惊慌失措，部将张喜投降了官军。

镇东中兵参军刘亮进兵逼近刘胡的军营，刘胡派遣副将孙犀及张灵、焦度等五人越过山涧捉拿刘亮，却捉不住，等到孙犀回马离去时，刘亮命令身边的神射手一齐射箭，孙犀被一箭射于马下，被斩首。刘亮的营寨深入叛军的眼皮底下，袁颛非常害怕，他说：“敌人已经进入我的腹心之中，我如何能够活命！”此时，刘胡已经决定从前线逃脱，八月二十四日，他欺骗袁颛说：“我打算再次率领两万人马去上游进攻钱溪，顺便将大雷那里的粮食运送下来。”请求袁颛将全部骑兵都拨付给自己。当天，刘胡抛弃袁颛擅自离去，直接就去了梅根。先命令薛常宝搜集战舰，征发驻守南陵的各个部队，烧毁了大雷的各个城池，然后向西逃走。直到当天傍晚，袁颛才得知这一消息，他不禁勃然大怒，说道：“今年我可被这个浑蛋害惨了！”高呼取来经常乘坐的千里马“飞燕”，对大家说：“我将亲自前去追赶他们！”他也抛弃十万大军独自逃去。

群龙无首，失去主帅的十万大军立即陷于困顿。第二天，建安王刘休仁率领官军径直进入袁颛的大营，这十万叛军不战而降。然后，命令沈攸之等众将率军追赶袁颛。袁颛行至鹊头，与在此地驻守的薛伯珍率领的数千人一起西逃，打算逃亡浔阳。当晚，他们露宿在山间，杀掉了千里马犒劳将士们，他对薛伯珍说："我并非贪生怕死之人，只是想回到浔阳，向主上谢罪，然后自杀罢了。"说完，他慷慨激昂，吆喝随从拿来刘子勋赐予他的符节，但无人搭理他。到了早晨，薛伯珍请求单独与袁顗谈话，遂斩杀了他（《宋书》称是在青林被杀），前去钱溪马军军主俞湛之那里投降。俞湛之又杀掉了薛伯珍，将两人的人头一起送上邀功请赏。

刘胡率领的两万人奔向浔阳，他欺骗晋安王刘子勋说："袁顗已经投降，大军全部败散，只有我率领的这两万人部队回来了，请求迅速组织军资，以决一死战。我将驻守在湓口（湓水入长江口），誓死决不变心。"但是，当晚，他率领舰队沿着长江北岸一路西上，朝沔口（汉口）迤逦而来。

邓琬听说刘胡逃走，恐慌忧虑，又无计可施，他传来中书舍人褚灵嗣等人前来商议对策，众人皆不知如何是好，只说增加兵力，或者普遍晋升五级、三级的。吏部尚书张悦刚给侄儿发完丧，就势假装生病，请邓琬来家商议事情，暗中在帐后埋伏了刀斧手，对大家说："听到我要酒喝，你们就出来。"邓琬来到后，张悦说："大人最先提出让刘子勋称帝，如今事情危急，你有什么主意？"邓琬回答："当斩杀刘子勋，封闭府库，出面谢罪。"张悦说："如今岂能出卖殿下求活？"接着，呼唤拿酒，张悦第二子张洵遂从帐后出来，一刀将邓琬杀死，邓琬死时六十岁。当时，中护军刘顺在座，惊恐之余上前抱住了张悦，张悦只好对大家说："这事与护军无关！"放了刘顺。中书舍人潘欣之听说邓琬被杀的消息，率领部队前来，张悦让人对他说："邓琬谋反，今日已经将其诛杀。"潘欣之信以为真，当即率军回去，并诛杀了邓琬的儿子们。张悦乘坐一只小船带着邓琬的人头顺流而下，向建安王刘休仁投降——史书的这段描写，为后来的学者们所质疑：邓琬年已六十，其白头举事，不为别的，只是因为忠义，兄终弟及，刘子业死后，理所当然应该由刘子勋继承皇位，叛逆之人不是晋安王刘子勋，而恰恰是宋明帝刘彧。假如真的有邓琬生前与张悦之间的一番对话，载入史册的也纯属出自张悦之口，邓琬又是死无对证，作为临难变节者和诛杀邓琬的凶手，张悦岂能说邓琬一句好话？因此，吕思勉也说这段记载是"厚诬君子"。

一五〇 子勋起兵（十）

邓琬被杀后，浔阳城内一片大乱。

蔡那的儿子蔡道渊在浔阳被罚作劳役，他打开枷锁，进入城内，绑架了刘子勋，将其关入大牢。沈攸之等将率领的各路军马很快就兵临浔阳，将刘子勋斩首，首级送往建康，刘子勋被杀时年仅十一岁。刘顺等同党全部被杀。柏杨在谈及此事时说：刘子勋被杀是注定的，即使浔阳政权在这场较量中取胜，袁颛、邓琬、刘胡等人以他们给人民造成的灾难而言，他们都有可能成为刘裕第二。并沉痛地说中国人的困局在于，总在坏与更坏之间（指统治者而言）选择。当初，邓琬派遣临川内史张淹（张畅之子）从鄱阳（江西省鄱阳县）的山路向东联络三吴，驻军在上饶。张淹派遣龙骧将军桂暹、征西行参军刘越绪屯据定阳县（浙江常山县东南三十里定阳乡，地名三冈）。巴陵王刘休若派遣沈思仁前往讨伐，沈思仁命令军主崔公烈进攻敌人大营，斩杀了幢主朱伯符，桂暹、刘越绪各军被打散。听到浔阳陷落的消息，张淹的副将鄱阳太守费晔（《宋书》记作费昙）打算诛杀张淹投降，他谎称得到了邓琬的密信，见面以后，择机杀掉张淹。可是，张淹是位虔诚的佛教徒，当时，他正在礼佛，没有召见费晔。费晔一计不成，又想出一计，他谎称去山中捕虎，借来大鼓和二百名拿着大棒的士兵，张淹同意了。出城后，费晔与众人赌咒发誓，扬言老虎逃回了城西，于是，鸣鼓大呼，返回了城外，城上守卫都不由自主地放下武器观看，费晔率众突然进入城内，张淹正在礼佛，闻听发生意外，刚走出佛堂，即被斩杀，费晔遂投降了官军。

九月九日，京师建康解除戒严。九月十六日，建安王刘休仁抵达浔阳，他命令吴喜、张兴世率军向荆州进发，沈怀明向郢州进发，刘亮和宁朔将军张敬儿向雍州进发，孙超之向湘州前进，沈思仁、任农夫向豫章挺进，扫清敌人的残余势力。在浔阳陷落前后，其他地区比如晋安郡等地也都发生了对朝廷方面有利的变化：晋安（福建省闽侯县东北）太守刘瞻据郡投靠浔阳政权，建安（福建省建瓯市）内史赵道生投靠建康政权，双方尚未厮杀。七月，沈思仁派遣军主姚宏祖、鲍伯奋、应寄生等击破刘瞻，将其斩杀于罗江县。邓琬原来派遣新安太守阳伯子及军主任献子袭击黟县（安徽省黟县），县令吴茹公固守，众寡不敌，弃城而逃，阳伯子等人占据了县城。吴茹公与朝廷军主丘敬文、李灵赐、萧柏寿等人围攻多时，到八月，终于攻克了县城，斩杀了阳伯子和任献子。

刘胡狼狈逃到汉江，沿途部众逐渐逃散，到石城（湖北省钟祥市）的时候，原本两万人马仅仅剩下数名骑兵追随在刘胡左右。陈宪（宋魏大战中悬壶血战的主将）的儿子、竟陵郡丞陈怀真，听说刘胡将要路过，率领数十人切断了道路。刘胡人困马乏，自知无路可逃，就顺从地随着陈怀真进入城内，只说口渴，陈怀真命人送上酒水，刘胡喝完了酒，即抽出佩刀自杀，却没有死，陈怀真等人将其斩首后，送往京师。张兴世的弟弟张僧产追赶刘胡，未到石城数十里，截获了将要送刘胡人头的书信，他挟持使者回到石城，竟然诛杀了陈怀真，将杀掉刘胡之功据为己有。郢州行事张沈、浔阳政权竟陵太守丘景先听到军败，假扮成和尚逃走，被抓获斩首。

荆州行事刘道宪听说浓湖之战战败，即商议发兵东进，与郢州部队合势，以抵御东军，又想在巴陵（湖南省岳阳市）那里阻击。讨论来讨论去，一直没有形成决议，遂派遣部将赵道始在江津构筑堡垒，任演戍守沙桥，江陵附近各个要塞均驻扎有军队。随着时间的推移，人心逐渐离散，将士们也开始逃亡，刘道宪又与大家商议带着荆州刺史刘子顼逃奔益州，投靠萧惠开。典签阮道预、邵宰不同意，他俩说：“现在接到诏书，称各个藩镇如果归顺的话，全部恢复原来的爵位，况且，巴东的任叔儿已经切断了白帝城，杨僧嗣又盘踞在梁州，即使想去益州，岂能顺利抵达？”阮道预、邵宰即与刘道宪解散了临时征召的士兵，派出使者向朝廷谢罪。荆州治中宗景、当地人姚俭等人却组织兵马进城，杀死了刘道宪、阮道预和记室参军鲍照，将府库劫掠一空，逮捕了刘子顼投降。原荆州行事、现雍州行事孔道存听说浔阳被平定，派使者归顺，不久，又听说柳世隆和刘亮将至，随从皆各自逃命，孔道存与三个儿子均自杀。宋明帝刘彧知道湘州行事何慧文能文能武，虽然曾杀死过王应之，但特地赦免了他，让吴喜宣布诏书。何慧文说：“既然已经深陷逆党，亲手杀害忠义之士，天网恢恢，我还有什么脸面再见天下之人！”调和毒药将饮用，门生将碗掀翻，遂绝食而死。湘东太守颜跃担心虞洽回京以后，会向朝廷报告自己开始的时候投靠浔阳的内情，秘密让人将虞洽杀死。大乱之中，各种人的嘴脸暴露无遗，即便是写史人也是如此，其实，从史书上透露出的点点滴滴，我们就可以发现，在占领浔阳以后，宋明帝为了尽快收复荆、江、雍、郢等广大地区，确实发布了赦免叛党首领的诏书，但是，这一诏书其实并没有得到实际的执行，各州主要官吏在表示归顺后，又被人杀死就是一个明证，这正符合宋明帝刻薄的性格。也许，这道诏书原本就是麻痹和瓦解对手的一篇谎言，就拿何慧文之死来说，何慧文在死前所云就非常令人费解，当不是实录。何慧文的死，也许是听信了宋明帝的谎言未作抵抗投降后又被杀，为了掩盖宋明帝、吴喜杀降的无耻行径，史官们才故意编造出何慧文羞于见人自杀的故事吧？

在刘宋帝国内部的这场没有是非曲直的自相残杀中，最值得后世的我们痛惜的一个无端被杀的人就是那位荆州记室参军——诗人鲍照。鲍照，字明远，他与谢灵运、颜延之三人被后世称为“元嘉三大家”，但他与谢、颜二人不同的是，他出身于贫寒的庶族人家。鲍照自幼聪慧，勤奋好学，也非常自信。元嘉十六年，年轻的他去晋见爱好文学的临川王刘义庆，当时，曾有人劝阻，但他说：“千年以来有多少奇才异士默默无闻，数也数不清。大丈夫岂能隐藏才能，使兰花与艾草没有分别，整天与燕雀一样的人为伍！”见到刘义庆后，很快得到了赏识，后随刘义庆去荆州上任。也就是在这时，他给后成为南朝著名女诗人的妹妹鲍令晖写下了著名的《登大雷岸与妹书》；孝武帝继位后，因其喜爱文学，曾提拔鲍照为太学博士兼中书舍人。虽然受到孝武帝的重用，但鲍照也知道孝武帝容不得别人在任何地方超过他，因此，在此期间，他作诗作文都故意啰啰唆唆，让人感到他已经才尽，这与王僧虔故意写出拙劣的书法是一样的用心。钟嵘的《诗品》曾记载，有一次，孝武帝问鲍照其妹鲍令晖的才能，鲍照回答：“臣的才能赶不上西晋的左思，臣的妹妹鲍令晖的文采也赶不上左思的妹妹左芬。”在当时的历史条件下，鲍照长期担任低级官吏，怀才不遇，也非常了解百姓的疾苦，他才华横溢，诗歌、辞赋、骈体文等均独步当时，他的诗被赞为“跨两代（晋代和刘宋）而孤出”，他的赋能“驱迈苍凉之气，惊心动魄之辞”，鲍照的主要成绩还是诗歌，而他的诗歌精华又主要体现在乐府诗中，我们从李白的很多著名诗歌中似乎都能够找到鲍照诗歌的影子，杜甫也在《春日忆李白》一诗中称李白是“俊逸鲍参军”。鲍照最为著名的诗歌有：《代出自蓟北门行》（边塞诗）：

“羽檄起边亭，烽火入咸阳。征师屯广武，分兵救朔方。严秋筋竿劲，虏阵精且强。天子按剑怒，使者遥相望。雁行缘石径，鱼贯度飞梁。箫鼓流汉思，旌甲被胡霜。疾风冲塞起，沙砾自飘扬。马毛缩如蝟，角弓不可张。时危见臣节，世乱识忠良。投躯报明主，身死为国殇。”《拟行路难十八首》篇篇珠玑，选择其中之四：“泻水置平地，各自东西南北流。人生亦有命，安能行叹复坐愁？酌酒以自宽，举杯断绝歌路难。心非木石岂无感？吞声踯躅不敢言！”之五：“君不见河边草，冬时枯死春满道。君不见城上日，今暝没尽去，明朝复更出。今我何时当然得，一去永灭入黄泉。人生苦多欢乐少，意气敷腴在盛年。且愿得志数相就，床头恒有沽酒钱。功名竹帛非我事，存亡贵贱付皇天。”之六：“对案不能食，拔剑击柱长叹息。丈夫生世会几时，安能蹀躞垂羽翼！弃置罢官去，还家自休息。朝出与亲辞，暮还在亲侧。弄儿床前戏，看妇机中织。自古圣贤尽贫贱，何况我辈孤且直！”《梅花落》：“中庭杂树多，偏为梅咨嗟。问君何独然？念其霜中能作花、露中能作实，摇荡春风媚春日。念尔零落逐寒风，徒有霜华无霜质！”鲍照的诗歌慷慨磊落，豪迈淋漓，感情丰沛，时而悲叹人世的无常，时而痛斥社会的黑暗，嬉笑怒骂，汪洋恣肆，抒发出作者的一腔不平之气。鲍照的诗歌，在创作技巧上，变句句用韵为隔行用韵，并自由换韵，且非常自然，辞藻华美流畅，正如沈德潜在《古诗源》中说的那样：“明远乐府，如五丁凿山，开人世所未有，后太白往往效之。”王夫之更盛赞他的诗为：“一以天才天韵，吹宕而成，独唱千秋，更无和音。”（《古诗评选》）

繁华与落寞，悲凉与抗争，多少年过去了，我们依然能够听到那位倔强的心灵在吟唱……

一五一 子勋起兵（十一）

攻克浔阳以后，宋明帝刘彧即指示有关部门论功行赏了。

当初，淮南定陵（今地不详，疑为安徽省青阳县）被刘胡占领，本县人贾袭宗带着二十多人投靠了沈攸之，被刘休仁提拔为司徒参军督护，让其回到家乡招募壮丁，结果被刘胡抓获，用火烤他，刘胡审问他官军消息，他一句话也不回答，反而圆睁双眼斥责道："大人举兵内乱，没有听说你有什么奇谋远略，却使用起了炮烙之刑，我为大义而来，死算得了什么！"为刘胡所杀。前军典签范道兴等人也因为不参与叛乱而为邓琬所杀。宋明帝下诏称："前镇军参军督护范道兴，是朕过去的臣子，报恩守节，为奸人所害，令人怜悯，追赠其为员外散骑侍郎。南城县令鲍法度、后军典签冯次民、永新县令应生、新建县令库延宝、上饶县令黄难等人，同时被杀，追赠应生为奉朝请，鲍法度为南台御史，冯次民、库延宝、黄难为员外将军。"

封宁朔将军、督豫州之梁郡诸军事、豫州刺史、领南梁郡太守张兴世为南平郡作唐县开国侯，食邑一千户；宁朔将军、参司徒中直兵军事佼长生为武陵郡迁陵县开国侯，食邑八百户；封宁朔将军试守西阳太守全景文、尚书比部郎孙超之、假辅国将军右卫将军刘亮三人分别为西阳郡孝宁县、长沙郡罗县、顺阳县开国侯，食邑各六百户；封假辅国将军骠骑司马刘灵遗、宁朔将军右军蔡那、宁朔将军屯骑校尉段佛荣三人分别为新野郡新野县、始平郡平阳县、湘东郡临蒸县开国伯，食邑各五百户；封假辅国将军左军沈怀明、龙骧将军积射将军周盘龙、司徒参军李安民三人分别为建安郡吴兴县、晋安郡晋安县、建安郡邵武县开国子，食邑各四百户；封假辅国将军游击将军杜幼文、龙骧将军羽林监王穆之、龙骧将军羽林监顿生、龙骧将军羽林监周普孙、员外散骑侍郎朱重恩五人分别为邵陵郡邵阳县、衡阳郡衡山县、始平郡武功县、顺阳郡清水县、南海郡龙川县开国男，食邑各三百户。战事尚未结束，太子左卫率江方兴就病死了，追封其为武当县侯，食邑五百户。龙骧将军、虎贲中郎将董凯之封河隆县子，食邑四百户。军主张灵符封上饶县男，食邑三百户。前征北长兼行参军杨覆封绥城县男，食邑二百户。追赠虞洽、檀玢为给事中。任命李万周为步兵校尉，陈怀真以斩杀刘胡之功，追封为永丰县男，食邑三百户。

晋安王江州刺史刘子勋（孝武帝三子，时年十一岁）被杀以后，安陆王郢州刺史刘子绥（孝武帝四子，时年十一岁）、临海王荆州刺史刘子顼（孝武帝七子、时年十一岁）、邵陵王湘州刺史刘子元（孝武帝十三子，时年九岁），均被宋明帝刘彧赐死。在此之前，因南线战事尚无结果，宋明帝对被俘的会稽太守刘子房（孝武帝六子，时年十一岁）、原南徐州刺史刘子仁（孝武帝九子，时年十岁）、原南兖州刺史刘子真（孝武帝十一子，时年十岁）、南琅邪彭城二郡太守刘子孟（孝武帝十六子，时年八岁）等被控制在建康的孝武帝的儿子们，并没有采取严厉的处罚措施，虽然有一百个不情愿，他还是大做表面文章：一是将投靠浔阳政权的刘子房宽大处理，仅仅将其贬为松滋侯；二是对在事变之前就已经被控制在建康的刘子仁、刘子真等人还分别任命了官职：他任命刘子仁为湘州刺史，在给刘子仁的诏书中，他说："你们一家门户不立，几乎颠覆了社稷。上天没有灭亡大宋，将天命降给了我。上游各州相互煽动，如果不是我君临天下，三位先帝的基业将毁于一旦，你们也将沦入异族之手。我的兄弟将近二十个，相继零落，活在世上的也所剩无几了，只有司徒刘休仁和我是我们皇室的依靠，即便如此，也未能让百姓满意，剩余的诸王更不用提了。我只有太子一个，司徒的儿子也非常年幼，桂阳王刘休范和巴陵王刘休若都还没有儿子，我们也依赖你们兄弟，相互依靠才能强大，让天下之人不敢觊觎王室。你们都才十几岁，刚刚明白事理，也不免被人轻视，如果不是我当皇帝，刘氏将没有今天。你们兄弟为奸人所误，遂与骨肉相图，不能于心无愧，不久四海将重新安定下来，我将让你当湘州刺史，你的年龄大了，也当明白善恶，应当忠于朝廷，这样，爵位自然会与时俱进，你要知恩图报，记得我的好处。"任命刘子真为左将军、丹阳尹；改封刘子孟为安成王。但是，这都是暂时的，等待浔阳平定以后，司徒刘休仁从前线回到了建康，他对宋明帝建议留下刘子房兄弟终究是个后患，十月一日，宋明帝下诏称，路休之兄弟（路太后的侄儿）在动荡时期，阴谋作乱，命令舍人严龙探查宫中消息，趁着禁卫军出征，宫中宿卫单薄，阴谋作乱；南兖州刺史刘祗，秘密与浔阳方面通款，薛索儿南下时，让其顺利渡过了淮河，刘休范率部渡江以后，刘祗还打算抵抗；刘子房等人沦入逆党，暗中与浔阳方面联络，又与刘祗联系，密谋杀死我，虽然他们罪恶昭彰，但他们是我的侄儿，就像我自己的孩子一样，我于心不忍，可以将其废为庶人，流放到偏远的地方。话虽说得如此动听，但是，结果是将刘子房、刘子仁、刘子真、刘子孟、刘子产（孝武帝十八子，时年八岁）、刘子舆（孝武帝二十一子，时年七岁）、刘子趋（孝武帝二十五子）、刘子期（孝武帝二十六子）、东平王刘子嗣（孝武帝二十七子、时年四岁）、刘子悦（孝武帝最小的儿子）全部诛杀。至此，在宋明帝刘彧的哥哥孝武帝刘骏死后不足两年半的时间里，孝武帝刘骏生下的二十八个儿子全部死了，其中，宋明帝诛杀了他十六个儿子。《南史·后废帝本纪》称："孝武帝二十八男，明帝杀其十六，余皆帝（指后废帝刘昱）杀之。"是错误的。《宋书·孝武十四王传附武陵王赞传》记载，宋明帝的第九子刘智生下后，当年，宋明帝将其过继给孝武帝为子，当时曾下诏称："景和肇衅，义嘉成祸，世祖继体，陷宪无遗"云云，这也说明宋明帝时期，孝武帝的后嗣就已经被杀殆尽了，钱大昕的《二十二史考异》也指出了这一点。

到此为止，除了益州、豫州、徐州、兖州、青州、冀州尚未被平定之外，其他各州均被平定。

让我们先看看西线豫州、司州的战况。

西线的战事主要在以下几个要点展开：一是豫州治所寿阳；二是合肥；三是悬壶（河南省汝南县，依附于浔阳政权的汝南太守常珍奇）；四是义阳（河南省信阳市，依附于浔阳政权的司州刺史庞孟虬之子庞定光驻守）。还在南线正在相持的六月份，刘勔构筑的包围寿阳的长墙合拢了，与此同时，被宋明帝任命为辅国将军、掌管弋阳（河南省潢川县）西山事务的田益之率领一万多山蛮进攻义阳，庞定光派遣堂兄庞文生率军抵御，却被田益之击败，被杀，田益之遂包围了义阳。局势似乎朝着朝廷方面有利的一面发展。庞定光向浔阳政权求救，浔阳方面命其父庞孟虬率领五千精兵北上，并解寿阳之围，同时，汝南太守常珍奇也派遣了三千人增援庞定光，驻扎在柳水（今地不详）。田益之看到庞孟虬等援军，不战而逃，义阳之围就此解除，然后，他乘胜率军东进，朝寿阳杀来。

在此之前，常珍奇派遣部将周当、垣式宝率领数百人给殷琰送来了武器。垣式宝骁勇绝伦，殷琰就将他留了下来，让其率领本部协防寿阳的北门。他率领本部人马出敌不意，突然打开了城门，掩袭围城的刘勔，攻进了刘勔的大营，刘勔狼狈而逃，垣式宝缴获了刘勔的衣服帽子，安全返回了城内。

这一仗让刘勔感到四面合围寿阳，会让各处的兵力都不占优势，于是，他改变了合围战略，专门围攻寿阳的东南角，并开始填埋城外的壕沟。东南角上有一座高楼，守军队主赵法对殷琰献计说："外面如果进攻，肯定先要进攻高楼，一旦高楼崩塌，既会损伤战士，又会让士气动摇，不如我们提前先自己把它毁掉。"殷琰听从了。

刘勔命令将士们用茅草包着泥土，朝壕沟里投掷，城内守军则用火箭向草上射击。但是，因为投掷的人太多了，草包还未燃烧，后面的草包就扔了过来，就这样，一两天之后，城外的壕沟就快被填满了。赵法再次献计，用烧红的小铁珠子扔到壕沟内，铁珠子顺着茅草土包的缝隙滚入草中，终于，火被点燃了。大火烧了两天，两天过后，壕沟内的土不过两三寸那么高。刘勔命人制造大蛤蟆车装载着土，用牛皮蒙在车的上面，用三百人将车子推到壕沟前填埋，殷琰的户曹参军虞挹之制造出了抛车，用大石头朝蛤蟆车猛击，刘勔的蛤蟆车全部被砸坏。

当初庐江（安徽省霍山县东北）太守王子仲弃郡逃奔浔阳，庐江人归顺朝廷，刘休祐派遣员外散骑侍郎陆悠之前去。刘胡派其辅国将军薛道标渡江动员山蛮，并计划从庐江掩袭历阳（安徽省和县），陆悠之所部弱小，只好退守谯城（该城当不在河南省夏邑县北，应为侨置，今地不详）。司徒建安王刘休仁派遣参军沈灵宠火速赶往庐江，薛道标比沈灵宠晚到了一天，陆悠之又从谯城前来与沈灵宠会师，与薛道标相持。七月，庞孟虬进抵弋阳，刘勔派遣吕安国、垣闳、龙骧将军陈显达、骠骑参军孟次阳前去抵抗。庞孟虬的副将吕兴寿与吕安国是老朋友，就率领本部人马投降了官军。吕安国趁势发起进攻，在蓼潭（河南省固始县境）击破了庞孟虬所部，义军军主陈肫又在汝水将其击败，庞孟虬向义阳方向逃窜，但是，此时的义阳已经被王玄谟的儿子王昙善起义占领，庞孟虬只好逃往山蛮居住区。淮西人郑叔举也起义，进攻常珍奇，朝廷以其为北豫州刺史。

一五二 子勋起兵（十二）

到了八月，当南线战场张兴世已经深入敌后之时，西线豫州殷琰的部将皇甫道烈、柳伦等二十一人也听到了庞孟虬战败的消息，他们感到已经没有了取胜的希望，于是，打开城门，逃出城外投降。刘勔借此再次给殷琰写信劝降，他说："柳伦等人投奔，详细说明了你虽然陷于逆党，但内心还忠诚，一直心怀忧愁，不亲自处理军事。去年冬天开始，像大人一样执迷不悟的人很多，朝廷并没有深相责备。如今，程天祚已举城归顺，庞孟虬又相继败亡，刘胡困于钱溪，袁觊也是欲战不能，照此推想，岂能长久？况且，南方起兵之初，连州十六，拥众百万，但从仲春以来，屡战屡败，剩下十分没有一二。南线他们就依靠袁觊的弱卒，北线就凭借这大人这一座孤城，靠这想奠定基业，恐怕连万分之一的可能性都没有。现在，国家的政策宽大，前些天给你写信想必已经说得比较清楚了。柳伦等人是大人的心腹，他们之所以要离开大人投靠朝廷，并非与大人之间有什么怨恨，而是明白事情不可能成功，担心大祸临头啊。只拥有数千之众，却要想抗拒天下之兵，失败的结局难道说不是很容易就明白的吗？大人如果能够封存府库，打开四门，先送上降书，然后素车白马，来到我的军门，如果大人的一根头发、一片皮肤受到损害，儿侄辈有一个被杀，皇天后土，听到我说的这话。"

当时，刘胡的辅国将军薛道标还在庐江，刘胡又分兵声称将要兵向寿阳、合肥。一旦叛军攻陷合肥，就切断了刘勔的退路，因此，刘勔慌忙派遣部将许道莲火速增援合肥，帮助在那里驻守的裴季文，又派黄回、孟次阳、屯骑校尉段佛荣、武卫将军王广之随后进发。薛道标军进展迅速，他率领薛元宝等将进攻合肥，而刘勔派遣的援军尚未到达，合肥守将裴季文、武卫将军叶庆祖力战而死，合肥被叛军攻陷。豫州方面叛军局势顿时改观，进攻寿阳的刘勔军立即面临被南北夹击的危险，刘勔暂缓进攻寿阳，赶紧派遣垣闳率领主力南下，要夺回合肥。

就在西线叛军局势向好之时，南线叛军却遭到大败，浔阳也被平定。浔阳被平定不久，宋明帝即派遣杜叔宝的堂弟杜季文前往寿阳城下，与殷琰的长史杜叔宝交谈，传达了各地均被平定的消息，并劝说杜叔宝投降。杜叔宝说：“我当然相信你，但我担心你也是被人蒙骗的！”在城内，杜叔宝封锁了刘子勋被杀的消息，胆敢有人散布谣言，就要被诛杀。宋明帝还下诏劝说殷琰，蔡兴宗建议：“天下已经平定，这正是殷琰思过之时。陛下应当亲自写下几行手诏，予以劝慰，如今，仅仅送去正式的公文，他们会怀疑这不是真的，这不是迅速解决问题的办法。”宋明帝不从。当时，殷琰的儿子殷邈被关押在建康，宋明帝将殷邈送到寿阳城外，让他对其父传达浔阳已经被平定的消息，殷邈被送上路后，就由士兵严加看管。当时有人认为，在殷邈离京之前，应该让他与他的伯父殷瑗私下见上一面，要不，城内最终也不会相信他的话。果然，等到殷邈被送到寿阳城下后，杜叔宝等人依然不相信他的话，相反，更是加强了戒备。

合肥、寿阳两地均没有被攻下，这让刘勔心急如焚。他召集诸将开会，询问良策。也就是在这时，马队队主王广之对他说：“大人能够将你的宝马送给我的话，我肯定能够把合肥拿下。”幢主皇甫肃怒道：“你王广之胆敢抢夺统帅的宝马，罪该斩首！”刘勔反而笑道：“看他的样子，肯定能够成功。”当即下马将马赠给了王广之。王广之率众前往合肥，只用三天时间，即攻克了合肥。事定之后，王广之当着刘勔的面对皇甫肃说：“节下如果听从了你的话，不单单是斩杀了壮士，而且还无从平定敌人，你不赏识人才竟然到了这等地步啊！”十月，薛道标弃城突围，与十余骑向西遁逃，投奔汝南太守常珍奇，薛元宝投降。皇甫肃有才学，等到刘勔死后，又成为王广之的下属，王广之不计前嫌，又将他推荐给了萧赜，后萧赜任命其为东海（江苏省涟水县）太守。

原来，晋熙（安徽省潜山县）太守阎湛之据郡归顺浔阳政权，合肥被攻陷以后，朝廷方面沈灵宠自庐江南下进攻，阎湛之并不知道浔阳政权已经失败，固守不降。沈灵宠将众将攻破刘胡的书信放到车上，然后假装攻城失利，弃车而逃。阎湛之看了书信，不禁大惊失色，当夜即逃得无影无踪。十一月，汝南太守常珍奇请求投降，降表送上以后，又担心不被接受，又向北魏求救。宋明帝以常珍奇为司州刺史，领汝南、新蔡二郡太守，北魏也派遣张穷奇率领一万多骑兵南下解救。十二月，魏军进抵汝南，常珍奇开门接纳魏军，淮西七县百姓不愿做亡国奴，纷纷南逃，刘顺也归顺了朝廷。

南线被俘的叛军将士，宋明帝都让送到寿阳城下，让他们与城内说话，于是，城内得知了南线早已失败的消息，士气开始变得非常低落。殷琰打算投降北魏，主簿夏侯详说："今日之举，本意是效忠王室，如果社稷有人为主的话，我们就该归顺朝廷，岂能臣服于异族！况且，如今魏军就在淮河北岸，官军不知我们内心的真实想法，如果在这个时候归顺朝廷，朝廷肯定会对我们非常优待，不只是免死而已。"殷琰就派夏侯详出城与刘勔洽谈。夏侯详对刘勔说："如今城内之民当然知道已经是穷途末路了，但依然固守，其原因就是害怕为将军所杀，都盘算着要归顺北魏。请将军停止进攻，宣布赦免他们，这样一来，他们自然会接二连三地出城投降了。"刘勔答应了，让夏侯详来到城下，向城内人传达了刘勔的意思。

十二月十三日，殷琰率领寿阳诸位将佐双手捆绑着出城投降。当时殷琰还在病中，是被人抬着出城的。刘勔没有食言，他一一劝慰，没有诛杀一人。官军入城后，刘勔下令不得抢掠百姓财物，寿阳城内百姓的钱财没有一丝一毫的损失，寿阳人因此是喜出望外，为刘勔设立生牌。当时，魏军已经进抵师水（今淮河支流浉河），将要解救寿阳，听说寿阳已经被官军拿下，只好劫掠了义阳数千人而去。殷琰性格和缓清雅，熟悉前朝典故，从小就很知名，与扬州刺史王彧、征西将军蔡兴宗、司空褚渊等人都非常要好。后来，他担任王彧的镇南将军咨议参军，兼少府，他在后废帝元徽元年（公元473年）去世，终年五十九岁。猛将垣式宝投降后不久，又叛逃，投奔了旧主常珍奇。以平定殷琰之功，宋明帝封刘怀珍为艾县侯，食邑四百户，垣闳为乐乡县侯，孟次阳为攸县子，王广之为蒲圻县子，陈显达为彭泽县子，吕安国为钟武县子，食邑各三百户，封黄回为葛阳县男，食邑二百户。

西线得以平定，让我们再来看看遥远的益州。

萧惠开担任益州刺史以来，严刑峻法，蜀地之民人心不稳。等到大家听说萧惠开派往浔阳的费欣寿所部被巴东任叔儿全歼、程法度之军又被氐王杨僧嗣阻截之后，晋原（四川省崇州市西北怀远镇）郡率先发动叛乱，很快，整个益州各个郡县一齐响应，将成都团团围住。成都城内萧惠开从江南带来的子弟兵不过两千余人，萧惠开猜疑当地人可能会里应外合，他果断将城内的蜀人全部开城送出，只留下江南人固守成都。刘子勋的浔阳政权很快覆灭，蜀人听说后，都想屠城以邀功，部众高达十万多人。但萧惠开每次派遣部队出城接战，无不以一当十，屡战屡胜，杀伤蜀人不可胜数。为了安抚蜀地，宋明帝在占领浔阳以后，即派遣萧惠开的弟弟萧惠基从陆路前往蜀地，宣布赦免萧惠开从逆的罪行。萧惠基进抵涪城（四川省绵阳市）以后，当地人目的是想屠城，就阻挡萧惠基前进，不让朝廷的旨意传到成都。萧惠基率领随从击破蜀人头领马兴怀等，这才进抵成都城下。萧惠开接到圣旨后，愿意归顺，包围成都的联军也各自散去了。紧接着，宋明帝又派遣萧惠开的同族萧宝首从水路前往益州犒劳，萧宝首乃一喜乱乐祸之人，他想以平定益州作为自己的功劳，途中四处劝诱蜀人，让他们再度进攻萧惠开。于是，蜀地再次陷入大乱，各地纷纷起事，那些已经遣散的部众顿时又集合了起来，部帅赵燕、句文章等人与萧宝首一起驻扎在距离成都六十里的地方，部众号称有二十万之众。萧惠开打算迎战，部将们都说：“击破蜀地的变民固然不难，但是，朝廷派来的慰劳使已经到了，我们没有接见，反而发兵抗拒，这如何才能让皇上明白我们的真心？”萧惠开回答：“现在水陆通道都被切断了，上表朝廷的通道已经断绝，萧宝首可能是想陷害于我等，说我们不接受朝廷的圣旨。我发兵应敌，其目的只在于要打通与朝廷的联系，一旦打通了通道，就能向朝廷表明我们的真心。”他写下了奏表，将事情的原委一一上报，派遣两名心腹携带奏表，并告诫他们说：“等击破了敌人，你们就飞马而去。”然后，他派遣永宁太守萧惠训、别驾费欣业率领一万多人齐头并进，与萧宝首等人作战，大破萧宝首，并将其生擒，打入成都县大牢。宋明帝接到了萧惠开的奏表，命令他将萧宝首的人头送回建康，又任命萧惠开为晋平王刘休祐的骠骑长史、南郡太守，但萧惠开拒绝接受，一直到宋明帝泰始四年，萧惠开才回到京师。彼时，宋明帝问他当初为什么要叛乱，萧惠开回答：“臣只知道顺逆，不知天命，并且，蜀地没有臣不会动乱，但是，没有臣也平定不了动乱。”宋明帝就没再追究。萧惠开此人个性鲜明，他的录事参军到希微欠了当地人上百万的债，被债主逼迫，不能随萧惠开一起回京。萧惠开与到希微关系一直不好，但他认为到希微是和自己一起来的，现无法一起回京，这是自己的耻辱，府中有六十匹骏马，萧惠开全部让到希微拿去还债。过去，张悦接任刘瑀担任益州刺史，刘瑀离任时，凡是自己的将佐不愿随之而去的，他都强迫他们一起回去，还说：“你们随我一起来这里，岂能当张悦的门客？”而萧惠开从蜀地回来时，家财两千多万，全部散给大家，自己没有留下一点。

宋明帝继位之初，普天之下几乎全部发动叛乱，站到浔阳政权一方，宋明帝能够控制的不过是建康方圆不足一百里之地，他依靠建安王刘休仁、山阳王刘休祐、桂阳王刘休范、巴陵王刘休若这四个弟弟，经过一年的交战，至此，竟然奇迹般地讨平了大部分的叛乱。南朝时期，东晋叛将苏峻死后，被江南人视为战神，号为苏侯神，宋明帝过去与苏侯神结为兄弟，以祈求他的保佑。等到大乱基本被平定以后，宋明帝给刘休仁写信说："这段时间的确是得到了苏兄神力的帮助啊！"后世的人们对宋明帝奇迹般地讨平了叛乱也极为赞赏，毛泽东就曾这样说："刘彧据建康，四方皆反。内线作战，以寡对众，以弱敌强，以蔡兴宗为谋主，以刘休若、刘休祐、刘休仁、吴喜、任农夫、张永、萧道成、王道隆、刘勔、沈攸之、黄回、吴安国、张世、刘嗣祖诸人为将帅，终于全胜，可谓奇矣。"

一五三 宋失淮北（一）

从孝武帝去世到宋明帝泰始二年，其实仅仅经过了两年左右，但是刘宋朝廷经历了太多太多的事情，以至于我们感觉仿佛已经过去了很多年，在宋明帝行将下一步部署的空隙，让我们回过头来，看一看北魏在这些年来又发生了什么样的变故吧。

有趣的是，北魏文成帝拓跋浚时代与刘宋的孝武帝刘骏时代相差无几，这一点就像是他的祖父太武帝拓跋焘与刘骏的父亲宋文帝一样。孝武帝刘骏自公元453年即位到公元464年去世，共在位十二年，而文成帝拓跋浚则从公元452年即位到公元465年，共在位十四年。北魏文成帝即位以后，采取了一系列措施稳定了国内的局势，国力开始恢复，进入和平年间（公元460—465年）以后，刘宋与北魏之间实现了和平，文成帝更是将注意力集中到国内事务上，相继发布了一系列诏书，这些诏书涉及整顿吏治、关心民生等诸多方面，尤其是在和平四年十二月，文成帝下诏称："名位不同，礼制也不同，之所以这样，就是分别等级，显示规矩。如今，婚丧嫁娶，礼仪不备，富贵豪强之家，超越制度，竞相奢华，这不是在彰显法度。有关部门要制定相关条例，务必让贵贱有序。"接着，他又下诏称："婚姻是人道的开始。因此，夫妇之礼是三纲之首，最重要的礼仪莫过于婚姻之礼了。尊卑高下，要有所分别。但是，建国以来，贵族之家大多不遵守法律，或者是贪图他人的彩礼，或者是因两家关系要好，就不分贵贱，在选择配偶上不加分别。现在，我命令：皇族、师父、王公侯伯以及自由民之家，不得与工商业者、杂技和卑贱姓氏的人家通婚，如有违犯，将重重加罪。"这一诏书，是北魏建立八十年来统治者第一次关注婚姻问题，表明了统治者试图以儒家纲常来建立尊卑有序的社会关系的愿望，也说明拓跋贵族接受了儒家伦理思想，是拓跋北魏汉化的一个标志性事件。

公元464年刘宋孝武帝去世以后，南方即陷入了动荡，相对于刘宋而言，北魏却显得平静了许多。公元465年一月到八月，是刘宋前废帝刘子业永光元年，八月，刘子业诛杀了颜延之、柳元景、刘义恭之后，即改元为景和，到这一年的十二月，刘彧登基后，又改元为泰始元年。当南方的前废帝还没有露出狰狞的面目、刘宋帝国还处于永光年间的时候，到了这一年的五月二十一日，北魏文成帝拓跋浚在平城太华殿去世，终年二十六岁。第二天，文成帝与那位业已被杀的李氏所生之子拓跋弘被册立为皇帝，这就是北魏历史上的献文帝，大赦，尊皇后冯氏为皇太后。根据北魏习俗，皇帝驾崩三天以后，其生前所用的御服器物均一并烧毁，百官及宫中嫔妃都要到现场号啕大哭，以示送别。在现场，冯氏悲不自胜，竟突然纵身投入大火之中，被身边的人抢救出来，过了很久才苏醒了过来。

文成帝的死，也让平静多时的北魏朝局顿时陷入了动荡的边缘。截至文成帝驾崩之前，北魏朝廷的重臣分别是：太宰常英、司徒陆丽、车骑大将军乙浑、中军大将军拓跋道符（拓跋焘第三子东平王拓跋翰之子、为拓跋弘堂叔）、征西大将军司马楚之、征南大将军拓跋子推（拓跋弘三叔）、镇南大将军虎牢镇都大将拓跋天赐（拓跋弘五叔）、征东大将军拓跋小新成（拓跋弘四叔）、拓跋云（拓跋弘八叔）、尚书左仆射拓跋目辰（宗室疏属）、尚书右仆射和其奴、中书监李敷（李顺长子、其弟李奕为太后冯氏的情人）、中书令高允、侍中乙乾归、刘尼。

北魏献文帝拓跋弘继位时年仅十二岁，侍中、车骑大将军乙浑专权，在文成帝拓跋浚去世的当天，即与林金闾矫诏在宫中诛杀了尚书杨保年、平阳公贾爱仁、南阳公张天度三人，并隔绝了内外消息，百官震恐。殿中尚书、顺阳公拓跋郁（拓跋目辰的哥哥，为桓帝拓跋猗㐌之后）率领数百殿中卫士从顺德门进入宫中，打算诛杀乙浑。乙浑非常害怕，出来问道："你进来是什么意思？"拓跋郁回答："见不到天子，群臣担心，求见主上。"乙浑一脸尴尬，忙说："先帝正在入殓，天子也正服丧，因此未能接见百官，你们还有什么疑虑的呢？"乙浑归咎于林金闾，将其交付拓跋郁处理。当时，和其奴认为林金闾的罪过尚不清楚，就将其贬出京师，任命其为定州刺史。于是，乙浑这才奉戴拓跋弘登基继位。

乙浑首次见于史书是《魏书·高宗本纪》记载，在和平三年（公元462年）一月，当时已是车骑大将军、东郡公的他被加封为太原王。由于史书没有乙浑的传记，因此，对他的身世不详，但如前所述，大概其出自吐谷浑乙弗部，并为北魏外戚，是文成帝后期北魏朝廷中一位权势极大的武官。由于林金闾的罪过不清，这当然是当时林金闾的幕后主使人是权势很大的乙浑，也许是鉴于当时不安的政局再经不起折腾，和其奴暂时回避矛盾，将其贬出京师，这也是缓兵之计。不过，林金闾一日不死，乙浑就一天睡不好觉，不久，为了杀人灭口，乙浑就又诛杀了林金闾和他的哥哥平凉太守林胜，林胜的两个女儿被没入后宫，后来，其中一女被孝文帝看中，生下嫡长子拓跋恂。

文成帝驾崩之前，侍中、平原王、司徒陆丽在代郡温泉疗养，乙浑与陆丽同为北魏朝廷一等一的重臣，乙浑傲慢无礼，做过很多不法之事，陆丽屡次谏诤，因此，乙浑对他非常忌惮，必欲除之而后快。他命司卫监穆多侯（穆寿三弟、同为穆崇之孙）前去征召陆丽。穆多侯对陆丽说："乙浑有无君之心，大王是群臣的希望，你只身入京，肯定会非常危险，应该等一等，计划好了再回去。"陆丽身边的亲随也都劝他："先帝驾崩，大王平素德高望重，奸臣如果嫉妒民望，大王将有不测之祸。请你稍作停留，待朝廷平静下来后，再回京奔丧不迟。"陆丽回答："哪里有君父去世，还顾及自己的灾难而不立刻奔丧的道理！"当即命人快马回京。五月十六日，乙浑即将陆丽和穆多侯斩杀。第二天，北魏朝廷即任命乙浑为太尉、录尚书事，东安王刘尼为司徒，尚书左仆射和其奴为司空。刘尼和和其奴一个晋升为司徒，一个晋升为司空，其实是剥夺了二人对政事的过问权和决策权。

前几天拓跋郁率领禁卫军闯入宫中事件，让乙浑印象深刻，只有牢牢地控制禁卫军权才能确保自己地位的稳固。穆寿的第五子穆安国为殿中尚书、右卫将军，很显然，他的三叔穆多侯是陆丽一党，在诛杀穆多侯的同时，乙浑也诛杀了穆安国。乙浑诛杀穆安国一方面是清除异己；另一方面是为了有效控制禁卫军。乙浑为了树立个人权威，"多所残害"，另一皇室疏属河间公拓跋陵也被其诛杀，令北魏群臣侧目，稍后，拓跋郁与拓跋目辰密谋袭杀乙浑，事情败露，乙浑诛杀了拓跋郁，拓跋目辰侥幸逃脱。乙浑掌握了大权之后，开始作威作福，他的妻子并非宗室，他却找到掌握吏部的贾秀（参合陂之战中被俘的后燕骠骑将军长史贾彝之子），让其给他的妻子加公主的位号。乙浑找到贾秀说："公家的事情，我说什么你就答应什么，我请求公主位号这件事，你为何没有回音呢？"贾秀回答："公主名号，是皇族专用，如果名不副实，反会给自己招来大祸。我贾秀宁可死在现在，也不愿被后世取笑。"乙浑的左右莫不相顾失色，而贾秀却神色自若。乙浑夫妻无可奈何，只能默然含怒，不过，乙浑也挺幽默，过了几天，他在太医给事杨惠富的手臂上写了“老奴官慳”四个字（意思是：老奴才，吝啬！）让贾秀看。从此，乙浑经常想陷害贾秀。

五月二十日，乙浑以淮南王拓跋他为镇西大将军、开府仪同三司，镇守凉州（治所姑臧，甘肃省武威市）；以征东大将军冯熙为昌黎王。拓跋他是明元帝拓跋嗣三弟拓跋熙的儿子，与太武帝拓跋焘为堂兄弟关系，是献文帝拓跋弘的曾叔祖；冯熙是冯太后的哥哥，失散多年，冯太后入宫以后，才被找到，被封为冠军将军、肥如侯。五月二十一日，北魏朝廷下诏：“赋税繁重则百姓贫穷，赋税太轻则国家用度不足，因此，古代采取了什一税。如今，兵革不起，但徭役仍旧不少，对于各种杂税，一律停止。”六月，北魏政府又解除了实施近十年的禁酒令。这两条措施也都可以视为乙浑为了缓和社会矛盾、巩固自己地位而采取的。

到了七月，当南方的前废帝刘子业行将诛杀戴法兴等人的时候，乙浑又自称丞相，位居诸侯王之上，北魏朝廷事无巨细，全部由他一个人说了算。北魏在过去有一种规定：地方官离任之前，要给后任选拔佐吏，这一制度在实际运行中出现了很多弊端，一些地方官在离任时，因为种种原因举荐了很多不合格的人，弄得下任地方官工作起来很棘手。到了九月，乙浑以献文帝的名义又下诏，废除了这一制度，听任下一任地方官自行选拔佐吏，如果选拔的人不合格，要自担责任。也就是在这一个月，刘宋前废帝刘子业试图发兵诛杀其九叔、义阳王、徐州刺史刘昶，刘昶逃奔北魏。

十月，北魏朝廷征召阳平王拓跋新成、京兆王拓跋子推、济阴王拓跋小新成、汝阴王拓跋天赐、任城王拓跋云入朝。拓跋新成是拓跋弘的二叔，前此为征西大将军；京兆王拓跋子推是拓跋弘的三叔，前此为镇南大将军、长安镇将；拓跋小新成是拓跋弘的四叔；拓跋天赐是拓跋弘的五叔，前此为镇南大将军、虎牢镇都大将；拓跋云为拓跋弘的八叔，前此为使持节、侍中、征东大将军、和龙镇都大将。如此大规模地征召宗室近亲诸王入朝，这只有一个原因，那就是乙浑为了防止地方诸王联络起来，发动政变。然而，让他始料不及的是，宗室诸王入京以后，宗室在京师的力量逐渐增强，这也为乙浑的覆灭埋下了种子。

一五四 宋失淮北（二）

公元466年，当刘宋王朝刘彧、刘子勋同时称帝，建立年号之时，北魏也因献文帝的继位而改年号为天安。此时，刘宋王朝的建康、浔阳两个政权正磨刀霍霍，准备着缠斗之时，北魏宫廷内部也在酝酿着一场巨大的阴谋，而这场阴谋的主导者就是时年二十六岁的冯太后。

随着乙浑大权独揽，截至这一年的年初，北魏朝廷上又显现出另外一番景象：太宰常英、丞相太尉录尚书事乙浑、司徒刘尼（接替陆丽）、司空和其奴、中军大将军拓跋道符（出镇关中）、抚军大将军陆叡（陆丽次子，袭爵平原王、年仅十岁）、征西大将军拓跋新成（入朝为内都大官）、征南大将军拓跋子推（入朝为中都大官）、征东大将军拓跋小新成（入朝为外都大官）、镇西大将军拓跋他（镇守姑臧）、尚书令叔孙邻（叔孙建次子）、尚书左仆射拓跋目辰（外逃）、尚书右仆射慕容白曜（慕容皝玄孙）、侍中拓跋丕、刘昶。从这些情况看，说乙浑将要谋反似乎并不确切，其一，乙浑在诛杀了陆丽等人之后，并没有像南朝那样株连父子兄弟，其二，在一系列的人事安排上，乙浑也没有明显地排挤宗室诸王的倾向，因此，乙浑与陆丽、冯太后等人之间的争斗，更多的只是一种权力之争。尽管如此，乙浑独揽朝权，这让权力欲同样强的皇太后冯氏坐卧不安，一场阴谋正悄悄地朝乙浑逼近。

冯太后依靠的依然是宗室的疏属，这大概是宗室近亲诸王受到乙浑严密监视的缘故，其中，拓跋丕、陆俊、源贺、牛益得等人是阴谋的主要策划者和实际执行人。拓跋丕，是烈帝拓跋翳槐的玄孙，他与太武帝的二弟、乐平王拓跋丕同名，在拓跋焘时代他是羽林中郎，到拓跋弘继位后，晋升为侍中。拓跋丕不仅是宗室，而且在御林军中有一定的基础。陆俊，是被杀的陆丽的同族兄弟，在拓跋弘继位后，是侍御长。当条件成熟以后，侍中拓跋丕向冯太后报告乙浑将要谋反，二月二日，冯太后下诏命令拓跋丕率领源贺、牛益得等人前去逮捕乙浑，麻利地将其诛杀。紧接着，冯太后宣布临朝称制，提拔功臣拓跋丕为尚书令，改封东阳公，陆俊为吏部尚书，封安乐公，同时，还引用汉族名臣中书令高允、中书侍郎高闾（本名高驴，崔浩将其改为闾）、贾秀共同参与朝政的决策。二月五日，冯太后封侍中拓跋孔雀为濮阳王，侍中陆定国（陆丽长子、陆叡哥哥）为东郡王。稍后，即任命源贺为太尉。九月，北魏政府开始下令地方设立乡学，每一个郡安置两名博士、两名助教、六十名学生。

北魏政局因冯太后麻利地诛杀乙浑而很快又恢复了平静，而同样是在权力交接之际的皇位之争，在刘宋却引发了一年之久的大战。当冯太后逐渐稳定了政局以后，刘宋浔阳政权与建康政权之间的恶战才刚刚开始，而在北魏开始设立乡学的九月份，刘宋建安王刘休仁也刚刚进入浔阳城。不久，参与叛乱的徐州刺史薛安都、益州刺史萧惠开、梁州刺史柳元怙、兖州刺史毕众敬、豫章太守殷孚、汝南太守常珍奇等人，纷纷向建康政权表示投降。《宋书·薛安都传》较为详细地记载了薛安都归降的细节：听说浔阳陷落以后，薛安都即派遣别驾从事毕众爱、下邳太守王焕等人前去建康送上降表，薛安都在奏表上说："臣原本是边荒的奴隶，偷生在上国，蒙受世祖的厚恩，犬马有心，确实是为了报恩。因此，晋安王举事后，我即表示拥戴，不是为了自己活着的尊荣，而是心存以死相报。如今，天命有了归属，许多曾经迷途的人都纷纷改过自新，我也率领我的部众愿意归顺，等到您的刀斧惩罚我曾经违抗之罪。"然而，志得意满的宋明帝刘彧认为自己已经在南线取得了全胜，是向淮北地区的叛军炫耀武力的时候了，因此，对于薛安都等人的降表，他均回复得非常简单。十月二十一日，宋明帝下令镇军将军张永、中领军沈攸之率领五万甲士前去迎接薛安都。蔡兴宗劝阻说："安都归顺朝廷，这肯定不会有假，只有一介使者即能办到。如今以大兵前去迎接，他肯定会心生疑虑，假设他再招致魏军，后果不堪设想。如果说薛安都犯下了叛逆之罪，不可赦免，可是，以前赦免的人就太多了。何况薛安都驻守的彭城，是个重镇，接近边境，地势险要，兵力雄厚，进攻起来难度很大，为国家考虑，尤其需要对其以和平手段进行安抚。假如薛安都因之外叛的话，那将会给朝廷带来巨大的灾难。"当时，张永已经率部队出发，宋明帝没有听从。他又问征北将军司马行南徐州事的萧道成："我打算就此讨伐薛安都，你看如何？"萧道成回答："薛安都见识不足，但狡猾有余，如果采取安抚措施，肯定会向朝廷送来儿子当人质，如今，以武力逼迫他，他将因恐惧而生出其他想法，这恐怕对国家不利。”宋明帝说：“我军勇猛无比，到哪里不能取胜？你一直对我都很顺从，这次就不要再多说了！”果然，当薛安都和常珍奇听说宋明帝向北进兵的消息之后，即先后向北魏乞降、求救。

其实，在一年前义阳王刘昶叛逃北魏之后，北魏朝廷已经对刘宋政权的内部情况，尤其是淮北地区的守备了如指掌了。义阳王刘昶是南方政权第一个直接叛逃北魏的近支皇族，因此得到了北魏空前的重视，曾两次将公主嫁给他为妻。据《宋书·索虏传》记载，北魏献文帝下诏称，刘昶的弟弟湘东王刘彧篡位自立，江州刺史晋安王又称皇帝，荆州、郢州刺史又各自称兵一隅，徐州刺史薛安都、青州刺史沈文秀、冀州刺史崔道固等，均拥众自居，没有定主。如今，我将命令诸军进行讨伐：使持节征东大将军安定王直勤伐伏玄①、侍中尚书左仆射安西大将军平北公直勤美晨（拓跋目辰）、散骑常侍殿中尚书平北将军山阳公吕罗汉，领陇右之众五万，沿汉而东，直指襄阳。使持节征南大将军勃海王直勤天赐（拓跋弘五叔拓跋天赐）、侍中尚书令安东大将军始平王直勤渴言侯（该人不详，陈寅恪称是元龢，但年龄不符）、散骑常侍殿中尚书令安西将军西阳王直勤盖户千（可能是指殿中尚书、镇西大将军、西河公元石，《宋书》的记载有可能是传写之误，元石为平文帝玄孙），领幽、冀之众七万，滨海而南，直指东阳。使持节征南将军京兆王直勤子、侍中司徒安南大将军新建王独孤侯尼须（刘尼）、散骑常侍西平公韩道人（疑为韩茂之子韩备），领江、雍之众八万，出洛阳，直至寿阳。使持节征南大将军宜阳王直勤新成（拓跋新成）、侍中太尉征东大将军直勤驾头拔（当为贺头拔的讹写，即源贺）、羽直征东将军北平公拔敦及义阳王刘昶，领定、相之众十万，出济、兖，直抵彭城，与诸军一起会攻秣陵（建康）。让刘昶回国，安定社稷……

有学者称，该诏书是发布于北魏丞相乙浑当政期间，但是，仔细研读该诏书，这一说法是错误的。理由是：一、如果乙浑当政，对于如此巨大的军事行动，身为丞相、太尉的乙浑理所应当地会充当总司令的角色，但诏书中对此竟一字不提，这极不正常；二、根据《魏书·拓跋目辰传》的记载，在乙浑当政期

① 此人不详，一说为拓跋休、拓跋弘十四叔，但拓跋休是在皇兴二年（公元468年）才被封为安定王的，且军号为镇南大将军（见《魏书·显祖本纪》《魏书·景穆十四王列传》）。

间，拓跋目辰与其兄拓跋郁策划刺杀乙浑未果，拓跋目辰逃匿得免，假如该诏书发布于乙浑当政期间，拓跋目辰不可能名列其中，真实的情况当是在冯太后清除乙浑之后，拓跋目辰又官复了原职；三、诏书中明确写的源贺职务是太尉，而源贺担任太尉一职是在冯太后诛杀乙浑之后。因此，该诏书应当是在宋明帝泰始二年三月以后发布的，对此，还有一个旁证：浔阳政权在与建康决战时，一直不敢让袁顗军倾巢出动，只是在刘胡与朝廷相持不下之后，到了这一年的六月，才命令袁顗率领雍州部队东下，这极有可能是担心北魏会大举南下，在这两三个月里，浔阳政权也可能与北魏进行了外交交涉，致使该诏书计划的大规模进攻刘宋的行动并没有实施，这也使袁顗东下成为可能。

宋明帝消极怠慢的态度，让心神不安的薛安都等人不得不去投靠新的主子，这个时间应当是在泰始二年（北魏献文帝天安元年，公元466年）的九月，而薛安都等人试图归降北魏，也很快传到了宋明帝的耳朵里，于是，就促使了宋明帝在十月任命张永、中领军沈攸之出兵北上。当时，张永的职务是使持节、监青州冀州幽州并州四州诸军事、青州冀州二州刺史，但这时，张永并没有实际控制青州冀州，因为，此时的青州冀州地区还实际控制在原青州刺史沈文秀、原冀州刺史崔道固的手中；对沈文秀，浔阳平定以后，宋明帝就派遣沈文秀的弟弟沈文炳给他带去了诏书，在诏书中，宋明帝说："皇帝前问督青州徐州之东莞东安二郡诸军事、建威将军、青州刺史，朕去年拨乱反正，功高天地，对你们一家给予了特殊照顾，你能够活到今天，是谁的力量？为何背恩忘义，与逆党同流合污？如今天下已定，你独自困守穷城，将尊奉何人？况且你的家眷都在京师，祖坟也在南方，设想你心非草木，岂能无情？因此，特意派沈文炳前去对你说，凡是参加叛逆的，一概既往不咎。你又有什么能耐，能够独存？马上率领部众投降，我会另外下诏告知有关部门，对你们绝不追究。如果不从，国家有既定的法律，不仅会诛杀你的弟弟和儿子，还会挖掘你的祖坟，这样做既是向齐地的百姓谢罪，也是为了安慰出征将士们的军心。"接到诏书的沈文秀迟迟没有答复，而是像薛安都和常珍奇一样，与崔道固一起请求北魏出兵救援。

一五五 宋失淮北（三）

接到刘宋边将的求救书信，北魏临朝的冯太后当即就召开会议商讨对策。

开始的时候，北魏群臣都认为薛安都和常珍奇是否真的愿意归降北魏，这实在是不好说。中书监李敷却坚持认为，这肯定是真的，他说："刘氏丧乱，祸起萧墙，骨肉相残，方镇外叛。如今，以我大魏兵马之强，正是兼并他的最佳时机，况且，薛安都与常珍奇迷途知返，不远万里前来投诚，是仰慕我朝王化。今日之机会，岂可轻易放弃？"大家这才纷纷说道："过去世祖太武帝常有兼并刘宋之心，因此，他才亲自率领大军，远征至长江北岸。现在，江南发生大乱，内外离心离德，薛安都又向我们投降，这是千载难逢的良机，机不可失，取乱侮亡，正在今天。"薛安都又将自己的第四子薛道次送到平城当人质，以表明心迹，并与李敷等北魏重臣写信，请求北魏发兵相救，于是，北魏拜薛安都为使持节、散骑常侍，都督徐、南、北兖、青、冀五州、豫州之梁郡诸军事，镇南大将军，徐州刺史，赐爵河东公，派遣镇东大将军、博陵公（《魏书·尉迟元传》称"使持节、都督东道诸军事、镇南大将军、博陵公"）尉迟元，城阳公孔伯恭等率领一万骑兵从东路南下彭城，解救薛安都（《宋书·薛安都传》称尉迟元率领的部队人数是两万骑兵），由赵郡李璨（李顺堂侄）充当两府参军事；任命常珍奇为平南将军、豫州刺史、河内公，派遣镇西大将军、西河公拓跋石、都督荆州豫州南雍州诸军事张穷奇率领一万骑兵解救常珍奇，以中书博士郑羲为拓跋石的参军事。尉迟元，字苟仁，其父尉目斤，为一员猛将，拓跋嗣时代参与了虎牢之战，因战功被拜为中山太守，尉迟元是名神射手，拓跋焘时代为虎贲中郎将，转羽林中郎，拓跋浚时代晋升为北部尚书，加散骑常侍，拜冠军将军，进爵太昌侯；孔伯恭，是邺城人，因与太武帝拓跋焘生母密皇后杜氏是亲戚关系，其父孔昭被拜为赵郡太守、中都大官，直至侍中、镇东将军、幽州刺史，孔伯恭是其次子，出征前为安南将军、济州刺史，爵位成阳公。随东路南下的魏将尚有：薛安都的族侄薛初古拔、平原镇都将猛将吕洛拔等。西路主帅拓跋石，为平文帝的玄孙，忠勇有胆略，尤其擅长骑射，历任尚书令、雍州刺史等职；张穷奇无传，生平不详；参军事郑羲，为荥阳郑氏，为尚书李孝伯的女婿。

随着魏军的南下，刘宋与北魏之间争夺淮北、淮西之战正式拉开了帷幕。

在兖州境内，是薛安都任命的兖州刺史毕众敬，而东平太守申纂并没有依附薛安都，但是，当魏军南下的时候，申纂为了自保，也只好假装投降。六十岁的老将尉迟元接受了他的投降，但觉察出他并非出自真心，暗中命令部队严加戒备。等到魏军进抵申纂驻守的无盐（山东省东平县境）时，申纂闭门固守。薛安都向北魏求救，兖州刺史毕众敬并没有参与，相反，他还表示反对，并向建康派出使者表明了态度，宋明帝授予他为兖州刺史。毕众敬的长子毕元宾因为母亲和家眷近百人都在彭城薛安都那里，担心与薛安都立场不同会招致大祸，日夜哭泣，请求毕众敬也能服从薛安都，但毕众敬仍然没有同意。毕元宾过去曾有其他罪过，宋明帝还抓住不放，这下，把毕众敬惹火了，他拔出佩刀猛砍柱子说道："我已经白发苍苍，只有这一个儿子，现在还不赦免他，我一个人何苦要独自活下来！"于是，他决心投降魏军，派遣自己任命的东平太守章仇檦前去迎接魏军。《资治通鉴》及《宋略》称，毕元宾当时在建康，因罪被杀，所以，毕众敬这才投降魏军，但据《魏书·毕众敬传》的记载，毕元宾并未被杀，归顺北魏以后，毕元宾还做到了使持节、平南将军、兖州刺史。

十一月二十九日，尉迟元率领的魏军进抵瑕丘（山东省兖州市）城下，并派遣部将迅速接管了城池，毕众敬既后悔，又恼火，数天之内一口饭也吃不下。十二月六日，魏军折往西南，进抵秺（音：度，山东省成武县西北）。宋将周凯听说魏军大举南下，望风而逃。

在东路魏军迅速南下的同时，西路魏军也进展神速，很快进抵上蔡（河南省上蔡县）。刘宋司州刺史常珍奇率领文武三百多人迎接，双方相见以后，商定魏军驻扎在汝南城北，暂时不要进城。郑羲对拓跋石说："军事行动需要迅速。现在，常珍奇虽然来了，但其心不可测，不如直接进入城内，夺取钥匙，占领仓库，虽然不合他的心意，但我们的目的是全胜。"拓跋石听从了郑羲的话，遂策马径直进入了悬壶城。常珍奇在城内尚有数百亲兵，驻扎在他的宅院之内，拓跋石顺利占领悬壶城后，志得意满，开始饮酒作乐，毫不戒备。郑羲劝说道："我观察常珍奇神情非常不满，应该严加戒备，以备不测。”当天夜里，常珍奇果然派人烧毁了府邸的厢房，打算趁乱反戈一击，幸亏拓跋石早有预备，常珍奇才知难而退，没有发动。第二天一早，郑羲携带白虎幡安抚全城，悬壶城内军民才安定下来。

虽然如此，但司州统辖的淮西七郡[①]百姓不愿意投降敌国，他们携家带口，纷纷南下。北魏朝廷派遣建安王、散骑常侍陆馛到新占领区安抚这些惊恐不安的百姓，他下令把魏军掳掠为奴婢的人全部恢复自由，这样一来，这里的百姓才高兴起来。陆馛是陆丽的大哥，原为相州刺史，是北魏出了名的良吏，当时北魏官吏尚无工资，大多数人靠贪污受贿、战争掠夺养家，陆馛在相州为官七年，为政清平，由于他非常廉洁，家境十分贫寒。拓跋弘继位后，征召陆馛入京，一千多名当地百姓上书请求留下他，拓跋弘没有同意，却对群臣感叹道：“陆馛的善政，即使古人也超不过呀！”赏赐给他五百匹绢、十个奴婢。陆馛临行，当地百姓自发捐献给他很多布帛，但他一点都不接受，于是，百姓们用这些财物建造了一座佛寺，取名为长广公寺。长广公是陆馛继承父亲陆俟建安王之前的爵位。

淮西方向逐渐安定，但淮北方面面临着一场血战，这是因为，彭城战略位置非常重要，假设魏军占领了彭城，进而控制淮河下游，切断刘宋帝国青州兖州与淮南的联系，使得山东地区孤悬于外，迟早会被吃掉，这样一来，刘宋帝国不仅失去了大量国土，而且，其北部边境将由淮北转移到淮南，丢掉刘裕多年以来占领的山东地区，势必在攻守两方面都处于不利局面，因此，宋明帝对此也高度重视，当得知薛安都投靠北魏前后，即发兵前往讨伐。

当魏军东路军统帅尉迟元率部进抵彭城以北九里山之时，薛安都率领徐州文武前去迎接。见面之后，尉迟元对薛安都一行却非常傲慢，薛安都回城之后，即将魏军晾在了一边，再也不派出使者。当时，刘宋讨伐军张永、沈攸之所部已经迅速推进到了彭城东南近郊的下磕（江苏省徐州市东南），另外派遣羽林监王穆之率领五千精兵驻扎在武原（江苏省邳州市邳城镇泇口街道）守卫辎重，龙骧将军谢善居率领两千人马驻守吕梁（江苏省徐州市铜山区东南吕梁集），散骑侍郎

① 汝南郡（河南省汝南县）、新蔡郡（河南省新蔡县）、汝阳郡（河南省商水县西北）、陈郡（河南省淮阳县）、汝阴郡（安徽省阜阳市）、南顿郡（河南省项城市西南）、颍川郡（河南省许昌市东）。

张引率领两千人马驻守茱萸（江苏省徐州市铜山区东北），督促百姓上缴粮食，供应部队。下磕距离彭城最近，在彭城的东南，下磕西南是茱萸，茱萸再往东南是吕梁，下磕的正东是武原。一说，宋军的辎重在武原，米船在吕梁，《水经注》称："泗水自彭城东南过吕县南，泗水之上有石梁焉，故曰吕梁。"

一场恶战行将爆发，此时，假如薛安都有所动摇，长途而来的魏军野无所掠，又深入帝国国境，势必面临覆灭的危险，尉迟元想到这，赶紧派遣中书侍郎高闾、李璨等人入城劝说薛安都，薛安都这才再次出城，来到魏军军营。薛安都一入魏营，即身不由己了，魏军挟持着他，由孔伯恭率领两千精兵先行进入了彭城，安抚内外，接管城门，很快就控制了整个彭城，随后，魏军主帅尉迟元这才率军迅速进入城内。当天夜晚，宋军张永所部即对彭城南门发起了夜袭，但无功而返。

入城之后，尉迟元依然对薛安都不理不睬，很不礼貌，这让薛安都非常后悔，打算再度背叛北魏，但薛安都的阴谋被尉迟元发现，没有发动。薛安都拿出巨额钱财贿赂尉迟元等将，将罪过推给了女婿裴祖隆［原来驻防下邳（江苏省睢宁县古邳镇东）］，于是，尉迟元即将其诛杀，隐瞒下薛安都的阴谋。

面对彭城城外屯据三地的宋军，尉迟元认为张永所部人多势众，是宋军主力，并且占据了险要，强攻起来胜负难料，于是，他采取了先弱后强、各个击破的战法，命令薛安都、李璨等人固守城池，他亲自率领精锐部队，声东击西，出其不意，突然南下进攻距离彭城最远，也是最弱的吕梁的谢善居所部。谢善居所部仅仅两千多人，其任务也只是在后方征收粮草，本来就不属于战斗部队。突然遭到魏军主力打击，谢善居战败，逃至茱萸，又与在这里的张引所部一起东逃到武原。魏军纵马追击，斩杀了八百多宋军。

魏军初战告捷。李璨劝说尉迟元派兵进攻武原的宋军辎重，于是，尉迟元派遣猛将吕洛拔率部东去。魏军的动向立即引起了宋军主帅张永的注意，他也派遣部将周山图率领两千部众增援武原。一场猛将对猛将的恶斗随之展开。双方恶斗了整整两天，吕洛拔亲手格杀了九人，魏军抢到了二百多辆粮车，二百五十头牛；而周山图率领的迎接粮车之军，在魏军骑兵的追击下，边打边撤，固守一座小山包，布下了营阵，然后，突出重围，所向披靡，魏军无法抵挡，周山图因此也被魏军尊称为"武原将"。

也许是谢善居和张引的迅速败退，让尉迟元产生了错觉，而周山图所部的勇猛，让他不得不重新审视宋军的战斗力。于是，尉迟元再次亲自率领魏军主力，弃眼皮底下的张永主力于不顾，长途奔袭，再度朝武原扑来。魏军从四面八方朝武原发起了猛烈的进攻，王穆之率领八千宋军与敌人展开了殊死搏杀。霎时间，遍地狼烟、箭如飞蝗、杀声四起，经过激战，宋军死伤大半，魏军终于攻陷了武原外城，斩首数千级，缴获宋军辎重车五百多辆，用以接济彭城驻军。宋军辎重尽失，魏军目的已经达到，尉迟元下令暂缓对武原内城发起攻击，给王穆之的残余部众开出一条生路，王穆之率领残余部众向西逃归了张永大本营。

尉迟元避实击虚，切断宋军粮道，并全力拿下宋军辎重集结地武原，与曹操在官渡之战中夜袭乌巢，烧毁袁绍军淳于琼部防守的辎重，几乎如出一辙，都起到了四两拨千斤的效果。在天寒地冻中丧失了辎重的宋军生存已成问题，更不用说打仗了。

泰始三年（公元467年）一月，新年刚过，尉迟元就乘胜率军将下磕城包围，对下磕南门发起了进攻，张永已经毫无办法，只得趁夜率军撤离。不幸的是，天上突然下起了大雪，泗水结冰，宋军所有战舰都无法行动，原来从水路而来、习惯于水战的宋军不得不丢弃战舰，从陆路败逃。隆冬季节，仿佛让鲜卑骑兵们回到了他们熟悉的北国，而对于长期生活在水乡泽国的江南将士们而言，就像是来到了陌生的异域，再加上饥肠辘辘，张永所领的刘宋精锐之师顿时丧失了战斗力。

在张永决定撤退之前，尉迟元已经预料到宋军即将南逃，他提前命令魏军骑兵切断了宋军的归路，命令薛安都率领彭城步兵在后赶杀。在黑夜中夺路而逃的宋军遭到南北夹击，一场残酷的屠杀随之在茫茫的雪夜里展开……

魏军在吕梁东面大破宋军，斩首数万级，在南北六十里长的范围，数万宋军尸体一个挨着一个，其中，在被杀前，因严寒手脚被冻掉的宋军将士就占十之八九！（《魏书·李璨传》称“永军冻死者万计”，《宋书》称：“士众堕指十二三。”）生擒刘宋使持节、都督梁南北秦三州诸军事、梁秦二州刺史、宁朔将军、益阳县开国侯垣恭祖；龙骧将军、羽林监沈承伯等人；宋军主帅张永、副帅沈攸之跨马狂奔，仅以身免，魏军缴获的战舰、车辆、军资、武器不可胜数。

一五六　宋失淮北（四）

《资治通鉴》在记述下磕之战以后，紧接着写道：“（刘宋）由是失淮北四州及豫州淮西之地。”

其实，这是不确切的，这是因为，彭城固然是淮北重镇，也是淮北地区的枢纽，但是，在彭城与淮河之间尚有不近的距离，在这一地区也还有大大小小为数众多的城池尚在宋国之手，这些重镇包括下邳、睢陵（江苏省泗洪县洪泽湖中）、宿豫（江苏省宿迁市东南）等地，下邳原为薛安都女婿裴祖隆、原右卫将军柳光世驻守，后被宋军占领。下磕惨败后，沈攸之留下长水校尉王玄载（王玄谟堂弟）驻守下邳，积射将军沈韶驻守宿豫，并在睢陵和淮阳（江苏省淮安市，由宁朔将军李安民驻守）也都留下了守卫部队，沈攸之本人则返回淮阴（江苏省淮安市淮阴区西南码头镇）。除此之外，在徐州以北及周边地区，刘宋东徐州刺史张谠驻守在团城（山东省沂水县）；辅国将军、兖州刺史樊昌侯王整、龙骧将军兰陵太守桓忻驱赶附近的居民，固守险要；东平太守申纂驻守的无盐；幽州刺史刘休宾（刘乘民之兄）驻守的梁邹（山东省邹平县东北）；并州刺史房崇吉驻守的升城（山东省济南市长清区西南）。还有肥城（山东省肥城市）、麋沟（山东省济南市长清区境）、垣苗（山东省济南市长清区西南）等城都不服从北魏政权——双方还将因为争夺这些城池进行一场搏杀。张谠此人很重情义，他的妻子皇甫氏因战乱没入北魏，张谠曾以一千匹布帛请求赎回皇甫氏，文成帝奇怪竟出价如此之高，就怀疑这位皇甫氏肯定是一位倾国倾城的大美人，谁知召来一看，却是一位六十余岁的老妇。文成帝说：“南朝人就是注重家庭，如此一个老妇人要她何用，还如此破费！”

当下磕惨败的消息传来，宋明帝当时正在乾明殿，他先召见司徒建安王刘休仁，他对刘休仁说：“我见到蔡尚书很惭愧。”又召来了尚书右仆射蔡兴宗，对他说："我愧对爱卿！"

虽然东路受到惨败，淮西之地也落入了北魏之手，但是，毕竟在此期间刘宋顺利说服了寿阳殷琰投降，魏军接应殷琰之军只好退去，保住了这一淮河上游重镇，使得淮河防御体系尚比较完整。战后，宋明帝将镇军将军张永降号为左将军，将沈攸之免官，以贞阳县公的爵位统领部众，刚刚在浓湖之战中立下大功的沈攸之不甘心失败，他上书宋明帝要求趁着魏军刚刚占领彭城之际，再度发兵发起进攻，但宋明帝考虑到官军连续作战，已经师老兵疲，且下磕大败以后，军心震恐，因此拒绝了沈攸之的请求，沈攸之亲自从淮阴回到建康，当面向宋明帝陈述理由，但宋明帝始终没有答应，沈攸之又回到了淮阴。下磕之战对宋军主帅张永本人的打击也是非常沉重的，他的脚趾头被冻掉，第四子也战死在沙场，战后，张永对死去的儿子非常痛惜，除去丧服后，他仍然在家中为儿子设立灵位，饮食衣服与活着时一样，每次张永出行，总是另外准备一架马车，想象着孩子还跟在自己身边，有事总让左右向郎君报告。

北魏占领彭城以后，就像一把尖刀插在了刘宋淮南与青州兖州之间，但是，这还远远不够，假如仅仅占有彭城及其周边地区而不趁势图谋山东半岛的话，那么，这把尖刀却极易被南北合围，被人拔掉。另外，彭城一带经过战乱百姓生活非常困顿，周边地区的不少城池还在宋军之手，为此，北魏政府采取了武力与劝诱、安抚与镇压相结合的手段，以稳定淮北局势，进而，逐步经营山东半岛，将刘宋势力彻底逐出淮北。

尉迟元占领彭城以后，就上书北魏朝廷，称："彭城粮仓告罄，百姓面有饥色，请求运来冀州、相州、济州、兖州四州的米粟，用张永抛弃的九百艘战舰，沿着清水运到彭城，接济饥民。"献文帝听从了。尉迟元又上书请求发兵平定青州冀州，他说："彭城是刘宋帝国淮北的重镇，没有积聚大量粮食，驻守大量的部队，就无法固守这里。如果运来充足的粮食，驻屯大量军队的话，即使刘宋军队屡屡前来，也对淮北之地无能为力。"献文帝答诏说："等到援军抵达之后，你根据实际情况，酌定进行布防。已经向青州冀州发兵，等两地平定以后，再给你那里运送军粮。"

如今的刘宋青州、冀州可以说是群龙无首。

去年宋明帝与刘子勋两大阵营相互较量之时，该州内部也隐然出现了两大阵营：青州刺史沈文秀先投靠宋明帝，继而应薛安都之招，又转投刘子勋，其下属青州强宗刘弥之及其族人刘怀恭、侄儿刘善明均不从，青州内乱，与此同时，冀州刺史崔道固也被当地人围攻。当时，由于徐州、兖州、青州、冀州均在叛乱势力之手，宋明帝即在钟离（安徽省凤阳县东北临淮关）侨立了徐州，在淮阴侨立了兖州，青州冀州两州为一个刺史，治所设在郁州（江苏省连云港市东，当时是个海岛，名田横岛）上。如前所述，在浔阳陷落以后，宋明帝即派遣沈文秀的弟弟沈文炳携带诏书前去招降，辅国将军刘怀珍率领三千步骑一起北上，但正遇到张永下磕战败，刘怀珍等人暂时停留在了山阳（江苏省淮安市）。在此之前，随着薛安都等人投靠北魏，沈文秀与崔道固也已请求北魏出兵。宋明帝派遣自己任命的青州刺史明僧暠率军北伐，明僧暠派遣部将在王城构筑堡垒，进逼沈文秀，营垒尚未建好，就被沈文秀击破，继而，沈文秀开始发起反攻。得知这一消息后，宋明帝即命令刘怀珍率领龙骧将军王广之带着五百骑兵、两千步兵乘船前去援救。刘怀珍率部进抵东海（江苏省涟水县北）的时候，明僧暠已经战败，退守东莱（山东省莱州市）。刘怀珍率部推进到朐城（江苏省连云港市境）才得到魏军东下青冀二州的消息，大家都很担心，打算退保郁州。刘怀珍却说："你们听说沈文秀贿赂魏军，请求救援，但齐地百姓岂能愿意穿上胡人衣服、充当异族？如今长驱直入，宣布帝国的威名，各个城池将应声而下，为何停在此地，自寻烦恼呢？"于是，即率军挺进到黔陬（山东省胶州市西南），沈文秀任命的高密（山东省高密市）、平昌（山东省安丘市）太守弃城而逃。刘怀珍将沈文炳送给沈文秀，传达了宋明帝的旨意，但沈文秀始终没有从命，反而焚烧城郭。当地百姓听说刘怀珍所部到来，都非常高兴。沈文秀任命的长广太守刘桃根率领数千人驻扎在治所不其城（山东省即墨市），刘怀珍率军驻扎在洋水。大家都说："沈文秀的游骑遍布境内，应当构筑堡垒，等待时机。"刘怀珍却说："如今，我们人少粮寡，我们是悬军深入，敌人是以逸待劳，正该挑选精锐，迅速对敌人发起突然袭击。"于是，他派遣王广之率领一百骑兵对不其城发起了突然袭击，刘桃根战败逃走。沈文秀任命的东莱太守鞠延僧率领数百人固守城池，截留高丽国的使者，刘怀珍又派遣宁朔将军明庆符与王广之前去进攻，鞠延僧投降，将高丽使者放还建康。沈文秀听说各城相继战败，这才派遣张灵硕前来请降，刘怀珍率部回师。看到沈文秀投降，崔道固也随之而降，宋明帝又任命二人为青州刺史和冀州刺史。

所谓请神容易送神难，沈、崔二人态度的变化并没有阻挡住魏军的脚步。宋明帝泰始三年闰一月，在接到沈崔二人的求救之后，北魏朝廷即派遣平东将军长孙陵、平南将军广陵公侯穷奇率部东进。二月，献文帝下诏命令使持节、都督诸军事、征南大将军慕容白曜率领五万骑兵驻扎在碻磝城，作为东路军的后援。慕容白曜，是慕容皝的玄孙，从小以敦厚正直在文成帝拓跋浚东宫服务，文成帝时期为北部尚书，文成帝驾崩后，他与乙浑共同执掌朝政，晋升为尚书右仆射，进爵南乡公，加安南将军。

魏军首先遇到的就是驻守在无盐的申纂。数月前，当尉迟元大军南下经过无盐时，申纂就闭城自守，北魏献文帝听说后，说道："申纂此人既看不清机会，又不自量力，进不能归顺我朝，退又不能返回江南，在危亡之处困守孤城，想建功立业，可能吗？" 三月三日，魏军进抵无盐后，大家都说攻城器具还未运到，不宜冒进。慕容白曜左司马郦范却说："如今我们是轻装部队，长途奔袭，不能在此久留，浪费战机。况且，申纂肯定想我军行动迅速，不会强攻坚城，自以为安全。我们假装不进攻他，对他发起突然袭击，肯定可以一举攻克。"慕容白曜说："一日宗地，数世之患，假如我们行动迟缓，民心就稳定了，司马说的对。"遂假装撤退，显示不会攻城，申纂果然放松了警惕。当夜，魏军却突然杀了个回马枪，对无盐发起了强攻，凌晨即攻破了该城东郭，当晚，申纂弃城而逃，逃出城后被魏军追上活捉，送交慕容白曜，魏军俘获了数千男女。慕容白曜本无杀死申纂的意思，但城内起了大火，申纂伤势严重，无法躲避，被大火烧死。当初，申纂不服从浔阳政权的兖州刺史毕众敬，被宋明帝任命为兖州刺史，除了立场不同外，前不久，薛安都又招引魏军南下，经过无盐，在申纂看来，薛安都和毕众敬就是彻头彻尾的卖国贼，因此，对其非常痛恨。正巧有人将毕众敬父母的坟墓扒开，其母的尸首散落一地。毕众敬大怒，将坟墓周围的百姓拷打致死的就有十多人。继而，他又怀疑此事是申纂所为，毕众敬的弟弟毕众爱是薛安都的长史，也派人偷偷到齐地，将申纂父亲的坟墓给扒开了。由于两人有这一过节，此时，已经投降北魏、被北魏任命为兖州刺史（与北魏中书侍郎李璨同为刺史）的毕众敬深恐慕容白曜不杀申纂，他专门给其写信称，自己家受到的灾祸，全是申纂引起，听到申纂已死，毕众敬这才高兴起来。其实，《魏书》的这一记载是漏洞百出的：既然申纂负伤后能够走出，竟然不能避开火烧，这无非解释，该段记载很有可能是为了掩饰魏军烧杀申纂的罪行。慕容白曜还打算把俘虏全部充作奴仆，郦范劝说道："三齐之地，过去号称东秦，如果没有远略，恐怕很难平定。如今，我们刚到此地，百姓尚未沾染王化，各个城池都是三心二意的守将，都有固守不降的勇气。应该先用恩德和信义来安抚，这样，百姓对我们才有好感，才能顺利平定青冀二州。”慕容白曜表示同意。郦范，就是大名鼎鼎的《水经注》的作者郦道元的父亲。

一五七 宋失淮北（五）

清河人房法寿年少勇敢果断，与一群年轻人为强盗，当初，与王玄邈一起起兵，进攻崔道固，王玄邈任命其为司马。崔道固归顺朝廷以后，他们才撤军。崔道固担心房法寿会继续煽动百姓，就强令他离开冀州，但房法寿不愿意。房法寿的族弟房崇吉是沈文秀的中兵参军，太原（升城，山东省济南市长清区东北）戍守傅灵越南下以后，沈文秀就让其驻守在此，而房崇吉却背着沈文秀暗中与宋明帝交通。房崇吉的母亲和妻子都在历城被崔道固扣押，崔道固归顺朝廷后，才将她们放出。此时，房崇吉已为并州刺史、领太原太守，戍守在升城。

攻陷升城以后，魏军继续朝东北方向的肥城扑来。郦范又建议道："肥城虽小，但进攻起来很麻烦，耽误时间，胜利了也不能增添我们的军威，失败了却会使军威受损。况且无盐的敌人死伤累累，他们知道后，不会不引以为鉴。如果给他们送去一封劝降信，可不攻自降，即使不降，也会逃窜。"书信送去后，肥城守军果然溃散，魏军不战而缴获三十万斛粟米。慕容白曜在众人中夸奖郦范说："此次出征，有你在身边，齐地不愁不能平定。"接着，魏军进抵升城附近，垣苗、麋沟两座堡垒固守不降，慕容白曜命令一千骑兵奔袭麋沟，麋沟守军溃败，投入济水淹死的就有一千多人。魏军又进攻垣苗，再次取胜，获得十余万斛粟米，从此，魏军军粮充足了。过去，皮豹子等两次进攻垣苗城，都没有攻下，慕容白曜十日之内接连占领了四座城池，威震三齐。献文帝嘉奖他说："爱卿统率大军，十日之内连拔四座城池，韩信、白起的战功，又比这多多少？虽然升城守将房崇吉尚没有归顺，但其失败已是早晚的事。要努力做到提高威信，务必心存长远的规划，不要穷兵黩武，造成部队疲劳。并且，吊民伐罪，这是国家的方针，对当地百姓应该以恩德加以安抚招徕，让他们感到是被解放了。"

魏军很快就推进到了升城。升城是一座非常小的城池，城内守军不过七百多人，但守将房崇吉毅然不降。慕容白曜大怒，率军发起猛烈的进攻，但无法攻陷，他下令构筑了三层长墙，将小小的升城团团围住，并制造攻城器具，不分昼夜，对升城发起了更为猛烈的进攻。升城保卫战从二月一直打到了四月，区区七百守军竟然坚守了这么多天，最终，守军粮食和弓箭全部用完，房崇吉丢弃母亲、妻子，独自突围，向东逃去。慕容白曜对如此小城竟然顽强抵抗这么久，造成魏军很大伤亡，感到非常恼火，打算将城内军民全部活埋。参军事韩麒麟劝谏道："我军刚刚进抵敌国国境，正要趁势进取，应当实施仁义。如今，强敌在前，我们却坑杀其民，恐怕从此以东各个城堡，将人各为守，强攻则难以攻克。拖得时间长了，部队疲劳，士气低落，外面的敌人趁机进攻，就会生出变故，那么，三齐就不容易攻取了。"慕容白曜听从了，让他们都恢复旧业，当地百姓都很高兴。房崇吉的母亲傅氏、妻子贾氏与北魏济州刺史卢度世（卢玄之子）是中表亲戚，等她们被魏军俘虏后，卢度世对她们非常敬重。

攻陷升城以后，魏军即进抵历城（山东省济南市）城下，刘宋冀州刺史崔道固紧闭城门，固守不降。就在这时，远在东阳城的青州刺史沈文秀却向魏军派来宁朔将军张元孙，请求发兵前去迎接。慕容白曜信以为真，当即就要派兵前往。司马郦范劝说道："沈文秀家乡和祖坟都在江南，现在，他拥兵数万，城池坚固，武器精良，强大时就会挺身出战，弱小时就会抽身逃去。现在，我军并没有进逼到他城下，也没有迫在眉睫的灾难，他又害怕什么匆匆忙忙地要我们去支援？我观察他的使者，眼睛一直不敢平视，显出惭愧的神色，言语琐碎重复，内心胆怯，带来的财礼丰厚，言辞甜美，这肯定是心怀诡诈，设下陷阱在引诱我们，不能听从。不如先攻下历城，拿下盘阳，再攻克梁邹（山东省邹平县东北），平定乐陵（山东省乐陵市东南），然后，再按部就班，徐徐推进，不愁他不屈服。"慕容白曜回答："你过去的种种建议都很好，今日的建议，我却不打算接受，这是为何？崔道固兵力薄弱，不敢出战，仅能自守；盘阳的各个坞堡，力量不足以野战；我继续往东，可以通行无碍，直抵东阳，沈文秀自知必亡，因此，望风臣服，这还有什么可怀疑的！上天给予你的，你却不要，届时后悔都来不及了！"郦范说："历城兵多粮足，不是一朝一夕所能攻下的。沈文秀雄踞东阳，是各个城池的大本营。如今，派去的部队多的话，就无力再进攻历城；派出的部队少的话，又不足以制服东阳。如果去了以后，沈文秀闭门据守，前面被沈文秀抵挡，背后又有各个城池截击，腹背受敌，即使有韩信白起在世，也肯定没有安全的道理。恳求您三思而行，不要坠入敌人的诡计里了。”思量再三，慕容白曜才没有分兵。果然，沈文秀也没有投降。

按照郦范的建议，进攻青冀二州的魏军采取的将是稳扎稳打的战法，逐一拔掉当前的钉子，向山东腹地平推。这一战法就青冀二州这一小的范围上来看，无疑是稳妥的，但是，驻扎在彭城的尉迟元站在了更高的层次上看待青冀二州的战事。他上书献文帝称：“臣受命出国作战，已经过了一个寒暑，虽然拿下了淮北，但当地民情依然不安。臣上次上书称下邳是水陆要道，应当先行南下，但我发兵征讨，至今尚未得手。彭城与下邳相距不远，两地之间百姓通信联络也未中断，彭城之民原本都是刘宋臣子，心恋旧主，总是相互煽动，即使走投无路，仍然不肯投降。彭城百姓任玄朗从淮南而来，称刘宋将领任农夫、陈显达率领三千人马，前来宿豫略地。臣当即派人侦察，确实如此，臣准备亲自率军出击，又担心运粮部队尚未到来，新归附的百姓会发动叛乱，因此，派遣于沓千、刘龙驹等率领步骑五千，前往迎战。但是，由于出征时间较长，士气低落，逃亡的将士很多，武器也毁坏不少，不堪使用。如果敌人进攻彭城，肯定要从清水、泗水经过宿豫、下邳两地；要想进攻青州，也必须从下邳进入沂水，经东安（江苏省东海县西）。这些都是刘宋用兵的要点。现在，如果先拿下下邳，平定宿豫，镇守淮阳，戍守东安，那么，青州兖州其他城池将不攻自破。如果这四座城池没有被我军占领，即使攻取了青州，那里的百姓仍然会心怀希望。臣认为，应该先暂缓对青州兖州用兵，而转兵平定东南这些地区，切断刘彧北进的路线，断绝青州兖州之民南望之心。这样，即使到了夏天河水上涨，刘宋战舰也没有可以停泊的要津，冬天虽然陆路畅通，但他们在淮北也没有可以依赖的坚城，淮北之地不战即落入我们之手。如今虽然天气炎热，但依然可以行军打仗，兵贵神速，日久生变。如果天下大雨，或者敌人的粮运打通，就会再度北上，我担心淮北之民会重新叛变，青冀二州也就难以攻下了。”尉迟元的建议，着眼点就不仅仅限于山东半岛，而是包含了整个刘宋淮北地区，如果卡住下邳、宿豫等通往淮北，乃至青冀二州的数个战略要地，从战略上将青冀二州与刘宋帝国本土分割开来，从长远来看，青冀二州势必落入北魏囊中。

尉迟元看到了这一点，沈攸之同样也看到了这一点。如今，淮河以北刘宋仅有下邳等数个据点，要收复淮北地区，首先就是要确保上述据点的安全。六月，沈攸之亲自率领部队向下邳运来大米，并在下邳四周开挖很深的壕沟，并派龙骧将军垣护之将下邳周边的居民南迁到淮阴。当时，军主陈显达率领一千士兵驻守下邳，沈攸之暂时在那里等待陈显达的到来。恰巧这时，北魏派遣清水泗水之间的百姓向沈攸之密报说："薛安都打算投降，请求派部队前去迎接。"沈攸之的副将吴喜信以为真，后来，前来报信的人越来越多，吴喜更是深信不疑。这等伎俩岂能瞒得过沈攸之？他将所有前来报信的人都集中起来，对他们说："薛安都将军早该还朝了，现在能做到，这令我非常赞赏。不过，只用派遣一名子弟前来，我即可派去迎接部队。你们大家既然有这个心愿，如果能与薛氏子弟前来的话，我将立即任命你为老家的县令，如果做不到这点，就不要来回跑空腿了。"自从沈攸之说过这番话后，魏军再也不派来这样的使者了。沈攸之命令军主陈显达率领一千人马驻守在下邳，然后，自己又回到了淮阴。

一五八 宋失淮北（六）

到了这一年的七、八月份，宋明帝再度命令沈攸之率军进攻彭城。

沈攸之认为，此时正值清水、泗水的枯水季节，军粮跟不上，强烈反对出兵。使者往返七次，沈攸之始终不同意，惹得宋明帝大怒，他在诏书中斥责道："你在春上的时候请求讨伐彭城，当时我担心将士疲劳，况且冬天刚刚遭受失利，人心不稳，不宜用兵，因此没有答应你的要求。就因为这，现在你就不肯为我走一遭了？你如果不去的话，我就让吴喜一个人去。"沈攸之害怕了，只好遵旨进军。

八月十三日，宋明帝任命沈攸之为代理南兖州刺史，以吴喜为副将，率领数万军队北上。《资治通鉴》记作"壬寅日"，而《宋书》明确称沈攸之大败之日是八月十八日，《资治通鉴》另记载为丁酉日，按照六十甲子推算，沈攸之出师这一天应当是壬辰日，即十三日。宋明帝又任命萧道成为代理负责徐州事务，率领一千余人镇守淮阴，萧道成四处结交豪杰之士，门下宾客才开始多了起来。这些人中就有垣崇祖和垣荣祖这两个同族兄弟。时光步入宋明帝时代，在东晋末年到刘宋初年曾显赫一时的北府兵逐渐失去了往日的荣耀，代北府兵捍卫刘宋边疆的是青齐豪强和徐州豪强，下邳垣氏就是一个典型。垣氏原本是略阳（甘肃省秦安县）人，为当地豪强，石赵石虎时期被迁到邺城，淝水之战后北中国大乱，垣遵、垣苗在南燕当官，又迁到了齐地，刘裕灭南燕后，垣氏投降。宋文帝元嘉时期，垣遵被任命为员外散骑常侍，垣苗被任命为屯骑校尉，垣氏才从青州南迁到徐州的下邳。垣氏"宋齐之际，世著武节"，垣遵、垣苗的侄儿垣护之参与了到彦之北伐、王玄谟北伐、孝武帝入讨刘劭、孝武帝平定刘义宣、平定刘诞等大战，历任青州冀州二州刺史、右卫将军、豫州刺史等职，因贪污被免官，孝武帝大明年间，垣护之的儿子垣袭祖担任淮阳太守，因事被孝武帝流放到岭南，垣护之因此愤激绝食而死，孝武帝临死，又派人将垣袭祖诛杀；垣崇祖即为垣护之的侄儿，他年仅十四时，垣护之就对晚辈们说："这个孩子将会光耀我们家，你们都赶不上他。"垣荣祖是垣崇祖的堂兄，垣荣祖从小学习骑马射箭，有人说："为何不读书？"垣荣祖回答："曹操和曹丕父子二人，上马能够挥舞长枪，下马能够谈论吟咏，可以说活着没有白吃饭。你们这些读书人连自卫的技能都没有，与顺从的狗和任人摆布的羊又有什么两样！"——垣荣祖的这一席话骂尽了天下的读书人。下邳垣氏对刘宋王室并无多少好感，但在大是大非面前，他们还是与大多数淮北百姓一样，选择了效忠刘宋。垣崇祖兄弟原在彭城，为薛安都效力，魏军进入彭城以后，垣崇祖带着本部人马在琅邪之间打游击，率先率领部曲逃奔朐山（江苏省东海县南四里，俗名马耳山。秦始皇东巡，在此立石，作为秦帝国的东门阙），向宋明帝投降，萧道成接纳了他，任命其为朐山守将。他秘密派人进入彭城迎接老母，事情败露后，魏军将其母亲扣押起来当作人质。垣崇祖的妹夫皇甫肃的嫂子，是薛安都的女儿，因此，魏军对皇甫肃很放心，皇甫肃趁机带着家属和垣崇祖的母亲逃奔朐山。朐山紧靠大海，无路可退，人心不稳，垣崇祖命人将船停泊在水边，一旦敌人前来，时刻准备乘船南逃。北魏东徐州刺史城固公驻守在圂城（山东省沂水县），垣崇祖的部将有罪，投降了魏军，城固公派遣两万骑兵偷袭朐山，距离垣崇祖的大本营仅二十里，垣崇祖正在送客，城内部众一片慌乱，打算乘船南逃。垣崇祖回城后，对大家说："敌人的这次行动，并非预先策划好的，只是听了叛徒的话，发动的一次临时行动，容易欺骗他们。现在只要有一百人进入城内，就能成功，但是，人心一旦离散，就难以再把他们集结起来，你们可以去一里开外，然后高喊着回来说：'艾塘（江苏省连云港市西北）的义军已经击破了胡人，请求我们速速前往，一起追杀敌人。'"果然，已经上船的人们听到这一消息，争先恐后地弃船上岸，回到了城中。垣崇祖集合部队，派遣老弱登上郁州海岛，让每人手持两把火炬，登山擂鼓呐喊。魏军侦察骑兵见状，认为宋军已做好准备，就撤退了。垣崇祖自从接受了萧道成的指挥，对萧道成忠心耿耿，萧道成也以其骁勇，对他非常尊重，垣崇祖对妹夫皇甫肃说："萧道成真是我的主子啊！这真是千载一时啊！"听说垣崇祖在朐山的消息后，族兄垣荣祖也带着家眷前来，垣荣祖曾被宋明帝派往彭城说服薛安都，但他没有完成使命，相反还被薛安都扣押，充当了薛安都的部将，此时，垣荣祖担心宋明帝会处罚自己，就前往淮阴，依附于萧道成，萧道成将其保护了起来。魏军进攻青州后，宋明帝也在拉拢青州的豪强。比如青州强宗刘氏，刘弥之被薛安都杀死后，宋明帝追赠其为辅国将军、青州刺史，以示安抚；又任命刘弥之的族侄刘乘民为宁朔将军、冀州刺史；侄儿刘善明为宁朔长史、北海太守，刘乘民死后，又任命刘善明为绥远将军、冀州刺史。刘善明的堂弟刘僧副率领两千多部众盘踞在海岛，萧道成也派人将其招抚。

听说沈攸之率领数万宋军北上进攻彭城，驻守在彭城的魏将尉迟元一面向北魏朝廷告急，请求慕容白曜分兵救援，一面整顿军队，派遣孔伯恭率领一万步骑南下迎战，又将正月战败的沈攸之部众放回，这些宋军俘虏大多被冻坏了双脚，只能用膝盖在地上爬行，尉迟元此举就是为了打击宋军的士气。宋军出发以后，宋明帝突然又后悔了，下诏命令部队撤退，当宋明帝的班师诏书送到前线之时，沈攸之所部已经进抵下邳以南五十里的焦墟①。下邳守将陈显达也率领两千人马逆清水而上，接应沈攸之，进至睢清口（古泗水与古清水汇合处，胡三省注：清水合于泗水，故泗水亦得清水之名。《水经注》：泗水过下邳州市西，又东南，得睢水口。泗水又东南入于淮水，故谓之睢清口。《读史方舆纪要》称在下邳东南十里）。

孔伯恭派遣侯汾等将率五百骑兵驻扎在河南岸，奚升等将率五百余骑驻扎在河的北岸，南北夹击陈显达所部，另外，他还准备了火攻用的车辆，打算水陆齐头并进。沈攸之等人听到后，率军退保樊阶城（《读史方舆纪要》称在下邳州市东）。孔伯恭又命令孙天庆等率领步骑六千向零中峡（江苏省睢宁县东南凌城镇），砍伐树木，切断了宋军清水水道。孔伯恭率众渡过清水，大破陈显达军，俘虏斩杀了十分之九。沈攸之听到陈显达军败的消息，即命令部队顺流退下。孔伯恭从睢陵城向东直插零中峡，然后，兵分两路，派遣司马范师子等将在清水南岸，孔伯恭亲率部队从清水西岸，与沈攸之合战，大破宋军。魏军斩杀宋将龙骧将军姜产之（《资治通鉴》记作姜彦之）、司徒参军高遵世及丘幼弼、丘隆先、沈荣宗、陆道景等人，乘胜追杀八十余里，宋军主将沈攸之被敌人长枪刺中，身负重伤，正巧天色已晚，沈攸之领军进入陈显达的堡垒躲避，当晚（八月十八日夜），宋军自行溃散，沈攸之单人匹马弃众南逃，狼狈逃归淮阴，丢弃军用物资

① 《宋书·沈攸之传》记作“迟墟”，《魏书·孔伯恭传》记作“焦墟曲”，江苏省宿迁市西北。

数以万计。沈攸之回到淮阴后，被任命为持节、假冠军将军、行南兖州刺史。追赠姜产之左军将军，高遵世屯骑校尉。睢清口之战宋军大败后，魏军乘胜进攻淮北尚在宋军手中的数个城池：孔伯恭给下邳、宿豫城内下书说：“刘彧罪恶滔天，无视天命，自以为能死而复生，依靠长江天堑，胆敢派遣张永、周凯等人率领此等蚂蚁一般的部众，到彭城城下送死。我大军尚未到达，贼将就望风遁逃。如今，我们将乘胜闪击，屠杀此城，顺势平定三吴，吊民伐罪。希望你们能够认清形势，自求多福！”尉迟元又亲自给宋徐州刺史王玄载写信，分析祸福，王玄载害怕了，趁夜仓皇南逃；魏军进攻宿豫（江苏省宿迁市东南），宋将鲁僧遵弃城夜逃；孔伯恭又派遣部将孔太恒等人率领一千骑兵，南下进攻淮阳，宋淮阳太守崔武仲弃城南逃，魏军即占领了淮阳（江苏省淮安市淮阴区西南）。兵败如山倒，刘宋淮河以北大大小小各个堡垒均崩溃，魏军又包围了角城（在江苏省宿迁市东南一百余里），守将贾法度兵力寡弱，难以抵挡。众将劝说萧道成率军渡河援救，但萧道成不同意，只是派遣军主高道庆率领部队乘坐战舰，携带数百张大弩，在淮河之上远远地射杀魏军骑兵，一时间数百只箭像蝗虫般朝魏军飞去，魏军纷纷躲避，而后，萧道成才率军进战，终于击退了魏军。取得军事上的胜利之后，尉迟元又相继说降了驻守团城的刘宋东徐州刺史张谠、固守险要的刘宋兖州刺史王整、兰陵太守桓忻，北魏朝廷拜尉迟元都督徐南北兖州诸军事、镇东大将军、开府、徐州刺史、淮阳公，持节、散骑常侍、尚书如故；任命孔伯恭为散骑常侍、都督徐南兖州诸军事、镇东将军、彭城镇将、东海公；派遣南中郎将、中书侍郎高闾率领一千骑兵，与刘宋降将张谠（原驻守团城）两人均为东徐州刺史；中书侍郎李璨与刘宋降将毕众敬均为东兖州刺史。

一五九 宋失淮北（七）

北魏朝廷得知宋军大举北上的消息，即命令进攻历城的慕容白曜分军南下，解救彭城。

当时，泗水突然枯竭，宋军进展缓慢，当慕容白曜率部进抵瑕丘之时，尉迟元即击败了沈攸之、吴喜率领的宋军，慕容白曜即停留在了瑕丘，等待北魏朝廷的下一步指示。在瑕丘期间，慕容白曜又得到了一个好消息：宋军原升城守将房崇吉愿意将盘阳（山东省临朐县东南）献上，赎回自己的母亲。原来，房崇吉请求东归后，就暗中招募壮士，打算劫走母亲妻子。慕容白曜听到风声，命令加强了对他母亲妻子的看管。房崇吉无奈，只好找到堂弟房法寿商量。当时，崔道固任命治中房灵宾为督清河、广川郡事，驻守盘阳，房法寿痛恨崔道固逼迫自己离开山东，就与房崇吉商量，袭占了盘阳，然后，向慕容白曜投降，以赎回母亲、妻子。崔道固派兵进攻，慕容白曜派遣部将长孙观等人率领骑兵从马耳关（山东省莱芜市东北原山西麓）解救盘阳，崔道固闻讯撤退。魏军到达盘阳之后，附近各县均投降了魏军。北魏朝廷即任命房崇吉与韩麒麟同为冀州刺史，督促百姓上缴粮食，任命房法寿从父弟房灵民为清河太守，房思顺为济南太守，房灵悦为平原太守，房伯怜为广川太守，房叔玉为高阳太守，房叔玉兄房伯玉为河间太守，房伯玉从父弟房思安为乐陵太守，房思安弟房幼安为高密太守。

不久，南线魏军即取得了重大胜利，慕容白曜即从瑕丘重新朝历城扑来，同时，他派遣平东将军长孙陵（《宋书·沈文秀传》记作蜀郡公拔式，长孙嵩之子）、宁东将军尉眷进攻东阳城的沈文秀。长孙陵等将进抵东阳城（山东省青州市）以后，沈文秀等人果然请求投降，但数万魏军进入东阳西郭之后，纵兵大掠。沈文秀既后悔，又恼火，重新闭城固守，派遣部将垣谌击破了长孙陵所部，长孙陵等人退到清河以西。九月，魏军又进逼城东，十月进攻南郭，沈文秀命令员外散骑常侍黄弥之等人截击，斩杀了数千魏军。

同样，慕容白曜在历城城下也遭到了崔道固的抵抗。

慕容白曜率军进抵历城之初，就给崔道固写了一封劝降信，他在信中说："刘彧为上天所弃，他们骨肉相残，君臣上下，全无规矩。徐州刺史薛安都、豫州刺史常珍奇、兖州刺史毕众敬等都弃暗投明，被朝廷授予高官；无盐、升城胆敢抵抗，申纂被杀，房崇吉逃跑，从襄阳以东一直到大海，无不归顺我朝。希望历城、东阳有识之士能够'见机而动，去危就安'，况且，如今已经成土崩之势，刘彧号令不出建康，也根本没有指望让他前来解救青州，只有速速投降，才能'保家宁宗，长守安乐'"。但崔道固并没有听从而是固守不降，慕容白曜构筑长墙将历城团团围住。在包围历城的同时，慕容白曜又将目光投向东北方向的梁邹（山东省邹平县）。梁邹镇将的名字叫刘休宾，出自青冀强宗刘氏，是刘乘民、刘延和的哥哥，刘弥之的族侄，当时，龙骧将军崔灵延、行勃海郡房灵建等数十家都进入梁邹城，大家一同推举刘休宾为征虏将军、兖州刺史，共守梁邹。刘休宾的岳父是拓跋焘南下时驻守邹山的鲁郡太守崔邪利，当时，崔邪利和刘休宾的妻儿均被掳掠到了北魏。慕容白曜拿下升城之后，即派人请求北魏朝廷带来刘休宾的妻子崔氏和儿子刘文晔，又在北海抓到了刘延和的妻子，一同押到梁邹城下展示。刘休宾答复慕容白曜，称如果历城投降了，他也投降，并秘密派遣主簿尹文达前往历城，查看魏军的虚实。尹文达求见慕容白曜，私下问慕容白曜："刘氏兄弟跨州连郡，一旦投降，能给个什么样的官职？"慕容白曜说："刘休宾在南朝就如此被尊崇（此时，为了拉拢刘休宾，宋明帝已任命其为辅国将军、兖州刺史），今日，如果能够望风投降，不仅将授予高官，而且会将他的妻子还给他。刘休宾纵是不怕被围困，就不思念他的妻儿吗？现在他们就在升城，你不妨前去一看。"尹文达到了升城以后，刘休宾二十多岁的儿子刘文晔抱着他号啕大哭，剪下指甲、头发作为信物。尹文达临去，慕容白曜又嘱咐道："你是刘休宾的心腹，亲眼见了他的妻儿，并看到了我军的虚实，你回去以后，好好与他商量，自求多福。"尹文达回去以后，拿出刘休宾妻儿的毛发、指甲，并对刘休宾说："升城已经陷落，历城陷落只是迟早的事，大人看早作打算。"刘休宾抚摸着毛发、指甲，哭着说："妻儿远隔异域，谁不痛心？只是我身负南朝厚恩，担任边将，因顾念妻儿而投降，做臣子的能这样吗？"话虽这样说，但刘休宾还是与侄儿刘闻慰秘密商量投降的事宜，但刘闻慰说："这全是尹文达的一派胡言。往年魏军常来侵扰，哪见有大军？只用安抚强兵，加强戒备，固守险要，岂能不战就心生胆怯，示人以弱呢？”刘休宾又找到尹文达，让其偷偷出来，与慕容白曜定下投降的日期，再次见到尹文达，慕容白曜大喜：“不仅刘休宾要授予高官，而且城内的豪杰也都加官晋爵，你就是梁邹城主！”并将酒洒到地上发誓道：“如果我辜负了刘休宾，就叫我三军覆灭！”慕容白曜上书请求送来刘休宾妻儿时，北魏朝廷同时下诏任命刘休宾为持节、平南将军、冀州刺史、平原公，慕容白曜也让尹文达将诏书带去。尹文达回去后，对刘休宾说：“慕容白曜如此这般发誓赌咒，大人可早作打算。”刘休宾与刘闻慰商量，但刘闻慰不同意。不久，慕容白曜就派遣著作佐郎许赤虎趁夜来到梁邹南门下，对城上人说：“你去告诉刘休宾，他多次派尹文达见我，答应投降，为何言而无信，过期不来？”于是，城内人都知道了，大家都说：“刘休宾以我城内民众来换取高位。”遂相互监视，更无法投降了。

从泰始三年（公元467年）八月到泰始四年（公元468年）二月，经过半年的围困，在该月十四日，魏军终于攻陷历城的东郭（东外城），十七日，刘宋冀州刺史崔道固自我捆绑着，出城投降。投降后，崔道固上书献文帝称：“臣家在南土生活，被委任为边将，刘氏内讧，我担心受祸而派崔启之奉表投诚，蒙陛下恩宠，授予我高官。可是，不久，刘彧就又派来使者，赦免了我的死罪，我私下想，我家世代尊奉刘氏，既然已经被人家赦免，如果再不忠于本朝的话，即使想在大魏偷生，我也担心不会为大魏所容的。因此，才又辜负了您的恩典，固守不降。本月十四日，臣东外城陷落，我对刘彧已经尽到了臣节，臣走投无路，于十七日面缚出降。慕容白曜遵照圣旨，没有杀掉我，由于没有皇帝下一步的指示，我派我长子崔景徽赶往京师，等待接受刀斧之刑。”不久，慕容白曜即将崔道固送到了平城，献文帝下诏赦免了他。

历城陷落后，慕容白曜即命许赤虎带着崔道固的儿子崔景业与刘文晔一起到梁邹城下，刘休宾也率领梁邹一万部众投降了，慕容白曜将其与崔道固等人一起送到了平城。北魏朝廷根据降将们的不同表现，给予了不同的待遇，除了薛安都、毕众敬等人授予了高官，其他则待以客礼：以房法寿为上客，房崇吉为次客，崔道固和刘休宾为下客，至于大多数齐地原有刘宋官员，大多没有任命官职。

拿下梁邹和历城之后，慕容白曜即于三月率军进抵东阳城下。宋明帝任命崔道固的侄儿崔僧祐为辅国将军，以家眷在历城、东阳的明同庆、明菩萨等人为将佐，率领数千兵马，从海路前去增援历城，行至不其城时，听说崔道固已经投降，徘徊不进。慕容白曜进抵东阳城下时，派遣崔文徽前去劝降，于是，崔僧祐也向北魏投降了。后来，崔僧祐也被送往了平城，他与房法寿等人都不和，房法寿告发他并非真心归顺，崔僧祐被关押了年余，才因遇到大赦而被释放。

东阳之战是慕容白曜平齐的最后一战。

早在泰始三年一月张永、沈攸之下磕大败后，宋明帝即向平城派出散骑常侍贝思、散骑侍郎崔小白，前往平城与北魏政府交涉，但交涉无果，随之而来的是八月宋明帝强令沈攸之再度进攻彭城，结果，导致了睢清口大败，淮北宋军大多数据点被魏军占领，淮北局势对北魏更为有利。但青州冀州仍然在坚持。到泰始四年二月，历城崔道固力屈投降、慕容白曜开始包围东阳城后，宋明帝再度派遣员外散骑常侍李丰前去平城，但北魏朝廷并没有予以理睬。在大举反攻失败的情况下，宋明帝一方面企图运用外交手段化解危机；另一方面不断向青州派遣援军。但是，此时淮北地区已经被魏军占领，北援宋军无法通过内河航道进入青州，只能从海路北上，且在连遭惨败的情况下，各路援军均不敢轻易前进。宋明帝只得任命沈文秀的弟弟、征北中兵参军沈文静为辅国将军，统高密、北海、平昌、长广、东莱五郡军事，从海道救援青州。沈文静率部进抵东莱不其城，被魏军阻断，无法继续前进，只得固守在那里，接连遭到魏军的进攻，但沈文静率部顽强抵抗，屡战屡胜，宋明帝将青州一分为二，晋升其为东青州刺史。十二月，魏军攻陷了不其城，诛杀了沈文静，并在同月，攻入了东阳城的西外城。

一六〇 宋失淮北（八）

从泰始三年八月慕容白曜命令长孙陵、尉眷包围东阳城开始到泰始五年正月，沈文秀固守东阳已经过了三个年头，实际时间为一年半。

沈文秀善于统军，在东阳城被包围的整整一年半时间里，东阳城外无援军，士兵们昼夜奋战，没有一人投降，将士们从不曾脱去铠甲，铠甲里竟生满了跳蚤。泰始五年（公元469年）一月二十四日，在经历了长期的围困后，东阳城终于被魏军攻陷。城陷后，沈文秀平静地脱下了戎装，穿上了正式的文官官服，静静地坐在书斋之内，命令左右拿来朝廷颁发的符节，等待着敌人的到来。

魏军蜂拥进来，问道："青州刺史沈文秀在哪里！"

沈文秀大声喝道："我就是！"

魏军快步上前，将他拖到大堂之前，剥下了他的衣服。

当时，慕容白曜在东阳城西南的角楼，魏军士兵将沈文秀五花大绑，带至慕容白曜跟前，强令其向慕容白曜下跪。沈文秀说："你我二人分别是两国的大臣，没有向你下跪的礼节。"慕容白曜大怒，命人用棍棒狠狠地抽打沈文秀。过了一会儿，慕容白曜这才命人还给了沈文秀的衣服，送给他饭菜。

东阳城死守多日，让魏军非常恼火，攻下城池后，魏军兽性大发，残酷地杀死了很多军民（史称："死者甚众"）。沈文秀与长史房天乐、司马沈嵩等人被魏军用枷锁押回了平城，当面数落罪过，免死，以下客之礼对待，给粗布衣服和蔬菜等食物，后来，献文帝以其能够尽臣节，稍稍提高了他的待遇，拜为外都下大夫。沈文秀在平城滞留十九年，在南齐永明四年（公元486年）病死，终年六十一岁。

青冀二州陷落以后，北魏朝廷以慕容白曜为都督青州、齐州、东徐州三州诸军事，征南大将军，开府仪同三司，青州刺史，晋爵为济南王。慕容白曜善于安抚百姓，新占领区的百姓逐渐安定了下来。宋明帝则再度派遣员外散骑常侍王希涓前往平城，与北魏朝廷谈判。同年五月，北魏政府将山东军民迁往代北，安置在桑干河上游一带，在那里设置了平齐郡，安置升城县、历城县的“民望”（头面人物），剩下的男女全部被当作奴婢，赏赐给百官。

在青州、冀州、徐州、兖州这淮北四州发生激战的这两年，已经占领淮西之地的魏军同样没有闲着。

泰始二年十二月，当魏军占领汝南之后，刘宋顺利地拿下了殷琰驻守的寿阳，这使得淮西这一军事重镇又落入刘宋之手，淮河上游防线得以完备。泰始三年二月，当占领彭城的魏军尉迟元部取得了下磕大捷以后，西线魏军为配合东路作战，西河公拓跋石率军从悬壶（河南省汝南县）向东南方向的汝阴（安徽省阜阳市）发起进攻。刘宋汝阴太守张超固守不战，拓跋石派遣精锐部队实施强攻，但一直缺乏攻城经验的魏军无法攻陷城池，只得退去。魏军退至陈项（河南省项城市）之后，打算继续退往长社（河南省长葛市），等休整好后，再于秋季发起进攻。郑羲反对说：“如今，张超驱赶城内百姓，固守穷城，只是在拖延时间而已，只用耐心围住就行。张超粮食已经吃完，不投降，就会逃走，这是肯定的。现在却要远远退到长社，张超肯定会做好防御的充分准备，再来攻打就困难了。”诸将都不想再战，拓跋石没有听从，于是，在徐州、青州方向鏖战之时，西线战事暂时停顿了下来。

到该年十二月，当慕容白曜兵临历城城下、并劝降梁邹刘休宾之时，西河公拓跋石再度发兵进攻汝阴，怎奈汝阴利用近十个月的时间，已经巩固了防御工事，魏军再度无功而返。与此同时，刘宋豫州刺史刘勔对投降北魏的原司州刺史常珍奇进行了成功的策反。常珍奇投降北魏以后，被任命为持节、平南将军、豫州刺史、河内公，但他一直心有不甘，投降一年后，北魏朝廷征召他的儿子常超（《宋书·刘勔传》记作常超越）入京当人质，常超的母亲不愿儿子远离，就与常珍奇密谋南逃。刘勔准确地捕捉到了常珍奇的心态，他派人携带书信劝降，于是，常珍奇与儿子常超、部将羽林监垣式宝等人趁着拓跋石东下、后方空虚之机，焚烧悬壶东门，杀死魏军将领费拔等三千多人（《魏书·常珍奇传》称三百余人），裹挟着上蔡县、安成县、平舆县百姓，驻扎在灌水（河南省南部浉河支流灌河）。

得知这一消息，刘勔派人飞马向宋明帝报告，宋明帝大喜，当即任命常珍奇为使持节、都督司州北豫州二州诸军事、平北将军、司州刺史、封汝南新蔡县侯，食邑一千户；封其子常超越为辅国将军、北豫州刺史、颍川汝阳等三郡太守、安阳男；垣式宝为辅国将军、陈南顿二郡太守、真阳县男，食邑三百户。

第二年一月，北魏汝阳司马赵怀仁率领五百步骑进攻武津（河南省上蔡县东），刘勔命令龙骧将军申元德（《宋书》记作曲元德）率军将其击破。魏将阏于拔率领三百人押运粮车，在汝阳台东水边扎营，曲元德单人匹马直入魏军军营，斩杀了阏于拔，攻陷魏军堡垒外围，缴获粮车一千三百多辆，斩杀一百五十多人。刘勔又命令司徒参军孙台瓘都督弋阳以西地区，魏军又进攻义阳（河南省信阳市），孙台瓘大破敌人。魏军向北方运送北豫州的租赋，有两千多辆大车，刘勔招诱北方流民，在许昌截击敌人，将米谷全部焚毁。

在刘勔的努力下，淮西局势逐渐朝有利于刘宋方面转化。在这种情况下，淮西百姓贾元友上书宋明帝，劝说朝廷在淮西方面发起大规模的进攻，以收复陈郡、南顿、汝南、新蔡四郡之地。宋明帝将贾元友的奏疏交给刘勔，征求他的意见。刘勔上书说："贾元友称：'魏主年幼，内外混乱，行将灭亡。'臣以为，敌人猖獗，进攻我国，从去年冬天以来，我军民因战事荒废了农耕，今年春天，各城危急，我国收复失地的计划都顾不上，说灭亡敌国，更是天方夜谭。贾元友又说：'这里有七千多家，粮食充裕，可以供应两万军队数年的食用。'臣以为，两万人一年需要吃掉四十八万斛粮食，五年需要二百四十万斛，这里根本没有那么多粮食。贾元友又说：'四郡之民遭受敌人二十七年的蹂躏，都想报仇雪恨。'臣以为，像垣式宝等人受到朝廷厚恩，尚且投靠敌人，再度归顺，只是眷恋旧土，并非是为了报仇。贾元友又称：'请求命令荆州雍州派遣两千精兵，从义阳沿着西山北上，直至郾城。'臣以为，郾城是敌人的交通要道，并且要经过山蛮聚集区，数百里路，携带粮食，偷偷前进，出了平地后，就要强攻敌人的重镇，这对于古代的名将来说，也难以成功。即使真的攻下了郾城，不知能否抵挡住来自南方悬壶、北方长社的敌军？况且，敌人盘踞数座坚城，交通便利，以我两千部队打算切断敌人的粮运，这是非常困难的。贾元友又说：'敌人进攻汝阴，被张超击败，不敢南渡淮河。'臣以为，张超所部兵力寡弱，难以自守，我军派去援军才勉强守住城池。敌人真的就畏惧他了？张超前后斩杀的敌人数量不过数百，而敌人步骑四万尚不敢进攻，因此，就劝说皇上命令轻装部队发起进攻，这很错误。贾元友又说：'鲁奴和王景直等人都接受了国家的官职，有一万多部众。’鲁奴与敌人联络了多年，去年归顺朝廷，接受了王命，但是，接受以后，就远远逃遁，这种人岂能依靠？王景直不过一流民，部下才数十人，根本不足依靠。贾元友还说：‘四郡粮食不足，以切断敌人粮道为要紧。’臣以为，要切断敌人粮道，就需要部队，而部队就需要有粮食，从悬壶以北二百里之内，哪里弄来粮食？臣以为，从元嘉年间以来，北方流民都劝说北伐，鲁爽就是一个例子，接受了这些人的说法，不仅空耗金银粮食，丧失兵力，还挫伤国威，令人后悔不已。边境之民，唯力是视，王师临境，会欢迎我们，等我们一退，就蜂拥抄掠我们。”据《南齐书·褚渊传》的记载，褚渊曾受明帝之命前往前线调查，回京后他向宋明帝报告说：“盱眙以西地区兵力非常薄弱，需要增加禁卫军协防。汝阴和荆亭（安徽省颍上县西南）又遭到魏军的围攻，寿阳守军仅仅够自保，如果魏军游击骑兵出寿阳之南，则长江以南就不安定了。因此，历阳、瓜步、钟离、义阳都需要有重兵防守。”由此可知，淮河上游宋军的兵力不足以发起大规模的进攻。

二月，拓跋石从汝阴撤离，率领大军回师进攻常珍奇，常珍奇率众南下，被魏军击破。正值天色已晚，魏军放火焚烧常珍奇军营，常珍奇单人匹马突围而逃，辗转逃至寿阳，其子逃至苦城（今地不详）被杀，幼子常沙弥被押送到平城，阉割为宦官，垣式宝也为乱军所杀。

据《魏书·灵征志上》记载：半年以后，淮西地区发生了大范围的传染病，当地百姓因病而死的就高达十四五万人，这大约是与战乱有直接的关系。

一六一 宋失淮北（九）

当青州、冀州、兖州、徐州及淮西激战当中，刘宋帝国西北的雍州梁州也不稳定。

薛安都的儿子薛伯令、薛环龙二人在雍州梁州之间逃亡，聚集了数千人马，与泰始三年偷袭广平郡（湖北省老河口市以北），抓获太守刘冥虬，接着，他们又北上进攻顺阳（河南省南阳市淅川县东），并顺利将其占领。马不停蹄，他们又攻占了义成郡（湖北省老河口市西北）、扶风郡（湖北省谷城县东）等地，在当地设置郡守。七月，刘宋雍州刺史巴陵王休若派遣南阳太守张敬儿、新野太守刘攘兵率军将他们击败，双双将其擒获，处斩。

连绵不断的战乱也影响到了遥远的广州和交州。泰始四年，交州刺史刘牧病死，当地豪强李长仁率众发动叛乱，杀死刘牧从北方带来的部曲，控制了交州州治龙编（越南河内市），李长仁自称刺史。广州刺史羊希命令晋康（广东省德庆县）太守刘思道讨伐当地俚族（黎族），刘思道违反将令失利，羊希派人前去逮捕他。刘思道在军中就势发动叛乱，率领部队回师广州，攻陷了城池，诛杀了羊希。龙骧将军陈伯绍也出军讨伐俚族，听说刘思道攻陷州城的消息后，他率军迎战，将刘思道诛杀，平定了叛乱。刘牧死后，八月，宋明帝又任命刘勃为交州刺史，到了十一月，李长仁上书谢罪，自贬为交州临时主管，宋明帝同意了。

大体上，截至泰始五年二月北魏占领东阳城以后，宋魏之间持续三个年头的战争基本上就结束了。从泰始二年年初刘子勋登基即位到如今，已经过去三年多了，其中，刘彧平定刘子勋仅仅用了大半年的时间，由于刘子勋登基后建号为义嘉，所以，这大半年中刘宋帝国的内讧又被称作义嘉之难。福兮祸之所伏，祸兮福之所倚。宋明帝刚刚从平定刘子勋的喜悦中走出来，就因为自己的措置不当而激发了淮北各州的投敌，继而，魏军大举南下，双方经过两年多的激战，北魏终于占领了淮河以北的大片土地，是其建国以来对刘宋最大的一次领土扩张，国力也随之大增，据《魏书·慕容白曜传》的记载，仅仅就慕容白曜占领的东阳城，魏军就缴获“仓粟八十五万斛，米三千斛，弓九千张，箭十八万八千，刀二万二千四百，甲胄各三千三百，铜五千斤，钱十五万；城内户八千六百，口四万一千，吴蛮户三百余”。在南北对峙中，北魏第一次实现了对南朝真正意义上的优势，《宋书·州郡志一》称：“太宗（宋明帝）初，索虏南侵，青、冀、徐、兖及豫州淮西并皆不守，自淮以北，化为虏庭。”遥想当年刘宋立国之时，刘宋帝国的疆域一度延展至黄河南岸，刘裕死后，北魏拓跋嗣趁着刘裕驾崩之际，发兵南下，经过血战终于夺得了黄河以南的洛阳、滑台、虎牢等部分地区，宋文帝继位以后，一直对此耿耿于怀，由此引发了数次北伐，但均以失败而告终。到宋文帝末年宋魏两国边境大体上东起古黄河入海口、济水、向西南方向沿泗水和汴水上游，折向汝南、颍川，再向西沿南阳北部伏牛山麓、秦岭，至汉中西部到四川北部。而如今，两国边境一直向南推移至淮河北岸，正如周一良在《魏晋南北朝史札记》中称的那样：“从此南北以淮水为界，在579年北周取陈江北之地，以江为界，更趋迫促之前，凡一百余年，南朝军事已处于南渡后未有之劣势。故平青齐一举在北魏建国历史上之重要，可以与平中山取得山东诸州并论。”

吕思勉在《两晋南北朝史》中说：“淮北之陷，全误于明帝及沈攸之等，志仅在于阋墙，而不在于御侮。浔阳之起，建康仅保有丹阳、淮南数郡，然卒能摧折强敌，足见其时之兵力，非不足用……乃争于内则征兵遣将，络绎于途，而其将帅亦能彼此和衷，智计迭出；战于外则将帅皆逗挠不前，庙堂亦熟视无睹，攻围虽久，应接终希。”其实，宋军刚刚经过恶战之后，国内尚不稳定，宋明帝当然没有力量全力与魏军相抗，再加上原本魏军就善于野战，而宋军擅长守城、水战，薛安都等人投降魏军之后，进入淮北各个城市的魏军已经占了先机，以逸待劳。宋军原本是为了威慑薛安都，但招致魏军大举南下，这都出乎宋明帝的意料，从下磕惨败宋军大多因冻伤等情况来看，宋军准备并不充分，与此同时，气候条件也起了很大作用：气温陡降，河水结冰，睢清口之战中水位降低，等等，这都让适应南方水面作战的宋军毫无优势可言。淮北两次惨败以后，宋军军心士气均受到了很大的打击，淮北各个要道如下邳、宿豫、淮阳等地又接连沦陷，从客观上，宋明帝也无法置彭城敌军于不顾，沿内河大举增援青州和冀州，因此，吕思勉先生的说法可能也有一定的偏颇之处。

北魏占领淮北四州后，除了将当地百姓迁往平城之外，沙门统（佛教协会会长）昙曜上书请求："平齐郡的百姓以及其他百姓，如果每年能向寺庙缴纳六十斛谷子的，就被称作僧祇户。交给寺庙的谷子被称作僧祇粟，遇到灾年，以之赈济灾民。"他还建议："将犯有重罪的百姓以及官府的奴隶划为佛图户，由他们负责寺庙的洒扫。"献文帝同意了，从此之后，僧祇户和佛图户就遍布北魏各个州郡。他们不同于国家的编户，不向国家缴纳赋税，而是向寺庙缴纳。为了稳定新占领区，献文帝还下诏曲赦淮北三州百姓，从天安二年（皇兴元年）一月之前，凡是犯有死罪的在押犯全部释放，只有儿子杀父母、孙子杀祖父母、兄弟杀哥哥、妻子杀丈夫、奴仆杀主人的，不予赦免。逃犯一百日之内如果不自首的，要照样追究。同时，还下令这些州郡的地方官要督促百姓进行农业生产，要实行轻刑。北魏青齐之战也直接促成了北魏的赋税改革，魏宋交战时，北魏也是连年发生旱灾，加上持续用兵，山东（太行山以东、今河北等地）各州百姓负担非常沉重，献文帝下诏确定了三等九品输送赋税的办法。当时的百姓向政府缴纳赋税，还需要自行负担运输费用，一些贫苦百姓单运输费用就可能被弄得倾家荡产，献文帝按照贫富将全国百姓分为三等，每一等又划分为三级，规定：上等人家的赋税要运至平城，中等的要运到其他州郡，下等的人家只用运到本州即可。一千里以内的，运送粟；一千里以外的，运送米，并彻底废除了正常赋税之外的杂赋十五种。除了田赋之外，当时北魏的户调是，每户不分等级，每年都要上缴两匹帛、二斤絮、一斤丝、粟二十石，另外，再缴纳一匹二丈帛给州政府，作为户调之外的费用。

截至泰始五年十一月，北魏向刘宋派遣使者请求恢复和平，从此之后，虽然宋魏之间还发生了一些零星的战斗，但规模都不大，两国之间基本上又恢复了和平。

宋魏的这场战争对于刘宋而言产生了巨大的消极影响，据《宋书·明帝本纪》记载："时经略淮、泗，军旅不息，荒弊积久，府藏空竭。内外百官，并断禄俸……天下骚然，民不堪命。"国内矛盾逐渐加剧。首先是统治者内部的矛盾：如前所述，现年三十五岁的庐江王刘祎是宋明帝刘彧的八哥，由于他资质低劣，素来不被兄弟们看重。宋明帝上台后，将其晋升为太尉，加侍中、中书监，但也没有拿他当一回事，他曾给建安王刘休仁写信说："大家都没有把西方公算在内，你就是诸王的兄长。”刘袆当时的府邸在西州，因此，宋明帝这么称呼他。这一切都令刘袆十分不满，正巧，一位叫柳欣慰的人阴谋造反，打算册立刘袆为帝，而刘袆也暗中与柳欣慰等人联络。柳欣慰又联络征北咨议参军杜幼文、左军参军宋祖珍、前郡令王隆伯等人，刘袆让亲信徐虎儿给杜幼文送去了一个金盒子，给宋祖珍和王隆伯各送了一个铜盒子。杜幼文向宋明帝告发了此事，宋明帝下诏历数了刘袆的罪过，归纳起来主要是：一、朕继位以后，你一直心怀不满；二、义嘉之难时，喜乱乐祸，希望浔阳获胜；三、官军得胜后，你非常消沉，经常诅咒朕；四、你联络女巫、僧人图谋不轨，派遣徐虎儿联系边将，打算谋反；五、孝武帝时期，你也一直被留在朝廷，未曾出镇，现在也是如此，为何你要不满？六、前废帝时曾召我们兄弟喝酒，强令我们喝醉，你趁着酒劲，说我与刘休仁兄弟过从甚密，当时我吓得五内俱焚；过去我们还一起去浔阳长公主家，你突然发怒，说我言语举动都与你不同，等等。最后，宋明帝将淮南、宣城、历阳三郡设立南豫州，将刘袆降为车骑将军、开府仪同三司、南豫州刺史，削邑千户，侍中、王如故，派遣心腹杨运长领兵监视，将刘袆的同党柳欣慰、徐虎儿、陈道明、宁敬之、闾丘邈之、樊平祖、孟敬祖全部诛杀。泰始五年六月，宋明帝又让有关部门上奏说："刘袆口出怨言，请求将他免官，削去爵位，交付宛陵县大牢，依法严肃处理。”接到奏表后，宋明帝又故作姿态，不同意，于是，派遣大鸿胪持节，兼宗正为副使前去宣城，责备刘袆，逼迫他自杀而死（《宋书·刘袆传》则称，泰始六年刘袆被杀）。其次是下层民众苦不堪命，纷纷揭竿而起。泰始五年，临海（浙江省临海市）人田流不满官府的重压，在会稽郡鄞县（浙江省奉化市东北）山谷中集结了一千多人，劫掠海盐（浙江省海盐县），并多次击败刘宋地方部队。宋明帝派遣直后（皇帝车驾后面的侍卫官）闻人袭前去劝降，授予田流龙骧将军职务，田流率众投降，但等田流部众出山后，行至海盐又纵兵大掠，杀死了鄞县县令耿猷，逃回了山中。泰始六年，宋明帝派遣周山图率军进剿，周山图屯兵浃口（浙江省宁波市镇海区甬江河口），分化瓦解义军，田流为其副将暨挐所杀，别帅杜连、梅洛生各拥众自守，直到第二年才最终将叛乱平定。豫章人张凤也聚众在康乐山造反，切断长江航运，刘宋朝廷派禁卫军军主李双、蔡保多次讨伐，一直没有成功。军主毛寄生率军与张凤在豫章江大战，又遭到惨败。宋明帝又派遣周山图前去平叛，周山图采取示弱于敌的办法，将精兵强将藏匿起来，只留下一些老弱残兵，而后，他派遣幢主庞嗣给张凤送去很多财物，请求会面，并答应张凤可以带上卫队。张凤信以为真，率众前往，谁知周山图早已在途中埋下伏兵，当张凤等人行至望蔡（江西省上高县西）时，周山图伏兵四起，当场将张凤斩杀，俘虏了数百人。

一六二 荒唐之主

宋明帝刘彧是一个典型的能够善始而不能善终的皇帝。

在他刚刚即位的数天，就下诏派遣使者前往全国各地，他们的主要职责为：一是访贫问苦；二是考核官吏；三是处理冤狱；四是赈济贫民；五是劝课农耕；六是征求建议。过了几天后，又下诏，要求厉行节俭，宫中供奉之物减少，无用之物全部省去。第二年二月，当东线正在交战时，他又下诏曲赦吴、吴兴、义兴、晋陵四郡及浙江东五郡。三月壬子，又废除了前废帝时期使用的数量短少的新钱，专用古钱。第二天又赦免扬、南徐二州的囚犯。五月又曲赦豫州。六月建康下了大雨，他又派遣殿中将军巡回赈济。平定浔阳政权以后，到了九月他又下诏曲赦江、郢、荆、雍、湘五州；命令原有地方官不得擅自离职，并大赦天下，赐民爵一级。十月，他册立皇太子后，又曲赦了扬、南徐二州。十一月下诏要求：一是崇尚简朴；二是减免赋税；三是御用之物，都要简约。又下诏广泛征求百官的意见建议，要求大家推荐有用之才。免除东方流民两年赋税。十二月又下诏赦免了原浔阳政权的有关官吏，对于其中有才能的，根据才能大小重新予以任用。泰始三年一月，宋明帝以春耕生产需要，下令太官停止杀牛，又曲赦豫、南豫二州。闰一月，建康下了大雨雪，照例派出使者寻访赈济。二月，他还亲自为战亡将士举行哀悼仪式。又曲赦青、冀二州。八月丁酉，针对人们为了盈利而提前采摘果实，供应非时令蔬菜等问题，他专门下诏予以严禁。癸卯日，又大赦天下。九月戊午，以皇后六宫以下杂衣千领，金钗千枚，赏赐北征将士。甲子日，又曲赦徐、兖、青、冀四州。泰始四年四月己卯，减免天下一半的田租。五月曲赦广州。九月曲赦扬、南徐、兖、豫四州。泰始五年一月宋明帝亲自到责任田里耕作，并大赦天下。三月亲自到中堂旁听案件审理。九月要求百官举荐人才。由此可见，宋明帝在继位最初的四年里，还是比较关心民生的，但随着时间的推移，尤其是到了泰始五年淮北四州彻底丢失、宋魏之间恢复和平前后，宋明帝本人即发生了很大的变化。

就其个人而言，宋明帝是一个集各种矛盾于一身的奇怪的人，主要有几个突出的特点。

一是“多才多艺”。（一）喜爱文学。刘宋王室君主虽然残忍嗜杀，但他们大都文学素养较高，宋文帝是这样，孝武帝是这样，宋明帝也是如此。他尚未继位时，就已经撰写了《江左以来文章志》，又在卫瓘《论语》注的基础上续了两卷，他还擅长写诗，留下不少诗歌。继位后，他还召集群臣讲授《周易》，写成了《周易义疏》和《易义疏》等。泰始六年七月，他下令在建康设立聪明观，召集天下才能之士，设立儒家、道家、文学、史学、阴阳学五种学科。（二）酷爱围棋。据《南史·王谌传》称：“明帝好围棋，置围棋州邑，以建安王休仁为围棋州都大中正，王谌与太子右率沈勃、尚书水部郎庾珪之、彭城丞王抗四人为小中正，朝请褚思庄、傅楚之为清定访问（负责棋手等级的评定）。”《南史·良政传附虞愿传》记载，虽然宋明帝喜爱围棋，但水平非常低，下棋要用七八格的小棋盘，他却要与围棋第一的王抗下。王抗无奈，总是假装下不过他，说：“皇帝飞棋，臣无法抵挡。”宋明帝竟然信以为真，自认围棋天下第一，对围棋更加痴迷。按：褚思庄是南朝著名的棋手，宋文帝时，宋文帝曾命他去会稽与羊玄保（羊希之父）下棋，褚思庄下完棋，凭借超人的记忆力，将棋谱记下，回到建康后，又给宋文帝复盘，这是历史记载的第一次记谱复盘；后来，到了齐高帝萧道成时期，萧道成想看褚思庄与王抗二人下棋，两人从早晨开始下，一直下到晚上才下了一盘，把萧道成也给看累了，命二人休息一夜再战。当晚，王抗是著名的快棋手，他是倒头便睡，而褚思庄则是慢棋手，他是一夜无眠，苦苦思索。（三）喜欢清谈。《南齐书·周颙传》称：“宋明帝颇好言理，以颙有辞义，引入殿内，亲近宿直。帝所为惨毒之事，颙不敢显谏，辄诵经中因缘罪福事，帝亦为之小止。”

二是非常迷信。宋明帝的迷信是出了名的，他迷信鬼神，非常忌讳，如果在言语、文书上出现“祸”“败”“凶”“丧”等，都需要回避，有人违犯，都会大祸临头。他专门下令将“騧”（音：寡，黑嘴的黄马）改为马字旁加一个瓜字，原因是騧的右偏旁类似“祸”。过去，宣阳门被人称作白门，宋明帝认为这样叫不吉利，一次，尚书右丞江谧忘记了避讳，宋明帝听了，勃然大怒，当即叱道："白你们家门！"江谧吓得魂不附体，赶紧磕头谢罪，很久才没追究。凡是移动床、装修墙壁、更换窗户等，他都要事先祭祀土神，让文士撰写祝词，他还煞有介事地把南苑借给张永使用，说："借给你使用三百年，到期后，你需要续借的话，再给我打报告。"言外之意，不过是暗示自己长命万岁，图个吉利罢了。路太后的停尸床原来放在东宫，一次，宋明帝前去，见到后不禁大怒，将太子中庶子免官，下属官员因之被追究的就有数十人。另据《南齐书·刘休传》称：刘休多才多艺，宋明帝后宫妇女怀孕，让刘休占卜是男是女，总是很应验。泰始五年，他打算为太子选择太子妃，经过一番占卜，只有出身寒门的北中郎长史江智渊的孙女江简圭合适，这也可见一斑。宋明帝还非常喜欢给人改名，这大约也是他迷信的一种表现，张敬儿原名张苟儿，宋明帝感觉不好听，改名为张敬儿；吴喜原名吴喜公，宋明帝觉得拗口，将公字去掉；将张世改名为张兴世，等等。也有投其所好，主动请求其改名的，比如袁愍孙因羡慕荀粲（三国曹魏荀彧之子，喜欢道学）的为人，而请求宋明帝将自己改名为袁粲。

三是异常猜忌。据《南史·良政传附虞愿传》记载，宋明帝性格猜忌，他非常肥胖，但奇怪的是，他又非常怕风吹，夏夜经常还穿着皮内衣，他还专门设置了两个闻所未闻的官职——左右司风令史，也就是说专门观察风向的人，哪里将刮来风了，要提前向他报告。对于天文变化，他又不相信太史令说的，而是让两个灵台知星入侍内廷，便于与外廷的报告相互对比。从这点小事上，就能看出宋明帝的猜忌性格，司风令史还设置了两位，以便相互监督；灵台知星的报告与太史令的汇报，也得相互对照。王谌有才有识，受到宋明帝的礼遇，经常带在身边，王谌见到宋明帝的所作所为残忍古怪，总是劝谏，但宋明帝根本听不进去。王谌请求离职，这本来没啥，宋明帝反而因此将其打入大牢。

四是奢侈无度。刘宋失去淮北以后，这位宋明帝不仅没有更加励精图治，相反，却完全变了一个人，大有"死后哪管洪水滔天"的架势，生活极其奢靡：宋明帝登基以后，将自己原来的湘东王府邸建成一座湘宫寺，非常豪华。因为孝武帝生前所盖的佛塔有七层，他就要盖成十层，但技术上盖不了那么高，就建了两座五座的佛塔。新安太守巢尚之回京后，宋明帝问他："你见我盖的湘宫寺了吗？这可是一件大功德。"当时，虞愿在一旁，他说："陛下建起的这座寺庙，全是百姓靠卖儿贴妇得来钱，佛如果真的有灵，应该会悲痛哀怜。罪过高过佛塔，哪里有什么功德可言？"当时，尚书令袁粲也在座，听了虞愿的这番话，不禁为之大惊失色。宋明帝恼羞成怒，让身边的人将虞愿驱赶下殿，虞愿慢慢站起身来，从容不迫缓缓离去。贴妇，是指让妻子与人通奸换钱。按：虞愿，过去曾是刘彧湘东王国常侍，宋明帝继位后，因其曾为自己的旧僚，对他非常亲近，虞愿虽然对宋明帝忠心耿耿，但他又是一位非常正直的人，敢于坚持原则。当时，淮泗地区连续用兵，国库空虚，内外百官俸禄减半，但宋明帝反而奢侈过度，宫中每制作一样物品，必须制造出正品三十件，预备用品又分为正副两类，各三十件，每件东西都要九十件，这个数量是相当惊人的。

五是贪财贪吃。宋明帝与他的哥哥孝武帝一样非常贪财，从孝武帝开始，刘宋官场上兴起了一个不成文的规矩，那就是：凡是离任回京的地方官都要向皇帝进贡，皇帝借此发一笔横财，仅仅如此孝武帝还不满意，总还千方百计地与他们赌博，一定要把这些人赢得一干二净才作罢，宋明帝也不例外。《南史·垣闳传》记载，垣荣祖的叔父垣闳在孝武帝时期担任交州刺史，被征召回京时，正巧孝武帝驾崩了，垣闳就躲过了被皇帝盘剥之劫，成了建康的富人。明帝继位后，垣闳被任命为司州刺史，击败了薛道标，后改任益州刺史，数年后，被征召回京。垣闳很懂事，将自己在益州搜刮来的数千斤黄金，拿出一半提前孝敬宋明帝。谁知，宋明帝却并不买账，仍然嫌少，垣闳慌了，到京师后，赶紧到廷尉府自首，宋明帝下诏让廷尉府暂时将其扣留，直到垣闳将全部资财都上缴后，才被释放。刘宋朝廷规定，凡是蛮夷不被鞭打，可以奉送钱财免罪，这被称作“赕”，因此，垣闳就被大家戏称为“被赕刺史”。宋明帝册立太子妃后，借机暗示群臣要大送贺礼，大家纷纷奉献，多者竟送上数百斤黄金。始兴太守张奉伯因平素清廉，家贫无法拿出钱财，仅仅送去一部琴书作为贺礼，宋明帝见状大怒，下令给其送去毒药赐死，在群臣的苦苦劝谏之下，宋明帝才饶了他。宋明帝不仅贪财，还非常贪吃。刘休就是因为多才多艺，尤其善于烹饪，而被宋明帝引为亲信。宋明帝平素食量就很大，吃东西总是吃得浑身难受，尤其喜欢吃逐夷（河豚肉），用银钵子盛着用蜂蜜浸透，每顿能吃上好几钵子（大约是狗熊托生）。一次，他曾问内兄王彧：“这是奇味，你吃得多不？”王彧回答：“我也喜欢吃这东西，只是家里太穷，很难弄到。”宋明帝听了非常高兴，兴头上，越吃越觉得好吃，不知不觉之间吃得太多，致使胸腹痞胀，肚子胀疼到几乎撑死！身边的人建议再喝上几升酢酒（苦酒），才慢慢平复下来——最后，宋明帝就是死在了贪吃上。除了贪吃，他还贪杯。每次宴会，他就命令南台御史贺咸为柱下史负责监督百官饮酒，如果没有人喝醉，就要进行弹劾。一次，黄门郎兼长水校尉沈文季（沈庆之之子）不肯饮酒，宋明帝命人把他驱赶下殿——沈文季酒量很大，能喝五斗，沈文季的妻子王氏是王弘的孙女、王锡的女儿，王氏也能喝三斗多酒，夫妻二人经常对酌，沈文季这次拒不饮酒当有其他原因。

六是荒淫无度。到彦之的孙子到撝家产丰厚，厚自奉养，一月花费十万钱，住宅为建康第一，姬妾容貌，必须一流。他有一位美妾陈玉珠名满京师，宋明帝听说后，派人去索要，到撝不给，宋明帝派兵强行将其抢到手。到撝非常恼火，宋明帝听说后，命令有关部门诬陷到撝有罪，交付廷尉，将要处斩。到撝入狱之后，数夜之间须发尽白，群臣哀怜他的处境，联名上书请求宋明帝开恩，宋明帝这才将其免死，关押了起来。出狱后，到撝杜绝了声色犬马，开始低调做人。除了强夺他人妻妾外，宋明帝还有更为荒唐的事：一次，他在宫中大摆筵席，命令将宫女剥去衣服，令众人一起参观，以此为乐。他的皇后王贞风是王彧的妹妹，出身琅邪王氏，虽然家境贫寒，但非常高贵。当宫中嫔妃、宫女们浪笑声不绝于耳时，只有王贞风将扇子盖住脸庞，一言不发。宋明帝见状火了，对王皇后说：“你们平时没有什么乐子，今天大家一起作乐，为何就你不看？”王皇后回答：“为乐的方式太多了，哪有姑表姐妹们聚在一起，去看妇人裸体取乐的？我们家取乐之法，与此不同。”听了王皇后不卑不亢的话，宋明帝大怒，罚她站在众人面前（原文为：令后起。也可翻译为让其离去）。后来，王彧听说后，对堂舅谢绰说：“皇后在家时是个懦弱的女孩子，没想到如今竟能如此刚正。”

七是残忍好杀。《宋书·明帝本纪》称：“泰始、泰豫之际，更忍虐好杀，左右失旨忤意，往往有斫刳断截者。”即用砍断、挖开等酷刑诛杀。

一六三 身世之谜

宋明帝还特别痛恨妒妇。

尚书右丞荣彦远因善下围棋而为宋明帝所亲近，一次，宋明帝发现荣彦远的脸上有伤痕，详问之下方知是被其妒忌的妻子打伤。宋明帝对荣彦远说："我替你治治她，行吗？"荣彦远也在气头上，未加考虑，随口答应说："随便圣旨处分。"谁知，宋明帝当晚即下诏将其妻赐死。宋明帝的近臣刘休之妻王氏也非常妒忌，宋明帝听说后，故意赏赐给刘休如花似玉的小妾，并命人将王氏痛打二十大棍，然后，下令刘休在自家宅院后面开了一个杂物店，命令刘休之妻亲自在杂物店里叫卖扫帚、皂荚，来侮辱她。

在治理了近臣们的妻子后，他又开始治理宗室的诸位公主们。刘宋诸位公主无不严苛、嫉妒，在丈夫面前威风八面，让驸马们终日提心吊胆，无所适从，最为典型的当属宋明帝刘彧的六姐、临川长公主刘英媛了。此事我们过去曾经提到过，刘英媛嫁给了王藻，而王藻有同性恋倾向，喜爱身边的亲随吴崇祖，此事被公主发觉后，在前废帝时期，公主向前废帝进谗言，致使王藻被打入大牢处死，这件事情给宋明帝以深刻的印象，他一直想借机教育一下宗室的公主们。湖熟县令袁慆的妻子因妒忌被宋明帝赐死以后，宋明帝专门命令近臣虞通之撰写了《妒妇记》，采集了古代有名的嫉妒妇女的故事，以此来警诫公主们。《妒妇记》的原本已经失传了，现在存世的是鲁迅先生从《世说新语》刘孝标注引、《艺文类聚》《太平御览》等书中零星散落的故事中汇集起来的七则故事，《妒妇记》是中国文学史上第一部以夫妻关系为主题的小说集，它以诙谐的笔调描写妇女之嫉妒，短小精悍，人物形象鲜明，原文不长，暂录如下。

其一即我们的《东晋风云》卷中引用的"我见犹怜"的故事：桓大司马平蜀，以李势女为妾。桓妻南郡主凶妒，不即知之；后知乃拔刀率数十婢往李所，因欲斫之。见李在窗前梳头，发垂委地，姿貌绝丽；乃徐下地结发，敛手向主曰："国破家亡，无心以至今日；若能见杀，实犹生之年。"神色闲正，辞气凄惋。主乃掷刀，前抱之曰："我见犹怜，何况老奴。"遂善遇之。

其二：王丞相曹夫人，性甚忌，禁制丞相不得有侍御，乃至左右小人，亦被检简，时有妍妙，皆加诮责。王公不能久堪，乃密营别馆，众妾罗列，儿女成行。后元会日，夫人于青疏台中望见两三儿骑羊，皆端正可念。夫人遥见，甚怜爱之。语婢云："汝出问此是谁家儿？奇可念。"给使不达旨，乃答云："是第四五等诸郎。"曹氏闻惊愕，大恚，不能自忍，乃命车驾将黄门及婢二十人，人持食刀，自出寻讨。王公亦遽命驾，飞辔出门。犹患牛迟，乃左手攀车阑，右手捉麈尾，以柄助御者打牛，狼狈奔驰，方得先至。蔡司徒闻而笑之。乃故诣王公，谓曰："朝廷欲加公九锡，公知不？"王谓信然，自叙谦志。蔡曰："不闻余物，唯闻有短辕犊车长柄麈尾尔。"王大愧。后贬蔡曰："吾昔与安期千里共在洛水集处，不闻天下有蔡充儿。"正忿蔡前戏言耳。

其三：谢太傅刘夫人，不令公有别房宠。公既深好声乐，不能令节，此后遂颇欲立妓妾。兄子及外生等微达此旨，共问讯刘夫人；因方便称《关雎》《螽斯》有不忌之德。夫人知以讽己，乃问："谁撰此诗？"答云："周公。"夫人曰："周公是男子，乃相为尔。若使周姥撰诗，当无此语也。"

其四：武历阳女嫁阮宣子，无道妒忌，禁婢：瓯覆槃（盘）盖，不得相合。家有一株桃树，华（花）叶灼耀，宣叹美之，即便大怒，使婢取刀斫树，摧折其华。

其五：京邑有士人妇，大妒忌；于夫小则骂詈，大必捶打。常以长绳系夫脚，且唤便牵绳。士人密与巫妪为计：因妇眠，士人入厕，以绳系羊，士人缘墙走避。妇觉牵绳而羊至，大惊怪，召问巫。巫曰："娘积恶，先人怪责，故郎君变成羊。若能改悔，乃可祈请。"妇因悲号，抱羊恸哭，自咎悔誓师。妪乃令七日斋，举家大小悉避于室中，祭鬼神师，祝羊还复本形。夫徐徐还，妇见夫，啼问曰："多日作羊，不乃辛苦耶？"曰："犹忆啖草不美，腹中痛尔。"妇愈悲哀。后复妒忌，夫因伏地作羊鸣；妇惊起，徒跣呼先人为誓，不复敢尔。于此不复妒忌。

其六：泰元中，有人姓荀，妇庾氏，大妒忌。荀尝宿行，遂杀二儿。为屋不立斋室，唯有厅事，不作后壁，令在堂上冷然望见外事。凡无事，人不得入门；

送书之人若以手近荀手，无不痛打；客若共床坐，亦宾主俱败。邻近有年少径突前诣荀，接膝共坐，便闻大骂，推求刀杖。荀谓客曰："仆狂妇行，君之所闻；君不去，必误君事。"客曰："仆不畏此。"乃前捉荀手，妇便持杖直前向客，客既大健，又有短杖在衣里，便与手，老妪无力，即倒地，客打垂死。荀走叛不敢还。妇密令觅荀云："近遭狂人，非君之过，君便可还。"荀然后敢出。妇兄来就荀，共方床卧，而妇不知，便来捉兄头，曳着地欲杀，方知是兄，惭惧入内。兄称父命，与杖数百，亦无悔改。

其七：诸葛元直妻刘氏，大妒忌；恒与元直杖。不胜痛，才得一两，仍以手摸，妇误打指节肿。从此作制：每与杖，辄令两手各捉綛蹹。元直遇见妇捉綛蹹欲成衣，谓当与己杖，失色怖。妇曰："不也，捉此自欲成衣耳。"乃欣然。

除此之外，江湛的孙子江敩当娶孝武帝女临汝公主，宋明帝故意让人替江敩写了一篇辞让的奏表，其上列举了驸马们所遭受的种种迫害，宋明帝将奏表让诸位公主们传阅，以为笑谈，借此教育大家。

宋明帝因贪吃而过度肥胖，又因过度肥胖而阳痿，以致不能过性生活。宋明帝当王的时候，非常宽和，大家对他都是赞不绝口，孝武帝为人猜忌，唯独对他很放心，也很亲近。但是，激烈的宫廷斗争，让刘彧性格大变，尤其是在他登基、平定刘子勋之后，开始变得残忍猜忌起来，促使其性格大变的另外一个因素，大约还是身体多病、对自己后嗣的不安。王贞风在元嘉二十五年嫁给年仅十岁的刘彧之后，为其生下了两个女儿：晋陵长公主刘伯姒和建安长公主刘伯媛，没有生下儿子。如果史料记载属实的话，早在刘彧登基之前就已经丧失生育能力了，这是因为，刘彧的太子刘昱生于孝武帝大明七年（公元463年）一月，而刘昱的出生还有一段离奇的故事。

孝武帝曾命使者到民间暗访美女，陈妙登的父亲是个屠夫，居住在建康县，只有两三间草房。一次，孝武帝出行对随从说："御道旁边怎么会有草房？肯定是这家太穷了。"于是，他大发慈悲，当即让随从赏赐给这家人三万钱用来将草房翻修成瓦房。对于陈妙登家这无疑是喜从天降，然而，更大的喜还在后面。当侍从官拿着三万钱亲自来到陈家时，碰巧家中只有十二三岁的陈妙登一人在家，侍从官看到陈妙登非常美丽，就立即向孝武帝做了汇报，孝武帝就命人将其接入了宫中，因陈妙登年龄太小，暂时将她安置在路太后的房中。过了两年，孝武帝才召幸她，但始终没有获得孝武帝宠爱。后来，路太后就请求孝武帝，将其赏赐给自己抚养的刘彧。陈妙登给刘彧后，起初，刘彧非常宠爱，一年后就失宠了，刘彧又将其暂借给了湘东王师李道儿（《宋书·后妃传》的原文是："以乞李道儿"，此处用的这个"乞"，很有讲究，多为向他人请求之意，含蓄地表达了刘彧"借种生子"之意），很快，又将陈妙登接回，生下了刘昱。民间也都称刘昱是李道儿的儿子，后废帝刘昱继位后，也自称为李将军，或者李统。刘彧非常讲究，姬妾怀孕后总要以《周易》占卜，以占卜得出的卦象作为将来孩子的字，陈妙登怀着刘昱时得到的是震卦，因此，刘彧就给他取了个慧震的字。泰始二年，时年四岁的刘慧震被立为皇太子，第二年，才正式将其改名为刘昱。泰始六年（公元470年）二月，刘彧就给时年八岁的皇太子刘昱娶了太子妃江简圭，刘昱也就此开始居住在东宫。

《宋书·后妃传附明帝陈昭华传》还称："太宗晚年，痿疾不能内御，诸弟姬人有怀孕者，辄取以入宫；及生男，皆杀其母，而以与六宫所爱者养之。顺帝，桂阳王休范子也，以昭华为母焉。"说的是，在宋明帝的晚年，因为阳痿，不能过性生活，弟弟们的姬妾怀孕的，就强取入宫，等到生下男孩，即将其母杀死，把孩子送给自己宠爱的嫔妃抚养。《南齐书·刘休传》记载："帝素肥，痿不能御内，诸王妓妾怀孕，使密献入宫，生子之后，闭其母于幽房，前后十数。顺帝，桂阳王休范子也。苍梧王亦非帝子，陈太妃先为李道儿妾，故苍梧微行，尝自称为李郎焉。"借种生下刘昱，是在宋明帝继位前为了传宗接代出的无奈之举，生下的孩子与自己没有任何血缘关系；那么，强取诸王怀孕的姬妾，所生下的孩子起码是刘宋的宗室，不过，这只能是当了皇帝以后才能做得到。有学者对此提出了质疑，主要理由是：一、这些宫闱秘闻民间如何得知？二、明帝对诸弟非常仇视，岂能杀其父而立其子？三、这不过是篡夺刘宋的萧道成之辈对明帝、后废帝和顺帝的污蔑。按：明帝十二子：陈贵妃生下刘昱，谢修仪生皇子刘法良，陈昭华生下顺帝刘准，生于泰始五年七月，徐婕好生第四子没有名字，早夭，郑修容生皇子刘智井，次晋熙王刘燮，泉美人生邵陵殇王刘友，次江夏王刘跻，徐良人生武陵王刘赞，杜修华生随阳王刘翙，次新兴王刘嵩，泉美人生始建王刘禧。刘法良未封，生平不详；第五子刘智井，泰始六年，出继明帝早夭的第十六弟东平王刘休倩，未拜即夭折；第六子刘燮，生于泰始六年，出继出奔北魏的宋明帝七哥晋熙王刘昶为子；第七子刘友与刘燮同岁；第八子刘跻在刘智井死后，出继刘休倩一年；第九子刘赞，被封为武陵郡王，出继孝武帝为子；第十子刘翙生于泰始七年，第十一子刘嵩、第十二子刘禧均与刘赞同岁。以顺帝刘准出生的泰始五年到最小的刘禧出生的泰始七年，假如史书所言属实的话，宋明帝从泰始四年到泰始六年之间实施了借种生子的行为，考察这三年里，虽然于泰始六年诛杀了庐江王刘祎，但这并不影响他与其他几个弟弟：刘休仁、刘休祐、刘休范、刘休若四人之间的关系，而这些年也是他们之间由合作逐渐产生隔阂，进而发生矛盾的时期，因此，宋明帝在经常生病、太子孤弱的情况下，是有可能出此下策的。《宋书》作者沈约也说："太宗负螟之庆，事非己出，枝叶不茂，岂能庇其本根。"

一六四 杀心四起（一）

截至宋明帝泰始六年（公元470年），宋明帝本人年龄是三十二岁，他的十二弟刘休仁与他同岁、十三弟刘休祐二十六岁、十八弟刘休范、十九弟刘休若均为二十三岁。

他的这四个弟弟与他的关系各不相同。

刘休仁与他年龄相当，两人又都有共同的爱好，都是文学青年，过去两人关系就非常亲密，可以说，在前废帝时期，假如没有刘休仁的机智，宋明帝不知道已经死了多少回。义嘉之难中，也正是刘休仁亲率大军摧毁了浔阳政权，为宋明帝立下了汗马功劳，因此，宋明帝对他非常倚重，泰始初年，即以其为侍中、司徒、尚书令、扬州刺史。

刘休祐，与刘休仁不同，不仅没有什么才能，而且还自以为是，宋明帝继位后，以山阳荒凉改封他为晋平王，升为骠骑大将军，开府仪同三司，荆州刺史。在孝武帝时期，刘休祐并不被看重，等到当上荆州刺史后，开始为所欲为，荒淫无度，大肆聚敛财物。他向百姓放高利贷，一百钱秋后就要收取一百斛米，米粒必须洁白无瑕，稍有损坏就不收取，在市面上，这种米一斗就能卖一百钱，也就是说他的高利贷是十倍的利息，致使荆州百姓民不堪命。他还多次违抗宋明帝的旨意，让宋明帝怀恨在心，刘休祐身边有一个叫范景达的人善于下棋，宋明帝要求刘休祐将他送到京师，但刘休祐不肯，这让宋明帝非常恼火，开始担心等到自己死后，幼主无法制约刘休祐，开始对刘休祐暗下了杀心。

刘休范，素来才能平平，没有什么见识，宋明帝经常指着身边的亲信们对内兄王彧说："刘休范的才能连这些人都赶不上，仅仅因为是我的弟弟的缘故，生下来就富贵，佛家许愿来生生于皇家，的确如此啊。"由于刘休范没有才能，也不被当时的舆论看好，所以，宋明帝对他还很放心。

幼弟刘休若，宋明帝继位后，即任命其为使持节，都督会稽、东阳、永嘉、临海、新安五郡诸军事，领安东将军，会稽太守，率众讨伐刘子房。在会稽期间，典签夏宝期对刘休若无礼，刘休若将其打入大牢，上书请求将其诛杀。奏表上报以后，刘休若又担心宋明帝不同意，他不等宋明帝的旨意，就擅自在狱中将夏宝期杀死。果然，宋明帝命令将夏宝期押送京师，可是，夏宝期已经死了，宋明帝闻讯大怒，责问刘休若："孝建、大明中，你敢如此吗？"将刘休若贬号为左将军，贬使持节都督为监，代理雍州刺史，宁蛮校尉，削封五百户，将他赶到边地。第二年又晋升为使持节、都督湘州诸军事、行湘州刺史，将军如故。

泰始五年，刘宋朝廷大员分别是：太尉刘祎（被杀后，空缺）、司徒兼尚书令刘休仁、骠骑将军刘休祐、尚书仆射兼中书令袁粲、吏部尚书刘秉、侍中褚渊等人、中领军刘勔、护军将军刘袭、扬州刺史刘休仁。

各地方镇大员分别是：荆州刺史刘休祐、南徐州刺史刘休范、南兖州刺史萧道成、南豫州刺史刘祎（被杀后，该州被废）、江州刺史王彧、湘州刺史刘休若、郢州刺史蔡兴宗（改为会稽内史，沈攸之接任刺史）、徐州刺史王玄载（七月王亮接任）、兖州刺史崔公烈（七月，李灵谦接任）、青州刺史王玄邈（一月沈文秀被俘，接任）、冀州刺史刘崇智、豫州刺史刘勔（九月召回为中领军，段佛荣接任）、司州刺史吕安国（常珍奇降魏，接任）、雍州刺史张悦、梁州南秦州刺史刘灵道（四月由杜幼文接任）、益州刺史垣闳（六月由刘亮接任）、广州刺史刘辨（十二月由建安王刘伯融接任）、交州刺史刘勃（七月由陈伯绍接任）。

当青州战事刚刚尘埃落定，宋明帝即开始了清理危险人物、巩固皇权的行动，他首先将矛头指向了一向不服从自己的晋平王刘休祐。

在这一年的年底，也就是他诛杀了八哥庐江王刘祎之后，征召刘休祐为南徐州刺史。荆州与南徐州的重要性不分伯仲，在宋明帝看来，刘休祐奉诏赴任当不是问题，然而，以刘休祐为南徐州刺史，又将原任刺史、才能平平的刘休范置于何地呢？帝王心术，历来强调一石两鸟、三鸟，对此，聪明的刘休仁早就看出来了。刘休仁自从担任司徒、兼尚书令、兼扬州刺史以来，成为刘宋朝廷第一重臣，位高权重，门庭若市，已经引起了宋明帝的不安和不快，刘休仁敏锐地觉察出这种苗头，抢先上书宋明帝请求解除自己兼任的扬州刺史一职，宋明帝愉快地答应了，于是，刘休范的任职也就迎刃而解：将刘休范提拔为扬州刺史，兼中书监。其实，宋明帝将刘休祐调任南徐州刺史，并非心甘情愿，只是一个调虎离山之计，刘休祐回到建康拜见宋明帝后，宋明帝就把他留在了建康，不让他去上任了，而是让南徐州的高级佐吏处理州的事务。为了照顾刘休仁的情绪，宋明帝又加封其为太尉、领司徒，但刘休仁坚决予以推辞，宋明帝又任命他的长子刘伯融为广州刺史。刘休祐离任后，宋明帝暂时让幼弟、湘州刺史刘休若代管荆州事务，后为都督荆、湘、雍、益、梁、宁、南北秦八州诸军事，征西将军，荆州刺史，持节如故，不久，又加散骑常侍，进号征西大将军、开府仪同三司。刘休若的湘州刺史一职，由死去的贤王、宋明帝的七哥刘宏之子刘景素接任，官职为：使持节、监湘州诸军事、湘州刺史，冠军将军。

似乎一切都很圆满，但是，宋明帝仍然不太满意。正如刘裕当年任命年幼的刘义真为扬州刺史说的那样，扬州刺史在天子脚下，其实属于中枢的一部分，是比较容易控制的。而对于重要的州郡的首脑，宋明帝需要的不是特别有才能的人物，而是特别放心的人，像刘休范就是这样，因此，把才能平庸的刘休范留在中枢，其实就是一种浪费。这时，宋明帝将目光投向了位置同样重要的江州，按理说，江州刺史王彧是宋明帝的内兄，过去两人就是好朋友，宋明帝不该对他不放心。但是，恰恰因为皇太子刘昱并非王贞风皇后所生，并且，如今的刘彧与王贞风之间的关系已经闹得很僵，这让宋明帝感到继续把王彧留在江州，可能会出现麻烦，于是，他多次征召王彧入京担任尚书左仆射，兼扬州刺史。虽说蔡兴宗曾说过留在京师也能安全的话，但是，实践证明，朝廷中钩心斗角、尔虞我诈，在皇帝眼皮底下任职哪里能与在地方上天高皇帝远的当土皇帝相比？再加上遇到个猜忌心极强的主子，仕途更为难料，因此，王彧坚决推辞，请求去当一个相对不重要的湘州刺史，但宋明帝主意已定，不同意。

看正面来不成，宋明帝就来阴的。很快地，就有谣言说王彧在江州担任刺史期间，不能洁身自好。这一传闻立即传到了王彧的耳朵里，因为宋明帝佯装不知，并没有直接下诏指责他，王彧也只好将计就计，给宋明帝的亲信近臣王道隆写信表白，他在信中说："我的行为虽然没有什么可取之处，但我绝不会坏了良心，既然没有建立功勋，但我发誓不会欺瞒明主。我私下听说有人诬陷我，称我在江州已经聚敛了上万钱。我素来没有理财之能，怎么能突然就有了这样的本领，这绝不是公论。我仅仅请求你能够平心静气地思量，如果说的是真的，就该将我拉到街市上公开审判，以正风俗。如果说的是假的，请您也想想出现这种谣言的原因。我被皇上恩遇过深，足以引起别人的诽谤，每当想到这，我都既惊又惧，我自己岂能说清缘由。我内心希望的不是被宽恕，我自己没有去偷，就仿佛没有做贼一样。因此，特地给你写上密信，请在适当的时候替我说句好话。”与此同时，宋明帝又亲自给王彧写信，解释说明：“爱卿你已经当过尚书左仆射了，太子詹事，职务也与中书令差不多。庶姓（相对于宗室而言）人士当过扬州刺史的，徐湛之、王弘、殷浩当上也从未推辞。爱卿的名望与王弘相比相差无几，功劳与徐羡之相比又有什么不同？你我之间的关系与殷浩相比，又差多远？司徒（刘休仁）因为是宰相就推辞了扬州刺史一职，我遵从先帝的旨意，京口是皇室龙飞之地，紧接京师，又不得不用骠骑（刘休祐）。陕西（指荆州）位置重要，历来都是宗室，因此，骠骑离去后，巴陵（刘休若）接任。江州虽说是一个闲地，却控带三江，通接荆、郢，是交通要道，历来也是重镇。这样一来，扬州就缺了一个刺史了，爱卿如果不当，我真不知道该由谁来当了。这一任命是经过群臣慎重讨论的，不是和你说着玩的。”话说到这个份儿上，不容王彧不从，但他坚决推辞了太子詹事、负责吏部事务（领选），于是，将其任命为中书令、散骑常侍、尚书左仆射、扬州刺史，不久，又进为中书监，领太子太傅，散骑常侍、扬州刺史如故，王彧推辞太子太傅，宋明帝派遣新任尚书右仆射褚渊宣旨，王彧不得已只好接受。

把王彧弄回京师以后，宋明帝即将担任扬州刺史、中书监仅半年的刘休范任命为江州刺史了。

一六五 杀心四起（二）

不愿入朝的岂止王彧一人，豫州刺史刘勔也是一个。

《宋书·刘勔传》记载："其年，征拜散骑常侍、中领军。勔以世路纠纷，有怀止足，求东阳郡。"这里说的"世路纠纷"，与同书《刘义庆传》中说的"世路艰难"意思并无不同，都暗示着刘宋朝廷险恶的政治环境。这一年，刘勔也被征召回京，担任中领军，刘勔与过去的刘义庆一样，采取了低调的态度，主动请求去偏远的东阳郡当一个太守。这让宋明帝非常满意，他将刘勔的奏表向群臣展示，自尚书仆射袁粲以下，无不交口称赞。宋明帝反而说："巴陵（刘休若）、建平（刘景素）二王，也都有淡泊之志。如果天下太平了，我都会同意的。"刘勔回京以后，打理钟山南麓，筑堤蓄水，与人经常游玩其间。

刘勔没有太大的野心，但另外一个人就不同了，此人便是南兖州刺史萧道成。

中领军沈攸之在睢清口战败后，继续率军驻屯淮阴，被改任为持节、假冠军将军、行南兖州刺史。泰始四年，宋明帝征召其为吴兴太守，沈攸之没有接受，宋明帝改任其为左卫将军，领太子中庶子，即以萧道成为南兖州刺史。萧道成在淮阴期间，不断培植自己的势力，除了拉拢垣崇祖、垣荣祖之外，不少在不久的将来为他建立南齐立下汗马功劳的人物，也都是在这时被他笼络到身边的。《南齐书·戴发静传》称：（戴发静）"事刺史沈文秀，俱没虏。后将家属叛还淮阴，太祖（萧道成）抚畜之，常在左右。僧静于都载锦出，为欧阳戍（江苏省仪征市东北十里）所得，系兖州狱，太祖遣薛渊饷僧静酒食，以刀子置鱼腹中。僧静与狱吏饮酒，既醉，以刀刻械，手自折锁发屋而出。归，太祖匿之斋内。以其家贫，年给谷千斛"。同书《崔祖思传》称："太祖在淮阴，祖思闻风自结，为上辅国主簿，甚见亲待，参豫谋议。"《刘善明传附刘僧副传》称："泰始初，虏暴淮北，僧副将部曲二千人东依海岛；太祖在淮阴，壮其所为，召与相见，引为安成王抚军参军。”《苏侃传》称：“薛安都反，引侃为其府参军，使掌书记。安都降虏，侃自拔南归。除积射将军。遇太祖在淮上，便自委结。上镇淮阴，以侃详密，取为冠军录事参军。”《荀伯玉传》称：“太祖镇淮阴，伯玉倾身结事，为太祖冠军刑狱参军。”《薛渊传》称：“安都以彭城降虏，亲族皆入北。太祖镇淮阴，渊（薛安都堂侄）遁来南，委身相结。果干有气力，太祖使领部曲，备卫帐内，从征伐。”萧道成为培植自己的势力，不惜藏匿朝廷要犯（垣荣祖），将京师的锦缎偷运到淮阴，甚至组织罪犯（戴僧静）越狱。萧道成让戴僧静偷运锦缎，绝不是自用，其目的当然是与北魏搞走私交易，赚取巨额利润，或者换取军需物资，以壮大自己，南兖州在萧道成的统治下，俨然一个独立王国。

《南齐书·高帝本纪上》称：（萧道成）“姿表英异，龙颡钟声，鳞文遍体”。又称：“明帝常嫌太祖非人臣相，而民间流言，云‘萧道成当为天子’，明帝愈以为疑。”这当然只是一种说法而已，其实，以宋明帝的明察，萧道成在南兖州的种种作为，他岂能不知？对此，萧道成也是非常担忧，他写下《塞客吟》以抒怀：“宝纬紊宗，神经淡序，德晦河晋，历宣江楚。云雷兆壮，天山繇武。直发指秦关，凝精越汉渚。秋风起，塞草衰，雕鸿思，边马悲。平原千里顾，但见转蓬飞。星严海净，月澈河明，清晖映幕，素液凝庭。金笳夜厉，羽辖晨征。斡晴潭而怅泗，柑松洲而悼情。兰涵风而写艳，菊笼泉而散英。曲绕首燕之叹，吹轸绝越之声。欷园琴之孤弄，想庭藿之余馨。青关望断，白日西斜，恬源靓雾，垄首晖霞。戒旋鹢，跃还波。情绵绵而方远，思袅袅而遂多。粤击秦中之筑，因为塞上之歌。歌曰：朝发兮江泉，日夕兮陵山。惊飙兮滞汩，淮流兮潺湲。胡埃兮云聚，楚旆兮星悬。愁墉兮思宇，恻怆兮何言。定寰中之逸鉴，审雕陵之迷泉。悟樊笼之或累，怅遐心以栖玄。”

泰始六年，当宋明帝处理好王彧、刘休祐等人之后，命令兼左卫将军吴喜率军三千，加节、督豫州诸军事，假冠军将军，声言北上抵御北魏，驻军破釜（江苏省洪泽湖）。吴喜到后，奉命携带银壶酒赏赐给萧道成，萧道成身穿戎装，出门相迎，当即就将御酒喝下。吴喜回来后，向宋明帝报告，宋明帝这才高兴起来。不过，宋明帝仍然对萧道成放心不下，他下诏征召其为黄门侍郎、越骑校尉。萧道成不敢回京，但又无计可施。荀伯玉建议萧道成派遣数十名骑兵渡过边境，进入魏国境内，安插标志，于是，魏军担心宋军将要发起进攻，就派遣数百骑兵在淮阴以北边境上巡逻。萧道成立即向宋明帝报告出现了军情，报告送出后，他依然担心自己无法留任，又让荀伯玉占卜，占卜的结果是不成行，果然，宋明帝下诏同意萧道成继续留任，从此，他对荀伯玉非常亲近。另据《南齐书·垣崇祖传》记载："高帝威名已著，宋明帝尤所忌疾，征为黄门郎，规害高帝，崇祖建策以免，由是甚见亲，参豫密谋。"参与密谋的人还有垣崇祖。

身为南兖州刺史的萧道成在宋魏恢复和平以后，当从淮阴又迁回了广陵。广陵与京口一江之隔，且京口之地虽然是南徐州刺史刘休祐挂名，但刘休祐已被宋明帝滞留在京师，实际控制权在僚佐之手，让萧道成盘踞在广陵，宋明帝实在是不放心。现在，虽然萧道成采纳荀伯玉等人的计谋，让宋明帝撤回了成命，但宋明帝也不是吃素的，他将计就计，想到了淡泊名利的刘勔。于是，他以侍中、中领军刘勔为使持节，都督南徐州、兖州、青州、冀州、徐州五州诸军事、平北将军，出镇广陵。刘勔固辞侍中、军号，宋明帝同意了，改为假平北将军。而把萧道成从广陵赶了出来，让其北上镇守淮阴。

暂时把萧道成安顿住以后，宋明帝开始将矛头对准了在他看来最具威胁的弟弟们了。首当其冲的便是晋平王刘休祐。

其实，刘休祐从泰始六年被诱骗至京师以后，他的命运已注定，他的死只是早晚的事，至于是什么时候死，这完全在于宋明帝的心情。泰始六年年底到泰始七年年初，宋明帝的病情突然加重，有时候竟卧床不起，在这种情况下，让他最为担忧的是在自己死后，幼主能否有效地驾驭朝廷。在他的脑海里，自己与弟弟们设计谋杀侄儿前废帝刘子业的一幕，更经常出现，在宋明帝看来，绝不能让这一幕在自己的儿子身上重演，于是，他加快了处理那些危险分子们的脚步。

泰始七年（公元471年）二月二十六日，病体稍微好转的宋明帝带着刘休祐前往岩山（江苏省南京市江宁区南）打山鸡。有一只山鸡一直在打猎场外逡巡，不肯进场，天色将晚，宋明帝留下刘休祐继续在这里，命令他不把那只山鸡猎取不得回城。当时，刘休祐的亲随都在皇帝的仪仗之后，他听到宋明帝的命令，当即就骑马飞奔而去，身边并无亲随。宋明帝就派遣身边数名卫士跟随着刘休祐，名义上是保护他。宋明帝车驾返回，前面负责清理道路，又将刘休祐的随从们驱散，刘休祐的随从们再也不知刘休祐的下落。宋明帝又派遣寿寂之等数名壮士返身追赶刘休祐等人，太阳将要落下的时候，寿寂之等人终于追上了刘休祐，突然将其踹下马来。刘休祐素来身体强壮，他落马后左右挥拳奋击，众人竟无法近身。突然，一人偷偷绕到他的身后，猛拉住刘休祐的裆部，刘休祐大叫一声倒在了地上，众人一哄而上，当即将其两肋拉断弄死。杀死刘休祐后，寿寂之等人飞马向宋明帝报告，边跑边高声叫喊：“骠骑将军落马！骠骑将军落马！”宋明帝听到后，假装大吃一惊说道：“骠骑将军身材魁梧，落下马来，可不是小事！”当即派遣御医们接踵而至，一会儿，刘休祐的亲随们也赶到了现场，但刘休祐早已气绝身亡，死时年仅二十七岁。家人们只好将车辆的轮子去掉当作轿子，把尸体抬回家中，宋明帝追赠其为司空。当时，巴陵王刘休若在江陵，当天，宋明帝即写下亲笔书信，派人火速赶往江陵，向刘休若报告这一消息，他在信中写道：“我与骠骑将军在南山射野鸡，骠骑将军坐骑发疯，与直阁将军夏文秀的马相互践踏，夏文秀从马上落地，骠骑将军失控，坐骑再度发疯，碰到了松树上，将骠骑将军摔下马来，头碰到石头上，顿时昏迷，特此向弟弟通报。”

唇亡齿寒。刘休祐的死让刘休仁、刘休若等人顿时担心随时就有可能会大祸临头，尤其是宋明帝还对刘休若写信称，京师有谣言说刘休若有大贵之相，这让刘休若更是提心吊胆。二月三十日，刘休若又接到了宋明帝让其接替刘休祐调任南徐州刺史的诏书，刘休若的心腹将佐均说假如还朝，必有大祸，其中兵参军王敬先更是反复陈述不应回京，请求割据荆州以对抗朝廷，他说：“如今主上已经进入弥留之际，朝廷大权掌握在国务院之手，一群奸诈之徒惶惶不安，将要把主上的兄弟们一网打尽。殿下四海闻名，受诏入朝，必定会去而不返。荆州甲士十万，方圆数千里，上策可以匡扶社稷，诛除奸臣，下策也能保全州境，救自己一命。这难道不比被人在府邸里赐死、臣妾们忍气吞声、默默哭泣不敢安葬要强！”刘休若素来谨小慎微，他假装同意，等王敬先出府之后，即派人将其逮捕，向宋明帝报告后，将其诛杀。

一六六 杀心四起（三）

宋明帝继位后，在用人方面综合使用宗室、功臣及寒人恩幸，由宗室、功臣担当地方及朝廷大员，而由地位较低的寒门人士充当心腹近臣，这些人主要有徐爰、阮佃夫、王道隆、杨运长、寿寂之等人。

徐爰历仕宋武帝、宋少帝、宋文帝、孝武帝、前废帝及宋明帝五朝，一直受到重用，宋少帝时就是皇帝身边的侍从，宋文帝继位后，又被重用，孝武帝时期，“委寄尤重，朝廷大体仪注，非爰议不行。”前废帝凶恶残暴，原有近臣多因罪被斥去，唯独徐爰巧于逢迎，始终没有犯错，前废帝每次出游，总与沈庆之、山阴公主和徐爰乘坐一辆大车。宋明帝继位前，曾巴结、拉拢徐爰，但徐爰对他并不感冒，宋明帝一直怀恨在心。泰始三年下诏将其流放到交州。徐爰在朝多年，博学多能，党羽盘根错节，他被流放后，大约是有人向宋明帝求情，宋明帝又将其流放地改到了广州。但当时徐爰已经到了交州，正巧李长仁叛乱，杀了很多北方人，李长仁久闻徐爰大名，没有杀徐爰，很久，徐爰才得以回到内地，被任命为南康郡丞。

阮佃夫，原来就是宋明帝湘东王府的旧人，参与诛杀前废帝后，他平步青云，泰始六年被升至辅师将军、兖州刺史，戍守淮阴——这当然是为了监视萧道成。

李道儿，传闻中的后废帝之父，其人在泰始四年即死去了。

王道隆，泰始二年，兼中书通事舍人。泰始五年，出侍东宫，又兼中书通事舍人。王道隆为人宽和谨慎，从未随意说别人的坏话，深为宋明帝所喜爱，宋明帝对他比对阮佃夫还看重。

杨运长，为人廉洁正直，不事产业，不与高门权贵交往，只与寒人潘智、徐文盛二人打交道。

过去，中书侍郎、中书舍人等皇帝身边的侍臣，都用名流高门，到宋文帝时期，开始任用寒人，孝武帝时，寒门与士族同时使用，寒门中又用了巢尚之和戴法兴，明帝继位后，干脆将这两个职位全部以身边的寒门人士担任。阮佃夫、王道隆、杨运长等人，共掌大权，为孝武帝时期的巢尚之和戴法兴所不及。阮佃夫尤其肆意妄为，大肆收受贿赂，别人请托之事，必须给他送上重礼，一次，一个人送去了两百匹绢，他还嫌少，不予作答。他家的府邸别墅，豪华程度要超过诸王，身边有数十名姬妾，都是当时色艺无双的美女，她们身上的绫罗绸缎连宫中的嫔妃都不如。每每设计一种衣服的新样式，京师无不仿效。他还在宅邸内挖掘了一条河道，长十几里，经常在上面泛舟游玩。中书舍人刘休曾去他家拜访，正遇上阮佃夫出外，刘休回去的路上两人相遇，阮佃夫又请他一同回去，坐下后，即命人开宴，阮佃夫家经常预备够数十人吃的饭菜，各种美味珍馐立马送上，数十种热菜都是刚做好的。泰始初年，因军功而受到封赏的人很多，阮佃夫的仆人捎带着也都受到封赏，他的赶车人是虎贲中郎将，拉马人也官至员外郎。朝廷重臣无不与其结交，但阮佃夫非常傲慢，能进入他内室的也只有沈勃、张澹数人而已。《南史·宋明帝纪》称："阮佃夫、杨运长、王道隆皆擅威权，言为诏敕，郡守令长一缺十除，内外混然，官以贿命，王、阮家富于公室。中书舍人胡毋颢专权，奏无不可。时人语曰：'禾绢闭眼诺，胡毋大张橐。''禾绢'谓上也。"

宋明帝的近臣集团与宗室之间自然因权力划分而出现矛盾。宋明帝病重期间，与褚渊、杨运长等人商量死后的安排，担心弟弟们势力太大，皇太子年幼，将来社稷不稳。而杨运长等人则担心宋明帝一旦去世，刘休仁、刘休祐、刘休若等人会把持朝权，打压自己，因此，非常赞成宋明帝的计划，这也是宋明帝对诸弟痛下杀手的原因之一。褚渊一直就与宋明帝关系很好，宋明帝继位后，对褚渊也是信任有加。宋明帝病重的时候，褚渊是吴郡太守，宋明帝紧急将其征召入京。两人相见后，宋明帝哭着对他说："我目前病势沉重，因此将爱卿召来，将让你身着黄袄啊！"黄袄，乳母所穿之衣，宋明帝的意思是让褚渊辅佐幼主。他指着枕头旁边的一个小书箱说："机密文书都在这个书箱之内，我再也不需要打开它了！"说得褚渊悲不自胜。接着，宋明帝就给褚渊说出了诛杀刘休仁的计划，褚渊劝谏，宋明帝发火了，说道："你就是个白痴！没有资格参与国家大事！"褚渊顿时吓得噤若寒蝉，只得从命。

刘休祐死后，刘休若并没有发动叛乱，而是杀掉了王敬先，乖乖地离开了荆州，前去京口上任，这自然是为了向宋明帝表明心迹，也让宋明帝暂时将其放到了一边，而将矛头对向了司徒、兼尚书令刘休仁。

泰始七年四月，宋明帝病情突然加重，进入弥留状态，当时，内外群臣都看好建安王刘休仁，内廷主书以下官吏纷纷前去东府刘休仁那里，联络刘休仁的亲信，以期在宋明帝驾崩以后能全身避祸，一些在宫中值班无法分身前往的人都是心惊肉跳的。宋明帝早有杀刘休仁之心，此时又发现了这种情况，内心更为厌恶，于是，在五月一日，宋明帝下诏召刘休仁入宫，刘休仁入宫后，宋明帝并没有接见他，而是下令："今晚你暂时在尚书下省（国务院宫外办公室）休息，明早再来。"当晚，宋明帝就派人拿着毒药逼迫刘休仁喝下，临死前，刘休仁骂道："主上取得天下，是谁的功劳！孝武帝诛杀兄弟们，子孙灭绝，你如今又如此这般，大宋社稷岂能长久！"刘休仁死时三十九岁。宋明帝担心有变，拖着病体，亲自登上了端门城楼，刘休仁死后，才下诏称："刘休仁身为宰相，却妄自生疑，采信小人之言，内怀不轨之心，韬光养晦，无缘无故地假装愚蠢。由于近期我身体不好，朝廷内外都忧惧不安，刘休仁图谋逼迫禁卫军，发动叛乱。朕念及兄弟手足之情，不忍交付司法部门公开处理，下诏让其说明情况。刘休仁既羞且愧，畏罪自杀。我回想起来，情不自禁，可宽恕他的两个儿子。每当想到家国多难，灾难又发生在宰相身上，不禁感慨不已。有关部门又上书旧话重提，将已死的刘休祐与刘休仁并提，称二人早已暗中勾结，结党营私，图谋不轨，刘休祐死后，其生母邢太妃进行巫蛊咒诅。刘休仁趁着皇上病重，密谋发动叛乱，我们要求将刘休仁追降为百姓，户口从皇室中清除出去，将其子流放边地。刘休祐依法处理。将邢氏打入大牢，依法处理。"宋明帝下诏说："邢氏一介匹妇，愚蠢狂妄，不足惩处。刘休仁降为始安县王，食邑一千户。追废刘休祐为百姓，十三个儿子全部流放至晋平。"

宋明帝诛杀刘休仁之后，晋升尚书右仆射袁粲为尚书令，以新任吏部尚书褚渊为尚书左仆射。他又担心会引起连锁反应，又专门给各地方镇大员和朝中重臣下诏，详细说明了事情的经过，他说道："刘休仁突然去世，你们还不知道内情，现在我将来龙去脉一一告知大家。先说刘休祐。刘休祐贪婪恣肆，为法律所不容，他已经成为西方数州的蝗虫，敛财的手法卑鄙无耻，到了让人无法接受的程度。我多次接到王彧、褚渊、沈攸之等人的报告，陈述他的罪恶，但我考虑到兄弟之情，不忍将其正法，我还每每痛恨孝武帝兄弟之情淡薄，亲眼所见刘休祐那时的困苦，他的日子才刚刚转好，我更是不忍再加罪于他，所以，这才将他调任为南徐州刺史，希望他离朝廷近些，能改过自新。等到当上南徐州刺史后，还没等到赴任，依然糊涂残暴，为百姓之害，不能再让他活下去了。刘休仁还是有点见识的，身为宰相，又与我兄弟之情很深，关系很好，因此，我曾与他提到过刘休祐的种种不端。刘休祐盘算我与刘休仁关系亲密，肯定知道我内心的想法，又想到听听刘休仁的话，肯定对自己有好处，因此，给刘休仁送上了很多财物，结好刘休仁。刘休仁性格软弱，容易被人说服，两人的关系遂密切起来，寝必同宿，行必共车，我给刘休仁说过的私密之言，遂全部泄露给了刘休祐。我与刘休仁关系甚深，根本不曾怀疑过他，总想着自己可能一时疏忽，无意之间说出些什么，另有他人耳闻。刘休祐死后，我询问他身边的人这才知道都是刘休仁泄露的。听到这一情况后，我整日懊恼伤心，心神为之萎靡不振。刘休仁还给刘休祐说过这样的话：‘你只用阿谀逢迎即可，只用如此，自然会安全。我就经常用此办法，很有效果，你只要试试，看有用没有？’刘休祐听从后，开始给我送上了很多礼物，言语总是虚情假意。刘休祐死后，刘休仁与其之间的内情我都知道了。不过，刘休仁也没有什么罪过，君王与宰相之间本为一体，我的内心也没有什么猜忌。刘休祐贪婪愚蠢，为天下之人所共愤，他摔死，可以说是上天为民除害，我剩下的兄弟不多，更应相互友爱信任。刘休祐生平凶狠无赖，我担心刘休仁前去哭吊会生出祸祟。我当天本来打算也去哭吊，后来也取消了。为了刘休仁面子上好看，我就将他召入宫，可是，他接到诏书后竟然大为惊恐，入内拜辞杨太妃（刘休仁生母），颜色异常，等到入宫后，杨太妃突然派人前来探察，从此日复一日，刘休仁开始与我产生了隔阂，而我却并不知情，自从刘休祐死后，我两次驾临刘休仁家，吃喝一整天，进入刘休仁的内室，也没有一点提防之心，相反，刘休仁却心生畏惧。我在春天的时候，总是出外射猎野鸡，刘休仁清闲无事时，也经常去射猎场，或者我让他陪伴我去，每等到早晨，刘休仁总会对身边的人说：‘我又多活了一天。’对内室姬妾们也常说：‘我出门以后也不知道什么时候就死了，如果一旦死后做鬼，也不再娶你了，娶了你，恰恰会败了家。’刘休祐死时，天已向晚，我射野鸡，刚从射猎场内出来，刘休仁骑马跟随在身边，突然就停在了半道上。我派人询问缘由，说：‘肚子痛，骑不了马了。’当时，诸王的车辆都停在朱雀门内，天色已黑了下来，无法从远处召来车辆，装载我衣服书籍的车辆就在近处，我就下令把这辆车取下皇帝专用的装饰，目的是让这辆车拉他。我过去就知道他身体怕冷，听说他肚子痛，我想肯定是遇了寒，就命令太医去府中拿来供奉我喝的高粱姜茶，赏赐给他服下。太医送来后，刘休仁突然大惊失色，对身边的人说：‘今天算是完蛋了！’他身边的人回答：‘这上面的封条有御用师父的名字。’刘休仁就让身边的人先喝，他身边的人喝下后，他还不相信，只勉强喝下一点。妄自生疑，比比皆是。过去，他总是五天、十天向杨太妃问安一次，自从刘休祐死后，每当我召见他，他必定先入内拜别，好像要永诀一样。刘休仁历来亲自处理建安国的文书，二月中，史承祖带着文书让其处理，他突然说：‘我这里还有许多现成的文书，不用再给我拿来。’我还像过去那样，却不被他相信了，他的内心已经不安，就生出恐惧，以情理推断，就不再会生出什么善心了。刘休仁过去曾参与南讨，因此，与宿卫将帅们都很熟悉，过去出入宫廷，与诸位将帅们连句话都不说，自从我前几天身体不适以后，刘休仁入宫见到这些将帅们，有的才认识几天，无不和颜悦色，对大家抚慰一番。过去，我的病情非常危急，不愿意与外人见面，外间传闻四起，刘休仁想确知我的身体状况，让昙度和尚和劳彦远屡屡请求拜见，其目的就是探察我的饮食起居。他们请求的事情并非一些紧急事务，但我也不以为意。我与刘休仁的感情实在太好了，从小我们就在一起玩耍，很多爱好都相同，在艰难时期，我们也曾同甘共苦，刘休仁当南讨的统帅，又立下了大功，这我都铭刻在心。但刘休仁对我产生了很深的怨恨，身边的小人又从中撺掇，生下隔阂以后，他内心也不再安宁。大概祸害与灾难出现的原因，都是思想没有觉悟。他的内心，别人实在是无法揣测，确实没有别的办法，我自己反复沉思闷想，不得不做出了近日的处理办法。兄弟之间的感情自然是有厚有薄的，刘休祐死后，我虽然也悼念不已，但依然可以用道理来说服自己节哀；等到刘休仁死后，我的悲哀非常深，常常痛哭，不能自已。这些琐碎之事又不可能写在诏书上，担心人们无法理解，还想着保存他的儿子们。因此，诏书上不得不假称他有率兵谋反的阴谋，这不是事实。特此向大家通报。”

一六七 杀心四起（四）

宋明帝没有杀掉刘休仁的两个十几岁的儿子：刘伯融（广州刺史，但还未上任）和刘伯猷，将他们流放到丹阳县看管。刘休仁的妻子殷氏，是殷冲的女儿，殷冲的哥哥殷淳曾是刘劭的岳父。一次，殷氏生病，请帅哥祖翻治病，两人由此勾搭成奸，事情败露后，将其遣返回家，赐死。

宋明帝虽然杀了刘休仁，但坏了良心的他始终内心不安，他经常对身边的人哭泣道："我与建安王刘休仁年龄相仿，从小亲密无间，景和泰始年间，建安王的功劳确实很大，事出无奈，不得不先将其除掉。我的悲哀思念非常深，无法自拔。"

可以说，没有刘休仁，刘彧就不可能登上皇帝宝座，甚至于在景和年间早已为前废帝所杀。如果说刘休祐的死是罪有应得的话，那么，刘休仁和随后而来的刘休若的死，则完全是冤杀，他们之所以为宋明帝所杀，就是他们太好了，而不是太坏了，刘休仁功高震主，刘休若素得人心，这都让独夫心态的宋明帝深感不安——话说回来：将江山社稷交给一个顽童（姑且不说刘昱是不是他自己的亲生儿子），真的就比交给政治经验丰富的刘休仁要强吗！刘宋皇帝们的聪明劲都用到了内讧中了，不说为帝国百姓了，连为刘宋宗室着想的大局观念都没有……

五月杀掉了刘休仁，宋明帝的屠刀还没有放下，到了七月，就又指向了幼弟巴陵王刘休若。

刘休若为人和善，与众人都很和睦，人们也都对他很喜爱。越是如此，宋明帝对他越是放心不下，担心将来自己死后，刘休若会对太子不利，张弓没有回头箭，宋明帝已经着了魔，必须除掉这个最小的弟弟而后快。他原来打算将其征召入京，但此时刘休祐和刘休仁均已被杀，刘宋朝野风声鹤唳，人人自危，宋明帝又担心刘休若拒绝从命，激出大乱。于是，他就假装调任刘休若为都督江、郢、司、广、交、豫州之西阳、新蔡、晋熙、湘州之始兴四郡诸军事，车骑大将军，江州刺史，持节、常侍、开府如故。他亲自给刘休若写下情意绵绵的书信，让其赶到七夕节前到京，与家人团聚，一起过节。

七月初，刘休若来到了建康，忐忑不安的他终于顺利度过了七夕节，但是，短暂的欢娱之后，到了七月九日，宋明帝即派使者来到了刘休若的府邸，将其赐死，终年二十四岁。追赠侍中、司空，持节、都督、刺史如故，给班剑二十人，三望车一乘。刘休若死后，宋明帝依旧自我表白一番，他给刘休范写信道："民间有个巫师，名字叫徐绍之，外表就像个疯子，自称神仙涂步郎所派。三月里，他突然说：'神仙称巴陵王刘休若当做天子，你暗中告知巴陵王。'于是，徐绍之就四处寻访刘休若身边的人，却没有找到。东宫的一个典书姓何，与巫师认识，打过交道，何典书对巫师说：'我认识一位巴陵王的亲随，当替你传话。'数日后，典书又找到巫师说：'我已经将你的话告知了巴陵王的亲随，巴陵王也知道了，告诫不要声张。'最近，史官上奏说天文星象显示，巴陵王在利用异端邪术。神仙之事，不可全信，但前前后后诸多征候，结合起来看，也能让人窥到一些模糊的轮廓。并且，街头巷尾从大明年间以来就流传着一种叫作'若好'的歌谣，至今还在传唱。歌词都是以美丽的辞藻讲述一个个美好的故事，很多不法之徒都认为这暗示着刘休若。刘休若也知道民间有这种歌谣，因此，他在荆州的时候就已经非常不安，这也是王敬先口出狂言的原因。近来，刘休祐和刘休仁被杀，刘休若更为不安，他的身边又聚集了很多狂妄之徒，经常以民间的歌谣来挑动他，相互说：'万民之心，都拥护休若。'追寻刘休若的内心，确实有重大嫌疑。刘休若过去在会稽的时候，放纵下属，无法无天，被召回朝廷，爵位贬为左将军。高次祖受刘亮的差遣，前去安慰刘休若，刘休若大哭，对高次祖说：'我东去是立下了汗马功劳的（指泰始初年平定东部孔觊等东军），在郡仅仅因为下属们的过失，就被贬爵，我实在是愤恨，不知道刘亮怎么就没有动作？'高次祖回答：'刘亮受朝廷厚恩，岂能如此？'刘休若的这些话就别有用心了。我让诸王镇守各地，只是让他们优游卒岁，并没有让他们操心军事，可是，刘休若在荆州的时候，广为招募军队，也不上报。戾道明等人过去都曾参与叛军，罪该万死，可是，刘休若到了荆州，对他们大加任用，并偷偷把他们带到了京口。我知道你心里想着刘休若处事如何如何谨慎小心，但是，他的内心已经难以推测，我就趁着他还朝，亲自写信给他一一进行责备，并且答应假如他能够自杀，好像是暴病而死的样子，我将尽我所能保全他的爵位和儿子们的安全。刘休若虽然是你的弟弟，但假设其狼子野心得逞的话，你岂能在冶城旁边安稳地做你的太尉？我这样做不单单是为了社稷，也关乎你的存亡，你可以将这些秘密告知你的母亲荀太妃（大约荀太妃抚养了刘休若）。”

依次剪除了三位弟弟，宋明帝又将目光对准了他自认为难以驾驭的功臣们：寿寂之和吴喜。

寿寂之原为羽林监，后调任太子屯骑校尉，不久又加宁朔将军、南泰山太守。此人亲自诛杀了前废帝和刘休祐，一直是宋明帝的得力干将，正是自恃有功，他更是肆无忌惮地招权纳贿，替他人说情求官要官，只要要求得不到满足，就咬牙切齿，暴跳如雷。他经常说：“我手握锋利的刀剑，有什么办不成的！”鞭打值班官员，砍伤巡逻将领，为所欲为，无法无天。终于，宋明帝忍无可忍，指示有关部门将其问罪，流放到越州（治所为广西壮族自治区合浦县），行至豫章（江西省南昌市），寿寂之阴谋逃亡，于是，又将其诛杀。

唇亡齿寒。寿寂之被杀后，加节、督豫州诸军事，假冠军将军，骁骑将军、淮陵太守吴喜顿生忧惧，为了避祸全身，他上书请求解除军职，当一个闲散的中散大夫。然而，吴喜是聪明反被聪明误。他的这一举动反而让宋明帝既吃惊，又疑虑，感到他心里有鬼，于是，又下定了清除他的决心。这时，有人向宋明帝报告说，萧道成在淮阴里通外国，主上曾派吴喜携带御酒给萧道成喝，当时，萧道成吓得魂不附体，打算叛逃北魏。吴喜却将实情告知了萧道成，并且自己先喝下一口，萧道成这才敢喝，吴喜回朝后，又一再替萧道成说好话。宋明帝感到，吴喜心机很深，又素来得民心，怀疑他将来不会对幼主忠诚，于是，就将吴喜召入宫中，君臣二人畅谈很久，肆意开着玩笑，气氛极为融洽。吴喜出宫之后，宋明帝又赏赐给吴喜精美的食物，用金银御器盛着送到了吴喜家中，但这些美味中下了毒药，吴喜吃下后，即死了，终年四十五岁。

在赐死吴喜的前一天，宋明帝已提前给张兴世、刘勔、萧道成三人写了一封长信，信上，他全面阐述了自己赐死吴喜的缘由，内容如下。

吴喜出身寒微，很早就被当作跑腿的，巧言令色，狡猾异常。从元嘉年间以来，就充当秘书之类的小官，以此卖弄权威，四处结交，笼络了很多党羽，大庭广众之下总是显得很正直，实际上却总是暗中巴结献媚。每每依靠自己的小聪明，甜言蜜语，和颜悦色，对主上既不忠诚，处事又不公平，自从担任各部官吏以来，对关系不好的上级总是诿过于人，以显示自己清正，但其余的人肆意妄为，他一概不去追究，所以，大家都说他好。

过去，大明年间，黟、歙二县有数千人发动叛乱，攻破县邑，杀害郡守。刘子尚当时在会稽，两次派遣将帅率领三千精锐甲士前去讨伐，都失利了，于是，孝武帝让吴喜带了数十人前去这两个县说服引诱贼人，贼人竟然被其说降，可见，吴喜此人竟如此会迷惑人。正因为这样，泰始初年，他奉命东征，才带了三百人，从破冈以东一直到东海十余郡，无不扫荡。当地百姓听说吴喜来了，都望风而退。如果他吴喜不是长期取悦三吴民心，怎能做到？他领军在外，军纪全无，放纵诸将，因此，下属为之尽力。我观察他的内心，是等平定贼党之后，似乎想利用这些人为国出力。

吴喜东征之前，对我信誓旦旦，指天画地，说是拿下刘子房之后，当即就将其诛杀，将袁标等人全部斩杀，不留一人。可是，等到平定东线之后，他没有这样，反而布施恩典，收受罪犯的财物，让贼帅们得以逃窜、隐匿，他收取的财物，数不胜数。任凭贼帅们假装投降，并将刘子房送交朝廷。任用原来的贼帅充当自己的爪牙，对他们非常宽厚，甚至比对那些义士们都好。我推测他的心态是：当时，南线正吃紧，殷孝祖战死，我军军心不稳，他吴喜就是担心敌人会取胜，他预先给自己留个后路。吴喜素来奸诈多变，非常善于自保，对朝廷而言，他平定了三吴，是第一功；对浔阳政权而言，他又没有诛杀一个贼党，暗中向浔阳政权示好。对浔阳政权，他可以这样交代：东线战败，那是东线贼军本来就胆怯，是他们自行溃散，他吴喜并没有苦苦相逼，保全刘子房、顾琛等人，就足以表明自己的丹心。在他吴喜看来，这样一来，自己就游刃有余，两面讨好，可以高枕无忧。

南线战事胶着，当时最短缺的是军粮。西南和北线道路又不通，东线刚刚平定，商人很少，朝廷为了救急，甚至公开卖官鬻爵，以换取急需的粮食，可是，吴喜在赭圻，军主一下子就偷了一百三十斛米，他还不问罪。大家都说应该处罚，吴喜不得已才打了三十鞭子，还未加责备，此人枉法以收买人心，大都是这样。

荆州原来公私财物都很丰厚，吴喜率军到荆州以后，纵兵抢掠，荆州公私财物被劫掠一空。他趁着兵威，随意敲诈勒索，不仅没有规矩，还严令立即办到。

他所任用的人又都是奸猾之徒，假公济私，送交国库的财物一半都被这些人私吞了。吴喜收受他人贿赂，替他人求官，无休无止。荆州平定后，他就该回朝，却借口防备益州方面而在荆州盘桓，其实是因为他是在荆州做生意，生意还没做成。他还派人进入山蛮聚居区，假传圣旨安抚山蛮，从山蛮那里取得的财物，他全部私吞。还派遣部下甚至当地富人，前去襄阳或者益州等地，向当地郡县索要财物，增加百姓赋税，巧立名目，多方敲诈。从荆州回京，大船小船满载财物，上自吴喜下到小将，人人都捞取了大量财物，令人咋舌。

吴喜本是个下贱人，经常奉命前去各地办事，所到之处，总是收买人心，以窃取美名，因此，大家都说他好，他的名满天下，却暗中怀有奸诈之心，人们还不知道。吴喜军中诸将，不是抢劫犯，就是杀人犯，吴喜只说："贼人何必要杀掉呢？只要使用得法，肯定会有用处的。"即使对那些老弱，他竟然还睁着眼睛说瞎话："杀了壮士可惜，天下尚未平定，让他们戴罪立功。"对他们甚至比对有功的将士都好。这些人只感激吴喜，根本不会想这是朝廷的恩典，他们照旧作恶，经常犯事，致使正直之士相互说道："我们不惜牺牲，抓到了这些贼人，朝廷不肯处理，反而和我们一样看待，如果天下再有贼人，我等再也不去讨伐了。"这些被宽恕的贼人们在部队中大多没有什么功劳，或者隐藏在众人之后，甚至在帐篷里睡觉，敌人被打败后，却与功臣们受到同样的封赏。受到朝廷的责问后，吴喜还百般辩解，说："这些人既然已经被赦免了，他们立了战功，哪能不按照规矩封赏呢？"褚渊到前线给功臣们封赏，吴喜替军中那些曾做贼的人请功，甚至比对义士们请功还积极，褚渊因为吴喜立了首功，并且还是军中的副统帅，不好拂了他的意，因此，这些人被授官的还比义士们多。义士们虽然感到他不公平，又贪图他军纪散漫，所以还替其效劳。

当年，竺超之听到四方反叛，人心都惶惶，谁都不愿替朝廷效力，他慷慨激昂，充任吴喜的副将随他出征，他身经百战，但从东线回来后，因吴喜不喜欢他，说人家嗜酒，不听话，就不再使用人家了。高敬祖虽然年纪稍微大了点，但还很强健，办事也很有办法，吴喜却说人家年老了，没有什么用处，其实，是因为二人忠诚清白，与他不是一路人，他才这样排挤二人。竺超之是喜欢喝酒，可是，吴喜军中的那些将领们哪个不喝酒？只是不待见竺超之，才以嗜酒为词。对高敬祖，他挑不出其他毛病，只能说人家年纪大了，假装替人家求一个太守的官职，其实是将人家排挤了。吴喜军中的其他将领们，没有一个不是贪污腐败分子、献媚拍马之徒，这些人都被吴喜提携，一会儿都离不开。吴喜听说天下有死刑犯或者将被判处有期徒刑的罪犯，一定要出面要求弄到他的军中，这些都被授予官爵，受到吴喜的厚待。应被处死的人，因为他吴喜而活了下来，不仅活了下来，生活还相当如意，人非草木，岂能无情！假设我率军进攻吴喜的家门，这些人谁不为其拼命？只是吴喜他不敢生出叛乱之心罢了。吴喜军中的人都是他的死党，谁还替国家出力呢？

吴喜自从得了军号以后，任命了很多下属，再也没有数量的限制。他替兄弟、儿子、侄儿以及同党们请求担任东部各县的县令，四五座城的城主都是他的人，这些人都是巧取豪夺，徇私枉法。州郡在这些地方不能追讨逃亡的罪犯，他们千方百计地进行庇护，朝廷的命令在这里无法得到有效的执行。应当被朝廷征用的车马船舶，到吴喜这里请托，有关部门就不敢再去征用。其他县里的奴婢，进入这些县里就被劫去。百姓的小牛，他们随意拉来宰杀、吃掉。应当在州郡里服役的百姓，却被送到吴喜的府上服役。吴喜的哥哥吴茹公等人经常随意到村落里劫取财物，吴喜的那些亲戚们也是如此，没完没了，弄得民怨沸腾。吴喜都知道这些情况，却根本不予制止。

索惠的儿子犯罪后，已经被赦免了，因触犯了吴喜，就被他斩杀了。张悦是贼中的主帅，走投无路被迫投降，沈攸之将他交给吴喜处理，明确说：“是杀是活，让朝廷处理。”将帅征伐，是有规矩的，俘虏当然要送归朝廷。可是，吴喜当即为其解下枷锁，还解下自己的衣服给其穿上，与之下围棋，他就是这样收买人心的。张灵度不过是一个凶恶愚蠢的小人，是首犯，吴喜在荆州擅自赦免了他的罪过，私自将其带回京师，两人来往密切，亲如一家。狼子野心，张灵度后来又与柳欣慰等人阴谋册立刘祎。我专门让吴喜前去逮捕，可是，吴喜暗中派人通风报信，张灵度得以潜逃，所幸没有逃出多远，即被建康县的人逮捕。

吴喜刚从荆州回来，想当尚书右丞，打算借官职之便以行私利。我担心他谄媚，没有答应，从此以后，他开始对我怀恨在心。吴喜率军西救汝阴，纵兵大掠，侵害当地百姓，强奸民女，劫掠鸡犬，四处掳掠，沿途的地方官员不敢责问。如果地方上误拿了他一个兵将的话，他就勃然大怒，令百姓怨声载道。前不久，段佛荣请求内调，我打算用吴喜当刺史，当地百姓听说后，都想叛逃，大家纷纷说：“吴喜军中的人都是强盗，如果他做刺史，我们哪里还有活路。没有其他的办法，只有叛逃北魏了。”吊民伐罪，为的是让国家安定，哪有如此残害无辜，专门掠夺，害政妨国，罔上附下的！有如此大罪，我岂能让他活着！臧文仲说过：“见有善于其君，如孝子之养父母；见有恶于君，若鹰鹯之逐鸟雀。”耿弇不把贼人遗留给君父，前史传为美谈。吴喜军中五千多人，都曾经是叛逆，他豢养在身边，哪里还有尊奉皇上之心！

吴喜历来志向远大，常常说汉高祖刘邦和魏武帝曹操的出身也不咋样。近期，他突然请求卸下军职，当个中散大夫。吴喜他是什么人，竟敢在我面前使出这等花招？当前，国家的边境并不安定，正是吴喜报效国家之时，如果想自守门户，就该节俭廉慎，静扫闭门，不与外人交通。假如是一心一意忠诚君父，岂能自比汉高祖、魏武帝？就是因为他自知罪孽深重，遐迩皆闻，又见寿寂之被流放，施修林受到打击，物伤其类，他自己内心不安，才想出了这一计，目的是自保。

朝廷众臣及各地方镇大员，吴喜一个都不害怕，他害怕的只有我一人。人生短暂，难以逆料，如果我能长命百岁，人间少了一个吴喜，也没有什么损失。如果我四月中的疾病沉重，没有治愈，天下岂能留下吴喜？我判断吴喜绝不是一个能够侍奉守文之主的人，岂能让国家出现纰漏，让他有可乘之机！现在，人们都说：“现在太可怕了，国家政治太严了。”历观前朝，哪个朝代不是这样？上古制订刑罚，民风淳朴，不敢违犯，后来又制定了黥墨之刑。帝尧大仁，也不赦免四凶之罪；汉高祖大度，也杀了汉初三杰。历代安定社稷、功济苍生，班剑在前，笳鼓陪后，却最终为君王所杀的，数不胜数。因个人福分而活下来的，只有十分之一，像吴喜犯了如此大罪，岂能活命？

富贵，虽说是功劳换取的，却必须以道德来守住，因此，能够善始的人不足为奇，善终的人那才值得敬重。大凡设置官职，本意是为了对国家有利，当他对国家有好处的时候，就该对他像对待赤子一样爱护，但当他对国家有害的时候，就该对他像对仇敌一样憎恨，哪里还顾得上去念及他过去的功劳，忍受他带来的危害呢？使用将领也是如此，就像服用五石散一样，当人虚弱寒冷时，依靠五石散发热；当人全身燥热时，就要散其积火。岂能顾及开始时的作用，而不去理会后来它的坏处，念及以前的赏赐而不执行当下的处罚呢？不是不考虑他过去的功劳，是情况不允许如此啊。吴喜罪恶深重，他的志向和内心都无法让人容忍，即使过去有过功劳，也不足以将功补过，他是国家最大的隐患，岂能不除？防微杜渐，在事情没有出现苗头的时候，就要去制止，我不想公布他的罪行，明天将以诏书严厉地斥责他，让其自杀。你们都是国家的重臣，赏罚大事，自当与爱卿们商量，你们大家的意思如何？

宋明帝说得头头是道，其实，加诸吴喜头上的都是莫须有的罪名，吴喜与被杀的刘休祐、刘休仁和刘休若一样，是宋明帝感到他危险，这是唯一的罪名。

一六八 孝文降生

宋明帝刘彧行将就木，我们暂且将奄奄一息的他放在一边，看看刘宋的泰始年间北魏又发生了什么样的大事。

对应宋明帝的泰始年间，北魏是献文帝拓跋弘统治时期：有趣的是宋明帝泰始元年，也就是十二岁的拓跋弘继位的第一年，不过，根据惯例，到了第二年大年初一，他才正式改元为天安元年。其实，宋明帝是这一年的十二月才弑杀了前废帝刘子业继位的，不懂规矩的是他，他在继位之初就改元为泰始了，统算起来，拓跋弘还比刘彧早登基了七个月。

如前所述，在拓跋弘登基最初的几个月里，北魏朝廷大权控制在乙浑之手，九个月之后，皇太后冯氏诛杀了乙浑，临朝称制。冯太后临朝称制后，即发生了刘宋徐州刺史薛安都等人归降之事，继而，宋魏之间发生了持续两年多的战争，结果是北魏夺取了刘宋大片土地，将刘宋国境压缩至淮河南岸。泰始三年八月，当慕容白曜发兵进攻历城之时，献文帝拓跋弘又喜得贵子，他喜出望外，特意大赦天下，并改年号为皇兴。这位皇子就是后来的大名鼎鼎的北魏孝文帝拓跋宏。

据《魏书》记载，孝文帝拓跋宏的生母是献文帝的李夫人。李夫人是中山人，父亲是南郡王李惠。李惠的父亲就是那位太武帝拓跋焘勒令与妻子离婚、继娶其妹武威公主的李盖，至于李惠是否是两人结婚后所生，史料语焉不详，无法确定。李惠娶了襄城公韩颓的女儿，生下两个女儿，长女就是这位李夫人。拓跋宏生下之后，冯太后亲自抚养这个孙子，并将国政交给了十四岁的献文帝拓跋弘。等到拓跋宏一岁零十个月时，到泰始五年四月，此时魏军刚刚攻陷东阳城，平定了青州，拓跋弘才正式给儿子取名为拓跋宏，并册立为皇太子，大赦天下，也就是在此前后，将拓跋宏的生母李夫人赐死。

如果说刘宋的后废帝刘昱有一段身世之谜，据说是李道儿的儿子，那么，北魏孝文帝的身世同样地引起了一些学者的猜测。

《魏书》对于孝文帝的生母记载得既清晰，又模糊，似乎在故意给人留下一些想象的空间：在《后妃传献文思皇后李氏传》中明确说孝文帝的生母是李夫人，但在《文成文明皇后传》中又说："迄后（指文明太后冯氏）之崩，高祖（孝文帝）不知所生。"也就是说，长期以来孝文帝是不清楚自己的生母的。

吕思勉率先对孝文帝的生母提出质疑，他的理由是：一、当时的献文帝能否生子？当时，献文帝年仅十三岁，能否生育实在可疑；二、孝文帝与冯太后关系亲密异常。孝文帝继位后，冯太后长期主政，对孝文帝也极为严格，几乎废黜了他，但孝文帝一直对冯太后毫无怨言；三、冯太后毒死了献文帝，但孝文帝在冯太后死后，并没有为父亲报仇；四、孝文帝的生母李氏没有任何事迹可言，且既然李氏已经被赐死，何必要对孝文帝隐瞒呢？五、李惠家族受到冯太后的无情打击，几乎灭族，但冯太后死后，孝文帝并没有对李氏平反，不仅孝文帝时期对李氏很薄，就是到了孝文帝的儿子宣武帝元恪时代也是如此，这就非常不正常；六、时年二十六岁的文明太后冯氏权力欲极强，岂有为了孙子而放弃大权的？即使为了将来的地位，也不至于这样，因为，按照规矩，其生母自然会被处死，并无与其争权的外戚存在。七、从史书的只言片语中，似乎可以推断出孝文帝其实在生前就已经知道自己是汉人，而并非鲜卑。《北史·薛聪传》中称，孝文帝曾经与朝臣谈论海内人物，他对薛聪开玩笑说："世人都说你们薛家是蜀人，确实是蜀地人吗？"薛聪回答："臣的远祖薛广德在汉朝为官，当时人称为汉人。九世祖薛永随着刘备入川，当时被称为蜀臣，如今我侍奉陛下，是虏而不是蜀。"孝文帝拊掌大笑说："你说清楚你不是蜀就罢了，何苦要为难朕呢！"吕思勉先生据此说，在孝文帝的内心丝毫没有以自己是虏（鲜卑人）自居的意思了。

因此，他怀疑，孝文帝可能就是冯太后的私生子，冯太后因生子而不得不将国政交还给献文帝。

这一问题当然又是一个永远也不会有答案的问题。不过，假如孝文帝真的是冯太后的私生子的话，那么，他的父亲又是谁呢？最大的可能就是后来被献文帝诛杀的李奕了。

李奕是冯太后的相好，这史有明文，但是，两人究竟是从什么时候开始的，没有记载，这一点关乎孝文帝是否有可能是两人的私生子，不得不进行考证。

李奕是那位曾多次出使凉州、与崔浩是死敌的李顺的第三子。李顺的长子李敷，从太武帝时期，即在东宫服务，文成帝继位后，与李䜣、卢遐、卢度世等人成为皇帝身边的贴身侍从，升为秘书下大夫，后晋升为散骑常侍、南部尚书、中书监，领内外秘书。史书没有给出李敷担任最后职务的确切时间，但有理由怀疑，这是献文帝继位、冯太后临朝称制之后授予的。值得注意的是，在冯太后临朝称制后，即发生了薛安都等宋将归降之事，当时北魏群臣都认为，薛安都等人诚意如何不能确定，不愿发兵，但李敷坚持认为可以，最终，冯太后听从了李敷的意见，做出了发兵南下的决定。当时的北魏重臣很多，太宰常英以及献文帝的很多皇叔都在京师，在如此大事上，李敷竟然一言九鼎，其中是否有其弟弟李奕深得冯太后宠爱的因素在作怪呢？

史书称，李奕美容貌，又有才艺，有才有貌的帅哥谁不动心？史书称他“早历显职，散骑常侍、宿卫监、都官尚书、安平侯”。但我们也怀疑，这些职务也都是在冯太后掌权时授予他的。皇兴四年的冬天，也就是在献文帝册立拓跋宏为皇太子后一年多，“李䜣列其（指李奕）隐罪二十余条”，献文帝大怒，诛杀了李敷兄弟，那么，李奕最有可能与冯太后私通的时间会是什么时候呢？在献文帝继位后的大半年里，乙浑当权，冯太后不可能也没有条件与李奕私通，给政敌把柄；在冯太后于皇兴元年八月拓跋宏出生后不久归政到皇兴四年之间，两人继续私通的可能性有，但从这时才开始私通，难度应当很大。因此，最有可能的就是冯太后从天安元年二月诛杀乙浑之后到皇兴元年八九月她临朝称制的一年半时间里，既有与大臣们接触的条件，又有至高无上的权力。假如我们的推理正确的话，因通奸而怀孕的可能性就不能排除——至于说如何隐瞒身体、安排一个替罪羊李氏，等等，这都是技术层面的事情，不是解决不了的问题。

另外，献文帝拓跋弘一岁半多一点即被立为皇太子，他的母亲李氏也被赐死，其后未见其有乳母，大约是被常太后或者冯氏亲自抚养成人。假如献文帝就是冯太后亲自抚养的，那么，当其得知一直是自己敬爱的“母亲”竟然如此不堪，这一打击应该是非常沉重的，这似乎也可以为稍后不久献文帝遗落世事、“常有遗世之心”做一个注脚。献文帝年纪轻轻就这样，其真实原因又是什么？是万念俱灰还是什么？史书给出的答案是：他喜欢黄老之学，总是与和尚们混在一起，谈论玄理，然而，这一答案似乎只是表面现象，北魏皇帝很多都是这样，献文帝并不是第一个也不是唯一的。另外，当献文帝打算禅位时，一度非常喜爱皇太子的他竟然做出了不禅位给皇太子，而禅位给弟弟京兆王拓跋子推的决定，假如没有更为深层次的问题，这自然令人匪夷所思。

再者，从以后孝文帝的一系列改革上，很多时候似乎完全站在了汉人的立场上，对鲜卑贵族打击很大，难道他生前其实也清楚自己就是李奕的儿子？

据学者考证，冯太后身上有0.25的汉人血统、0.25的鲜卑血统、0.5的乌桓血统，假如孝文帝拓跋宏真的是冯太后与李奕的儿子的话，那么，他的身上就有0.625的汉人血统、0.125的鲜卑血统和0.25的乌桓血统，可以说是一个汉人了。即便冯太后的这段艳情故事并没有结出果实，孝文帝的确是献文帝之子的话，孝文帝拓跋宏身上其实所流淌的汉族血液可能会更多一些，这是因为：拓跋宏的七世祖拓跋珪是十足的鲜卑人，他与匈奴族独孤部刘氏生下了明元帝拓跋嗣，拓跋嗣身上鲜卑、匈奴血统各半；拓跋嗣与汉人魏郡杜贵嫔生下了太武帝拓跋焘，拓跋焘的身上就有0.5的汉人血统，各0.25的鲜卑、匈奴血统；拓跋焘又与鲜卑贺氏生下了景穆太子拓跋晃，拓跋晃的身上0.625的鲜卑、0.25的汉人、0.125的匈奴成分；拓跋晃与柔然郁久闾氏结合生下文成帝拓跋浚，因此，拓跋浚的身上就有了0.5的柔然、0.3125的鲜卑、0.125的汉族、0.0625的匈奴血液；拓跋浚与汉人梁国蒙县李氏生下献文帝拓跋弘，那么，拓跋弘的身上就有了0.5625的汉族、0.25的柔然、0.15625的鲜卑、0.03125的匈奴血统；拓跋弘与汉人中山李氏生下孝文帝拓跋宏，则拓跋宏身上就有了0.78125的汉人、0.125的柔然、0.078125的鲜卑、0.015625的匈奴血统。

正如上面说过的那样，孝文帝的身世恐怕永远是一个未解之谜了。不过，反常即为妖这句话，倒是一句颠扑不破的真理，从献文帝一朝中冯太后、献文帝以及后来孝文帝的种种不同寻常的表现上看，再结合史料透露出来的蛛丝马迹和欲言又止的文风，也许我们能够在内心确信孝文帝就是冯太后与李奕所生之子，这一说法大概也并非空穴来风吧。

一六九 魏宫内斗

冯太后还政于献文帝后，她对北魏朝廷的影响力似乎并没有减弱，这从后来北魏朝廷发生的诸多事件中都能够得到印证——以情理推之，冯太后也不会撒手不管的。

我们暂时根据万斯同的《北魏将相大臣年表》来看看，从皇兴元年到皇兴四年献文帝禅位之前这四年里，北魏朝中大权究竟掌握在哪些人的手上。皇兴元年北魏大臣分别是：太宰李峻、太尉源贺、司徒刘尼、司空和其奴、中军大将军拓跋道符、抚军大将军陆叡、都督中外诸军事拓跋云、征东大将军冯熙、征南大将军慕容白曜、征西大将军李惠、镇南大将军薛安都、镇东将军尉迟元、镇西大将军拓跋石、尚书令拓跋丕、尚书左仆射拓跋目辰、尚书右仆射慕容白曜、中书监李敷、中书令高允、侍中刘昶、拓跋孔雀、陆定国、陆俊（吏部尚书）。在此期间，皇兴三年李峻和和其奴分别去世，皇兴四年，刘尼被免职，李敷、慕容白曜被杀，因此，到皇兴四年，北魏重臣分别是：太傅冯熙、太尉源贺、司空陆定国、抚军大将军陆叡、都督中外诸军事拓跋云、征西大将军拓跋长寿、征北大将军拓跋休、镇东大将军尉迟元、镇西大将军拓跋他、尚书令拓跋丕、尚书左仆射拓跋目辰、中书令高允、侍中陆定国、赵黑。

这些人大体可以分为以下四类。

第一类属于冯太后的人：他们有太尉源贺、司徒刘尼、征东大将军冯熙、尚书令拓跋丕、中书监李敷、吏部尚书陆俊等人。太尉源贺、司徒刘尼二人与死去的陆丽均为诛杀宗爱、拥立文成帝的功臣，在文成帝一朝受到重用，其中，源贺还参与了冯太后清除乙浑的政变。他们应当被视为冯太后的人。冯熙，冯太后哥哥。拓跋丕、陆俊，参与了诛杀乙浑的行动。李敷因弟弟李奕的关系，当然属于冯太后一党。赵黑，是一名宦官，会游刃于两宫之间，但会倾向于冯太后。

第二类属于献文帝的人：侍中陆定国。他是陆叡的哥哥，从小就被养在宫中，与献文帝是亲密的玩伴。

第三类立场因事而会摇摆的人：都督中外诸军事拓跋云是献文帝的八叔，甚至包括献文帝的其他叔叔们，是宗室的代表；拓跋目辰曾与哥哥拓跋郁阴谋袭杀乙浑，他个性严正，也是宗室的代表；司空和其奴也是如此。

第四类对中枢朝局影响较小的人：主要有李峻、陆叡、李惠、高允、刘昶及慕容白曜等地方大员。李峻是现任冯太后的丈夫文成帝的贵人李氏之兄，李贵人是献文帝的生母（与孝文帝的生母、献文帝的李夫人不要弄混淆了），从辈分上说，李峻是献文帝的舅舅，他们从刘宋辖境的家乡梁国来到北魏，在北魏上层并无多少根基，以其为太宰，更多的是荣誉上的。从史料的记载上看，李峻亦无多少事迹，由此也说明了这一点。另一值得注意的是：当冯太后清除了乙浑之后，即将原太宰常英调出中枢，调任平州刺史，这似乎也意味着昭太后常氏家族影响力的减弱。陆叡是陆丽的次子，继承了陆丽的抚军大将军、平原王爵位，但此时年纪才十几岁，谈不上有左右朝局的能力。李惠，皇太子拓跋宏的外祖父，亦在地方任职，属于冯太后打压的人物。高允基本上是秘书长的角色，虽能建言献策，但并非朝中举足轻重的势力。刘昶刚从刘宋叛逃过来，虽受到尊重，但无足轻重。由此可知，到皇兴四年献文帝的势力虽有所上升，但冯太后在朝中依然拥有很大的影响力。

皇兴三年东阳城被魏军占领后，到了第二年，北魏又发生了三件大事：一是讨伐吐谷浑；二是讨伐柔然；三是诛杀慕容白曜、李敷等人。

如今的吐谷浑王是十二任王拾寅，他是八任王树洛干的儿子，他继位后，对北魏并不友好。皇兴三年十一月，吐谷浑的别帅白杨提度汗率领部众归附了北魏，大约向北魏朝廷透露了吐谷浑的内情，于是，三个月后，皇兴四年二月，献文帝即以吐谷浑"不供职贡"为由，命令使持节、征西大将军、上党王长孙观率军前去讨伐。四月十五日，魏军与吐谷浑军在曼头山（青海省共和县西南一带）展开了一场大战，魏军获胜，拾寅与麾下数百骑兵狼狈逃走，他的堂弟豆勿来、部将匹娄拔累等人率部投降。接着，拾寅派遣别驾康盘龙前往平城朝贡，但献文帝下令将其关押了起来，拒绝回复。

自太武帝太平真君十年（公元449年）对柔然进行大规模战争后，双方恢复了二十年的和平，皇兴三年二月、七月，柔然两次向北魏朝贡，这是这二十年间柔然N次朝贡了。然而，这两次的朝贡与以往不同，因为，到了第二年八月，柔然即发兵南下，骚扰北魏了。此时在位的是柔然第十三任可汗予成，他是十二任可汗吐贺真的儿子。公元464年其父死后，他继位为可汗，号称受罗部真可汗，即“惠王”之意，还仿效中原王朝，建立年号，称永康元年。予成继位后，柔然实力逐渐增强，控制了西域一些小国。

柔然南侵后，北魏献文帝召集群臣开会商议。尚书右仆射南平公拓跋目辰说：“如果御驾亲征，则京师危险，不如固守。敌人悬军深入，粮运跟不上，不久自然会退去，届时，再派军追击，肯定能够获胜。”给事中张白泽（张衮之孙）说：“柔然愚蠢之极，竟敢轻率进攻我们，如果皇上亲征，必定有征无战，岂能坐着眼睁睁看着敌人横行？以万乘之尊却闭城固守，这将难以威服四方。”于是，献文帝答应率军亲征。

献文帝命令皇叔京兆王拓跋子推、东阳公拓跋丕都督诸军从西路北上，皇叔任城王拓跋云等人都督诸军从东路北上，皇叔汝阴王拓跋赐、济南公罗乌拔率领前锋，陇西王源贺率领各军为后援，镇西将军吕罗汉等人留守京师。各路大军全部到女水（内蒙古自治区武川县境）与献文帝会师。献文帝亲自誓师，对诸将说：“用兵在于奇策，不在人数多少，你们只用努力作战，我心中已有良策。”于是，挑选了五千精兵去柔然军前挑战，并在各处设置了很多奇兵，迷惑敌人。结果，柔然大败，魏军乘胜追击了三十多里，斩首五万级，收降一万余人，缴获战马武器不计其数。为纪念这次战功，献文帝专门将女水改名为武川，并作《北征颂》，刻石记功。

九月十一日，献文帝回到平城。从出征到凯旋，共计十九天，往返六千余里。

是什么原因让时年十七岁的少年天子来去匆匆呢？也许，这与他不放心平城内的嫡母冯太后有关吧。随着年龄的增长，李奕与冯太后之间的丑事，他也有所耳闻，而冯太后在朝中盘根错节的势力，也开始让他感到不安。《魏书·刘尼传》称：“皇兴四年，车驾北征，帝亲誓众，而尼昏醉，兵陈（阵）不整。显祖以其功重，特恕之，免官而已。”也就是说，在献文帝誓师时，刘尼喝醉了，被免官。刘尼被免官，也许正是献文帝利用手握重兵之时清除冯太后羽翼的开始。紧接着，等献文帝从前线回到平城之后，就发生了诛杀青州刺史慕容白曜和中书监李敷事件。

慕容白曜平定青州之后，即被任命为使持节、都督青齐东徐州诸军事、开府仪同三司、青州刺史、济南王。慕容白曜具体的死因，史书语焉不详，但从《魏书·慕容白曜传》记载上看，多年后，著作佐郎成淹（曾任慕容白曜的下属）上书孝文帝替慕容白曜鸣冤，在成淹的奏表中，他提到："而民恶其上，妄生尤隙，因其功高，流言惑听。巧伪乱真，朱紫难辨，伤夷未瘳，合门屠戮。"由此可知，当时有人传言慕容白曜将要谋反，献文帝即下诏将其逮捕，处死。献文帝之所以要处死慕容白曜，史书称，在献文帝继位之初，慕容白曜为尚书右仆射，与乙浑对掌朝权，曾依附于乙浑，让献文帝一直怀恨在心，遂借口其将要谋反，将其诛杀。处死慕容白曜一事，应该是一个独立的事件。

但接着又发生了诛杀李敷和李奕兄弟的事。南部尚书李敷、仪曹尚书李䜣两人虽然不是同族，李敷兄弟为李顺之子，为赵郡平棘李氏，李䜣为范阳李氏，但两人从小关系都很好，与卢玄的儿子卢度世三人均以才学而受到太武帝拓跋焘、文成帝拓跋浚、献文帝拓跋弘的重用。正是因为太武帝拓跋焘欣赏李䜣，才将舅舅杜超的女儿许配给了他。三人均为皇帝身边的近臣，虽然名位并不很高，但在南北朝时期，他们才是真正的宰相。文成帝时期，李䜣被任命为使持节、安南将军、相州刺史。皇兴初年北魏开始在全国范围设立地方学校，就是采纳了李䜣的建议。李䜣在任期间，为政清明，被考评为全国第一。但从此以后，逐渐骄傲起来，曾收受百姓财物以及胡商的珍宝，被人告发。李敷接到告发信后，却将其压下，不向皇帝汇报。其实，此时献文帝即下了清除李敷兄弟之心，但要想将李敷兄弟一些隐秘之罪坐实，就必须从其内部攻破，让人告发李䜣未必不是献文帝精心设计好的一出引蛇出洞的妙计。这是因为：一、迄今为止，北魏官吏仍然没有俸禄，贪污受贿的官员比比皆是，而李䜣一直治绩很好，即便有受贿嫌疑，数量并不大；二、既然李敷压下了告发信，献文帝又从何得知？虽然不排除其从其他渠道得知李䜣的罪行，但也不排除这本来就是献文帝设计好的阴谋。

献文帝得知了李䜣的罪状之后，即将其逮捕，用囚车拉回平城。在严刑拷打之下，李䜣承认了收受贿赂的事实，这时，就有献文帝的心腹来给李䜣传出了献文帝的口风，暗示献文帝将要处理李敷兄弟，如果你李䜣能够揭发李敷兄弟们有什么隐秘的罪行，就能保全性命。李䜣良心未泯，且对李敷兄弟的隐私并不知情，就对他的女婿裴攸说："我们家族虽然与李敷家族并不亲近，但情如一家。当权者虽然如此相劝，但又如何呢？从昨天开始，我每每想到此事，就想自杀算了，可用簪子刺，用衣带上吊，却都没成功。况且，我真的不知道那些事啊。”裴攸说：“何苦替别人去死呢？李敷兄弟的罪过容易取到，有一个叫冯阐的人，曾被李敷害死了，他们家对李敷恨之入骨，只用将冯阐的弟弟叫来，一问便知。”于是，就有一个叫范檦的人详细地列出了李敷李奕兄弟的隐秘罪状三十多条。献文帝看到后大怒，诛杀了李敷兄弟，将李䜣免除死刑，鞭打一百，剃去头发，罚作劳役。稍后，献文帝又任命他为太仓尚书、兼管南部事务。

一七〇 孝文继位

当泰始七年刘宋明帝大肆诛杀刘休祐、刘休仁和刘休若的时候，北魏宫廷内部的矛盾也近白热化。

去年十月，献文帝诛杀冯太后的情夫李奕及其哥哥李敷，是双方矛盾激化的导火索。接下来发生的一件事，就说明了献文帝感到自己可能会有生命危险：到这一年年初，献文帝就派遣殿中尚书胡莫寒前去西部敕勒，挑选殿中武士。按：降服的柔然、敕勒部众，在武州塞（山西省左云县）以东的，称为东部敕勒，以西的为西部敕勒。这一事件，是献文帝加强自身安全、试图建立一支绝对服从自己的卫队的一种尝试。

可是，这个胡莫寒来到高平之后，大肆收受贿赂，惹得民怨沸腾，西部敕勒群情激愤，杀掉了胡莫寒及高平镇将奚陵。献文帝下诏命令皇叔汝阴王拓跋天赐、给事中罗云前往讨伐，敕勒诈降，副将元伏说："敕勒人脸色变了，估计有变，如今不做好防备，将被敌人偷袭。"但罗云不从，果然，敕勒以数千轻装骑兵偷袭罗云所部，罗云被杀，魏军被杀死了十之五六，拓跋天赐仅仅逃出一命。

西部敕勒叛乱之后，献文帝即于六月离开平城，前往河西，七月又来到阴山行宫，一直到八月一日，他才回到了平城。是什么原因导致他要离开平城？到了八月二十日，献文帝就突然下诏要传位给皇太子拓跋宏，在这短短的二十天里，北魏平城究竟发生了什么？

史书写得冠冕堂皇。

《资治通鉴》《魏书》均称，献文帝从小就聪明睿智，刚毅果断，又喜爱老子和佛教，经常与和尚、道士一起清谈玄理，对世俗的荣华富贵非常淡泊，时常想离开尘世去修行，他打算将帝位传给叔父京兆王拓跋子推。拓跋子推，是献文帝的父亲文成帝的三弟，去年，献文帝的二叔拓跋新成已死，拓跋子推成了献文帝最年长的皇叔。献文帝登基以后，其各个叔父均被从地方上召回京师，虽然拓跋子推被任命为中都大官，但被剥夺了地方军权。

拓跋弘要求禅位一事，绝非如此简单。

《魏书·天象志三》称："先是元年六月，荧惑犯氐；是岁十一月，太白又犯之，是为内宫有忧逼之象。占曰'天子失其宫'……上（献文帝）迫于太后，传位于太子（孝文帝）。"当献文帝亲自率领大军前往讨伐柔然时，后方的冯太后一点都没有闲着，等到献文帝回到平城之后，一场交易即行展开。长期以来，内廷一直处于冯太后的控制之下，这我们从《魏书·阉官传》中记载的冯太后在此后重用了大量宦官，即可见一斑。也许，等献文帝回到平城之后，他也发现了整个皇宫和平城也都处于冯太后的控制之下，于是，他被迫召集群臣商议，当时，太尉源贺都督诸军驻扎在漠南，防备柔然，也被紧急传召，回到平城。不过，献文帝并没有死心，他退而求其次，想把皇位传给自己的三叔，而不愿传给那个来路不明的"儿子"拓跋宏。《魏书·孝文帝本纪》称："帝（孝文帝）幼有至性，年四岁，显祖曾患痈，帝亲自吮脓。"也就是在献文帝传位之前，四岁的皇太子拓跋宏曾亲自用口给父亲吸脓，对于如此孝顺的儿子，献文帝竟然弃之不顾，要将帝位传给皇叔，这当然是说不通的。

最先发言的是献文帝的八叔任城王拓跋云。拓跋云从献文帝继位后一直担任都督中外诸军事（可能仅是荣誉称号）、中都座大官，从其行事上看，他是服从于冯太后的，这也是他和他的儿子拓跋澄在后来一直恩宠不衰的原因。献文帝提出将传位给三叔拓跋子推之后，群臣变色，均不敢出声。拓跋云最先发言，他说："陛下正要领导国家，步入太平盛世，岂能上违宗庙，下弃万民？况且父子相传，历来如此，我朝建立后，也从未改变。皇太子是国家正统的接班人，一直就拥有美好的德行。陛下假如一定要抛弃俗务，颐养天年的话，那么皇太子理应继承大统。如果舍弃皇太子而另立他人，这恐怕也不符合先帝的遗愿，还将使人情不安。并且，天下是祖宗的天下，陛下轻率改变继承秩序，不仅会让祖宗神灵失望，而且还会助长了奸人的野心，这是祸福的关键，请你三思。"源贺也说："陛下如今打算外选诸王而禅位于皇叔，以叔父继承侄儿，臣恐怕扰乱了祭祀的次序，万世之后，肯定会受到世人的讽刺，请您深思任城王的话。"东阳公拓跋丕等人也纷纷表示反对，他们说："虽然皇太子的美名众人皆知，但确实还年幼。陛下正值壮年（时年十八岁），刚刚亲临万机，天下敬仰，现在却要独善其身，不以万物为意，国家社稷将托付何人？亿万百姓将依靠何人？”尚书陆馛（陆丽长兄）说：“皇太子英明，足以继承大位，四海归心，不能有任何异议，败坏国家的制度。陛下如果舍弃皇太子，而传位给诸王，臣一定会在宫殿之上自杀，绝不从命！”当即，献文帝勃然大怒，脸色一下子变了。但是，他没有发作，而是回头问选部尚书宦官赵黑。赵黑被冯太后任命为选部尚书，是冯太后控制国家人事权的一个标志，赵黑自然是冯太后的心腹，他回答：“臣愚蠢无知，只会感情用事，有什么就说什么。我感到陛下正年富力强，如日中天，普天之下都称颂陛下的圣明，万众也都祈祷陛下能够长命百岁。假如陛下愿意颐养天年，臣以死奉戴皇太子，不知其他。”献文帝又询问中书令高允，高允当然知道其中的深浅，他身为汉人，没有实权，又不愿介入这旋涡，听到皇帝询问，他从后面走上前，跪在地上，哭着说：“臣不敢多说话，让陛下劳累，只愿陛下上思列祖列宗交给您的重任，再想想周公怀抱年幼的周成王领导国家的旧事。”高允也含蓄地表达了支持皇太子的立场。

在这场交锋中，真实的情况可能远比史书遗存下来的要激烈得多。这是因为：一、拓跋弘突然打算传位的理由，太突然，难以让人信服；二、史书上这些人的话可能经过了很大程度的篡改。比如，从上述源贺的话中，我们似乎看不出有多激烈的表现，但《魏书·赵黑传》中说：“唯源贺等词义正直，不肯奉诏。”同书《陆馛传》中也说：“任城王云、陇西王源贺等并皆固谏。”三、如果这是献文帝在有充分准备的情况下做出的决定，肯定是要提前安排支持者的，但史料留下来的是一边倒的观点，这只有两种可能：一是献文帝做出这一决定是仓促之中；二是史料有意抹去了献文帝支持者们的言论。

看到群臣均表示反对，献文帝沉默了很久，说道：“皇太子是正统的储君，有诸位大人们辅佐，又有什么不可以的呢？”又说：“陆馛是一位正直的大臣，肯定能够保护好我的儿子。”这件事就决定了下来，不过，值得注意的是：献文帝所有的话中都没有提及亲自抚养孝文帝的冯太后，大约在他的心里仍然对于冯太后可能会遥控孝文帝感到不安吧？八月二十日，献文帝以陆馛为太保，与太尉源贺持节带着皇帝玉玺、绶带，正式传位给年仅五岁的拓跋宏。《魏书·高祖纪下》称：“帝幼有至性，年四岁，显祖曾患痈，帝亲自吮脓。五岁受禅，悲泣不能自胜。显祖问帝，帝曰：‘代亲之感，内切于心。’显祖甚叹异之。”这显然是冯太后教导的。大赦，改元延兴——当年即改元，这有点不同寻常，似乎是专门向大家说明献文帝已经退出了前台。

八月二十、二十一日，献文帝分别下达了两道诏书，前一道诏书就是送给拓跋宏的，后一道是发布天下的，主旨说明自己禅位的原因主要是要修身养性，要求群臣要辅佐好儿子。在后一道诏书下发后，群臣又上书称："如今皇帝尚年幼，还需要陛下把握大政方针，请求给陛下上尊号为太上皇帝。"献文帝接受了，八月二十三日，太上皇帝拓跋宏离开皇帝寝宫，迁居崇光宫，崇光宫位于皇宫北苑之内，房椽是山中采来未经修整的木料，台阶还保留着土阶。又在崇光宫右面十里多地修建了鹿野佛图（寺庙名），让僧人们居住在里面。拓跋弘平时与僧道一起谈论玄理，但国家大事也都向其汇报。

这场突如其来的风波以和平的方式而告终，这源于拓跋弘与冯太后之间暂时的妥协。对于冯太后而言，五岁的孝文帝顺利接班，这意味着冯太后全面掌握了帝国直接的统治权；而对于献文帝而言，他虽然淡出了政治舞台，但依然保留着对国家大事的发言权。这种妥协是双方力量现状的必然产物：显然，冯太后一方的势力较强，但献文帝一方也并非毫无影响力，起码，献文帝在拓跋子推等宗室那里具有一定的市场。从表面上看，献文帝在这场较量中暂时是一个失败者，他没有达到自己的目的，在以后的日子里，他还将千方百计利用机会卷土重来，而对于取得了帝国统治权的冯太后而言，她更能方便地在中枢和地方安插属于自己的人，逐步巩固自己得之不易的成果。双方势必还将进行一场你死我活的博弈，而实际上，这场没有硝烟的战争正在上演。以李䜣和赵黑这两个人的恩怨为例，我们就能清楚地看出这一点。人事权是一个政权最为重要的权力之一，也是双方争夺的焦点，据《魏书·赵黑传》记载，李䜣因为揭发了李敷李奕之事而得到了献文帝的信任，在延兴年间与赵黑两人同时担任选部尚书，这可能就是冯太后与献文帝这场妥协的结果，后来，李䜣上奏以中书侍郎崔鉴为东徐州刺史，北部主书郎公孙处显为荆州刺史，选部监公孙蘧为幽州刺史，赵黑在宫殿之上提出异议，认为，这些人的资格仅仅能做个太守，而不能用作刺史。献文帝只得说："公孙蘧的任命暂停。"而李䜣又告发赵黑在担任典监藏时，损耗太多。这当然是诬陷，因为，当时北魏官吏没有俸禄，什么官管什么事，近水楼台，就吃用什么，这很正常。但这是政治斗争，没有什么是非曲直，献文帝即将赵黑贬为门士。但过了一年，赵黑又被提拔为侍御、散骑常侍、侍中、尚书左仆射，又兼管选部——不言自明，这当然是冯太后的意思。

学者们对献文帝退位原因有两种截然不同的解读：一是自愿；二是被迫。多数学者认为是迫于冯太后的压力。自愿说的理由是：一、献文帝的确喜爱佛道，这有很多记载；二、延兴年间，献文帝依然掌握着朝中的权力，多次领兵出征就是例子。其实，喜爱佛道与不是被迫是两码事，而献文帝在延兴年间依然掌握朝权，也不必然说明此前的禅位就不是被迫的。冯太后与献文帝之间的妥协极有可能是采取了拓跋嗣当太上皇与拓跋焘之间的权力分配模式：太上皇主战，而新君主政，并且，在延兴年间，献文帝还试图利用领兵在外的机会，加强自己的力量，这也都反证了他对这次权力安排心有不甘，也更说明了这次禅让来自于外力。

一七一　明帝之死（一）

北魏延兴初年的这场权力之争，之所以得以顺利解决，除了冯太后的力量稍强之外，似乎与当时北方日益严峻的局势有关。

发生于皇兴五年四月的西部敕勒大规模叛乱严重威胁着北魏腹心地带的安全，而且，严峻的形势丝毫没有因为年幼的孝文帝继位而有停息的迹象，到了十月，沃野镇和统万镇的敕勒也相继发生叛乱，北魏朝廷下诏命令太尉、陇西王源贺率军讨伐，源贺率领魏军一直追击到枹罕，才彻底将其镇压，共计诛杀了三万多人，将剩余的敕勒人全部迁往冀州、定州和相州，罚为军营奴隶（营户）。随后，北魏朝廷任命征东大将军、南安王拓跋桢（献文帝九叔）为假节、都督凉州及西戎诸军事、领护西域校尉、仪同三司，镇守凉州。与此同时，北魏新占领区的青州也相继发生了叛乱。同年八月，青州百姓封辨自称齐王，聚众一千多人，发动叛乱，被州兵镇压；在此期间，刘宋朝廷也一直没有忘记恢复青州失地，威震青州的慕容白曜被杀以后，驻守郁州的垣崇祖即向宋明帝上书称：“淮北百姓受制于魏军的淫威，他们日夜翘首以盼南军。我家祖父伯父过去都担任过淮北州郡太守，宗族、门生遍布淮北，也为百姓所信赖，一旦前去鼓动，必定能够成功。只是我的名位尚轻，不足以威服大家，请求任命我一个官职，好向远近展示。”宋明帝即以其为辅国将军、北琅邪、兰陵二郡太守，封下邳子。垣崇祖接着请求宋明帝允许自己率军深入淮北，出敌不意，打击魏军，宋明帝表示同意。同年十一月，垣崇祖即率领数百人深入淮北，占领了南城（今地不详，当在山东省境内），固守蒙山（山东省蒙阴县南），发动当地群众。北魏东兖州刺史于洛侯率领魏军前去讨伐，垣崇祖部将梁湛的母亲被魏军抓获，魏军让梁湛对部下们散布谣言说：“大军已经退去了，我们还待在这里做什么！”于是，垣崇祖所部军心散乱，不得不南撤。垣崇祖说：“现在大家如果一齐南逃，肯定不会生还。”他就率领少数人马断后，将追兵击退，返回了郁州。在垣崇祖宋军的影响下，当地教徒司马小君自称晋朝宗室在平陵（应为东平陵县，即山东省济南市历城区东七十五里）聚集三千多人谋反，攻破郡县，杀害北魏地方官，北魏齐州（治所山东省济南市）刺史、武昌王拓跋平原（拓跋焘堂弟拓跋提之子）亲自率军讨伐，并亲手诛杀七人，生擒司马小君，送往平城斩首。又有刘举，自称天子，煽惑百姓。拓跋平原又将其镇压。当时，青州百姓遭遇饥荒，拓跋平原将自己家的三千多斛米煮粥，救活了很多百姓，安定了人心。

到第二年一月，统万镇的胡人也相继发生叛逃事件，北魏朝廷命令宁南将军、交趾公韩拔等人率军将其消灭。为了安定人心，北魏朝廷在同月下令曲赦京师及河西地区，南到秦州（治所甘肃省天水市）、泾州（治所甘肃省泾川县北五里），西到枹罕，北至凉州各个方镇。

里应外合。业已恢复元气的柔然不失时机地发兵南下，于延兴二年二月骚扰北魏边境，北魏太上皇拓跋弘命令部队迎战，柔然军队逃去。但柔然南下又促使东部敕勒纷纷北逃，拓跋弘亲自率军追赶，一直追到石漠（内蒙古自治区四子王旗与察哈尔右翼后旗），没有追上，只好回师。

接二连三的叛乱，不容北魏高层将内讧进行到底。但当局势稍有好转，拓跋弘就试图在朝中安排属于自己的力量，加重自己的话语权，三月，当他刚刚从北伐前线回来不久，就破格提拔自己的亲信、驸马都尉万安国为大司马、大将军，封安城王。《魏书·万安国传》称，“显祖特亲宠之，与同卧起，为立第宅，赏赐至巨万。超拜大司马，大将军，封安城王。”因此，万安国是拓跋弘的铁杆心腹。让拓跋弘统领军队，对冯太后而言，也是无奈之举：毕竟拓跋宏还非常年幼，在涉及重大的军事行动时，冯太后既不可能随军出征，又不可能让拓跋宏单独领军在外，那样的话，无法控制拓跋宏的冯太后将立刻处于非常危险的境地——但，这样就给了拓跋弘增强自己影响力的机会。

北魏刚刚改元，推出了五岁的新君拓跋宏，而行将就木的刘宋明帝也急着改元，在北魏改元数月后，到了延兴二年正月，即公元472年，宋明帝因自己的病情一直不见好转，改新年为泰豫元年，也推出了自己年仅十岁的皇太子刘昱参加朝会，接受群臣的朝贺。

自去年宋明帝诛杀了自己的三个弟弟及吴喜和寿寂之等人之后，他的目光仍然四处游离，不愿放过任何一个有可能威胁到自己皇太子的人，于是，他再度试探身为冠军将军，督南兖、徐、兖、青、冀五州诸军事，南兖州刺史的萧道成了。在诛杀了吴喜之后，他即下诏征召萧道成入朝，萧道成的部下均认为此行凶多吉少，劝说他拒绝从命。萧道成却说："诸位还是没有参透世事。主上诛杀三个弟弟，是因为太子年幼，为死后考虑，与其他家族何干？现在就应迅速回京，稍稍耽误就会被怀疑。他们之间骨肉相残，就预示着国运不会长久，灾难就要出现了，我将与诸位一起努力！"回京之后，宋明帝即任命其为散骑常侍、太子左卫率。当时，萧道成的长子萧赜因功被封为赣县子，食邑三百户，萧道成唯恐引起宋明帝的猜忌，以一门两封坚决推辞。加封萧赜未必不是宋明帝的又一着试探之棋，接到萧道成坚决推辞的奏疏后，宋明帝这才彻底放下心来，表示同意，并给萧道成增加了二百户食邑。

将萧道成暂时放到了一边，宋明帝又开始将目光盯住了扬州刺史王彧和护军将军张永了。王彧深知宋明帝猜忌心很深，屡屡推辞高位，但宋明帝就是不同意。虽然如此，他还是觉得王彧身为皇后之兄，恐怕将来幼主难以制约，另外，张永长期在军中，也难保不会出乱子，于是，他自己编造出谣言称："一士不可亲，弓长射杀人。"一士就是王字，弓长就是一个张字。听到这一谣言，王彧更加恐惧，他上书请求解除扬州刺史一职，他在上书中称："六月中（泰始七年的六月），我收到我的外甥女、殷恒的妻子给我的书信，为她的儿子求官，请求臣签个字。当时，我就非常惊恐，打算将书信上呈，但转念一想，这家人非常落魄，就没有上呈。近日，突然又有人说是曾是臣的下属，我不认识此人，就询问郗颙，才知是假。十七日晚上，我又听征南参军事谢俨说，我让手下抢夺他家的奴婢，臣赶紧派李武之找到他询问缘由，答复却是：'传话的人传错了。'这是臣知道的三件诡异之事。我已经担任扬州刺史七个月了，没有德行而被加官，灾祸就要到了。请求陛下保全我，容我辞去职务。"宋明帝回信道："去年五月中，我的病情加重，让你们审看备选人员的履历，看完后签字，然后，经我同意施行。这不是什么机密，外面的人不会不知。殷恒的妻子不过一普通妇道人家，希望能得到你的签字，不一定就意味着选举的事情就是你一个人说了算。人处于富贵之地，只用问问自己的心要怎么办就成了。大明年间，巢尚之、徐爰、戴明宝、戴法兴等人，地位不过是宫廷拿着武器的侍卫，但权力足以与君主相抗衡；颜师伯不过是一个白衣领职的尚书仆射，却在尚书省中横行霸道。如今尚书仆射袁粲还主管选拔，但世人竟然不知道袁粲是谁。袁粲晋升为尚书令，也毫无自疑之心。如今我们已经撤销了录尚书事一官，尚书令就如同过去的录尚书事，但袁粲当尚书令以后，与当尚书仆射时没有什么两样。人们对袁粲的看法，也与过去一样。用这种态度去担任要职，你说还会不会战战兢兢？你虽然是扬州刺史，又担任了太子太傅，却并不参与朝政，其实比袁粲的地位还要安全，希望你安心接受，不要以此为累。地位尊贵就会有危亡的恐惧，卑贱也会有卑贱的忧愁，有心躲避灾祸，不如别想那么多，随命运的安排。高高的大树也会遭到刀斧的砍伐，地上的小草同样会受到人的践踏，它们存亡的道理，其实是一样的。因此，坦然面对危险，未必就会大祸临头，在安全之地随心所欲，也未必就能避祸。这只是因为尊贵之人惜福，所以才经常担忧；卑贱之人自轻，所以才容易忘我。其实，卑贱的人动不动就死去的，天地之间，数不胜数，只是人们熟视无睹罢了，所以说，尊贵之地也不一定就难以居处，卑贱之地也不一定就完全安全。只是人生自该谦虚谨慎，如果真的遇到大灾大难，那只好听任命运的安排。”宋明帝给王彧的信总是这样一副谆谆教导、诲人不倦的模样，但这丝毫不影响他随时会拿出屠刀。

一七二 明帝之死（二）

宋明帝将472年改为泰豫元年，就暗含着希望自己身体好转的意思。

然而，冤杀的人多了，良心不安的他整日心神不宁，总是做梦梦见刘休仁等人在向他索命，反而导致他身体每况愈下。泰豫元年，也就是北魏延兴二年的三月，宋明帝病情转重，他想到自己死后，太子年幼，王皇后将临朝听政，身为皇后之兄的王彧必然会成为宰相，将会权倾朝野，加之王氏家族强盛，也许会对小皇帝不利。三月七日，他派使者到王彧家中，对王彧说："朕不会说爱卿你有什么罪过，然而，我不能独自一人去死，请你先走一步。"使者说完，拿出宋明帝写下的亲笔诏书，只见上面写道："与爱卿你交往很久，我本意是为了保全爱卿的全家，所以才有如此措施。"宫中使者来到王彧家中的那天夜里，王彧正与客人下围棋，两人正为一个劫打得不可开交。他打开宋明帝写下的信函看毕，轻轻地又将信函扣在棋局旁边，神色恬淡，没有丝毫改变，继续打那个劫。等到争完了那个劫，他这才平静地将棋子放到棋盒里，慢慢对客人说道："刚才接到诏书，现在被赐死。"将宋明帝的信函交给客人过目。当时，两人只顾着下棋，端上来的酒一直没有喝下，王彧的门客焦度（刺中皮豹子的那位猛将）就在一旁侍奉，他当即火冒三丈说："大丈夫岂能坐在此地受死！扬州府中文武将有数百人，足够奋起一搏！"王彧回答："我明白你的一片赤诚之心，如果你真的能为我着想，请想想我家近百口家人吧。"于是，他坐在书桌旁边，安静地给宋明帝写了一封回函，并感谢自己被赐死。然后，他举起那杯毒酒，幽默地对客人说："这杯酒是不可以劝你喝的。"说完，举杯一饮而尽，从容赴死。王彧被害时，年龄六十岁。得知王彧死后，宋明帝追赠其为车骑将军、开府仪同三司，常侍、中书监、刺史如故，谥号懿侯。

王彧死后，宋明帝又做梦梦见有人对他说："豫章太守刘愔谋反！"醒来之后，赶紧派人前往豫州，将刘愔赐死。

泰豫元年四月十七日，宋明帝终于走到了他生命的尽头。他的病还是因为贪吃，即便是在病重之时，每顿饭吃的河豚剩下的渣滓还有三升多，体内积水太久，药物不再有效。在临终之时，他作出了一生中最后的重要决定：晋升骠骑大将军、江州刺史桂阳王刘休范为司空；晋升尚书右仆射褚渊为中书令、护军将军；中领军刘勔加尚书右仆射；镇东将军蔡兴宗为征西将军、开府仪同三司、荆州刺史；镇军将军、郢州刺史沈攸之进号安西将军。临终遗诏称："朕自从继位之后，每思教化万民，却没有做到，致使军国凋敝，刑罚不断。如今，我已将离开人世，想到这里，徒增叹息，可以暂缓税赋，去繁就简。务必以爱民为先，以继承我的遗愿。"尚书令袁粲、褚渊、刘勔、蔡兴宗、沈攸之同时被任命为顾命大臣。褚渊素来与萧道成相善，他举荐萧道成忠实可靠，于是，宋明帝又下诏任命萧道成为右卫将军，领卫尉，与袁粲等人共同参决朝政。当天晚上，在神情恍惚中，宋明帝看到刘休仁来向他索命，不禁恐惧地大叫道："司徒，稍微宽恕我一下！"他端坐在景福殿的床上，赶紧传召僧人前来做临终法事，双手合十后，即气绝身亡，时年三十四岁。

第二天，十岁的皇太子刘昱登基即皇帝位，大赦，这就是历史上的后废帝，又被称作苍梧王。

宋明帝临终安排的顾命大臣，是经过深思熟虑的。在他临终之前，刘宋主要方镇大员分别是：荆州刺史刘景素（刘宏之子）、郢州刺史沈攸之、南徐州刺史刘秉（刘道怜之孙）、南兖州刺史刘怀明、江州刺史刘休范、湘州刺史王僧虔、会稽内史蔡兴宗以及新任命为雍州刺史的张兴世。要想确保皇权稳固，就必须精心设计出一个中枢与地方、中枢内部及地方内部之间相互平衡又相互制约的政治格局，这包括辅政大臣与辅政大臣之间的平衡、地方宗室势力与地方辅政大臣及非辅政大臣之间的平衡，还有中枢辅政大臣与中枢恩幸集团的平衡。

首先说所谓的五位辅政大臣。毫无疑问，在五位辅政大臣中间，处于中枢核心地位的是尚书令袁粲和中书令兼护军将军褚渊。袁粲，为人清雅、沉静，博学多闻，为人低调，对权力并不热情，宋明帝生前在给王彧的信中就曾赞赏他"人情向粲，淡淡然亦复不改常"（《宋书・王景文传》）。另据《南史・袁粲传》称：袁粲早年丧父，对母亲非常孝顺，一次母亲白天睡觉时梦见袁粲的父亲对她说："不用担心愍孙的成长，他终会成为国器，不会沦落下尘，只是恐怕富贵之后，终将败亡啊。”其母一直未曾告诉他，等到袁粲富贵之后，其母担心出现意外，就将这个梦告诉了他，因此，袁粲虽然身处高位，却一直非常内敛。褚渊，就是那位被山阴公主引诱未果的帅哥，也不是一位权力欲很强的人。除了这两位文臣之外，在中枢辅政大臣中间，宋明帝还安排了一位武将刘勔。刘勔在宋明帝后期，觉察出险恶的政治环境，主动提出不当豫州刺史，“以世路纠纷，有怀止足”，为宋明帝所叹赏。因此，这三位在中枢的辅政大臣均不会对幼主构成威胁。另外两位辅政大臣分别是郢州刺史沈攸之和原任会稽内史蔡兴宗。这两位均是泰始初年平定刘子勋叛乱的功臣，沈攸之为前锋都督，蔡兴宗为谋主，为宋明帝坐稳江山立下了汗马功劳。在临终之际，宋明帝将蔡兴宗从会稽内史任上调任荆州刺史，具体的官职为使持节、都督荆湘雍益梁宁南北秦八州诸军事、征西将军、开府仪同三司、荆州刺史，加班剑二十人，常侍如故。沈攸之为政苛暴，而蔡兴宗为人严整，又为士族，宋明帝让其镇守上游，不仅与沈攸之相得益彰，又同为辅政大臣，起到相互制约的作用，使朝廷全据上游之势。

其次是地方宗室势力与地方辅政大臣及非辅政大臣。地方上的宗室势力主要有由荆州刺史改任太常又改任南徐州刺史的刘景素、南徐州刺史刘秉（刘道怜之孙）、南兖州刺史刘怀明、江州刺史刘休范等人。在这些人当中，地位最高的是江州刺史刘休范，被进位为司空，但是，他不是辅政大臣，这些力量主要集中在建康周边地区，一旦上游出现问题，可以与中枢力量合力；地方非辅政大臣主要有湘州刺史王僧虔、新任雍州刺史张兴世。两人穿插于两位地方辅政大臣郢州沈攸之与江州蔡兴宗之间，既服从于蔡兴宗的领导，又有相对独立性，对荆州和郢州既屏护，又南北夹持，维系一种动态的平衡。

第三是中枢辅政大臣与恩幸集团。中枢辅政大臣当然名正言顺，但在中枢还有一个盘根错节、掌握实权的恩幸集团，他们主要是阮佃夫、杨运长和王道隆。从感情上讲，宋明帝更信任这些寒门出身的近臣，这三位均兼中书通事舍人，其中，后废帝继位后，阮佃夫还晋升为辅国将军、加给事中、淮陵太守如故；王道隆从太子翊军校尉迁右军将军，南平昌太守如故；杨运长加龙骧将军，转给事中。他们不仅掌握着数量可观的禁卫军，而且，还负责诏命的具体起草和传达，实权很大。恩幸集团是中枢中对辅政大臣集团的一个制约。这也是宋明帝放心地任命萧道成为右卫将军，领卫尉的原因吧。但是，这种解释还不能令人十分满意，这是因为，按照史书的记载，宋明帝一直是对萧道成非常猜忌的，假如没有什么让宋明帝彻底放心的话，他怎能不会果断地将萧道成杀死？《南史·齐本纪》记载，萧道成家的祖坟上经常有五彩祥云，宋明帝得知后非常厌恶，曾专门派一个精通阴宅的术士高灵文前去查看，谁知，这个高灵文原来曾为萧道成做事，他回建康给宋明帝汇报说："不过能出一个刺史一级官罢了。"却私下对萧道成说："贵不可言。"《南史》喜欢说一些扯淡的琐事，但此处说的事对于一向信奉术数的宋明帝而言，发生在他的身上大概不会有假。也许正是因为高灵文的话，才让宋明帝从内心深处变得释然了。这可能才是他没有杀掉萧道成的最为真实又最为隐秘的原因吧。

在宋明帝看来，一切安排得都是如此妥帖，几乎是滴水不漏。然而，人算不如天算，在他刚刚死去不久，这种平衡就被打破了。后废帝刘昱继位后，因年幼不能亲政，他下诏要求尚书令袁粲领导有关部门亲自处理帝国刑狱，体察民情，袁粲、褚渊主政后，遵从宋明帝遗诏，厉行节俭，可是，阮佃夫、王道隆依然把持实权，大肆收受贿赂，袁粲等人也无法制止。在用人方面，双方也出现了一些不和谐的迹象。据《宋书·恩幸传附阮佃夫传》记载："欲用张澹为武陵郡，卫将军袁粲以下皆不同，而佃夫称敕施行，粲等不敢执。"

五月二十七日，刘宋朝廷将宋明帝安葬在高宁陵，庙号太宗。六月，尊奉王皇后为皇太后，册立刘昱的妃子江氏为皇后。

在京师处理完丧事之后，新任蔡兴宗即将离京赴任，而这时，一件意外发生的事情却打破了宋明帝生前苦心设计的政治格局。

事情是这样的。当时，右军将军王道隆手握实权，他前去蔡兴宗家中拜访，但蔡兴宗此人历来瞧不起这些出身寒门的人，并且，在当时，寒门人士在高门士族面前，是不能坐下的。王道隆来到蔡家，蹑手蹑脚地走到蔡兴宗跟前，却一直没有听到主人热情的寒暄、赐座。王道隆就这样在蔡兴宗面前尴尬地站立了良久，一直不敢坐到席子上，而蔡兴宗也始终没有看座，遭受奇耻人辱的王道隆就这样灰溜溜地回家去了。有宋一朝，说明寒门与士族之间悬隔的事，有代表性的共有三件：一件是在元嘉时期，中书舍人秋当（又记作狄当）曾经拜望太子詹事王昙首，在王昙首跟前一直不敢坐下。第二件，也是元嘉时期，中书舍人王弘（非曾任司徒之王弘）深得宋文帝的宠信，曾请求宋文帝将自己提升为士族。当时，宋文帝对他说："你要想当士人，如果在王球跟前坐下的话，那就成了。你可以去王球那里，就说是奉旨让坐的。"王弘就来到王球家，如此这般对王球说了，谁知，王球只是淡淡地将扇子一举，说了句：“你可不能如此。”王弘回去给宋文帝汇报，宋文帝无奈地说：“既然这样，我也没有办法了。”这次王道隆在蔡兴宗跟前遭遇的情况，是第三件。

这一事件直接导致了王道隆等人不愿蔡兴宗拥兵上流，七月，将其职务改为中书监、左光禄大夫，开府仪同三司、常侍如故，蔡兴宗坚决推辞。第二月，蔡兴宗就去世了，终年五十八岁。蔡兴宗与王道隆之间的过节，只是个人恩怨，却让宋明帝设计的格局打破了，王道隆以沈攸之为都督荆、湘、雍、益、梁、宁、南北秦八州诸军事，镇西将军，荆州刺史，持节、常侍如故。

一七三　休范谋反（一）

由蔡兴宗坐拥上游的格局遭到破坏，促使沈攸之一支坐大，上游出现了一丝不稳的苗头。

沈攸之是在泰始五年被任命为持节、监郢州诸军、郢州刺史的。在郢州时，他为政苛暴，高级府佐稍稍拂了他的意，就当面辱骂，甚至鞭打士人。他还规定，一名将吏逃亡，近邻数十人都要被牵连。赋税繁重，征发无度，到夏口以后，就开始修缮战舰，打造武器，心怀异图。虽然如此，他却精通政事，自强不息，官吏百姓对他非常害怕，下属也不敢有所欺瞒。听说哪里出现了老虎，总会亲自率众围捕，手到擒来，一天甚至能捉到两三只老虎。如果白天捕不到，部队要彻夜围守，一直等到天亮，继续捕捉。泰始六年，他又被宋明帝晋升为监豫州之西阳、司州之义阳二郡军事，进号镇军将军。宋明帝死后，沈攸之进号安西将军，加散骑常侍，给鼓吹一部。

当时，巴西百姓李承明造反，抓住了巴西太守张澹，引起益州本土骚乱。恰巧在这时，荆州刺史建平王刘景素离任，新任荆州刺史蔡兴宗尚未到任，朝廷即派遣沈攸之前往江陵，暂时接管荆州事务。沈攸之到达江陵以后，李承明的叛乱已经被镇压了。朝廷即任命其为都督荆、湘、雍、益、梁、宁、南北秦八州诸军事，镇西将军，荆州刺史，持节、常侍如故。

当年，刘宋境内的山蛮发生大范围的骚乱。在年初的时候，大阳蛮（居住于大阳山，在湖北省京山县境）桓诞即率领汉水以北、滍水（在河南省鲁山县、叶县境内）、叶（河南省叶县）以南的八万多帐篷的山蛮投降北魏。提到山蛮，在此简要说一下山蛮的来历：据《后汉书·南蛮西南夷列传》记载，长沙武陵山蛮的祖先叫槃（盘）瓠，它是黄帝的曾孙高辛氏帝喾豢养的一条狗，当时，犬戎吴将军发动叛乱，高辛氏许诺谁能取来吴将军的人头，就将幼女许配给他。下令之后，人们看到槃瓠叼着一个人头送到了门前，竟是吴将军的人头。因为槃瓠是条狗，高辛氏不知如何来犒劳它，正在为难之际，高辛氏的幼女感到既然许诺了，就不该失信，于是，她自愿嫁给槃瓠。高辛氏不得已就将女儿许配给了它，槃瓠见状即将帝女驮去南方的深山。“于是女解去衣裳，为仆鉴之结，着独力之衣。”三年之后，生下儿女十二人，六男六女，槃瓠、帝女死后，儿女们自相婚配，逐渐繁衍起来。槃瓠后来逐渐被称作盘古，在南方不少少数民族的神话传说中都有这个故事。《后汉书》原文“为仆鉴之结，着独力之衣”，到隋唐时期已不可解，唐太子李贤曾称：“仆鉴、独力，皆未详。”一直到今天，学者们也是众说纷纭，有学者根据古壮语的发音将“仆鉴”解读为“布盖项髻”，“独力”解读为“备换衣服”；也有人将这句话解读为：“扎起洞人一样的发结，穿上孩子一样的衣服”。《后汉书》还提到巴郡南郡（重庆市至湖北江陵县一带）蛮的来历：这里的山蛮本来有巴氏、樊氏等五姓，后推举巴务相为君，号称廪君。廪君死后，部落人们认为他的魂魄附着在白虎身上，又认为白虎喝人血，就以人来祭祀。廪君巴人五姓从巫山一带东下，迁徙到“武落钟离山”。据《太平寰宇记·长阳县》称：“武落山一名难留山，在县西北七十八里，本廪君所出也。”

据《魏书·蛮传》记载：“蛮之种类，盖盘瓠之后，其来自久……在江淮之间，依托险阻，部落滋蔓，布于数州，东连寿春，西通上洛，北接汝颍，往往有焉。其于魏（曹魏）氏之时，不甚为患，至晋之末，稍以繁昌，渐为寇暴矣。自刘石（刘渊、石勒）乱后，诸蛮无所忌惮，故其族类，渐得北迁，陆浑（河南省嵩县境）以南，满于山谷，宛洛萧条，略为丘墟矣。”《宋书·蛮夷传》称：“荆、雍州蛮，盘瓠之后也。分建种落，布在诸郡县。荆州置南蛮，雍州置宁蛮校尉以领之……蛮民顺附者，一户输谷数斛，其余无杂调，而宋民赋役严苦，贫者不复堪命，多逃亡入蛮……州郡力弱，则起为盗贼，种类稍多，户口不可知也……居武陵者有雄溪、㵲溪、辰溪、酉溪、舞溪，谓之五溪蛮。而宜都、天门、巴东、建平、江北诸郡蛮，所居皆深山重阻，人迹罕至焉。前世以来，屡为民患。”“豫州蛮，廪君后也……西阳有巴水、蕲水、希水、赤亭水、西归水，谓之五水蛮，所在并深岨，种落炽盛，历世为盗贼。北接淮、汝，南极江、汉，地方数千里。”

根据大阳蛮所在的位置，大约可以断定其是属于豫州蛮的，再结合沈攸之在担任郢州刺史期间曾在泰始六年加监豫州之西阳等郡这一事实，这次大规模的山蛮叛逃也许与沈攸之苛暴的为政有关。组织这次叛逃的大阳蛮首领桓诞的身世也颇为离奇，他自称桓玄的儿子，字天生，桓玄败亡后，当时，桓诞年仅数岁，逃窜到大阳蛮中，长大后，他足智多谋而被推举为头领。桓诞投降北魏以后，被北魏朝廷封为征南将军、东荆州刺史、襄阳王，给予他自行任命郡县地方官的特权。

山蛮骚动不安，并没有让沈攸之改变以往严苛的作风，他到荆州上任以后，依然故我，像在夏口时一样，以讨伐山蛮为名，大肆招兵买马，一些本应上缴朝廷的赋税，他擅自截留，饲养马匹两千多匹，制造了一千余艘战舰；还不断增加百姓赋税，用来修造武器装备，整顿军备，常常是如临大敌；后废帝年幼无知，中枢辅政大臣们软弱，这也让自视甚高的沈攸之更加肆无忌惮，不再服从朝廷的命令。经过荆州的士人、商贩，只要是他觉得有用的，都予以扣留；各地的亡命之徒，也纷纷前来荆州，寻求他的庇护。不过，在沈攸之严苛的治理下，荆州境内盗贼也绝迹了，社会治安大大好转，很快就出现了夜不闭户的状况。

可是，由于沈攸之增加了五溪蛮的负担，还禁止使用五溪蛮销售的鱼和盐，致使群蛮非常恼火。酉溪蛮王田头拟死后，他的弟弟田娄侯篡位，田头拟的儿子田都逃进獠人部落，于是，山蛮发生大规模的叛乱，兵锋指至武陵（湖南省常德市）城下。武陵内史萧嶷（萧道成第二子）派遣队主张英儿率军将其击破，诛杀了田娄侯，迎回了田都，山蛮这才平息了下来。

时光就这样缓慢地进入了公元473年。

元旦，后废帝改元元徽，大赦天下，此时，宋明帝已死了七个多月了，而一场阴谋又在酝酿之中。

宋明帝仅存的弟弟桂阳王刘休范，此时已进位为司空，却依然做他的江州刺史。刘休范因为素来平庸，没有什么见识和才能，不仅兄弟们瞧不起他，而且社会舆论对他也一直不看好，且在宋明帝面前表现得非常恭谨，那个时候，刘休范时常胆战心惊，唯恐大祸会随时随地降临到自己的头上，一直是夹着尾巴做人。也正因为如此，在宋明帝杀心四起的时候，唯独留下他一命。然而，让宋明帝始料不及的是，正是这位颟顸无知的刘休范要掀起一场大风波……

一七四 休范谋反（二）

等到宋明帝驾崩以后，阮佃夫等寒门人士掌握了朝廷的实权，而刘休范自认为是皇上的亲叔叔，不仅应当成为辅政大臣，而且理应被晋升为帝国第一重臣——宰相。可是，事与愿违，在新朝中，他仅仅被加封一个徒有虚名的司空位号，实权丝毫没有扩大，依然当他那个江州刺史。荆州刺史建平王刘景素调任南徐州刺史以后，原任南徐州刺史刘秉被调往郢州，接替沈攸之的职务，可是，到了泰豫元年的十一月，朝廷又晋升刘秉为尚书左仆射，将其留在了中央。刘秉不过是刘道怜的孙子，于刘宋王室属于疏属，却受到提拔，而朝廷中的袁粲、褚渊却置他刘休范这个皇室近亲于不顾，这也太欺负人了。刘休范是越想越气，他就像是一个受了委屈的怨妇一样，因怨生恨，进而不惜铤而走险。

谋定而动。他的典签官徐公舆劝说他放下架子，开始招募勇士，修缮武器装备，着意拉拢人心，提高自己的知名度：凡是从浔阳路过的士人，他都殷勤接待，厚加赏赐，愿意留在江州幕府的，他更是刻意笼络，表现出一副求贤若渴的姿态，让来的人都有一种宾至如归的感觉，于是，刘休范的名望节节攀升，人气指数也随之飞速上升，在他的周围很快就聚集了上万人，逐渐形成了一个浔阳集团。为了迷惑朝廷，刘休范的母亲荀太后病故时，刘休范就地将她安葬在浔阳，以显示自己不回朝廷的姿态，好让朝廷放心，但他“密与左右阉人于后堂习驰马，招聚士众”。按：南朝时期的贵族出门都是坐轿，从不下地走路，以致很多人竟忘记如何走路了。我们经常在史书中看到某某人患了足疾什么的，就是如此，据《南史·褚湛之传》记载：“宋元嘉末，魏军逼瓜步，百姓咸负担而立。时父湛之为丹阳尹，使其子弟并着芒屩，于斋前习行。或讥之，湛之曰：‘安不忘危也。’彦回（指褚渊）时年十余，甚有惭色。”拓跋焘兵临瓜步之时，丹阳尹褚湛之让自己的儿子们“学习走路”！在当代的人们看来，已经是非常可笑的事情了，但在当时，竟然被其他士族嘲笑，被认为惊世骇俗之举，褚湛之“安不忘危”的回答也让自己的儿子感到非常羞耻！当时的贵族就是一群无所事事的寄生虫，刘休范如今要想打仗，就得从头学起，他学习骑马与褚湛之的儿子学习走路，其实是一回事。

与此同时，他还开始拉拢荆州刺史沈攸之，他让陈公昭制作了一卷《天公书》，标题是“沈丞相”，送到了沈攸之的府上，沈攸之当然知道此事非同小可，也不拆开书信，命人查出是陈公昭所送，连同书信一并送交朝廷，于是，朝廷也知道了刘休范居心叵测，暗中采取了预防措施，虽然双方并没有撕破脸皮，但裂痕已经无法弥补，较量只是早晚的事了。

郢州刺史出现了空缺，刘宋当局认为郢州治所夏口位于江州治所浔阳的上游，必须掌握在忠于朝廷的人之手，由于在沈攸之离任之时带走了郢州大量部队、武器，朝廷方面还必须对新任郢州刺史增加武器装备和人员。元徽元年（公元473年）二月二十八日，刘宋朝廷任命宋明帝的第六子、时年四岁的晋熙王刘燮为郢州刺史。当然，刘燮只是挂名的，重要的是郢州长史的人选，大家一致认为王彧的侄儿王奂是最佳人选。王奂年纪轻轻，就个性鲜明，王彧将家事全都托付给了他，由于他的祖父王球没有后嗣，就将他过继给王球为孙，因此，给他起了个字叫彦孙。此时，他被任命为晋熙王镇西将军长史，加冠军将军、江夏武昌太守，行郢州府事。朝廷方面给王奂配给了大量武器装备和部队，让其镇守夏口，以制衡下游的刘休范。为了防止刘燮、王奂一行在经过浔阳时被刘休范截留，朝廷方面还专门安排他们绕过浔阳，从太洑（位于湖北省黄梅县南）小路径直而去。刘休范事后得知，不禁大怒，秘密与徐公舆商议偷袭建康，他上书需要修缮城池，储备了大量板材，以备战时之需。

朝廷方面还想以刘怀珍为冠军将军、豫章太守。任命刘燮担任郢州刺史，是遏制浔阳上游，委任刘怀珍为豫章太守，那就是在江州掺沙子，做得也太明显了，势必加速刘休范的叛乱。刘怀珍说：“刘休范需要有个借口才会发难，岂敢马上就发动叛乱？假如其终将叛乱，我请求奉命率军前去讨伐，如今，有此任命，恐怕更会让其不安。”因此，坚决予以推辞，朝廷改任他为黄门郎，领虎贲中郎将、青州大中正。为了安抚刘休范，元徽元年年底，朝廷方面又晋升其为太尉。

元徽元年十一月，朝廷方面发生了一件并不起眼的事件，而这一事件的影响却非常深远，不得不说。在这个月，尚书令袁粲的母亲病故了。我们知道，袁粲自幼丧父，一直与寡母相依为命，初年孤苦伶仃。因此，过去的名字就叫愍孙，孝武帝时期，一次袁粲触怒了孝武帝，他的母亲打听孝武帝车驾出巡，拿着一块砖头跪在路边磕头，为儿子请命，老人头都磕流血了，砖头也磕碎了，扎瞎了眼睛。从此以后，袁粲与人谈话中，遇到有人提到瞎眼等词，总是悲从中来，能哭泣一整天。母亲去世后，袁粲悲痛已极，几乎灭性。根据儒家礼仪，为死去的父母服丧三年，是天经地义的，但如果国家遭遇危难，也可以夺情。因此，在袁粲下葬后，朝廷下诏让其正常上班，并加封为卫将军、代理尚书令，任命他武职也就是这个意思，他却坚决推辞。朝廷又让褚渊亲自到其家中做工作，但袁粲依然不从。褚渊原本与袁粲关系很好，褚渊也非常孝顺，他的庶母郭氏去世时，褚渊也十分悲痛，数日之内，形状大变，身体消瘦得无法辨认，一年之内都不梳洗，浑身上下灰头土脸的，只有两行泪痕处才能看出他真实的皮肉。当时，褚渊也坚决不上班，朝廷反复劝说，他依然不从，后来，尚书令袁粲不得不亲自出马，上门央求，褚渊看在袁粲的面子上，这才节哀顺变，重新上班。这次，褚渊前去劝说袁粲，袁粲却不给面子，这让褚渊非常不满，从此，与袁粲貌合神离起来。

在刘休范虎视眈眈之时，朝廷方面两位最高执政官却出现了不和谐的音符，自然是件坏事。并且，在这个节骨眼上，第一执政官袁粲服丧在家，也令朝廷政局更为混乱，给了刘休范一个千载难逢的机会。与此同时，刘宋面临的外部环境也不容乐观。

去年二月，当了四个月太上皇的北魏拓跋弘亲自率军北伐柔然，回到平城之后，即趁机加封自己的亲信万安国为大司马、大将军，到了十一月，柔然再度南下，拓跋弘尝到了甜头，再度率军北伐，度过沙漠，柔然向北遁逃数千里，魏军无功而返。回来后，又加封自己的三弟拓跋略为广川王。此时，文成帝的十三个弟弟：拓跋新成、拓跋子推、拓跋小新成、拓跋天赐、拓跋万寿、拓跋洛侯、拓跋云、拓跋桢、拓跋长寿、拓跋太洛、拓跋胡儿、拓跋休及拓跋深，其中，拓跋新成已死（他死于献文帝诛杀李敷等人前后，死因不详，死后谥号为阳平幽王，为恶谥），拓跋太洛、拓跋胡儿、拓跋深也已死，只剩下拓跋子推、拓跋小新成、拓跋天赐、拓跋万寿、拓跋洛侯、拓跋云、拓跋桢、拓跋长寿、拓跋休九位，这九位王是献文帝的皇叔，但冯太后是他们的嫂子，因此，他们的政治立场暧昧，如拓跋云就站在冯太后一边。因此，除了培植自己的亲信之外，增加自己弟弟们的权力，也是献文帝必须解决的问题。献文帝共有六个弟弟：李夫人生安乐厉王拓跋长乐；曹夫人生广川庄王拓跋略；沮渠夫人生齐郡顺王拓跋简；乙夫人生河间孝王拓跋若；悦夫人生安丰匡王拓跋猛；玄夫人生韩哀王拓跋安平（早死，追封），此时，献文帝的二弟拓跋长乐已经封王，其余弟弟年龄尚小，将三弟拓跋略封王，当属培植献文帝自己势力的一个举措。

在刘宋朝廷战云密布的元徽元年，北魏太上皇拓跋弘一直没有闲着：一月他从讨伐柔然的前线回来，七月又去阴山宫避暑，八月到河西，九月，回到平城之后，即部署对刘宋发起一场战争，下诏州郡之民每十个壮丁抽一人参军，每户收取五十石粮食作为军粮。十一月，拓跋弘开始南巡，二十日，行至怀州（治所河内，今河南省沁阳市）。这时，一个叫薛虎子的人前来见驾。薛虎子，其父薛野猪，文成帝初年为御林军将领，后被封为平南将军、并州刺史。薛虎子十三岁时即在文成帝身边当侍从，为官正直，文成帝太安年间为内行长，全面负责各部奏表上报事宜。薛虎子不是冯太后的人，在冯太后临朝称制的一年半期间，将其贬为枋头（河南省浚县淇门渡）镇将，又因一个小错而被贬为本镇的看门士兵。这次，听说献文帝南巡，薛虎子在路边迎候，说："臣过去侍奉先帝，蒙受大恩。陛下服丧期间，臣被人陷害，被贬斥在此，已过去多年，没有想到今天能再见到陛下。"说完是泪流满面。献文帝回答："你是先帝的旧臣，委屈了多年，想起了确实过意不去。"下令薛虎子上车，一同前行。数十里中，献文帝问这问那，薛虎子对答如流。当时，黄河以北遭遇饥荒，光相州百姓就饿死了两千八百多人，盗贼四起。相州百姓孙诲等五百多人，上书献文帝称，薛虎子担任镇将时，境内非常安定，请求让他官复原职。献文帝当即就答应了。薛虎子到任之日，数州之地，盗贼立马绝迹——献文帝起用薛虎子当然有树立自己势力的用意。

不过，北魏意欲南下的计划并没有实施，到元徽二年二月，献文帝即回到了平城，三月，他派遣员外散骑常侍许赤虎南下建康，宋魏之间的一场大战由此得以避免，然而，当建康的群臣刚刚松下一口气的时候，到了五月，浔阳的桂阳王刘休范突然发动了叛乱！

一七五 休范谋反（三）

元徽二年（公元474年）五月十二日，经过一年多的准备，刘宋太尉、桂阳王刘休范终于起兵了。

刘休范的这次谋反，是经过长期精心准备的：在策略上，他吸取了以往刘子勋叛乱、行动迟缓的教训，而是采取突然袭击，直扑建康城下的策略；在具体战术上，他采取了进抵建康近郊之后，多路出击，让朝廷方面顾此失彼，以期迅速突破朝廷防线，直捣台城。由于准备充分，起兵之日，刘休范下令征发百姓们的民船，根据各部队的需要配发民船，然后，交付早已准备好的板材，由各部队自行拼装到民船上，三四天时间，能够用于作战的战舰就组装完成。

五月十六日，刘休范率领两万军队、五百骑兵从浔阳出发，不分昼夜一路东下。他给卫将军袁粲、尚书仆射褚渊、刘秉写信指出：当初太尉、庐陵王刘祎和骠骑将军、晋平王刘休祐二人的死，可以说都是因为他们自己，但是司徒、巴陵王刘休仁有中兴大功，且对哥哥尽心尽力，如同对待父亲，不仅是一位值得信赖的良友，而且，还是国家的有用之才，却受到陷害被杀。先帝对刘休仁一直很好，不可能会猜忌弟弟而将其诛杀，先帝长期患病，即使做错了什么，责任也完全在于当时身边的近臣：杨运长、王道隆等人，这些人看到先帝病重，他们担心先帝驾崩，一旦由年长的藩王担任宰相，他们不能肆意妄为，因此，假传圣旨，陷害忠良，遂让先帝蒙上了杀害弟弟的恶名，我当时幸好在外藩，假如我也在京，也一起被杀了！你们大家都是世代忠良，当今主上年幼，一切更应中规中矩，征虏将军前往郢州上任，却不来见面，即使是商人交往，也会问候一声，骨肉之间又有什么冤仇，却如此提防！如果我有罪的话，就该正大光明地进行讨伐，我还听说这些人担心我招徕了大量士人，他们是为他们自身着想，岂是为了国家。春秋四公子还广招宾客，我位居三公，况且现在与昔日不同，北魏逼近淮河北岸，主上年幼，王室衰微，奸臣当道，贤人结舌，假如说我这是罪过，那么，什么事情还不能说成是叛乱！又有我整修城防，也被人指责为心怀不轨。修筑城郭，这是治理地方最平常的事，岂能因此而猜疑我？然后，他说了江州地广兵强，且已经与张兴世与王奂结好，请求各位执政大臣逮捕杨运长和王道隆，以谢冤魂。

五月二十日，大雷守备司令杜道欣、鹊头守备司令刘謍期乘坐快船来到建康报信，朝野震动。护军将军褚渊、征北将军张永、领军将军刘勔、尚书仆射刘秉、右卫将军萧道成、游击将军戴明宝、骁骑将军阮佃夫、右军将军王道隆、中书舍人孙千龄、员外郎杨运长等朝廷重臣聚集在中书省商议对策，大家都无计可施，没有人肯先发言。萧道成说："过去，来自上游的叛军都是因为行动迟缓而遭到失败，这次，刘休范肯定会吸取过去的教训，命令轻装部队快速东下，其目的是打我个措手不及。如今，我们的应对之策就是：部队不宜远离京师，一旦偏师失利，则军心大乱。应该驻守新亭、白下两地，坚守宫城、东府、石头城以等待敌人的到来。敌人一支孤军千里而来，后方没有辎重粮草，屯兵于坚城之下，求战不得，自然就会瓦解。我请求率军前去新亭，抵挡敌人的前锋；征北将军张永可以率领现有部队驻守白下城；中堂过去就是部队的聚集地，领军将军刘勔可以率军驻扎在宣阳门，接应各路；诸位大人只用高坐台城城内，右军将军王道隆等人也不用出战，我自己前往，肯定能够击破敌人。"说完，就命人拿来纸笔，让同意自己这一意见的人签字，各人都签上了同意，只有中书舍人孙千龄已经被刘休范收买，他却说："应该派军前去梁山、鲁显之间驻守，右卫将军如果不去防守白下城，就该驻扎在南州。"萧道成严肃地说："敌人已经逼近，我们岂能抵达梁山？新亭是必争之地，我将以死报国！平时说什么我都会屈从，今天不行！"说完，他站起身来，对领军将军刘勔说："既然领军将军已经同意了我的意见，这个意见就不能再改。"于是，他来不及穿上戎装即驾车朝新亭飞奔而去。朝廷加萧道成为使持节、都督征讨诸军、平南将军，加鼓吹一部。听说出现大难，袁粲身着孝服，被人搀扶着也来到了大殿。在得到消息的当天，即宣布戒严。

萧道成率领前锋部队进驻新亭垒，领军将军刘勔、前兖州刺史沈怀明固守石头城，征北将军张永屯驻白下，卫将军袁粲、中军将军褚渊、尚书左仆射刘秉等人进入皇宫守卫。当时，事发突然，根本没有时间做从容的部署，于是，朝廷打开了南北两座武器库，让将士们随意入库领取武器装备。

萧道成所部当天即进抵新亭，抵达前线后立即开始构筑工事，第二天，新亭的营垒尚未修好，刘休范的前锋部队已经进抵新林（江苏省南京市西南西善桥镇）。当敌军接近的消息传来的时候，萧道成正脱去衣服呼呼大睡，为了安定军心，他命人拿出白虎幡，登上了西城城墙。然后，命令宁朔将军高道庆、羽林监陈显达、员外郎王敬则乘船与叛军水战，浮舸与贼水战，自新林打到赤岸（赤岸山，江苏省南京市六合区东南四十里，因土为红色，又称作红山），大破敌军，焚烧敌舰，杀伤了大量敌人。

在新林，刘休范部将丁文豪请求刘休范无视新亭的萧道成，长驱直入，直接兵临建康城下。五月二十二日，刘休范亲率大军弃舟登岸，从陆路北上，进攻新亭；另外派遣部将杜耳、丁文豪、杜墨蠡（《资治通鉴》称“杜黑骡”）等人，直指朱雀桥。看到敌军从陆路前来，萧道成赶紧命人向后方的领军将军刘勔报告，请求火速切断秦淮河上的大小渡桥，并将河中的船只统统移至北岸。

刘休范乘着轿子，率军进抵新亭堡垒南面，萧道成命令宁朔将军黄回、马军主周盘龙率领步骑混合部队出垒迎战，刘休范又命令部队强攻新亭垒的东面，双方短兵相接，从上午的巳时（9点到11点）一直打到午时（11点到下午1点），依然不见分晓，众寡不敌，官军将士都很害怕。萧道成安慰大家说：“敌人人数虽多，但非常混乱，一会儿就会打败他们。”杨运长率领七百名三齐（齐地）射手，在堡垒里向外射击，因此叛军无法接近城池。

刘休范身穿白色便服，乘坐两人抬的小轿登上新亭以南的临沧观（劳山上，又称劳楼、劳劳亭）下观战，身边只带了数十人（《南齐书·张敬儿传》称“数百人”）。城内望见刘休范的身边卫兵并不多，越骑校尉张敬儿与屯骑校尉黄回对萧道成说：“桂阳王身边卫兵并不多，如果前去诈降，肯定能够将其拿下。”萧道成说：“你如果能做到，就任命你当你家乡的刺史。”黄回对张敬儿说：“你可亲自动手，我发誓不会杀诸王的。”于是，张敬儿与黄回相继从城南出来，放下武器，大呼投降。刘休范见状非常高兴，把他俩召到轿子跟前。黄回假装带来了萧道成的密谋，刘休范相信了。刘休范大喜，将二人安置在身边，刘休范身边的壮士李恒、钟爽劝谏刘休范不应该接近二人，但刘休范说：“我以信义待人，不会欺骗他们。”当时，每天刘休范都喝酒，这一致命的决定估计就是头脑糊涂时做出的，他还做出了另外一个糊涂的决定：把自己的两个亲生儿子刘德宣、刘德嗣交给萧道成充当人质！刘德宣、刘德嗣被送去后，萧道成当即就将二人斩杀。

到了未时（下午1点到3点），黄回看到刘休范疏于防范，他给张敬儿使了个眼色，张敬儿即夺取刘休范的防身刀，"咔嚓"一声即将其人头砍下。刘休范被杀后，他身边的数十人都是一哄而散，张敬儿手持刘休范的人头，跨马而去，回到了新亭。刘休范死时二十七岁。

从五月十二日到二十二日，刘休范起兵仅十天就为张敬儿所杀，实在是个奇迹：刘休范原本是采取突袭的办法，试图迅速解决建康，可是，让人咋舌的是：防不胜防，竟然在双方交战的第一天，他自己就被对手同样采取突袭的办法杀了！

但是，战场上双方将士均不知刘休范已死，仍然在拼死搏杀。萧道成派遣队主陈灵宝携带刘休范的人头送往台城，但途中与已经前突到秦淮河岸的敌军相遇，只好将刘休范的人头扔到了水中（《南齐书·高帝本纪》称，将人头埋在土中），只身回到建康城，高呼："已经平定了！"但是，台城之内的官军并未见到刘休范的人头，更生疑窦。而叛军也不知道刘休范已死，其将杜黑蠡朝新亭营垒东面发起猛攻；叛军司空主簿萧惠朗（萧思话子，为萧惠开、萧惠基、萧惠休之弟）率领数百人攻进了新亭东门，一直呼喊着攻入萧道成驻守的射堂之下，城上守门兵都败退了下来。萧道成挺身上马，率领数百人出战，敌人全都拿着盾牌前进，与萧道成所部相距数丈，双方短兵相接，相互对射。萧道成张弓搭箭，左右将戴仲绪举着盾牌保护，射伤一百多敌人。敌人苦战无法取得进展，只好退去。官军再度夺回了城池，与杜黑蠡相斗，从晡时（下午3点到5点）一直到第二天清晨，攻守双方一直没有停歇，当晚，天降大雨，雨声淹没了战鼓声和呐喊声，城内将士们已经一昼夜都没有睡觉，也没有吃饭了，军中马匹无故夜惊，在城内乱跑，萧道成在帐下正襟危坐，不断喝止慌乱的人们，达四五次之多。

一七六 休范谋反（四）

新亭还在僵持，后方却是万分危急！

叛军前锋主帅丁文豪在皂荚桥（新亭之北）设下埋伏，大破官军增援新亭之军，一直前突至朱雀桥。杜黑蠡也看到新亭久攻不下，继续在此缠斗，也没有什么意义，只有集中兵力，直捣台城，孤注一掷，于是，他也率军舍弃新亭，与丁文豪所部合军一处，直插秦淮河南岸。

右军将军王道隆率领宿卫军从台城出击，驻守朱雀门。听说敌人已经接近朱雀桥，他派人火速前往石头城，召领军将军刘勔率军增援。刘勔来到以后，下令切断朱雀桥，王道隆却大发雷霆，说道："敌人前来，正应该迅速出战，岂能先拆除桥梁，让自己先处于劣势！"刘勔不敢再说什么。王道隆催促刘勔率军出击。刘勔率领本部人马渡过朱雀桥，在秦淮河南岸与叛军激战，战败被杀，时年五十七岁。

杜黑蠡等人乘胜渡过秦淮河，突入朱雀门内，王道隆见状，魂飞魄散，弃众而逃，叛军追上，将其斩杀，王彧的侄儿王蕴也在战斗中受伤。叛军高呼："太尉（刘休范）驾临！太尉驾临！"一时之间，谣言四起，有说刘休范已死的，有说台城已经陷落的，有说刘休范未死的，驻守白下的张永也是弃众逃回，驻守石头城的沈怀明也在石头城溃散，抚军典签茅恬打开东府接纳叛军。五月二十四日，抚军长史褚澄（褚渊之弟）保护着安成王刘准据守在东府，假称桂阳王刘休范的命令："安成王，是我的儿子，不得侵犯！"杜黑蠡率部径直攻入杜姥宅（宫城南掖门外），中书舍人孙千龄打开承明门投降，台城之内乱作一团，已无固守的打算。宫内盛传新亭也已陷落，当时，国库已经枯竭，皇太后王贞风、太妃陈妙登将宫内金银器物都拿出来作为赏赐之用，但是，此时军心已经大乱，再无斗志了。皇太后王贞风手握后废帝刘昱的手，哭泣着说："天下已经败了啊！"

叛军逼近宫城，这令远在新亭的萧道成心急如焚，虽然刘休范已死，但叛军坚称刘休范未死。徐公舆谎称刘休范在新亭，没有随军进逼建康。建康军民都提心吊胆，纷纷派人前往新亭表示忠心。这些人把萧道成的大营误认为刘休范的大营，到营中送上了上千封效忠信，萧道成将这些信件全部焚毁，然后，他登上北城城墙对大家说："刘休范父子昨天已经被杀，尸体就在南边的山冈下，本人就是平南将军萧道成，大家仔细看清楚了，你们交上的效忠信我已经全部焚毁了，大家都不要担心！"萧道成打算亲自率军回援台城，有人劝谏道："桂阳王虽然死了，但敌人依然猖獗，人心难保，不可轻举妄动。"于是，萧道成本人就继续在新亭观望，而派遣羽林监陈显达率领司空参军高敬祖、张敬儿、辅师将军任农夫、马军主周盘龙等人自查浦渡过秦淮河，沿着石头城的北路迂回进入承明门，驻扎在东堂。陈显达所部到来，让台城城内的人心稍微安定了下来。

但局势仍然危急。刘休范已死的消息逐渐传开，叛军中军心也开始动摇，但主帅丁文豪厉声说道："难道说我一人就不能平定天下吗！"因此，叛军攻势依然不减，逼近南掖门，诸将仍然没有多少斗志。卫将军袁粲慷慨对诸将说："敌人逼近，众心涣散。孤子（袁粲尚在服丧中）我受先帝的托孤之重，将以死报国，今日，我将与褚护军一起为国而死！"当即下令左右备马，将亲自出城与敌人作战，袁粲此番言语，说得是悲哀雄壮，这让陈显达等众将无不感动，于是，率军冲出台城，主动向盘踞在杜姥宅的叛军发起猛攻。双方在宣阳门和津阳门之间激战，大破叛军。战斗中，一只流矢射中了陈显达的左眼，箭头一直拔不出来。地黄村的潘婆婆会用符咒治病，以"禹步作气"能将柱子上的钉子拔出，这次，潘婆婆又以此法将陈显达眼中的箭头取出。葛洪《抱朴子内篇·登涉》引《遁甲中经》中称"禹步"的具体走法是："正立，右足在前，左足在后，次复前右足，以左足从右足并，是一步也。次复前右足，次前左足，以右足从左足并，是二步也。次复前右足，以左足从右足并，是三步也。如此，禹步之道毕矣。"

五月二十六日，张敬儿等将又与叛军在宣阳门外大战，阵斩杜黑蠡、丁文豪及同党姜伯玉、柳中虔、任天助等人，进而收复东府，叛军余党全部平定。许公舆逃到新茶（今地不详，疑为新亭之误），被村民斩杀，将人头送到建康。

叛军被平定后，在新亭的萧道成振旅而还，百姓们在路边围观，纷纷说道："让国家得以保全的，就是这位大人啊！"袁粲、褚渊、刘秉、萧道成均上书引咎辞职，朝廷不许。五月二十七日，建康内外宣布解除戒严。

六月，刘宋朝廷以平南将军萧道成接任刘勔的领军将军一职，为散骑常侍、中领军、都督南兖徐兖青冀五州军事、镇军将军、南兖州刺史，进爵为公，增邑二千户。萧道成坚决推辞，与卫将军袁粲、褚渊写信，表白自己的忠诚，并称，假如让自己继续镇守淮南，率军北伐凯旋后，再接受爵位不迟。袁粲、褚渊回信劝说，希望一起效忠王室，萧道成这才接受了。事平之后，朝廷又授予袁粲为中书监，以卫将军开府仪同三司，领司徒，以扬州刺史府邸为卫将军府，但袁粲继续服丧，不肯离家。袁粲还请求回到母亲的墓地居住，朝廷没有同意。朝廷还以中军将军褚渊加尚书令、侍中，给班剑二十人，褚渊坚决推辞尚书令职务。尚书左仆射刘秉另加散骑常侍、丹阳尹，不再管理吏部。卫将军袁粲、中军将军褚渊、尚书左仆射刘秉及中领军萧道成四人轮流入朝值班，处理政务，被时人称为"四贵"。

听说刘休范发动叛乱后，荆州刺史沈攸之对下属们说："桂阳王造反，肯定会谎称我与他同谋，如果不迅速发兵勤王，一定会增加朝廷方面的疑虑。"于是，与南徐州刺史建平王刘景素、郢州刺史晋熙王刘燮、湘州刺史王僧虔、雍州刺史张兴世一起举兵响应朝廷，并派遣军主孙同、沈怀奥发兵火速东下，接受郢州刺史晋熙王刘燮的指挥。刘休范离开浔阳时，留下中兵参军毛惠连留守，刘燮派遣中兵参军冯景祖偷袭浔阳，六月四日，毛惠连开城投降，杀掉刘休范留在浔阳的另外两个儿子：刘青牛、刘智藏。各个起兵的方镇也都撤回了各自的军队，天下再度恢复了平静。

虽然如此，但坐拥强兵的荆州刺史沈攸之让朝廷"四贵"深感不安，七月十六日，朝廷晋升沈攸之为征西大将军、宰相级的开府仪同三司，沈攸之坚决推辞开府仪同三司。朝廷执政大臣打算征召沈攸之回京，但又担心激发兵变，不敢贸然征召，于是，先派出使者前去荆州试探一下沈攸之，对他说："大人一直镇守在外，非常劳累，应回到朝廷之上。朝廷对您的期望很高，并非要减轻您的责任，至于愿不愿意，还随大人自己选择。"沈攸之说："臣下没有担任朝廷重臣的才能，身处朝廷确实不行。至于让臣剪捕山蛮，平定江汉，则不敢推辞。虽然主上听我自选，但是去是留，还是听从朝廷之命。"朝廷方面也就没再坚持。

截至后废帝元徽三年（公元475年），刘宋朝廷上的大员分别为：卫将军、尚书令袁粲，护军将军、中书监褚渊，尚书左仆射刘秉，吏部尚书王僧虔，侍中刘韫（兼右卫将军）、刘颢（兼左卫将军）、何戢（原山阴公主丈夫），中领军萧道成，扬州刺史刘准。

地方主要方镇大员为：荆州刺史沈攸之，南徐州刺史刘景素，南兖州刺史萧道成，南豫州刺史段佛荣，江州刺史邵陵王刘友（宋明帝第七子，年仅五岁），湘州刺史王蕴，郢州刺史刘燮，徐州（治所钟离）刺史垣闳，兖州（治所淮阴）刺史吕安国，青冀二州（治所郁州）刺史刘善明，豫州刺史刘怀珍，司州刺史姚道和，雍州刺史张敬儿，梁州南秦州刺史王玄载，益州刺史张岱，宁州刺史刘延祖，广州刺史陈显达，交州刺史陈绍伯。

刘韫，是长沙王刘义欣（刘义庆大哥）的儿子，曾历任湘州雍州刺史，此人没有什么才能，在任期间，让人画出自己出行图，总是把玩不已。蔡兴宗活着时，故作不知，曾故意问他："画上的人物是谁？"刘韫回答："那就是我！" 刘颢是刘韫的弟弟。按：我们知道，刘道怜是刘裕的二弟，他有六个儿子：刘义欣、刘义庆、刘义融、刘义宗、刘义宾、刘义綦。刘义欣共有十个儿子：刘瑾（为刘劭所杀）、刘祗（因党附刘子勋而为宋明帝所杀）、刘楷（为刘劭所杀）、刘瞻（党附刘子勋为宋明帝所杀）、刘韫、刘弼（因党附刘子勋而为宋明帝所杀）、刘鉴（早死）、刘緦（元徽元年死）、刘颢、刘述。至此，只剩下刘韫、刘颢、刘述三人。说到这里，顺便将刘义庆等人的后代说一下：刘义庆过继给叔父刘道规为子，他生下刘烨、刘衍、刘镜、刘颖、刘倩五子，刘烨有子刘绰。刘义融有五个儿子刘觊（为刘劭所杀）、刘袭、刘彪（早死）、刘寔（早死）、刘爽。刘觊无子，刘袭以自己的长子刘晃过继给他为子，刘袭有子刘旻，刘袭也很无知，曾在夏天只穿着个大裤头上大堂上处理政务。刘义融有子刘玠（为刘劭所杀）、刘秉、刘谟、刘遐四人，刘遐曾多次问哥哥要当刺史，刘秉说：“我主管此事，用你的话舆论不好。”刘遐回答：“富贵时你说我们互无联系，等到连坐的时候，我能免罪吗？”后来，果然刘遐因刘秉的牵连而被杀。刘义宾有子刘综、刘琨二人，刘综有子刘宪。刘义綦有子刘长猷。